WIE GESCHAH ES WIRKLICH?

WIE GESCHAH ES WIRKLICH?

EIN **ADAC** BUCH

Sonderausgabe für die ADAC Verlag GmbH, München, 2004

Redaktion: Claudia Stutzmann
Herstellung: John C. Bergener
Druck und Bindung: Officine Grafiche De Agostini, Novara/Italien

Titel der amerikanischen Originalausgabe:
HOW DID IT REALLY HAPPEN?

Deutsche Ausgabe
Übersetzung: Ingrid Frieling, Wolfdietrich Müller

Reader's Digest
Redaktion: Jens Firsching (Projektleitung), Dorit Esser,
Angelika Lenz, Birgit Scheel, Dr. Barbara Wedekind,
Grafik: Cornelia Hammer
Bildredaktion: Christina Horut
Prepress: Andreas Engländer
Produktion: Norbert Baier

Ressort Buch
Redaktionsdirektorin: Suzanne Koranyi-Esser
Redaktionsleiterin: Dr. Renate Mangold
Art Director: Rudi K. F. Schmidt

Operations
Leitung Produktion Buch: Norbert Baier

Printed in Italy

ISBN 3-89905-167-X

VORWORT

Das Buch handelt von Dingen, die wir wissen, vor allem aber von Dingen, die wir nicht wissen. Die vorliegende Auswahl von Geschichten und Fällen zeigt einmal mehr, dass der Mensch trotz aller Bemühungen nicht immer verstehen kann, warum etwas so passiert, wie es geschehen ist.

Manchmal fehlt der entscheidende Hinweis oder es gibt keine Augenzeugen. Oder eine überlieferte Meinung oder Legende trübt den klaren Blick und bringt uns vom Lösungsansatz ab. Oder wir suchen nach Erklärungen für Vorgänge, die sich nur schwer rationell erklären lassen.

Dieses Buch beschränkt sich nicht auf die von Menschen gemachte Geschichte und berühmte Persönlichkeiten. Wie Leben entstand, woher die Menschen kamen, was aus den Dinosauriern wurde, was geschieht, wenn wir sterben – das alles birgt genügend Geheimnisse. Und in einigen Punkten müssen wir zugeben, wie wenig wir wirklich wissen von der Welt, in der wir leben, und wie viel Freude es bereitet, den Rätseln auf die Spur zu kommen.

Die Herausgeber

INHALTSVERZEICHNIS

TEIL 1

ANFÄNGE DER GESCHICHTE

Viele Elemente der Welt, denen wir im täglichen Leben begegnen, nehmen wir häufig als selbstverständlich hin. So ist es z. B. ein ernüchternder Gedanke, dass die dramatischen Ereignisse des 20. Jh. vielleicht bald der fernen Vergangenheit angehören, nur weil ein neues Jahrtausend begonnen hat. Doch die Welt, die wir heute kennen, ist das Ergebnis von Ereignissen, die auf die Ur- und Frühgeschichte zurückgehen. Diese Anfänge liegen in vieler Hinsicht noch im Dunkeln, aber in jüngster Zeit ist ein wenig Licht in jene unergründlichen Bereiche gefallen und wir können inzwischen ansatzweise erkennen, wie alles geschehen ist. Was erklärt den Ursprung des Universums? Warum starben die Dinosaurier aus? Ferner gibt es Sagen und überlieferte Weisheiten, die oft, wie sich herausstellte, eine Grundlage in der Wirklichkeit haben und wie das Echo einer Glocke bis heute nachklingen.

Gab es einen Urknall?

Ging das Universum vor rund 15 Milliarden Jahren aus einer gigantischen Explosion hervor? Und welche Belege haben die Forscher für diese Theorie?

WIE ENTSTAND DAS UNIVERSUM? KAUM EINE FRAge hat die Menschheit mehr bewegt als diese. Nachdem sich jahrhundertelang die Philosophen darüber den Kopf zerbrochen hatten, nahm sich in den 1920er-Jahren die Naturwissenschaft der Frage an. Allmählich entwickelte sich die Urknall-Theorie zum Standardmodell, das auch zu Beginn des 3. Jt. noch gültig ist. Demnach ging das Universum in einer gewaltigen Explosion aus komprimierter Urmaterie hervor, die nicht größer war als der Punkt am Ende dieses Satzes. Den entscheidenden Beweis dafür lieferten 1964 die beiden amerikanischen Wissenschaftler Arno Penzias und Robert Wilson, als sie Strahlungsemissionen der Milchstraße untersuchten. Beim Versuch, Strahlungsgeräusche von anderen Quellen auszublenden, entdeckten sie ein Hintergrundsignal, das aus allen Richtungen zu kommen schien. Die Frequenz dieses Signals stimmte genau mit den Vorhersagen von Astrophysikern überein, die die Theorie einer Urexplosion aufgestellt hatten.

DAS KOSMISCHE FLÜSTERN

Penzias und Wilson hatten das „Flüstern" entdeckt, die kosmische Hintergrundstrahlung, die gleichsam ein Echo oder Nachglühen des Urknalls ist. Für ihre Entdeckung erhielten sie 1978 gemeinsam den Nobelpreis für Physik. Ihre Entdeckung war nur eine von mehreren Beobachtungen, die die Vorstellung stützten, dass das Universum in einem einzigen Augen-

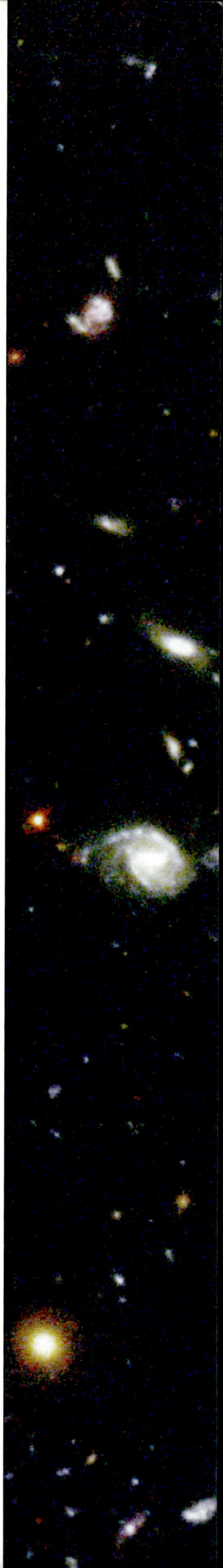

LINKE SEITE: ARNO PENZIAS (LINKS) UND ROBERT WILSON VOR DER ANTENNE, MIT DER SIE DIE KOSMISCHE HINTERGRUND-STRAHLUNG ENTDECKTEN, DIE DAS GANZE UNIVERSUM BIS AN SEINEN RAND DURCHDRINGT. DIESEN RAND ZEIGT DAS GROSSE BILD VON GALAXIENHAUFEN, DIE 13 MILLIARDEN LICHTJAHRE VON UNS ENTFERNT SIND. ES WURDE MIT DEM HUBBLE-RAUMTELESKOP ERSTELLT.

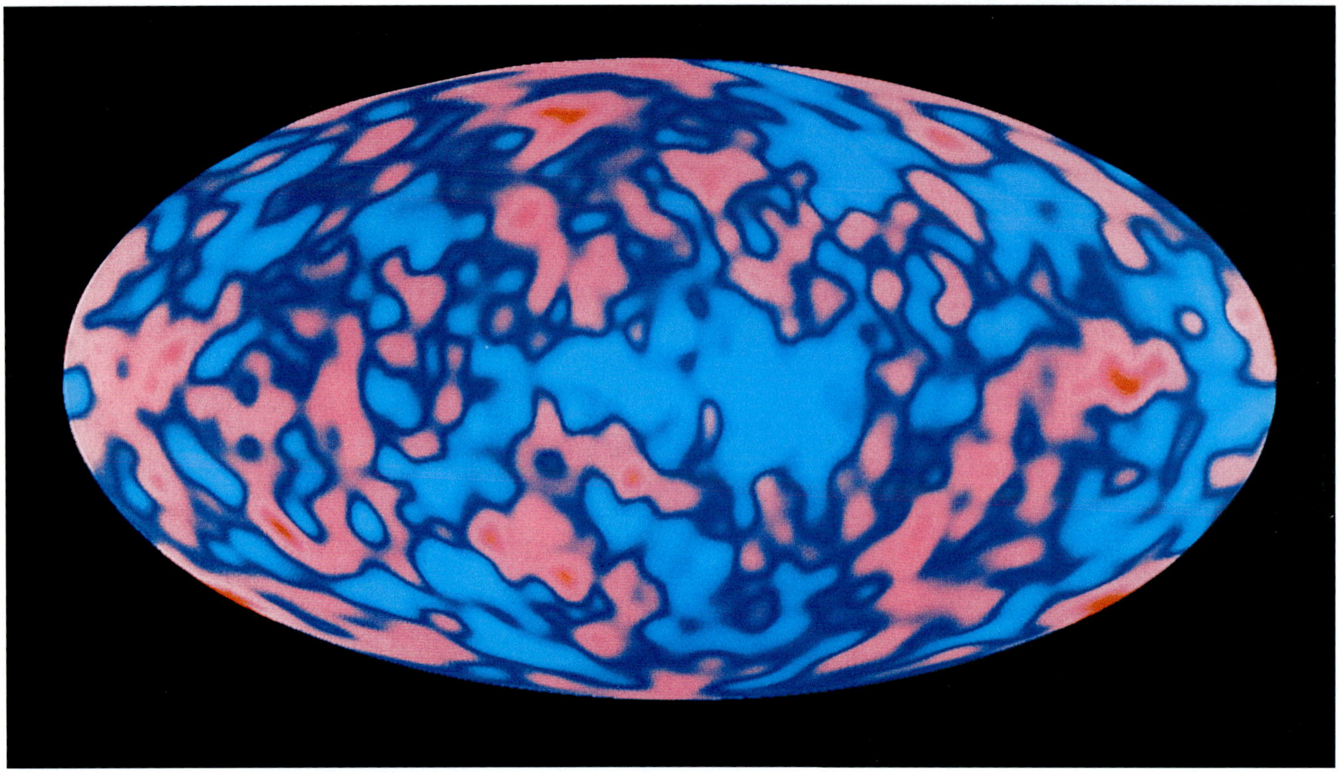

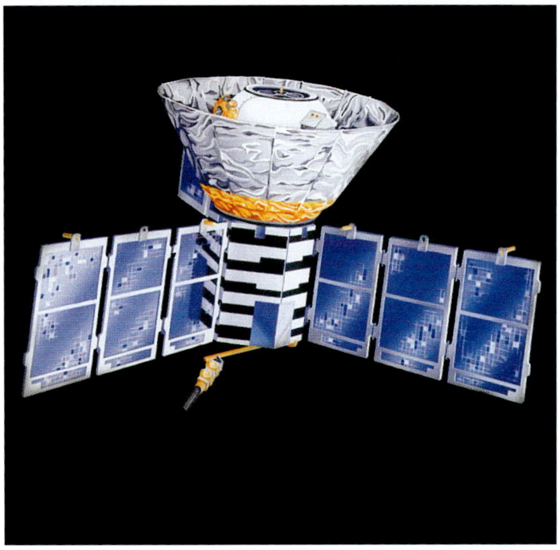

DIE VOLLSTÄNDIGE MIKROWELLEN-KARTE DER KOSMISCHEN HINTERGRUNDSTRAHLUNG (OBEN) BERUHT AUF MESSUNGEN DES COBE-SATELLITEN, DER IM JAHR 1989 GESTARTET WURDE (RECHTS). DIE FARBABWEICHUNGEN AUF DER KARTE ZEIGEN DEUTLICH, DASS DIE HINTERGRUNDSTRAHLUNG NICHT ÜBERALL GLEICH IST: WÄRMERE REGIONEN SIND ROT, KÄLTERE BLAU. DIESE SCHWANKUNGEN SPRECHEN FÜR EINE EXPLOSIONSARTIGE ENTSTEHUNG DES UNIVERSUMS.

blick entstanden ist und sich dann immer weiter ausdehnte. Diesen Gedanken hatte bereits 1927 der belgische Priester und Astronom Georges Lemaître vorgetragen. Seine Voraussage, man werde feststellen, dass Galaxien voneinander wegrasen wie nach einer Explosion, wurde von dem amerikanischen Astrophysiker Edwin Hubble bestätigt. Er entdeckte, dass die Galaxien tatsächlich auseinander strebten, und zwar umso schneller, je weiter sie von uns entfernt sind. Der Grund für diese Galaxienflucht liegt darin, dass sie durch den sich ausdehnenden Raum mitgerissen werden – vergleichbar mit Rosinen in einem Hefeteig, wenn dieser aufgeht.

EIN ANDERES UNIVERSUM

Als astronomische Instrumente immer weiter zum Rand des Universums spähen konnten, wurde klar, dass sich das Universum dort draußen von dem unterscheidet, das wir in unserer Ecke des Raumes kennen. So gibt es Quasare, extrem helle Objekte, die enorme Energiemengen aussenden, nur am Rand des Universums, aber nicht in unserer Nähe. Wenn wir das ferne Universum beobachten, sehen wir, wie es vor 10–20 Milliarden Jahren ausgesehen hat. Deshalb scheint das Weltall in ferner Vergangenheit anders beschaffen gewesen zu sein als heute, was wesentlich für den Urknall spricht.

Die Urknall-Theorie hat aber auch ihre Gegner. Zum einen bleiben die grundlegenden Fragen offen, wie und warum der Urknall stattfand. Zum anderen stellt der Gedanke, das Universum habe irgendwann in der Vergangenheit überhaupt nicht existiert – oder aber in einer Weise, die völlig jenseits unseres Begriffsvermögens liegt –, ein naturwissenschaftliches Grundprinzip infrage, nämlich dass Naturgesetze unabhängig vom Ort oder Zeitpunkt ihrer Überprüfung sind. Ein Universum mit einer einmaligen und besonderen Geschichte aber – einer Geschichte, die anderen, vom kosmologischen Zeitrahmen abhängigen Gesetzen folgt – gehorcht nicht den allgemein gültigen Gesetzen der Physik.

DER ASTRONOM EDWIN HUBBLE IM KALIFORNISCHEN MOUNT-WILSON-OBSERVATORIUM. DER FRÜHERE ANWALT ENTDECKTE IN DEN 1920ER-JAHREN DIE EXISTENZ VON GALAXIEN AUSSERHALB UNSERER EIGENEN UND PRÄGTE DAMIT WESENTLICH UNSER HEUTIGES BILD DES UNIVERSUMS.

OBEN: DIE MIKROWELLEN-ANISOTROPIE-SONDE (MAP) MISST UND ANALYSIERT IN 1,5 MIO. KM ENTFERNUNG VON DER ERDE MIT VERSTÄRKERN UND TELESKOPEN DIE KOSMISCHE HINTERGRUNDSTRAHLUNG. DAVON ERHOFFT MAN SICH U. A. AUFSCHLUSS DARÜBER, WIE DIE ZUKUNFT DES UNIVERSUMS AUSSEHEN WIRD. RECHTE SEITE: DIE KEGELFÖRMIGEN EMPFÄNGER IM KERN VON MAP KÖNNEN PHOTONEN EINFANGEN UND REGISTRIEREN, DIE 15–18 MILLIARDEN LICHTJAHRE ENTFERNT SIND.

VIER NATURKRÄFTE IN EINER

Ein wesentlicher Grund, warum das Gros der Astronomen und Astrophysiker die Urknall-Theorie akzeptiert, liegt darin, dass sie einen Zusammenhang zwischen der heutigen Elementarteilchenphysik (die Physik des sehr Kleinen) und der Kosmologie (der Wissenschaft des Universums als Ganzem) herstellt.

Im Alltag haben wir mit zwei Kräften zu tun: der Schwerkraft, die uns am Boden hält, und dem Elektromagnetismus, der unsere Maschinen laufen lässt und verhindert, dass Festkörper auseinander fallen. Im Bereich der Atome aber walten zwei andere Kräfte. Die eine Kraft hält die Elementarteilchen eines Atomkerns zusammen; man nennt sie die schwache Wechselwirkung, obwohl sie in der Lage ist, die abstoßende elektrische Kraft zu überwinden, die die positiv geladenen Protonen im Kern gegenseitig ausüben. Die starke Wechselwirkung ermöglicht, dass die Teilchen (Quarks), die das Proton und die Neutronen im Atomkern bilden, fest verbunden bleiben.

Seit es die Naturwissenschaften gibt, hat man zu zeigen versucht, dass das Universum durch einen einfachen Plan gelenkt wird, in dem eine einzige Kraft die Natur steuert. Auch heute favorisiert die Wissenschaft die Vorstellung einer einzigen großen Kraft, die alle vier bekannten Naturkräfte in sich vereint. Die moderne Physik versucht mathematisch und experimentell abzuleiten, wie diese Kraft beschaffen ist.

COUNTDOWN ZUR SCHÖPFUNG

Die Urknall-Theorie zeichnet ein Bild des frühen Universums, in dem die Energie in einem kleinen Raum so hoch ist, dass alle Naturkräfte noch in einer einzigen Kraft komprimiert sind. Man spricht hier auch von der Supersymmetrie des Alls. Diese Kraft wirkt in dem energiereichen „Stoff", aus dem das Universum besteht. Dieser Stoff konnte keine Materie sein, weil das Universum noch nicht so weit abgekühlt war, dass sich Elementarteilchen bilden konnten; er konnte auch nicht Energie oder Strahlung sein, weil Quarks und andere Teilchen sich in einem ständigen Zustand der Erzeugung und Zerstörung befanden.

Als sich das Universum in den ersten Augenblicken des Urknalls in der unvorstellbar kurzen Zeit von 10^{-43} Sekunden ausdehnte und abkühlte – einer Zeitspanne, in der die bekannten physikalischen Gesetze keine Gültigkeit hatten –, trennte sich die Schwerkraft aus der Supersymmetrie. Nach exakt 10^{-35} Sekunden koppelten sich die starke, nach 10^{-10} Sekunden die schwache Wechselwirkung und die elektromagnetische Kraft ab. Als das Universum 10^{-4} Sekunden – eine zehntausendstel Sekunde – alt war, bildeten sich Quarks und verbanden sich zu Elementarteilchen. Die ersten Atomkerne entstanden nach etwa 100 Sekunden, aber erst nach 300 000 Jahren war das Universum so weit abgekühlt, dass Strahlung und Materie entkoppelt wurden und das Universum durchsichtig wurde. Eine Milliarde Jahre nach dem Urknall begannen Galaxien zu entstehen.

Ob die Urknall-Theorie auch in Zukunft Bestand haben wird, kann niemand wissen. Gut möglich, dass neue Erkenntnisse unser Bild des Universums verändern werden. So zeigen z. B. neuere Bilder eines Teleskops, die 40-mal schärfer sind als die mit COBE aufgenommenen, dass das Universum flach ist und nicht gekrümmt, wie man früher glaubte. Das Weltall wird sein Geheimnis so bald wohl noch nicht preisgeben.

Der Beginn des Lebens

Wie entstand das Leben auf der Erde? Seit Jahrhunderten beschäftigt diese Frage die Wissenschaftler, doch beantwortet ist sie bis heute nicht.

IM ÜBERTRAGENEN SINNE MUSS DIE BIBLISCHE SCHÖPFUNGSGESCHICHTE (RECHTS, AUS DER GUTENBERG-BIBEL), NICHT UNBEDINGT IM WIDERSPRUCH STEHEN ZU DEN ENTDECKUNGEN DER WISSENSCHAFT ÜBER DIE KOMPLEXEN STRUKTUREN DES LEBENS, WIE SIE SICH ETWA IN EINEM DNA-MOLEKÜL ZEIGEN (GANZ RECHTS). DER FOSSILE TRILOBIT (UNTEN) IST EIN BEWEIS FÜR DARWINS EVOLUTIONSTHEORIE. VOR 600–65 MIO. JAHREN BEWOHNTE DIESER GLIEDERFÜSSER DEN MEERESBODEN.

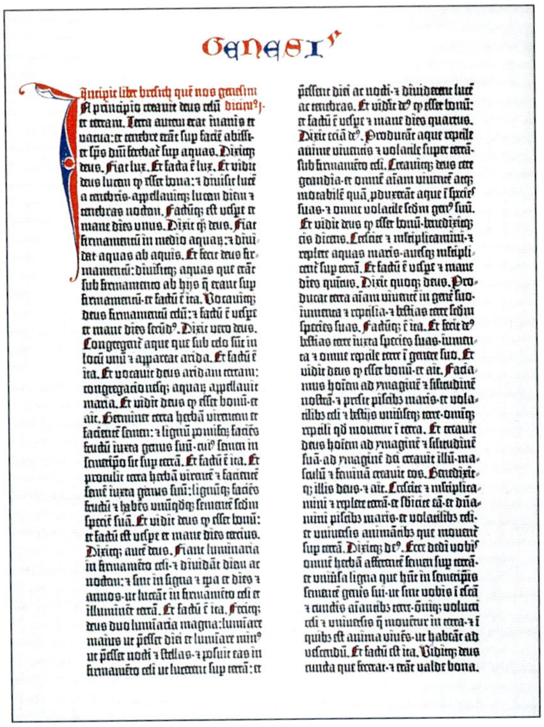
Genesis

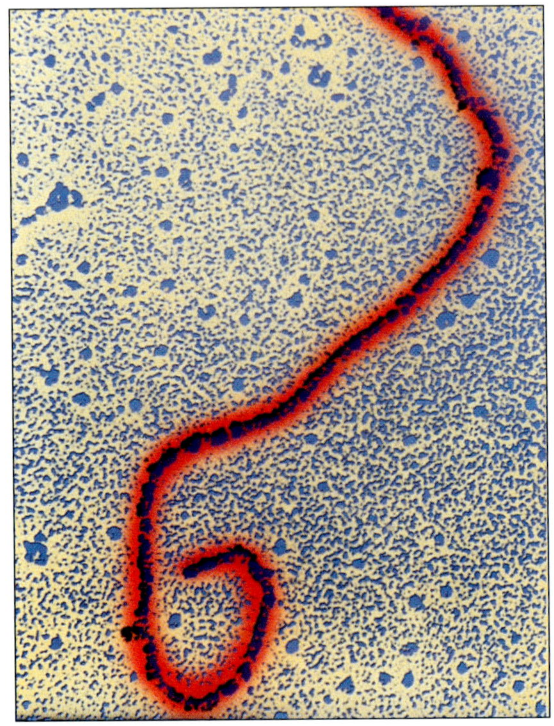

EINST LIEFERTEN MYTHEN UND RELIGIONEN DIE Antwort auf die Frage nach dem Ursprung des Lebens auf der Erde. In früheren Zeiten war es unvorstellbar, dass sich das Leben ohne göttliche Hilfe entwickelt haben und nur aus anorganischer Materie entstanden sein könnte.

IN DARWINS FUSSSTAPFEN

Die Evolutionstheorie von Charles Darwin konnte zwar die Entstehung verschiedener Arten erklären, doch die Frage nach dem eigentlichen Ursprung des Lebens konnte auch sie nicht befriedigend beantworten. Während die landläufige Naturwissenschaft zu Beginn des 19. Jh. gerade erst begann, die Zelle als elementare Einheit des Lebens zu akzeptieren, hatte Darwin bereits den Gedanken entwickelt, dass die Zelle nicht nur die Grundeinheit, sondern auch der Ursprung des Lebens sei. Als 1859 sein Werk *Die Entstehung der Arten durch natürliche Zuchtwahl* erschien, wurde es sofort heftig kritisiert. Aber bereits 10 Jahre später, als mehr Erkenntnisse über lebende Organismen vorlagen, war der Gedanke nicht mehr so abwegig, dass das Leben vor unvorstellbaren Zeiten aus einer einfachen Form hervorgegangen sein könnte. In einer Abhandlung von 1871 skizzierte Darwin die Anfänge einer Theorie von den Ursprüngen des Lebens. Darin stellte er die Überlegung an, ob nicht in einer Art warmem Teich mit diversen Ammonium- und Phosphorsalzen unter dem Einfluss von Licht, Hitze und Elektrizität eine Proteinverbindung entstanden sein könnte, die in der Lage war, noch komplexere Veränderungen mitzumachen.

Damit war der Grundstein für die Evolution gelegt – die Vorstellung von der Selbstorganisation einfacher Moleküle zu Vorläufern organischer Verbindungen. Diese einfachen organischen Moleküle organisierten sich weiter zu Protozellen und schließlich zu richtigen Organismen. Während man diesem Gedanken noch folgen konnte, überstieg es jedoch die Vorstellungskraft, wie dieser Prozess genau abgelaufen sein könnte. Die Frage blieb unbeantwortet, bis der russische Biochemiker A. I. Oparin und der indische Biologe J. B. S. Haldane in der ersten Hälfte des 20. Jh. unabhängig voneinander ein Bild der Erde vor der Entstehung des Lebens beschrieben, als noch kein Sauerstoff (in Form von Ozon) sie vor den ultravioletten Strahlen der Sonne schützte. Die vorhandenen primitiven Verbindungen seien gewaltigen Energien in Form von Strahlung ausgesetzt gewesen, die sie veranlassten, miteinander zu reagieren und organische Verbindungen zu bilden. Zusätzliche Energie hätten die häufigen Gewitterstürme geliefert, die es damals auf der Erde gab. Nach Millionen von Jahren seien komplexere Verbindungen entstanden, die sich in den Urozeanen anreicherten. Schließlich habe der Zufall eingegriffen und eine Verbindung gebildet, die in der Lage war, sich zu reproduzieren. Das Leben habe in den Urozeanen, der so genannten Ursuppe, begonnen.

ERNST HAECKEL, EIN DEUTSCHER VERTRETER DES DARWINISMUS, SCHUF 1876 EIN SCHAUBILD DER EVOLUTION (LINKS). DIE VON DARWIN AUFGESTELLTE THEORIE BEWOG DIE FORSCHUNG, ZU DEN FRÜHESTEN ANFÄNGEN DES LEBENS ZURÜCKZUGEHEN UND ZU UNTERSUCHEN, WIE DIE ERSTEN ORGANISMEN ENTSTANDEN.

MILLERS EXPERIMENT

Erst in den frühen 1950er-Jahren setzte der amerikanische Doktorand Stanley Miller Haldanes und Oparins Szenario in ein Experiment um, indem er im Labor die Uratmosphäre simulierte. In einem Kolben führte er einem Gemisch aus Methan, Ammoniak und einer winzigen Menge Wasser Elektrizität zu. Dabei wirkten die Methan- und Ammoniakgase wie eine Atmosphäre, die über einem Wassertümpel kreiste, während die elektrischen Funken die Rolle der Gewitter spielten. Einen Tag später entdeckte Miller, dass rund die Hälfte des Kohlenstoffs, der ursprünglich Methangas gewesen war, mit dem Ammoniak Aminosäuren und andere organische Moleküle gebildet hatte. Spätere Experimente haben gezeigt, dass nahezu alle Arten von Aminosäuren und sogar die Basen, die die Bausteine der DNA bilden, unter den richtigen Bedingungen erzeugt werden können. Trotzdem ist es noch ein langer Weg von komplexen Molekülen zum richtigen Leben und die Wissenschaft hat gerade erst begonnen, die Geheimnisse zu lüften.

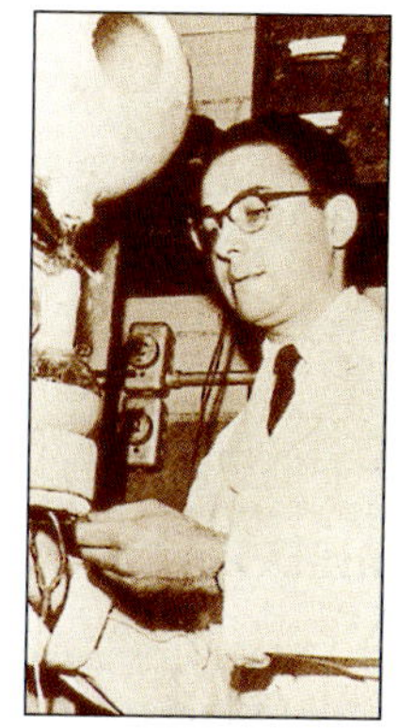

STANLEY MILLER (OBEN) STELLTE IM LABOR ÄHNLICHE BEDINGUNGEN WIE AUF DER PRIMITIVEN ERDE NACH. DORT ERSETZTEN ELEKTRISCHE FUNKEN DIE BLITZE (UNTEN).

Faszination Mond

Wie und wann kam der Mond der Erde an seinen Platz und warum?

SCHON FRÜH FASZINIERTE DER MOND AUCH DIE ASTRONOMEN, WIE EIN GEMÄLDE VON HANS HOLBEIN D. J. AUS DEM 16. JH. ZEIGT (RECHTS). ES IST GUT MÖGLICH, DASS DIE UNMITTELBARE NÄHE ZU EINEM SO GROSSEN HIMMELSKÖRPER EIN EHER SELTENER FALL IM UNIVERSUM IST. ENDE DER 1960ER-JAHRE SCHICKTEN US-SONDEN ERSTMALS DEUTLICHE BILDER VON DER VORDER- UND RÜCKSEITE DES MONDES ZUR ERDE (RECHTS UNTEN).

DIE ERFORSCHUNG DES MONDES IM 20. JH. HAT UNS viele neue Erkenntnisse über unseren natürlichen Satelliten und nächsten Nachbarn am Himmel beschert. Seit Anbeginn der Menschheitsgeschichte ranken sich um den Mond viele Mythen und unzählige Dichter haben ihn besungen. Wie aber ist er entstanden und warum befindet er sich so nah bei der Erde?

Der Mond ist uns mit rund 384 000 km Entfernung so nah, dass wir mit einem gewöhnlichen Fernglas mühelos eine Fülle von Details auf der Vorderseite, die stets der Erde zugewandt ist, erkennen können. Auf dem Mond gibt es kein Wasser und auch keine Luft, weil seine Anziehungskraft zu schwach ist, um Atmosphäre einzufangen und zu halten; deshalb gibt es auch kein Wetter und kein Leben. Die dunklen Ebenen des Mondes, die man früher für Wasserflächen hielt und immer noch als Maria (Meere) bezeichnet, sind in Wirklichkeit ausgedehnte flache Becken, die durch erstarrte vulkanische Lava entstanden sind. Die Mondoberfläche besteht aus dunkelgrauem Gestein, das nur einen winzigen Bruchteil des auftreffenden Sonnenlichts reflektiert.

Die Erforschung des Mondes hat einige seiner Geheimnisse gelüftet. 1959 machte die sowjetische Sonde Luna 3 erste Fotos der Mondrückseite. 1969 brachten die Astronauten von Apollo 11 vom ersten bemannten Flug zum Mond Gesteinsproben mit, die rund 3700 Mio. Jahre alt sind – älter als jedes Gestein auf der Erde. Proben von späteren Raumflügen deuten darauf hin, dass der Mond etwa zur selben Zeit wie das restliche Sonnensystem entstanden ist, vor rund 4,6 Mrd. Jahren. Die Analyse des Mondgesteins lässt auf ein Ende intensiver Meteoriteneinschläge auf der Oberfläche vor etwa 4 Mrd. Jahren und von Vulkanausbrüchen vor 1 Mrd. Jahren schließen. Der Mond erscheint zwar kalt und tot, doch kann er immer noch aktiv sein. Beobachter berichten von dem flackernden Glühen möglicher Eruptionen an den Rändern der Maria und in manchen Kratern.

VIER URSPRUNGSTHEORIEN

Bevor die ersten Mondsonden aufkamen, hatte die Wissenschaft drei Theorien, wie der Mond entstanden ist. Der ersten zufolge war er ein Bruchstück, das aus der schnell rotierenden jungen Erde geschleudert wurde. Eine zweite besagte, dass Mond und Erde gleichzeitig aus der Kondensation ursprünglicher Gase und Partikel geformt wurden. Nach einer dritten Theorie ist der Mond in einem anderen Teil des Sonnensystems entstanden und von der Erde in ihre Umlaufbahn gezogen worden. Am Ende erteilte man all diesen Theorien eine Absage, weil sie der Überprüfung nicht standhielten.

Nachdem die Forscher das Mondgestein und Nahaufnahmen der Mondoberfläche untersucht hatten, stellten sie 1975 eine weitere, wahrscheinlichere Theorie auf, die so genannte Ein-

DER US-ASTRONAUT JOHN YOUNG VON APOLLO 16 GRÜSST 1972 EINE AMERIKANISCHE FLAGGE AUF DEM MOND. DIE UNTERSUCHUNG DER PROBEN, DIE DIE ASTRONAUTEN VOM MOND MITGEBRACHT HABEN, HAT UNSER VERSTÄNDNIS DER ERDE, DES MONDES UND DES GANZEN SONNENSYSTEMS MASSGEBLICH BEEINFLUSST.

schlagtheorie. Danach stieß vor über 4 Mrd. Jahren ein riesiges Objekt, ein Planetesimal, mit der Erde zusammen. Nach anfänglichen Schätzungen hatte es die Größe des Planeten Mars. Aber 1997 zeigte eine amerikanische Computersimulation, dass das Objekt mindestens 2,5- bis 3-mal so groß gewesen sein muss. Der gewaltige Einschlag, so die Theorie, schleuderte Teile der Erdkruste und das Planetesimal selbst in den Weltraum, wo ein Teil der Trümmer verschmolz und den Mond bildete.

Auch heute hält man diese Theorie für das wahrscheinlichste Szenario. Freilich stellt sich dann die Frage, wo auf der Erdoberfläche sich der Krater befindet, der durch den Einschlag entstand. Einige Wissenschaftler glauben, er könnte durch eine größere Schmelzperiode auf der ganzen Erde nach dem Einschlag getilgt worden sein. Aber die Geochemie der Erde gibt keinen Hinweis auf einen so radikalen Schmelzprozess. Die Einschlagtheorie hat im wahrsten Sinne des Wortes noch Löcher.

HATTE DER MOND EINFLUSS AUF DIE EVOLUTION?

STREIFLICHTER

Die Chancen, dass sich im Weltall Leben entwickelt, sind so verschwindend gering, dass sich die Wissenschaft fragt, was an der Erde so einmalig ist, dass ausgerechnet auf ihr Leben gedeihen kann. Abgesehen von offensichtlichen Faktoren wie richtiger Temperatur, Atmosphäre und Wasser, glaubt man heute, dass auch der Mond bei der Entwicklung des Lebens auf der Erde eine wichtige Rolle gespielt hat. Als die Erde entstand, hatte ein ganzer Tag nur 10 Stunden und die Sonne schien nur 5 Stunden. Seit damals hat die Anziehungskraft des Mondes die Rotation der Erde verlangsamt und den 24-Stunden-Tag geschaffen.

Wie hat sich das auf uns ausgewirkt? Zum einen ist durch den verlängerten Tag das pflanzliche Leben länger dem Sonnenlicht ausgesetzt, was die Photosynthese fördert und mehr CO_2 erzeugt. Zum anderen schützt der Mond die Erde vor dem Einschlag vieler Asteroiden. Beweise dafür ergibt ein Vergleich der Zahl der Krater auf der zerklüfteten Mondoberfläche mit denen auf der Erdoberfläche.

Mit dem Mond als Schutzschild konnte sich das Leben weitgehend ungestört durch eventuelle katastrophale Einschläge aus dem Weltall entwickeln. Folglich glauben manche Astronomen, dass die Existenz eines großen, nahen Mondes notwendig für die Entstehung von Leben ist.

DER MOND DIENT DER ERDE ALS SCHUTZSCHILD VOR DEM EINSCHLAG VON METEORITEN UND ASTEROIDEN.

Gab es Leben auf dem Mars?

Schon vor über 100 Jahren glaubten einige Astronomen und gelehrte Wissenschaftler, sie hätten sichere Beweise für ein Leben auf dem Roten Planeten gefunden.

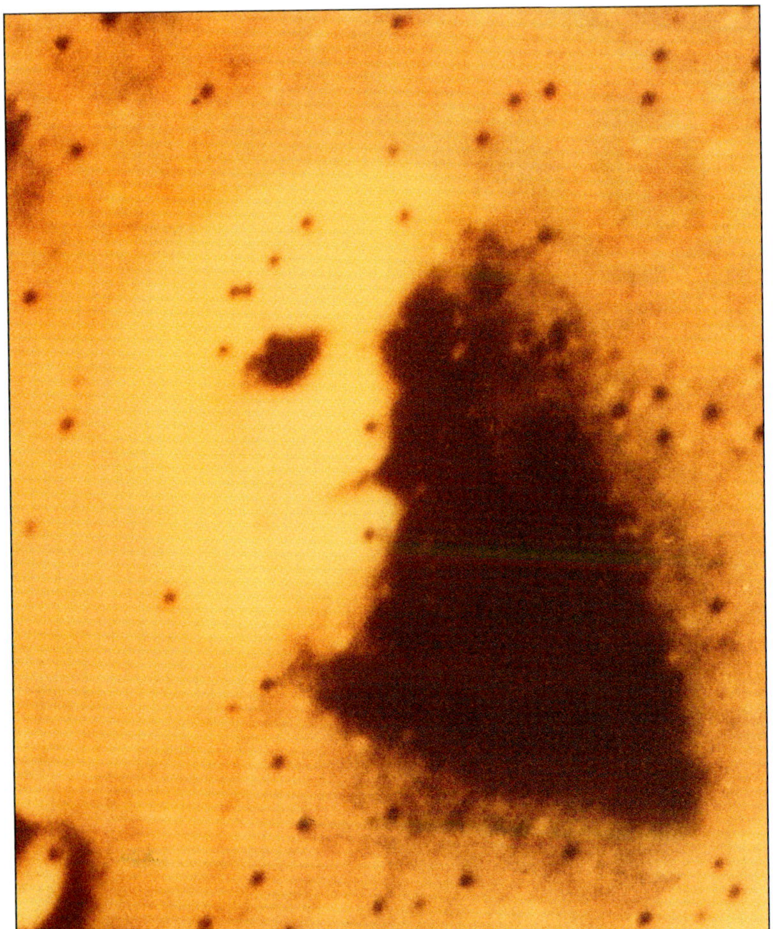

DIESES FOTO VOM GESICHT AUF DEM MARS WURDE AM 25. JULI 1976 AUFGENOMMEN. DIE LANDFORMATION IST ETWA 1,6 KM BREIT UND ZEIGT DIE GESICHTSZÜGE NUR, WENN DAS SONNENLICHT IN EINEM SPITZEN WINKEL EINFÄLLT.

WÜRDE MAN ALL DIE BUCHSEITEN UND FILMROLLEN der zahllosen Science-Fiction-Bücher und -Filme über das Leben auf dem Mars aneinander reihen, könnten sie gut bis zum Mond reichen. Doch sind das nur Hirngespinste oder gibt es auf dem Mars tatsächlich Leben?

Seit hunderten von Jahren hat man nach Leben auf dem Mars gesucht – was nicht überrascht, denn der Rote Planet ist unter all den Planeten unseres Sonnensystems der Erde am ähnlichsten. Er hat Polarkappen, eine Atmosphäre mit meteorologischer Aktivität sowie, vergleichbar der Erde, Jahreszeiten und einen 24-Stunden-Tag. Der italienische Astronom Schiaparelli glaubte im 19. Jh. jahreszeitliche Farbveränderungen zu sehen, die den Beginn des Frühlings anzeigten, sowie Kanäle, die kreuz und quer über die Oberfläche verliefen.

Im frühen 20. Jh. meinte man noch mehr Kanäle zu sehen. Der Amerikaner Percival Lowell glaubte sogar, sie wiesen auf die Existenz einer fortgeschrittenen Zivilisation hin. Er stellte die Theorie auf, dass die Kanäle Wasser aus den Polargebieten in die trockenen Wüsten am Äquator beförderten. Aber die Theorie war im wahrsten Sinne nicht wasserdicht, denn als die Teleskope leistungsfähiger wurden, konnte man die Kanäle auf einmal nicht mehr ausmachen. 1965 dann bewiesen Fotos von der Marsoberfläche, die die Raumsonde Mariner 4 gemacht hatte, endgültig, dass die Kanäle nicht existierten. Es stellte sich heraus, dass verwehter Staub Farbveränderungen auf der Oberfläche verursacht, die von fern wie Linien aussehen. Die Kanäle waren also nichts anderes als eine optische Täuschung.

DAS GESICHT AUF DEM MARS

Das so genannte Gesicht auf dem Mars wurde ebenfalls als Beweis dafür interpretiert, dass einst intelligentes Leben auf dem Mars existierte. Auch die von der Raumsonde Viking 1976 aufgenommenen Bilder zeigten in der Region Cydonia eine Landschaft, die einem menschlichen Gesicht ähnelt. Die Region Cydonia liegt nahe der Grenze zwischen dem südlichen Hochland und dem nördlichen Flachland; dort gibt es zahlreiche einzelne Berge, erodierte Reste des Hochlandrands. Geologen jedoch erklären die Ähnlichkeit der topographischen Merkmale auf den Viking-Fotos mit menschlichen Gesichtern und Pyramiden mit der geringen Auflösung und den dunklen Bereichen fehlender Daten in den Bildern sowie mit Licht- und Schattenspielen. Der Mars Global Surveyor machte 1999 Aufnahmen von der Region, die verrieten, dass das Gesicht bloß ein Berg ist.

Ein Teil der Aufgabe des Viking-Landegeräts war, nach Beweisen für ein Leben auf dem Mars zu suchen. Die Suche erbrachte aber keine Spur organischer Moleküle. Bodenproben wurden auf Beweise für Stoffwechsel, Wachstum oder Photosynthese untersucht, doch ergab auch dies keine stichhaltigen Beweise für biologisches Leben. Zudem glauben heute die meisten Wissenschaftler, dass es wegen der extrem feindseligen Bedingungen gar kein Leben auf dem Mars geben kann. Ein Grund dafür ist die dünne Atmosphäre, die ultraviolette Strahlung auf die Oberfläche durchlässt und lebende Materie auslöschen kann. Ein anderer ist, dass es wegen der extremen Kälte auf dem Planeten in der Marsnacht kein flüssiges Wasser auf der Oberfläche geben kann.

Ein abgeschlossener Fall? Keineswegs. Im Juni 2000 lieferte der Mars Global Surveyer Fotos, die den Schluss zulassen, dass es unter der vereisten Oberfläche sehr wohl Wasserreservoirs gibt. Und Anfang 2002 hat die Sonde Mars Odyssey hohe Konzentrationen von Wasserstoff am Südpol des Roten Planeten gemessen. Das bedeutet, dass der Mars über alle Elemente verfügt, die zur Entstehung von Leben nötig sind.

UND DIE VENUS?

Wegen ihrer Lage und schützenden Wolkendecke war die Venus der einzige Planet neben der Erde, auf dem man Leben für möglich hielt. Aber die Venus ist extrem unbeständig und zeigt eine starke Vulkantätigkeit auf ihrer verhüllten Oberfläche. Die Umwelt ist feindselig, heiß, zerklüftet und trocken, und wie man weiß, besteht die Atmosphäre zu 96 % aus Kohlendioxid. Wissenschaftler gehen von der Annahme aus, dass die Venus der Erde ähnelt, wie sie vor etwa 4,6–2,5 Mrd. Jahren aussah. Wenn es auch heute kein Leben auf der Venus gibt, ist es also nicht auszuschließen, dass es sich in ferner Zukunft einmal entwickelt.

HINWEIS AUS DER ANTARKTIS

DETEKTIV-ARBEIT

Beweise für ein früheres Leben auf dem Mars kamen in Form von Steinen von oben. Am 6. August 1996 meldeten Wissenschaftler der NASA und der Stanford University die Entdeckung eines Meteoriten vom Mars, der 1984 in der Antarktis geborgen worden war. Ihrer Meinung nach enthielt er – in Form von Mikrofossilien – Beweise für die Existenz primitiven Lebens auf dem Mars. Untermauert wurde dies ein Jahr später durch die Arbeit der Marssonde Pathfinder und ihres Rovers Sojourner, die Beweise für einstigen Wasserreichtum auf dem Mars entdeckten.

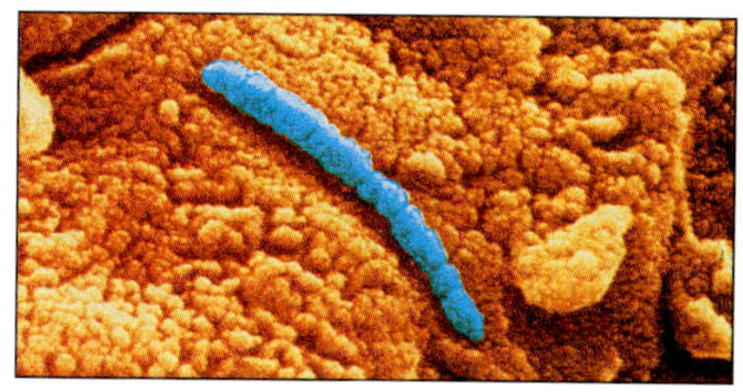

DIE MIKROFOSSILIEN IN DEM METEORITEN VOM MARS SIND NUR EIN HUNDERTSTEL SO BREIT WIE EIN MENSCHLICHES HAAR.

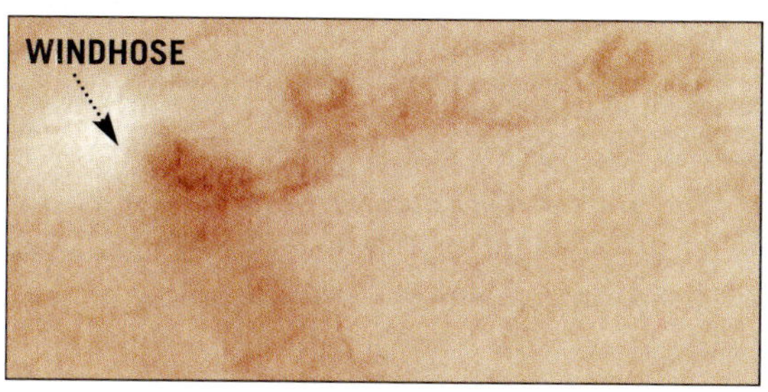

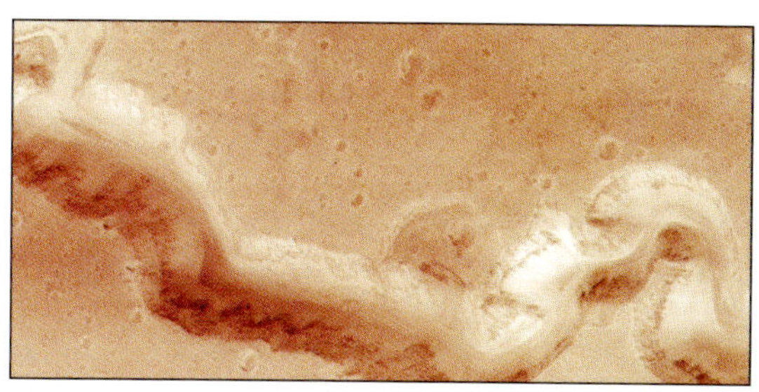

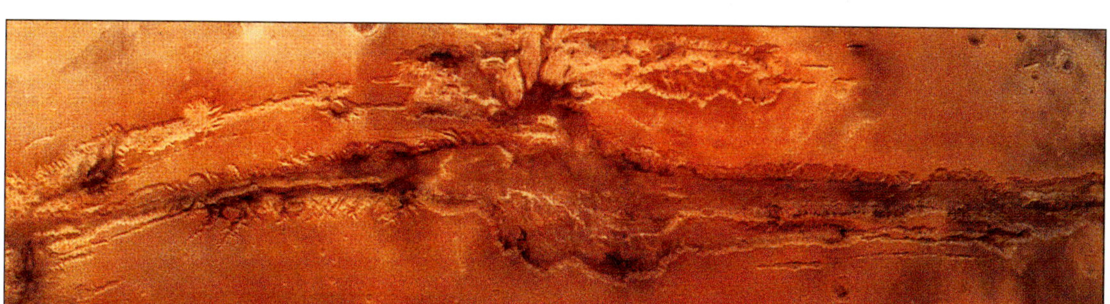

VERMUTLICH GAB ES AUF DEM MARS FRÜHER VIEL WASSER. TATSÄCHLICH WEIST DIE OBERFLÄCHE VIELE MERKMALE AUF, DIE VON FLIESSENDEM WASSER HERRÜHREN KÖNNTEN – ABER AUCH VON METEOROLOGISCHER, GEOLOGISCHER UND VULKANISCHER AKTIVITÄT. DIE WINDHOSE WURDE IM DEZEMBER 1999 FOTOGRAFIERT (GANZ LINKS OBEN). DIE CAÑONS DER VALLES NONDES (LINKS OBEN) ZEIGEN MERKMALE VON FLUSSBETTEN AUF DER ERDE. VALLES MARINERIS IST EIN RIESIGER CAÑON, DER SICH UM EIN VIERTEL DES GANZEN PLANETEN ZIEHT (LINKS UNTEN).

Der Tod der Dinosaurier

OBEN: HAT DER EINSCHLAG EINES KOMETEN DIE GIGANTEN DER ERDE AUSGELÖSCHT? DANN SIEHT DER DINOSAURIER AUF DER KÜNSTLERISCHEN DARSTELLUNG SEINEM UNTERGANG ENTGEGEN. AUS EINER HÖHE VON ETWA 100 KM KÖNNTE DER EINSCHLAG EINES METEORITEN BEI CHICXULUB AUF DER MEXIKANISCHEN HALBINSEL YUCATÁN SO ÄHNLICH AUSGESEHEN HABEN (RECHTE SEITE).

RUND 140 MIO. JAHRE BEHERRSCHTEN DIE Dinosaurier die Erde. Viele waren groß und schwerfällig, doch es gab auch kleine und flinke Tiere. Die Dinosaurier besiedelten fast jede ökologische Nische, die es auf der Erde gab. Trotzdem starben sie vor 65 Mio. Jahren, am Ende der Kreidezeit, aus. Doch sie waren nicht die Einzigen. Aus fossilen Funden weiß man, dass im Lauf von einigen 100 000 Jahren über die Hälfte aller lebenden Tier- und Pflanzenarten von der Erde verschwanden. Doch was war die Ursache dieses Massensterbens?

Haben Meteoriteneinschläge, Vulkanausbrüche oder Klimaveränderungen zum Aussterben der Giganten geführt ?

Viele Forscher haben sich darum bemüht, diese Wissenslücke zu schließen. Sie stellten eine ganze Reihe konkurrierender Theorien auf, die teils vernünftig, teils reichlich abwegig waren. Während Theorien wie eine Entführung durch Außerirdische oder das Verschwinden einer nahrhaften Farnart nur wenig Anhänger fanden, klingen Vulkanausbrüche, Kontinentalverschiebungen, Klimaveränderungen, Überschwemmungen und Eiszeiten weitaus plausibler.

KAM DER TOD AUS DEM WELTALL?

Eine interessante, nicht völlig abwegige Theorie stellte 1979 der amerikanische Wissenschaftler Dale Russell vor. Danach hätte eine Supernova, ein explodierender Stern, die vernichtende Katastrophe auf der Erde verursachen können. Die gewaltige Menge an Strahlungsenergie, die eine solche Explosion freisetzt, entspricht in etwa der Energie, die zehn Millionen unserer Sonnen erzeugen – so viel wie alle Sterne der Milchstraße zusammen. Sogar eine 50 Mio. Lichtjahre entfernte Supernova hätte noch verheerende Auswirkungen auf unseren Planeten gehabt. Binnen Stunden wäre er von elektromagnetischer Strahlung überflutet gewesen. Nach 3–30 Jahren hätte eine zweite Welle kosmischer Strahlen die Erde erreicht und etwa zehn Jahre angedauert. Doch selbst nach wohlmeinenden Schätzungen ereignet sich eine solche Explosion in einer Entfernung von 50 Mio. Lichtjahren im Schnitt nur alle 70 Mio. Jahre. Da die Dinosaurier aber gut 140 Mio. Jahre auf der Erde überlebten, ist es eher unwahrscheinlich, dass sie die Strahlung einer Supernova tötete.

1980 stellten zwei Wissenschaftler an der University of California eine andere Theorie auf, die seitdem weithin akzeptiert wird. Der Physiker und Nobelpreisträger Luis Alvarez und sein Sohn Walter, ein Geologe, hatten eine Tonschicht in einem 65 Mio. Jahre alten Sediment untersucht, die eine merkwürdige Eigenart aufwies: Sie enthielt das äußerst seltene Metall Iridium in einer teilweise 30-mal höheren Konzentration als normal. Dieser Befund wurde bald weltweit bei ähnlichen Untersuchungen von Ablagerungen desselben Alters bestätigt.

Nach Ansicht von Luis und Walter Alvarez kommen die extrem hohen Iridiumkonzentrationen aus dem Weltraum. Das Iridium auf der Erde stammt hauptsächlich von Meteoriten und Mikrometeoriten, die die Erde ständig bombardieren. Allerdings hätte die hohe Iridiumkonzentration vorausgesetzt, dass auf einen Schlag 500 Mrd. t Material aus dem All auf die Erde kam. Dies kann nach Meinung der beiden Wissenschaftler nur mit dem Einschlag eines riesigen Asteroiden oder Kometen erklärt werden, der mit einer Geschwindigkeit von mehreren 100 000 km/h auf der Erde aufgeprallt sei. Ein solcher Aufprall wäre so katastrophal gewesen, dass er einen großen Teil des Lebens auf dem

DIESES MODELL DES PTEROSAURIERS AUS DEM MESOZOIKUM FINDET SICH IM PRÄHISTORISCHEN PARK DES ZOOS VON CALGARY IN KANADA. HEUTE GLAUBT MAN, DASS FLIEGENDE DINOSAURIER IN DER FRÜHEN ERDGESCHICHTE VERBREITET WAREN.

Planeten ausgelöscht hätte. Gewaltige Schockwellen hätten das Land erschüttert, dichte Wolken aus Asche und Staub die Sonne verdeckt und alles in Dunkel gehüllt. Diese jahrzehntelange, als Impaktwinter bezeichnete Dunkelheit hätte den Großteil der Pflanzen vernichtet, von denen sich die meisten Dinosaurier ernährten, sodass diese schließlich verhungert wären. Wäre der Asteroid ins Meer gefallen, hätte er gigantische, bis zu 8000 m hohe Flutwellen ausgelöst.

Zunächst war die so genannte Impakttheorie der beiden Alvarez heftig umstritten, doch dann fanden Geologen auf der mexikanischen Halbinsel Yucatán tatsächlich einen großen Krater, der vor genau 65 Mio. Jahren durch den Einschlag eines Meteoriten von mehr als 10 km Durchmesser entstanden war.

In der Kombination müssen die Auswirkungen dieses Einschlags verheerend gewesen sein und können durchaus zum Aussterben der Dinosaurier und der meisten anderen Lebewesen geführt haben. Doch die Impakttheorie ist nicht über jeden Zweifel erhaben. Einige Forscher arbeiten noch an einer Erklärung, die besser zu den Beweisstücken passt, die sie gesammelt haben. Mehrere dieser Theorien beruhen auf der Idee, dass es einen Auslöschungszyklus gibt, der sich etwa alle 60–70 Mio. Jahre wiederholt.

WURDE ES DEN DINOS ZU WARM?

Die Ursache dieses Zyklus ist umstritten; manche Forscher führen ihn auf Vulkanausbrüche zurück, andere auf ein Absinken des Meeresspiegels. In der Tat ist der Weltmeeresspiegel vor rund 65 Mio. Jahren merklich abgesunken. Dies führte weltweit zu einer dramatischen Klimaveränderung, die alle Lebewesen zwang, sich entweder anzupassen oder zu sterben. Die höhere Temperatur und eine erhöhte Kohlendioxid-Konzentration dürfte den Dinosauriern das Leben schwer gemacht haben. Mit der Zeit starben sie aus, worauf Säugetiere, die besser an wärmere Klimata angepasst sind, aufkommen und in der neuen Umwelt gedeihen konnten. Doch bis ins Letzte geklärt ist die Ursache des Massensterbens der Vergangenheit noch nicht.

ARGUMENTE UND GEGENARGUMENTE

DETEKTIV-ARBEIT

Der Impakttheorie steht die Vulkanismustheorie gegenüber, die das Massensterben auf eine verstärkte Vulkantätigkeit vor 65 Mio. Jahren zurückführt. Danach hat sich der Niedergang der Dinosaurier über einen sehr langen Zeitraum hingezogen, was durch fossile Belege auch bestätigt wird. Der Impakttheorie zufolge aber hätte der auf den Asteroideneinschlag folgende Impaktwinter die Erde nur für Jahrzehnte oder Jahrhunderte verödet. Kritiker der Impakttheorie argumentieren ferner, der Einschlag eines riesigen Asteroiden wäre so vernichtend gewesen, dass nur wenige Arten, wenn überhaupt etwas, ihn hätten überleben können. Und diese wenigen Arten hätten nicht genug Zeit gehabt, die Erde so rasch wieder zu bevölkern.

Die Impakttheorie stützt sich auf die Annahme, die hohe Iridiumkonzentration, die man in der Erdkruste fand, sei außerirdischen Ursprungs. Es stimmt, dass der größte Teil der Erdkruste wenig Iridium enthält. Gleichwohl könnte das merkwürdige Iridiumlager von der Erde stammen. Zwar ist Iridium auf der Erdoberfläche selten, der Erdmantel aber ist reich daran. Vertreter der Vulkanismustheorie führen die hohe Konzentration auf Vulkanausbrüche zurück, die das Metall an die Oberfläche beförderten. Neuere Untersuchungen haben gezeigt, dass der Iridiumgehalt in den Emissionen des hochaktiven Vulkans Kilauea auf Hawaii den Spuren in der iridiumreichen Tonschicht der Erde mehr ähnelt als denjenigen in Meteoriten.

DIE SIMULIERTE DARSTELLUNG ZEIGT, WIE DER KRATER NACH DEM EINSCHLAG AUSGESEHEN HABEN DÜRFTE.

KAUM ZU GLAUBEN

Stammen die Vögel von den Dinos ab?

Einer der frühesten Vögel war der *Archäopteryx*, der vor 150 Mio. Jahren lebte. Er hatte Zähne, einen langen Schwanz und Federn. Weil sein Brustbein, an dem die Flugmuskeln ansetzten, klein war, war er vielleicht eher ein Gleiter als ein Flieger. Das erste versteinerte Exemplar wurde 1857 in Bayern entdeckt und erst für eine Art fliegende Eidechse gehalten, einen *Pterodaktylus*. Ein weiteres hat man 1861 gefunden und als das erkannt, was es war: ein Übergangstier zwischen Dinosauriern und Vögeln.

So bedeutsam seine Entdeckung war, ist der *Archäopteryx* doch nur ein Glied in der Kette der Evolution. Dass Vögel Abkömmlinge der Dinosaurier sind, wurde erst in den frühen 1970er-Jahren akzeptiert; vorher glaubte man, sie stammten von einer Klasse nicht zu den Dinosauriern gehörender Reptilien ab. Heute lautet die Kernfrage, welche Dinos die engsten Vorfahren der Vögel waren.

Auch viele andere Fragen sind noch offen: Welche anfängliche Funktion hatten die Federn? Wie entstand die Warmblütigkeit? Welche Gruppe der Theropoden sind die direkten Ahnen der Vögel? Und warum überlebten einige Vogelgruppen das Aussterben der Dinosaurier am Ende der Kreidezeit?

VERMUTLICH IST DER *SINOSAUROPTERYX* (OBEN IM MODELL) EIN VORFAHRE UNSERER VÖGEL, OBWOHL ER KEINE FLÜGEL HATTE. IM BILD DARUNTER DER SCHNABEL EINES HEUTIGEN PIROLS (OBEN) UND DER EINES *CONFUCIUSORNIS* (UNTEN), DEM FRÜHESTEN VOGEL OHNE ZÄHNE. ENTDECKT WURDE ER 1995 IN CHINA.

DER 1861 IN DEUTSCHLAND GEFUNDENE VERSTEINERTE *ARCHÄOPTERYX* (RECHTS) ZÄHLT ZU DEN AUFREGENDSTEN FOSSILIENFUNDEN DER LETZTEN 150 JAHRE. DAS IN KALKSTEIN EINGESCHLOSSENE TIER HATTE SOWOHL FEDERN ALS AUCH ZÄHNE. MEHRERE JÜNGERE FOSSILIENFUNDE IN CHINA STÜTZEN DIE THESE, DASS DIE VÖGEL VON DINOSAURIERN ABSTAMMEN. EINE REKONSTRUKTION DES *CAUDIPTERYX ZOUI* (OBEN), EINES DINOSAURIERS, DER VOR 120 MIO. JAHREN LEBTE UND NUR ETWA 90 CM GROSS WAR, ZEIGT IHN MIT AUSGEBREITETEM FEDERKLEID BEI DER BALZ.

Wer waren die ersten Menschen?

Die Herkunft des Menschen ist noch nicht in allen Einzelheiten geklärt, doch können wir annehmen, dass seine Wiege in Afrika stand.

WOHER KOMMEN WIR UND WANN BEGANN DAS Abenteuer Mensch auf der Erde? Die Erforschung der komplexen menschlichen Stammesgeschichte hat vieles erhellt, doch abgeschlossen ist sie nicht, denn viele Steinchen im Puzzle unserer Abstammung fehlen noch immer.

GEBOREN AM 28. OKTOBER 4004 V. CHR.

Vor knapp 200 Jahren glaubte man, die Erde sei erst rund 5000 Jahre alt und vor 4004 v. Chr. – dem Jahr, das Bibelforscher als das Jahr der Schöpfung festgelegt hatten – habe es auf ihr noch keine Menschen gegeben. Der Geistliche John Lightfoot aus Cambridge wurde sogar noch präziser. Die Welt, so behauptete er, sei am 23. Oktober 4004 v. Chr. Schlag 9 Uhr erschaffen und der Mensch am Nachmittag des 28. in sie hineingesetzt worden. Zu Beginn des 19. Jh. glaubten auch gebildete Menschen, die längst das kopernikanische Weltbild akzeptiert hatten, immer noch an den genauen Wortlaut der biblischen Schöpfungsgeschichte.

Mit der Zeit freilich wurde es immer schwieriger, die Ansicht aufrechtzuerhalten, der Mensch sei das Ergebnis eines göttlichen Schöpfungsaktes – zumindest im wörtlichen Sinn. Noch bevor präzise Datierungsmethoden entwickelt wurden, ging nämlich aus der Beobachtung von Gesteinen und Erdformationen hervor, dass die Erde in Wirklichkeit sehr alt sein musste, viel älter, als man bis dahin angenommen hatte. Es wurde klar, dass die Prozesse, die unsere heutige Welt formten, sich über Jahrtausende, sogar Jahrmillionen hingezogen hatten.

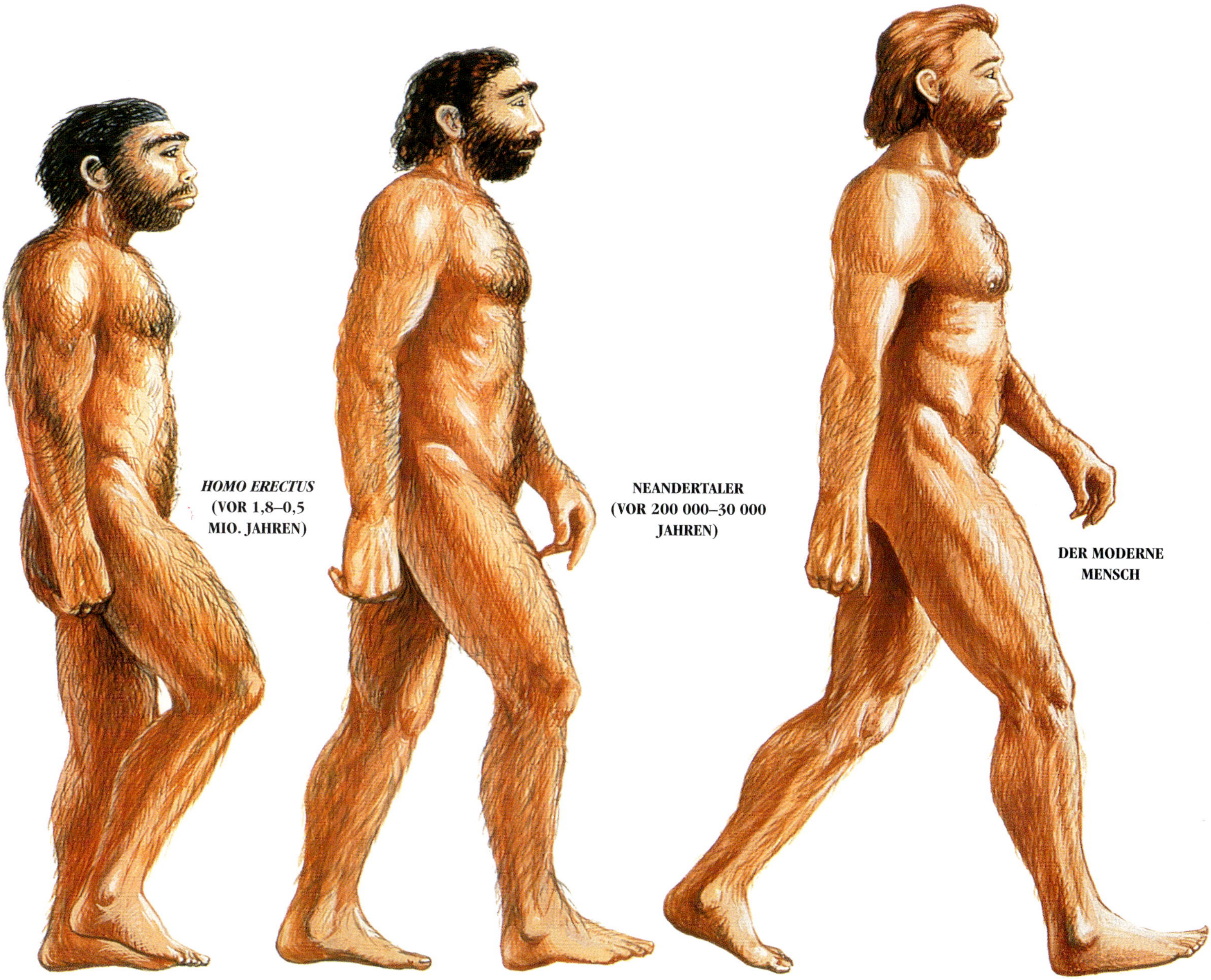

HOMO ERECTUS (VOR 1,8–0,5 MIO. JAHREN)

NEANDERTALER (VOR 200 000–30 000 JAHREN)

DER MODERNE MENSCH

Mit großer Findigkeit versuchten die Gegner von Darwins Evolutionstheorie zunächst, diese Beweise abzutun. Manche sagten, die Erde scheine nur so alt wegen der Katastrophen, etwa der Sintflut, die sie heimgesucht hatten; andere meinten, Gott habe die Welt vor 6000 Jahren in einer solchen Art und Weise erschaffen, dass es den Anschein hat, sie sei Millionen oder Milliarden Jahre alt. Doch schließlich wog das Gewicht der Beobachtungen und Beweise so schwer, dass nur noch wenige ernsthaft glaubten, die Erde sei erst 300 Generationen alt. Ablagerungen in West Virginia z. B. lieferten den Beweis, dass das Land abwechselnd unter und über Wasser lag, da der Meeresspiegel mit jeder Eiszeit stieg und fiel, und das hunderte Male während der letzten 4 Mio. Jahre.

OBEN: IN DIESER DARSTELLUNG DER ENTSTEHUNGSGESCHICHTE DES MENSCHEN FEHLEN VIELE ANDERE HOMINIDEN, DIE EINST DIE ERDE BEVÖLKERTEN. DER NEANDERTALER STEHT VIELLEICHT NICHT IN DIREKTER LINIE ZUM HEUTIGEN MENSCHEN. DOCH WAR ER MIT DEM *HOMO SAPIENS* SO ENG VERWANDT, DASS MANCHE FORSCHER EINE VERMISCHUNG DER BEIDEN ARTEN FÜR MÖGLICH HALTEN.

DIE LEAKEYS, EINE FAMILIE VON ANTHROPOLOGEN UND ARCHÄOLOGEN, ENTDECKTEN IN OSTAFRIKA DEN *HOMO HABILIS*, WAS DEN SCHLUSS NAHE LEGTE, DASS DIE EVOLUTION DES MENSCHEN DORT IHREN AUSGANG NAHM. DAS FOTO ZEIGT LOUIS LEAKEY MIT FRAU MARY UND SOHN PHILIPP BEI DER ARBEIT IN TANSANIA.

KURIOS – DIE OMPHALOS-HYPOTHESE

DETEKTIV-ARBEIT

Was tut ein erklärter Gegner von Darwins Evolutionstheorie, der aber sehr wohl um die fossilen und geologischen Funde weiß, die sie stützen? Er konstruiert eine Erklärung, weshalb die Bibel doch Recht hat. 1857 erschien das Buch *Omphalos* des englischen Gelehrten Philip Henry Gosse. Darin ging er zunächst der Frage nach, ob Adam und Eva einen Nabel (griechisch: *omphalos*) hatten oder nicht. Der biblischen Schöpfungsgeschichte zufolge dürfte Adam keinen Nabel haben, weil dieser ja das Überbleibsel einer Geburt ist. Wenn Adam und Eva aber das Urbild der Menschen waren, hätten beide einen Nabel haben müssen.

Gosse erklärte, beide hätten einen Nabel gehabt – weil Gott sie so erschuf, als wären sie von einem Schoß geboren. Er behauptete sogar, Adam könnte mit Erinnerungen an eine nie erlebte Kindheit geschaffen worden sein. Folglich habe Gott im Jahr 4004 v. Chr. auch die Erde so erschaffen, dass sie aussieht, als sei sie Millionen Jahre alt. Gott selbst habe alle Fossilien, geologischen Formationen, prähistorischen Wohnstätten, sogar Dinosaurierfossilien, die den wissenschaftlichen Beweis für das hohe Alter der Erde liefern, absichtlich geschaffen.

Warum der Schöpfer zu dieser List gegriffen haben sollte, erklärte Gosse damit, dass er seine Geschöpfe damit auf die Glaubensprobe stellen wollte. Doch Gosse war leicht mit seinen eigenen Waffen zu schlagen. Seine Kritiker fragten einfach, woher er denn dann wissen wolle, dass das gesamte Universum nicht erst vor 5 Minuten erschaffen wurde und unsere Erinnerung an die Geschichte nichts als eine Täuschung ist.

HATTEN ADAM UND EVA EINEN NABEL ODER NICHT? EINE WAHRHAFT WELTBEWEGENDE FRAGE!

Dann kamen fossile Beweisstücke hinzu. Anfangs wurden vereinzelt gefundene Knochen noch als Missbildungen betrachtet, als Überreste von Tieren, die vor der Sintflut oder einer anderen Katastrophe existiert hatten. Doch der sensationelle Fund eines versteinerten menschenähnlichen Skeletts, den Arbeiter 1856 bei der Sprengung einer Kalksteinhöhle im Neandertal bei Düsseldorf machten, lenkte die fossile Archäologie auf die Frage nach dem Ursprung des Menschen. Der Neandertaler war zwar anders als der heutige Mensch, aber auch anders als die Affen und Primaten, die man kannte.

Die frühen Meinungen über den *Homo neanderthalensis*, nach denen er ungeschlacht und dumm war, stellten sich als falsch heraus. Der Neandertaler ging aufrecht wie wir (wiewohl das im Neandertal entdeckte Exemplar an Arthritis litt und sich nur mühsam mit gebeugtem Rücken fortbewegen konnte) und war intelligent. Wie intelligent, ist nicht klar, obwohl er zur Überraschung der Paläontologen ein etwas größeres Gehirn hatte als wir. Was genau zum Aussterben des Neandertalers führte und ob wir von ihm abstammen, ist noch nicht vollständig geklärt, aber viele andere Lücken konnten durch beharrliche Grabungen auf der ganzen Erde und durch die Entwicklung neuer Datierungsmethoden geschlossen werden.

1978 GELANGTE MARY LEAKEY ZU EIGENEM RUHM, ALS SIE IN TANSANIA DIE VERSTEINERTEN FUSSABDRÜCKE VON HOMINIDEN ENTDECKTE UND ANALYSIERTE, DIE VOR ÜBER 3 MIO. JAHREN AUFRECHT ÜBER FEUCHTE VULKANASCHE GEGANGEN WAREN.

IM BUCH DES LEBENS GANZ HINTEN

Die Anfänge des Menschen reichen so weit ins Dunkel der Geschichte zurück, dass es zwangsläufig Lücken geben muss. Um ein Gefühl für den immensen Zeitraum, um den es hier geht, zu bekommen, stelle man sich die Erdgeschichte als ein Buch mit 1000 Seiten vor. Die Entstehung der Alpen ist auf Seite 97 beschrieben. Die ersten menschenähnlichen Werkzeugmacher und die Eiszeiten erscheinen auf Seite 1000 oben, also auf der letzten Buchseite. Der Neandertaler tritt in der letzten Zeile der letzten Seite auf und die ersten Hochkulturen in Mesopotamien in den letzten acht Buchstaben. Das Römische Reich taucht in den letzten beiden Buchstaben des letzten Wortes auf und die vergangenen 100 Jahre gerade noch im Schlusspunkt.

Die frühen Jahre der Forschung waren schwierig, denn die Lücken waren groß, die Beweisstücke spärlich, die Debatten erregt und entbehrten oftmals des gesunden Menschenverstands. Aber im Lauf des 20. Jh. fand man immer mehr Exemplare von menschenähnlichen (hominiden) Lebewesen – ihre Zahl ging in die tausende –, die auf eine Linie hinwiesen, die bis zu unseren Vorfahren zurückreichte.

Heute lassen sich die Entwicklungsstufen verfolgen, die unsere evolutionären Linien über gewaltige Zeiträume und in verschiedenen Regionen der Erde durchliefen. Sie sind geprägt von Adaptationen, d. h. körperlichen Anpassungen an die Besonderheiten der jeweiligen Umgebung, die unseren Vorfahren das Überleben in ihrer Umwelt leichter machten. Es kam aber auch vor, dass eine Adaptation plötzlich ins Gegenteil umschlug und zum Nachteil wurde, wenn sich die Lebensbedingungen, etwa das Klima, änderten. Mit anderen Worten, nicht jeder Schritt in der Geschichte stellte einen Fortschritt oder eine Verbesserung dar.

Die Stammesgeschichte des Menschen geht zurück auf den kleinen, auf Bäumen lebenden Primaten *Aegyptopithecus,* der vor 28 Mio. Jah-

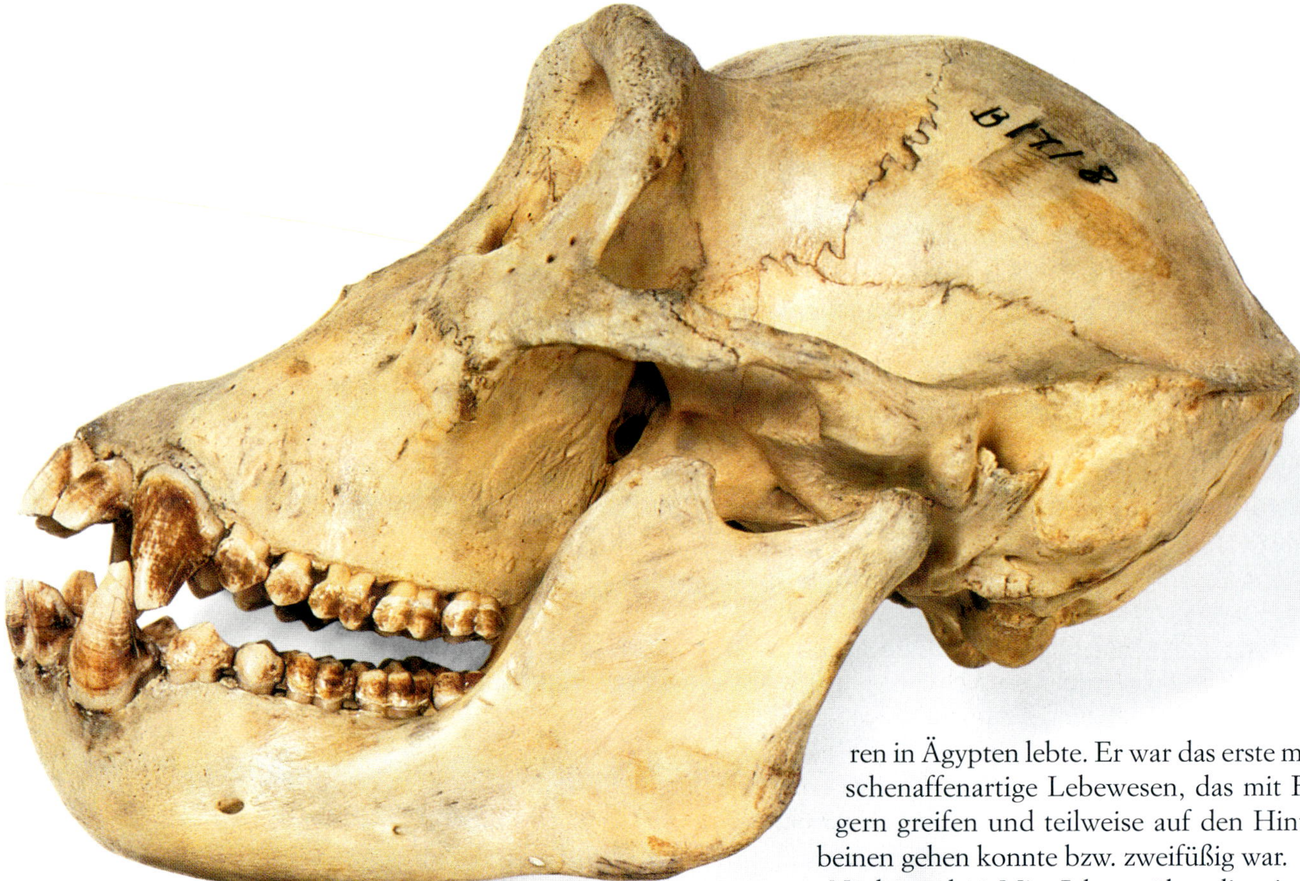

ren in Ägypten lebte. Er war das erste menschenaffenartige Lebewesen, das mit Fingern greifen und teilweise auf den Hinterbeinen gehen konnte bzw. zweifüßig war.

Nach rund 10 Mio. Jahren, über die wir nur wenig wissen, taucht der *Dryopithecus* oder *Proconsul africanus* auf, ein Primat, der schon eindeutiger zweifüßig ist als der *Aegyptopithecus*, sich aber nichtsdestotrotz immer noch meist auf allen vieren fortbewegt. Dieses Geschöpf kann mit seinen fünf Fingern nicht nur greifen, sondern sein Daumen kann sich darüber hinaus gegen die anderen Finger stellen, sodass ein noch wirksameres Greifgerät entsteht. Dieses Wesen steht dem gemeinsamen Vorfahren von Menschen und Menschenaffen sehr nahe, denn irgendwann danach spaltete sich die weitere Entwicklung in Menschen und weitere Menschenaffenarten auf.

Nach einer Zeitspanne von 6 Mio. Jahren, die in Dunkelheit gehüllt ist, finden wir als nächstes mögliches Glied in der Kette der Evolution den *Ramapithecus*, der nun völlig zweifüßig ist und einen gegenständigen Daumen hat, der unserem nicht unähnlich ist. Seine Zahnstellung ist gerundet, was ihm eine vielseitigere Ernährungsweise als den Affen mit ihrer eckigen Zahnstellung erlaubt. Die verfeinerten Hände, die präzise greifen und wirksam zupacken können, fördern mit der Zeit die Entwicklung des aufrechten Ganges, der Jagdfertigkeit und der Fähigkeit, Werkzeuge herzustellen. Dies stärkt Erfindungsgabe und Wendigkeit, was wiederum bewirkt, dass das

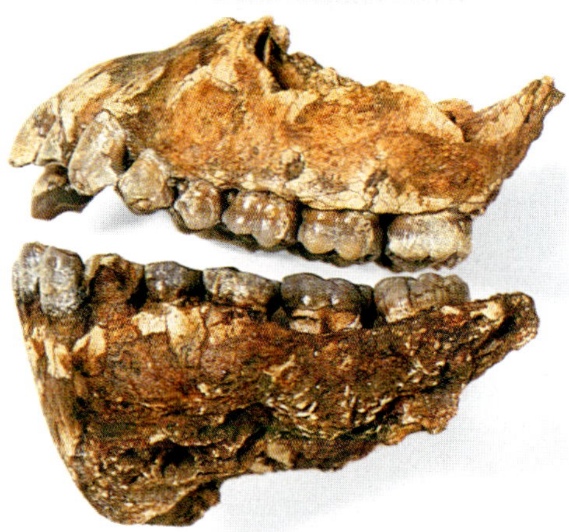

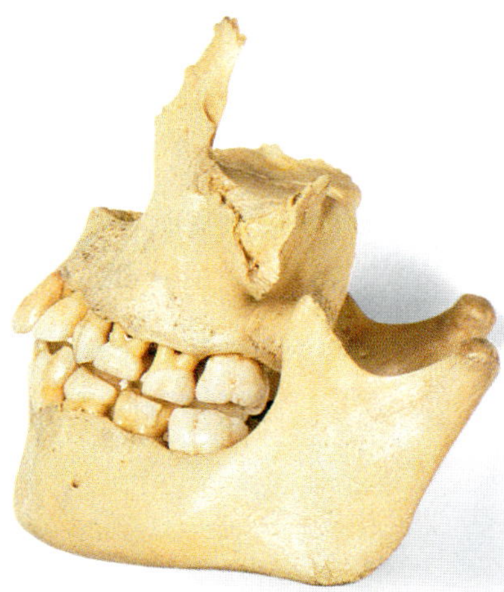

DER KIEFERKNOCHEN VON *AUSTRALOPITHECUS AFARENSIS* (MITTE), DER VOR RUND 3,3 MIO. JAHREN IM AFARTAL IN ÄTHIOPIEN LEBTE, HAT MEHR ÄHNLICHKEIT MIT DEM KIEFER EINES SCHIMPANSEN (OBEN) ALS MIT DEM DES HEUTIGEN MENSCHEN (UNTEN). DIES ZEIGT, DASS DIE FRÜHEN HOMINIDEN AUF DEM WEG ZUM *HOMO SAPIENS* NOCH EINE LANGE STRECKE ZU GEHEN HATTEN.

Gehirn größer und leistungsfähiger wird. Weil jetzt Feuersteinmesser hacken und schneiden, werden die Eckzähne kleiner. Dies fördert, zusammen mit einem Gehirn mit mehr Windungen, die Fähigkeit, Laute auszusprechen und sich möglicherweise so zu verständigen, dass Jagd, Partnersuche und Alltagsleben koordiniert werden können.

Unser Stammbaum muss aufgrund neuer Erkenntnisse immer wieder überarbeitet werden.

DIE LINIE DER HOMINIDEN

Lebewesen, die dem heutigen Menschen vom Körperbau immer ähnlicher sind, betreten vor gut 4 Mio. Jahren die Bühne. Der *Australopithecus* ging als erster Hominid aufrecht, wie in Afrika gefundene Fußspuren beweisen. Dann tritt vor mehr als 2 Mio. Jahren der *Homo habilis* auf, was so viel heißt wie geschickter Mensch. Bei ihm fand man die ersten einfachen, selbst hergestellten Steinwerkzeuge. Er wurde nur rund eine halbe Million Jahre später vom *Homo erectus* abgelöst. Diese Hominiden sprachen wahrscheinlich schon eine primitive Sprache, beherrschten die Technik des Feuermachens und bauten als Erste richtige Lagerstätten und Arbeitsplätze. Ihre Toten bestatteten sie mit einem speziellen Zeremoniell und allem Anschein nach hatten sie auch gewisse Vorstellungen von einem Leben nach dem Tod.

Nur rund 300 000 Jahre trennen den *Homo erectus* auf der Leiter der Evolution vom *Homo neanderthalensis.* Aber die Welt des Neandertalers ist schon so vielseitig und komplex, dass wir sofort erkennen, wie nahe sie uns ist und wie weit sie sich von den Affen entfernt hat. Viele Tiere verwenden Werkzeuge, aber keines treibt Handel damit; viele Tiere verständigen sich mit anderen ihrer Art, aber keines gibt Mythen von Generation zu Generation weiter. Außerdem zeigten die Neandertaler im Umgang mit Alten und Gebrechlichen schon viel Menschlichkeit.

DER MENSCH TRITT AUF

In der kurzen Zeitspanne von rund 170 000 Jahren tauchte in Europa ein Neuankömmling auf, ein aus Afrika eingewanderter Hominide, der allmählich die ursprüngliche europäische Art verdrängte. Dieses Lebewesen kam mit irgendeiner Adaptation an, einem körperlichen Merkmal, das ihm einen Vorteil gegenüber dem Neandertaler verschaffte. Es war der Cromagnon-Mensch, ein Vertreter des *Homo sapiens sapiens*, des modernen Menschen. Diese Hominiden verbreiteten sich im Lauf der letzten 32 000 Jahre über die ganze Erde. Während andere Hominidenlinien im Lauf der evolutionären Entwicklung gekommen und wieder gegangen sind, haben es die Menschen bis zu dem Punkt geschafft, an dem die Neandertaler beseite geschoben und aus dem Dasein hinausgedrängt wurden.

STAMMBAUM IM WANDEL

Der Stammbaum der Hominiden, die sich über Jahrmillionen zum modernen Menschen entwickelten, musste aufgrund neuer Erkenntnisse immer wieder neu gezeichnet werden. Bis vor wenigen Jahren z. B. glaubte man, der *Ramapithecus* gehöre in die direkte Abstammungslinie des Menschen, doch heute hält man ihn für einen Zweig, der von unserem Baum der Evolution abbrach.

Der Schlüssel zu dem Geheimnis, was mit anderen Hominiden wie beispielsweise dem Neandertaler geschah und wie der moderne Mensch sie verdrängte, ist wohl in einem gänzlich anderen Bereich zu finden: in unserer DNA. Die Antwort auf die Frage nach dem Ursprung des Menschen könnte durchaus in unseren Genen liegen.

UNTERSUCHUNGEN VON *LUCY* ERGABEN, DASS ES SICH DABEI VERMUTLICH UM EINE NUR 120 CM GROSSE FRAU HANDELTE, DIE IM ALTER VON UNGEFÄHR 20 JAHREN STARB. WISSENSCHAFTLER ZÄHLEN *LUCY* ZUR GATTUNG DER *AUSTRALOPITHECUS AFARENSIS*, DIE FÜR DAS FRÜHESTE GLIED IN DER KETTE DER MENSCHLICHEN EVOLUTION GEHALTEN WIRD.

Was wurde aus dem Neandertaler?

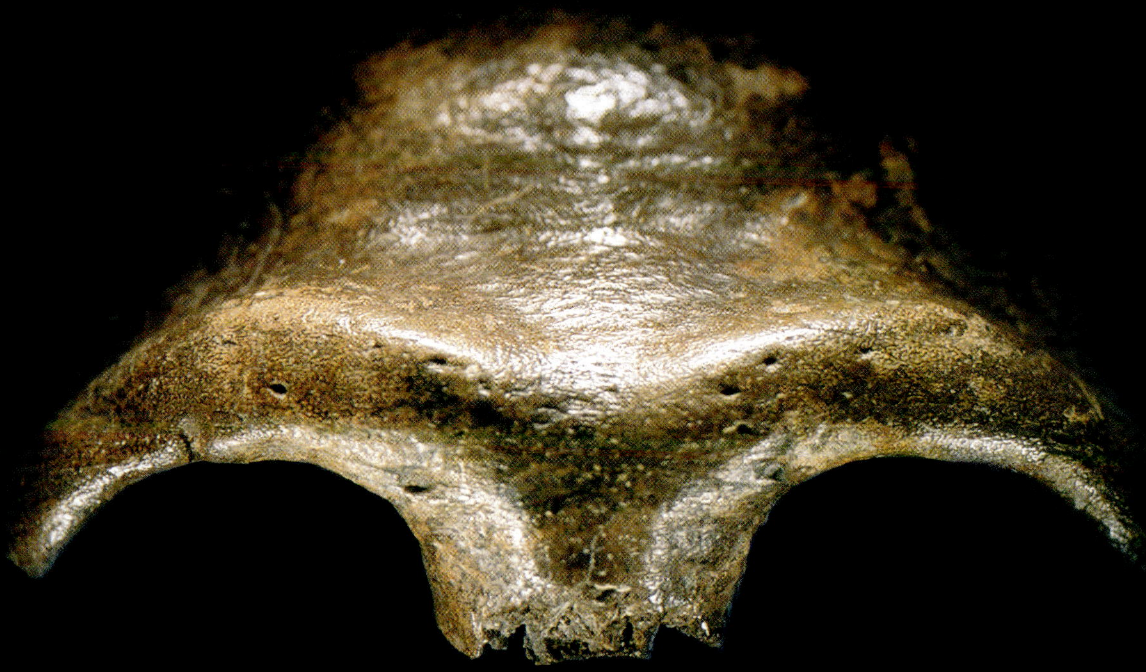

DAS SCHÄDELDACH EINES NEANDERTALERS (OBEN) WURDE 1857 IM NEANDERTAL BEI DÜSSELDORF GEFUNDEN. DER SCHÄDEL DES NEANDERTALERS (RECHTE SEITE OBEN, RECHTS) ZEIGT IM VERGLEICH ZU DEM EINES HEUTIGEN MENSCHEN EINEN GRÖSSEREN NASENBEREICH. ES IST DENKBAR, DASS ES SICH DABEI UM EINE ADAPTATION HANDELT, DIE DAZU DIENTE, DIE KALTE LUFT DER EISZEIT AUF DEM WEG ZUR LUNGE ANZUWÄRMEN.

DAS BILD, DAS MAN SICH FRÜHER VOM Neandertaler machte, war nicht gerade schmeichelhaft. Er wurde als ungeschlacht, dumm, gewalttätig und primitiv dargestellt, ein Wesen mit schwerfälligem Gang, das bevorzugt eine Keule über dem Kopf eines Tieres oder eines seiner Artgenossen schwingt. Verantwortlich für dieses Bild des *Homo neanderthalensis* war im frühen 20. Jh. vor allem der französische Paläontologe Marcellin Boule, doch wie sich später herausstellte, entsprach es keineswegs den Tatsachen. Boule hatte nämlich das Skelett eines alten männlichen Neandertalers untersucht, der an akuter Arthritis litt und deshalb gebeugt war. Andere Knochenfunde belegten, dass der Neandertaler vollkommen aufrecht ging.

Aus irgendeinem Grund scheiterte der Neandertaler und starb aus, während unsere Vorfahren sich weiterentwickelten.

In vieler Hinsicht war er den heutigen Menschen ähnlich, in anderer hatte er jedoch mit Nachteilen zu kämpfen, die ihm das Leben schwer machten – vor 40 000–30 000 Jahren, als er seinen Lebensraum mit dem Cromagnonmenschen, einem Vertreter des *Homo sapiens sapiens*, teilen und mit ihm um dieselben Nahrungsquellen wetteifern musste. Andererseits hatte der Neandertaler im Überlebenskampf auch deutliche Vorteile, weshalb die Frage nach den Ursachen seines Untergangs nicht ohne weiteres zu beantworten ist.

EINE VERDRÄNGTE ART

Dass die Neandertaler, die sich hunderttausende von Jahren in vielen Regionen der Erde unter widrigen Bedingungen erfolgreich behauptet hatten, in einer relativ kurzen Zeit von sieben bis zehn Jahrtausenden vom Antlitz der Erde verschwanden, muss in direktem Zusammenhang mit dem Auftreten der modernen Menschen stehen, die sich in knappen 30 000 Jahren über die ganze Erde verbreiteten. Die Frage ist, was aus den Neandertalern wurde. Starben sie aus oder vermischten sie sich vielleicht mit den Cromagnonmenschen?

Die Neandertaler waren zunächst ein erfolgreiches Kapitel in der Evolution des Menschen und kamen in ihrer Umwelt gut zurecht. Sie jagten mit Waffen, die sie aus Feuerstein gefertigt hatten, und legten eine ähnliche Lebenstüchtigkeit und Geschicklichkeit an den Tag wie später die Cromagnonmenschen. Sie konnten ebenso gut Nahrung zubereiten und aufbewahren und zeigten vergleichbare soziale Strukturen und eine ähnliche Jagdorganisation. An ihren Jagdstrategien ist zu erkennen, dass sie sich irgendwie verständigten. Allerdings scheinen sie den Cromagnonmenschen in puncto Erfindungsgeist und Intelligenz unterlegen gewesen zu sein. Man vermutet, dass ihre Gehirntätigkeit eher auf Sinneswahrnehmungen und Reaktionen und weniger auf eigenständiges Denken ausgerichtet war. Zwischen ihrer Hirnstruktur und der des *Homo sapiens sapiens* muss es entscheidende Unterschiede gegeben haben.

EIN KAUM MERKLICHER VORTEIL

Man weiß heute, wie lange es dauert, bis eine genetische Mutation sichtbare Auswirkungen in der natürlichen Auslese zeigt. Im Gang der Evolution sind 10 000 Jahre nur ein Augenblick. Wenn also vor 40 000 Jahren etwas geschah, das einen Hominiden mit einer dem Neandertaler überlegenen Überlebensfähigkeit hervorbrachte, dürfte es nur eine winzige Mutation gewesen sein, die sich in einer geringfügigen physiologischen Veränderung manifestierte. Doch dürfte diese Veränderung eine solche Wirkung auf die Widerstandskraft der Art gehabt haben, dass diese Art den Neandertaler verdrängte, statt einfach neben ihm zu leben.

Was auch immer der Cromagnonmensch seinem Neandertaler-Nachbarn voraus hatte: Es muss so gering gewesen sein, dass es kaum wahrnehmbar war – und dennoch entscheidend für den beiderseitigen Kampf ums Überleben.

LAG ES AN DER SPRACHE?

In den 1970er-Jahren bemerkten die amerikanischen Anthropologen Philip Lieberman und Edmund Crelin einen geringfügigen Unterschied in der Struktur des Kehlkopfes bei Neandertalern und Cromagnonmenschen. Wie bei allen Wirbeltieren besteht der Stimmbildungsbereich des heutigen Menschen aus zwei Teilen: dem Kehlkopf mit den Stimmbändern und dem Ansatzrohr mit Mundhöhle und Pharynx. Bei den Neandertalern aber ähnelt der Stimmtrakt dem früherer Hominiden, d. h. Kehlkopf und Ansatzrohr sind nicht getrennt.

Dieser Unterschied ist zwar klein, doch zeigen Computermodelle von der Art von Lauten, die der Stimmtrakt der Neandertaler erzeugen konnte, dass die Neandertaler eine ganze Reihe von Lauten – besonders Vokale, die einen großen Teil unserer Sprache ausmachen – nicht bilden konnten. Diese Erkenntnisse lassen vermuten, was damals geschah. Da die Cromagnonmenschen eine größere Vielfalt von Silben aussprechen konnten, konnten sie mehr Dinge benennen und sich ihren Artgenossen verbal mitteilen. Das könnte erklären, weshalb sich der Cromagnonmensch behaupten konnte, der Neandertaler aber ins Hintertreffen geriet und schließlich vor rund 30 000 Jahren ausstarb.

DIE NEANDERTALER WAREN GENAUSO GESCHICKT WIE IHRE VETTERN, DIE CROMAGNON-MENSCHEN, DOCH LEBTEN SIE IN KLEINEREN GRUPPEN, JAGTEN IN ENGER BEGRENZTEN GEBIETEN UND HATTEN OFFENSICHTLICH KEINEN ZUGANG ZUM WISSEN FRÜHERER GENERATIONEN. VIELLEICHT RÜHREN DIESE SCHWÄCHEN DAHER, DASS SIE SICH NICHT SO GUT VERSTÄNDIGEN KONNTEN, WAS WIEDERUM IN IHREM PRIMITIVEN SPRECHAPPARAT BEGRÜNDET LIEGT.

Die früher geäußerte Vermutung, dass sich beide Menschenarten vermischt haben und ineinander aufgegangen sein könnten, ist mittlerweile widerlegt. Erstens weiß man heute, dass die Schranken einer artübergreifenden Fortpflanzung sehr eng sind: Lebewesen paaren sich nicht mit anderen Lebewesen, die sich von ihnen, wenn auch nur geringfügig, unterscheiden. Und zweitens haben Genanalysen eindeutig ergeben, dass der Neandertaler nicht mit den heutigen Menschen verwandt ist; die Abfolgen seiner Gene sind zu verschieden.

Wer erfand das Rechnen und Schreiben?

Die Erfindung der Schrift legte den Grundstein für die Geschichtsschreibung. Bis dahin wurden vergangene Ereignisse nur mündlich überliefert.

IN UNSEREN AUGEN EINFACHSTE RECHENAUFGABEN DÜRFTEN IN DER ANTIKEN WELT ALS PURE ZAUBEREI BETRACHTET WORDEN SEIN. DIE SUMERISCHEN TAFELN MIT EINEM ALTEN MATHEMATISCHEN TEXT (OBEN) WERDEN IM IRAK-MUSEUM IN BAGDAD AUFBEWAHRT.

Was sind die Kennzeichen von Zivilisation? Diese Frage kann man kontrovers diskutieren, doch herrscht in einem Einigkeit: Für die Entwicklung der Zivilisation waren Schrift und Rechenkunst von grundlegender Bedeutung. Mehr noch, die Schrift ist eine der wichtigsten Errungenschaften der Menschheit überhaupt.

WÖRTER NEHMEN GESTALT AN

Die früheste bekannte Zivilisation schufen die Sumerer in Mesopotamien, dem heutigen Irak. Nach 3500 v. Chr. nahmen sie das Land in Besitz, legten die Sümpfe trocken und begründeten einen dauerhaften Ackerbau. Sie knüpften Handelsbeziehungen mit benachbarten Gebieten und bauten eine florierende Wirtschaft auf. Ummauerte Städte – Zeichen einer komplexen gesellschaftlichen Organisation – entstanden. Zur gleichen Zeit entwickelten die Sumerer ein Schriftsystem, in dem wichtige Gegenstände mit einfachen Zeichnungen dargestellt wurden. Dieses elementare System entwickelte sich im Lauf der Zeit zur stilisierten Keilschrift weiter.

Die Keilschrift, die sich später auch bei anderen Völkern Mesopotamiens durchsetzte, bestand aus einer großen Zahl von Symbolen, die für unendlich viele Gegenstände, Laute und Gedanken standen. Die Zeichen wurden mit der keilförmigen Spitze eines Stilus, eines Rohrgriffels, in den weichen Ton meist kleiner, quadratischer Tontafeln gedrückt.

Die Schrift schuf die Grundlage für eine neue Art der Kommunikation, die nicht nur für Geschäfte und beispielsweise Steuererklärungen, sondern auch viele andere Formen des persönlichen Kontakts nützlich war. Und sie legte den Grundstein zur Geschichtsschreibung. Vor dem Aufkommen des geschriebenen Symbols oder Wortes beruhte Geschichte auf Erinnerungen, die so fehlbar waren wie die Menschen selbst. Vergangene Ereignisse wurden mündlich von einer Generation zur nächsten überliefert. Bei dieser Art der prähistorischen „Flüsterpost" veränderten sich die Geschichten natürlich allmählich, sodass sie nach vielen Generationen kaum noch etwas mit der ursprünglichen Fassung gemein hatten. Die Schrift indes ermöglichte erstmals eine dauerhafte Aufzeichnung der Vergangenheit.

DIE WURZELN LIEGEN IN DER RECHENKUNST

Tatsächlich scheint sich das sumerische Schriftsystem aus einem noch älteren Rechensystem entwickelt zu haben, das möglicherweise bis 8000 v. Chr. zurückreicht. Aus dieser Periode fand man viele kleine Tonobjekte, die vermutlich gebräuchliche landwirtschaftliche Produkte darstellten und u. a. der Buchhaltung dienten.

Im 4. Jt. v. Chr. wurde dieses System stark modernisiert. Die einfachen Objekte, die nun wie die Gegenstände geformt waren, die sie darstellten, wurden oft in Tonhüllen aufbewahrt, die man außen mit Abbildern ihres Inhalts versah. Diese Markierungen zeigten den Benutzern, was in der Hülle enthalten war, ohne dass diese geöffnet werden musste. Je mehr die Anzahl der Waren im sumerischen Kulturkreis zunahm, desto mehr wuchs die Zahl der Objekte und ihrer symbolischen Markierungen auf den Hüllen. Um 3100 v. Chr. waren nicht weniger als 1200 Stempel in Gebrauch. Als das Markierungssystem für den Inhalt der Hüllen immer mehr verfeinert wurde, merkten die Sumerer

SUMERISCHE TONOBJEKTE, DIE BESITZTÜMER UND WAREN DARSTELLTEN, WURDEN IN EINER TONHÜLLE AUFBEWAHRT, DIE MIT DEM SIEGEL DES BESITZERS UND ABBILDERN DER ENTHALTENEN GEGENSTÄNDE VERZIERT WAR. DIESE HÜLLEN, DIE IM NAHEN OSTEN AUSGEGRABEN WURDEN, ZÄHLEN ZU DEN FRÜHESTEN SCHRIFTSTÜCKEN DER WELT.

EIN SILBERBARREN

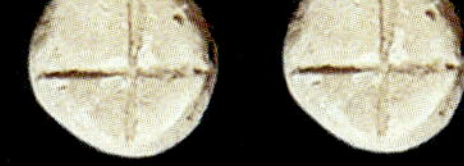

ZWEI SCHAFE

ZWEI ÖLKRÜGE

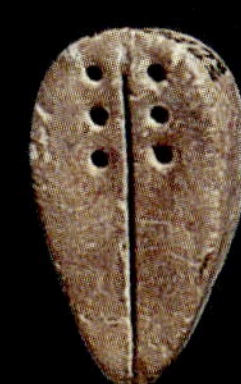

EINE SKLAVIN

TONHÜLLE

RECHTS: EIN SUMERISCHER SCHREIBER RITZT MIT EINEM GRIFFEL ZEICHEN IN EINE TONTAFEL. DIE BEIDEN ANDEREN FERTIGEN ROLLSIEGEL AUS STEIN AN, MIT DENEN WAREN ODER URKUNDEN GEKENNZEICHNET WURDEN. WENN MAN SIE ÜBER WEICHEN TON ROLLTE, ERZEUGTEN DIESE SIEGEL ERHABENE BILDER (UNTEN).

schließlich, dass es gar nicht mehr notwendig war, die Tonobjekte in die Hülle zu geben. Die Hüllen und Objekte kamen allmählich außer Gebrauch und die Tonabdrücke selbst wurden zur wichtigsten Methode der Buchhaltung.

KEILSCHRIFT UND HIEROGLYPHEN

Archäologische Belege weisen auf die Entwicklung einer universelleren Schrift in Sumer nach 3200 v. Chr. hin, mit deren Hilfe nun nicht nur bestimmte Artikel und Ereignisse dargestellt, sondern auch abstrakte Gedanken festgehalten werden konnten. Es war diese im Gebrauch von Symbolen der Buchhaltung wurzelnde Schrift, die sich zur Keilschrift weiterentwickelte.

Kurz nachdem die sumerische Hochkultur entstanden war, erschienen ähnliche Kulturen im Indus- und Niltal. Es ist denkbar, dass die Ägypter die Idee des Schreibens von den Sumerern, zu denen sie Kontakte unterhielten, übernahmen und daraufhin die Hieroglyphen entwickelten. Wie die Keilschrift bestand dieses Schriftsystem aus zahlreichen Symbolen, die Wörter, Silben und Laute bezeichneten, doch waren die Hieroglyphen viel bildhafter und stellten beispielsweise eine Eule oder Hand dar. Dieser Unterschied geht u. a. auf die verwendeten Schreibmethoden zurück: Nachdem sie anfangs in Stein gemeißelt wurden, ging man bald dazu über, die Hieroglyphen auf Wände und Papyrus zu malen, was viel mehr Feinheiten zuließ als das feste Drücken eines Stilus in Ton.

Bleibt die Frage, was der Entstehung der sumerischen Hochkultur zum Durchbruch verhalf. Nach Ansicht von Forschern lenkte eine führende Schicht – Priester oder Oberherren – die Arbeit der Mehrheit der Bevölkerung, die möglicherweise durch Eroberung versklavt worden war. Die Priester, die eine Erklärung finden mussten, warum die Götter manche Menschen zu Sklaven bestimmt hatten, trieben beim Volk auch große Mengen an Getreide und anderen Nahrungsmitteln als Opfer für die Götter ein. Mit diesem Reichtum konnten die Priester Architekten, Künstler, Tischler, Weber und andere Menschen mit besonderen Fertigkeiten beschäftigen. Auf diese Weise kam es zu weit reichenden Veränderungen in der Architektur und vielen anderen Bereichen, die der Blüte der sumerischen Kultur den Weg bereiteten.

RECHTS: DETAIL AUS EINER HIEROGLYPHENINSCHRIFT AM GRAB VON NOFRETIRI AUS DEM 13. JH. V. CHR.

Operation Ötzi

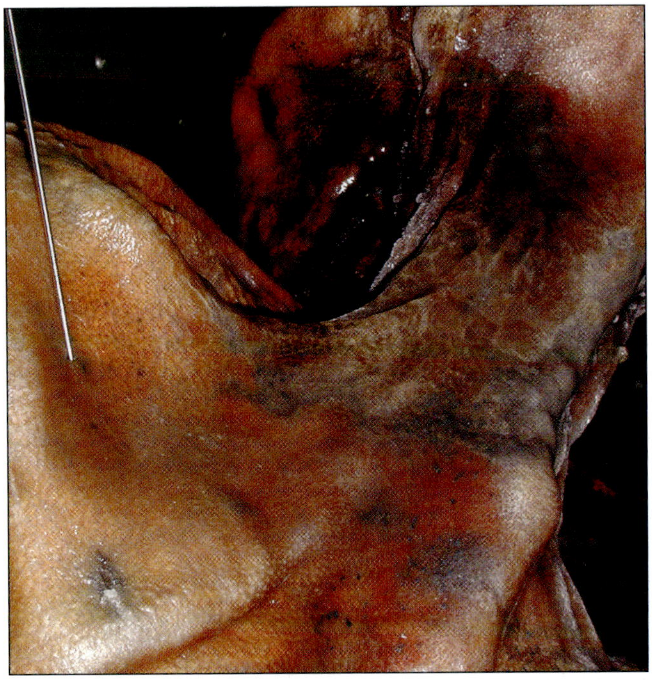

OBEN: DER STAB ZEIGT, WO ÖTZI VOM TÖDLICHEN PFEIL GETROFFEN WURDE. ER HAT DANACH NOCH RUND 8 STUNDEN GELEBT. RECHTS: SO WAR ER WAHRSCHEINLICH BEKLEIDET: FELLKLEIDUNG, LEGGINS, LEDERSCHURZ, FELLMÜTZE UND LEDERSCHUHE.

ÖTZTALER ALPEN, 19. SEPTEMBER 1991, 13.30 Uhr: Erika und Helmut Simon steigen von der Finailspitze in 3516 m Höhe ab in Richtung Similaunhütte. In einer Felsmulde mit Gletschereis und Schmelzwasser sehen sie eine nackte Leiche. Sie ragt mit Kopf, Schultern und einem Teil des Rückens aus dem Eis. Bis zur Bergung der Leiche am 23. September 1991 untersuchen etliche Leute die Fundstelle. Der zunächst als nackt wahrgenommene Mann trägt lederartige Beinkleider, ein Fuß ist mit Heu und Leder umwickelt, ein Schuhwerk, das dem der Lappen ähnelt. Etliche Gegenstände finden sich in weitem Umfeld.

Niemand ahnt zu diesem Zeitpunkt etwas von der Sensation, die dieser Fund birgt. Später wird deutlich, dass der Fundort am Similaungletscher südlich der Katasterlinie liegt, die das Ötztal von Südtirol trennt. „Ötzi" ist demnach Südtiroler. Heute befindet er sich im Archäologiemuseum von Bozen. Er ist der einzige jemals aufgefundene Mensch der Jungsteinzeit und ungefähr 5300 Jahre alt.

LANGWIERIGE SPURENSUCHE

Zunächst gibt die Datierung des Mannes aus dem Eis Rätsel auf: Nach dem Abspülen im gerichtsmedizinischen Institut der Universität Innsbruck weiß man schon: Die Leiche ist sehr alt. Man denkt an 4000 Jahre. Verblüffend ist, dass die Mumie so gut erhalten ist, dass vermutet wird, der Mann muss unmittelbar nach seinem Tod von Schnee bedeckt worden und seither nie mehr an die Oberfläche geraten sein. Mittels Föhn und Dampfstrahler arbeitet man am Fundort weiter und findet Kleidungsreste sowie die Gegenstände aus seinem Umfeld. Darunter sind ein Lederbeutel mit Werkzeug, eine kleine Apotheke, ein Fellsack als Köcher mit 14 Pfeilen, ein Beil aus Kupfer, das den Leichenfund vor der Bronzezeit einordnet. Der Bogen, den er mit sich führt, ist insgesamt 182,5 cm lang.

Durch die gefundenen Fetzen lässt sich über seine Tracht einiges sagen. Die Fellkleidung besteht aus viereckigen Stücken, die mit Sehnen oder Garn aus Tierhaaren zusammengenäht sind. Das Fellgewand trägt er wohl wegen des Aufenthalts in großer Höhe und Kälte. Erfindungsreich ist sein Schuhwerk aus ovalem Sohlleder. Es ist ebenfalls gut zu rekonstruieren. Mit Grasschnüren werden die hochgeschlagenen Ränder zusammengehalten und von kräftigen Lederriemen eingefasst. Ein Netz aus Grasschnüren, das Spann und Ferse bedeckt, fixiert das aus Wärmegründen in die Schuhe gestopfte Gras. Eine Art Oberleder bietet Schutz vor Nässe.

INTERESSANTE LEBENSUMSTÄNDE

„Ötzi" wird der Mann aus dem Eis liebevoll genannt. Manche Spekulationen, aber auch wissenschaftliche Erkenntnisse lassen sein Aussehen und seine Lebensumstände vor unserem geistigen Auge erscheinen: Er ist etwa 158,7 bis 163,1 m groß und 50 kg schwer, hat braune Haare und grünblaue Augen.

Gestorben ist er im Alter zwischen 25 und 40 Jahren, und zwar wahrscheinlich im September, da er Schlehenfrüchte dabei hatte, die erst im Spätjahr reifen. Man findet auch noch andere Nahrungsreste bei ihm: Getreidereste, die auf eine Beziehung zu land-

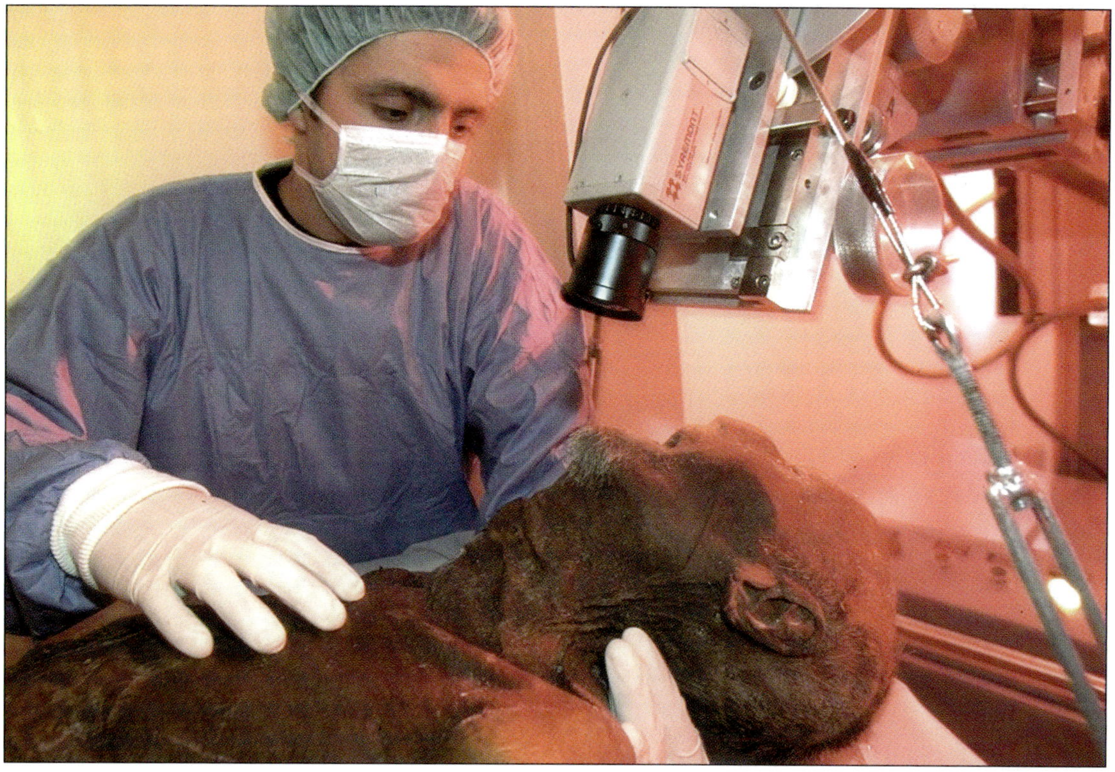

LINKS: MIT HOCH TECHNISIERTEN SPEZIALKAMERAS WURDE DER ÖTZI DURCHLEUCHTET, UM ÜBER SEINE LEBENSUMSTÄNDE KLARHEIT ZU ERLANGEN. UNTEN: MIT SOLCHEN FEUERSTEINDOLCHEN (LINKS) KONNTEN VORZEITJÄGER AUCH WILDBRET ZERLEGEN. DIE BEIDSEITIG SCHARFE KLINGE STECKT IN EINEM GRIFF AUS ESCHENHOLZ. DAS RECHTE WERKZEUG DIENTE ALS SCHLEIFSTEIN.

wirtschaftlichen Gruppen im Tal hinweisen, und einen Steinbockwirbel. Bei bester Gesundheit ist der Ötzi nicht: Eine Darminfektion, das gebrochene Nasenbein und schlecht verheilte Rippenbrüche machen ihm das Leben schwer.

Eines scheint sicher: Er erlebt ein Unglück oder einen Kampf und befindet sich kurz vor seinem Tod in einer Stresssituation. Darauf weist ein unfertiger Bogen hin, den er wahrscheinlich zu schnitzen beginnt, als sein mitgeführter Bogen zerbricht. Der Körper weist Tätowierungen auf: Ein Kreuz am linken Knie sowie viele kurze, parallele Striche auf dem Rücken, die er sich selbst nicht beibringen konnte. Das könnte auf einen religiösen Hintergrund oder auch auf eine Art Akupunktur schließen lassen.

Wer ist dieser Mann, was treibt ihn in solch eisige Höhen? Vielleicht ist er Jäger und versucht mit Pfeil und Bogen Mahlzeiten für seine Sippe zu erlegen. Er könnte auch als Metallsucher in den erzreichen Tiroler Bergen unterwegs sein. Doch keine Erzstücke oder pickelartigen Werkzeuge unterstützen diese Theorie. Ist er etwa ein Schamane, der in der Einsamkeit der Berge den Rat der Geister einholen will? Die wahrscheinlichste Theorie ist: Unser Eismann könnte Hirte sein. Mit Pfeil und Bogen verteidigt er seine Schafe oder Ziegen gegen Raubtiere und versorgt sich selbst mit Nahrung. Bisher hat man jedoch keine Schaf- oder Ziegenhaare in seiner Umgebung gefunden, die diese Theorie eindeutig belegen.

Ein Kuriosum am Rande sei noch vermerkt: Immer wieder erhalten die Experten Bitten von Frauen, die gern ein Kind von Ötzi hätten. Doch leider sind die Samenzellen zu empfindlich und können Jahrtausende im Eis nicht überstehen. So gibt es keine Möglichkeit einen Ötzi-Junior zu bekommen.

MYSTERIÖSER TOD

Erst im Juli 2001 verwandelt sich der sensationelle Fund in einen spektakulären Mordfall. Denn zu diesem Zeitpunkt entdecken Radiologen, dass der Mann aus dem Eis an einer Pfeilverletzung starb. Die 17 mm breite Pfeilspitze und das vermutete Einschussloch werden unterhalb der linken Schulter gefunden.

Amerikanische Forscher haben inzwischen eine neue Theorie aufgestellt. Kann es sein, dass der Gletschermann ein rituelles Opfer war? Da bei ihm noch sein Kupferbeil und andere Gegenstände gefunden wurden, liegt eine solche Vermutung im Bereich des Möglichen. Allerdings kam auch sofort ein Veto: Pfeile sind zur damaligen Zeit keine rituellen Tötungswaffen. Ein weiteres Geheimnis also, denn der Mann aus dem Eis ist von hinten getötet worden, also wohl auf der Flucht vor seinem Mörder. Es wird sicher noch manche Spekulation geben – aber werden wir je die Wahrheit erfahren?

TEIL 2

DIE ANTIKE WELT

DAS BEDEUTENDSTE WERK DER MENSCHHEIT NAHM SEINEN ANFANG IN DER Antike: die Zivilisation. In den Flusstälern von Euphrat, Tigris und Nil sowie später an den Küsten des Mittelmeers wurden die ersten Hochkulturen geboren. Noch heute können wir Bauwerke aus dieser Zeit bestaunen: die riesigen Pyramiden in Ägypten, den prächtigen Parthenon auf der Akropolis von Athen. In der Ebene von Salisbury in Südengland wurde der Steinkreis von Stonehenge errichtet. Die Stadt Rom schuf eines der größten Reiche der Weltgeschichte. Unbekannte Verfasser schrieben im Vorderen Orient das Buch, das den bedeutendsten Einfluss auf die Entwicklung des Abendlands ausübte: die Bibel. Der Sage nach wurde der Trojanische Krieg in Kleinasien ausgefochten, reiste die Königin von Saba an den Hof König Salomos in Jerusalem und die alten Griechen berichteten von einem Volk kriegerischer Frauen, den Amazonen.

Wer schuf Stonehenge?

EIN SO RIESIGES MONUMENT aus Stein wie das von Stonehenge konnte nicht von Menschenhand errichtet worden sein – so dachte man früher und führte das Bauwerk auf den Zauberer Merlin, den Ratgeber des sagenhaften Königs Artus, zurück. Später wurde die gigantische Anlage technisch fortgeschrittenen Völkern zugeschrieben, die in Britannien eingedrungen seien: vielleicht den Mykenern aus Griechenland oder den Bretonen aus dem Nordwesten Frankreichs, die beide ebenfalls riesige Steinbauten hinterlassen hatten. Erst in den 60er-Jahren des 20. Jh. bereiteten Archäologen den Spekulationen ein Ende, indem sie mithilfe der Radiokarbonmethode die Anfänge von Stonehenge auf die Zeit um 3000 v. Chr. datierten.

Immer schon wollte der Mensch das Geheimnis von Stonehenge lösen.

Tatsächlich bestätigten Untersuchungen, dass Stonehenge in mehreren Etappen errichtet wurde, die insgesamt eine Periode von etwa 1500 Jahren umspannen. Stonehenge I, die älteste Anlage, war z. B. ein aufgeschütteter Erdwall mit 56 kleinen Gruben rund um den Innenrand. Stonehenge II, begonnen um 2000 v. Chr., bestand aus einem Doppelkreis aus mächtigen Steinen, den so genannten Blausteinen, von denen jeder über 2 t wog. Irgendwann vor 1500 v. Chr. ersetzte man diese durch Stonehenge III, einen Ring aus 30 braunen Sandsteinpfeilern – den Sarsensteinen – mit Deckplatten. Der Ring hat einen Durchmesser von 33 m, innen befinden sich fünf riesige Trilithen, d. h. Steine in Dreiergruppen, die aus zwei Langsteinen und einem Deckstein bestehen.

DIE TRICHTERBECHERKULTUR

Wahrscheinlich gehörten die ersten Erbauer von Stonehenge der Trichterbecherkultur an – ihr Name stammt von der typischen Form ihrer

DER STEINKREIS VON STONEHENGE LIEGT IN SÜDENGLAND. DIE ANLAGE (RECHTS) BEEINDRUCKT ALLEIN SCHON DURCH IHRE GRÖSSE. DIE STEINGRUPPEN IM KREISINNERN SIND BIS ZU SIEBEN METER HOCH. DECK- UND PFEILERSTEINE VERBAND MAN DURCH GEMEISSELTE ZAPFEN UND LÖCHER MITEINANDER. EIN BLICK DURCH DIE MEGALITHEN AUF DIE UNTERGEHENDE SONNE (OBEN) LÄSST DEN MYTHISCHEN CHARAKTER DES ORTES ERAHNEN.

Trinkgefäße. Viele Archäologen sind jedoch nicht so recht überzeugt, dass ein Volk der Steinzeit, das anfänglich wohl weder Metallwerkzeuge noch ein Schriftsystem besaß, eine derart komplizierte Konstruktion errichten konnte. Zumal Stonehenge einige architektonische Raffinessen aufweist: So sind die aufrecht stehenden Steine wie die Säulen antiker Tempel in der Mitte ausgebaucht, sodass sie, von unten betrachtet, gerade erscheinen. Wahrscheinlich geht die grandiose Leistung der Erbauer auf zwei Faktoren zurück, die noch heute meist zum Erfolg führen: Genialität und Fleiß.

Besonders interessant ist der technische Aspekt der Anlage. Die Blausteine stammen aus den Bergen von Südwales und wurden über fast 400 km Entfernung zu Wasser mit Flößen und zu Land mit Holzschlitten transportiert. Die größeren Sarsensteine mit einem Gewicht von jeweils etwa 50 t kamen als Findlinge in der näheren Umgebung vor; Trupps von rund 1000 Mann schleppten sie an ihren Bestimmungsort. Dort wurden die Felsbrocken mit kleinen Steinwerkzeugen behauen, dann schräg in tiefe Gruben gesetzt und anschließend mithilfe von Seilen aufgerichtet.

ASTRONOMISCHE BEOBACHTUNGEN

Welchem Zweck diente Stonehenge? Schon lange nahmen Wissenschaftler an, dass es sich um eine religiöse Kultstätte handelte, u. a. deshalb, weil man keinerlei Reste von zerbrochenem Tongeschirr dort fand. Im Jahr 1963 legte der Astronom Gerald Hawkins eine Erklärung vor, die auf breite Zustimmung in der Fachwelt stieß. Er stellte fest, dass man vom Mittelpunkt von Stonehenge aus über verschiedene Steine hinweg bestimmte Himmelskörper mit einer Regelmäßigkeit sieht, die nicht zufällig sein kann. Hawkins beschaffte sich die astronomischen Daten aus der Bauzeit von Stonehenge und wies am Computer eine Reihe derartiger Gesetzmäßigkeiten nach. Darunter eine besonders spektakuläre Himmelsbeobachtung, die allerdings schon länger bekannt war: Zur Zeit der Sommersonnenwende – einem wichtigen Datum für eine Gesellschaft, die vom Ackerbau lebte – geht die Sonne direkt über einem der größten Steine auf. Mithilfe weiterer Peilsteine beobachtete man auch den Mond: Die Blausteine sollen Hinweise auf den Zyklus des Erdtrabanten geben, mithilfe anderer Daten konnte man möglicherweise Mond- und Sonnenfinsternisse vorausberechnen. Anscheinend diente Stonehenge also als Observatorium und als riesiger, überdimensionierter Kalender, nach dem sich die damaligen Menschen bei der Feldarbeit und beim Feiern von Festen richten konnten.

Über weitere Verwendungszwecke der schwergewichtigen Steine, etwa gesellschaftlicher Art, weiß man nicht viel. Vielleicht behalten sie für immer ihre Geheimnisse für sich. Der amerikanische Schriftsteller Henry James bemerkte dazu: „Man mag diesen roh behauenen Riesen hundert Fragen stellen, aber in der unermesslichen Stille, die über ihnen liegt, fällt die Neugier von einem ab."

TREFFPUNKT DER DRUIDEN?

FAKT ODER NICHT?

Anfang des 18. Jh. untersuchte der britische Altertumsforscher John Aubrey den Steinring von Stonehenge und entdeckte die nach ihm benannten 56 kleinen Gruben im Innern des Erdwalls. Aubrey vertrat die Theorie, dass Stonehenge ursprünglich den Druiden, keltischen Priestern, für ihre Feierlichkeiten gedient habe. Diese Ansicht stimmt jedoch nicht mit den historischen Fakten überein. In England traten die Druiden erst gegen Ende der vorchristlichen Epoche auf, mehr als 2000 Jahre nach dem Bau von Stonehenge I. Zur Zeit der keltischen Hochblüte auf den Britischen Inseln – etwa um 300 v. Chr. – war Stonehenge längst dem Verfall preisgegeben.

ANHÄNGER DER ALTEN DRUIDEN VERSAMMELN SICH IM JUNI UND IM DEZEMBER BEI DEN GROSSEN STEINEN VON STONEHENGE, UM DIE SOMMER- UND WINTERSONNENWENDE ZU FEIERN. FRÜHER HIELTEN MANCHE MENSCHEN DIE MEGALITHEN SOGAR FÜR DIE RESTE EINES EHEMALIGEN DRUIDENTEMPELS.

Wie entstanden die Pyramiden?

Die majestätischen Bauwerke zeugen von der hohen Kunst der alten Ägypter und der Macht ihrer Pharaonen.

WIE RIESIGE STEINBERGE RAGEN AM WESTUFER DES Nil die Pyramiden in die Höhe. Ihre Form mit der erdgebundenen Basis und der zum Himmel ragenden Spitze wirkt wie ein weithin sichtbares Symbol für das technische Können und die geistige Kraft, die zur Errichtung solcher Bauwerke vonnöten waren.

Die hohe Zeit des Pyramidenbaus in Ägypten lag etwa in der Mitte des 3. Jt. v. Chr. Die Bauwerke dienten als Grabmale für die Pharaonen; in ihrem Innern befand sich die Grabkammer, in die der einbalsamierte Leichnam gelegt wurde. Die monumentale Größe der Pyramiden sollte Ruhm und Macht des Königs dokumentieren. Die Grabstätte sollte aber auch seinen ungestörten Eintritt in die jenseitige Welt sicherstellen. Damit es dem Pharao im Jenseits an nichts mangelte, gab man ihm üppige Grabbeigaben mit auf den Weg. In einem Grab fanden Archäologen rund 40 000 steinerne Vorratsgefäße, von deren Inhalt sich nicht nur der König, sondern auch sein Gefolge, das oft in der Nähe des Pharaos bestattet wurde, hätte ernähren können.

EIN WELTWUNDER

Die mächtigste aller Pyramiden ist die Cheopspyramide von Giseh nahe Kairo. Sie ist das einzige erhaltene Bauwerk der Sieben Weltwunder der Antike. Errichtet wurde sie zur Zeit der Herrschaft von König Chufu, griechisch Cheops (2545–2520 v. Chr.). Ursprünglich betrug die Höhe der Pyramide 146,6 m – bis heute hat sie etwa 10 m eingebüßt; sie umfasst eine Grundfläche von über 5 ha, besteht aus etwa 2,5 Millionen massiven Steinquadern und wiegt mindestens 6,5 Mio. t.

Diese gigantischen Maße fügen sich in einen präzisen Plan: Die Seiten der Basis messen je rund 230 m und verlaufen mit einer Abweichung von weniger als 4 Grad fast genau von Nord nach Süd bzw. von Ost nach West. Die Steine der Pyramide sind so akkurat gesetzt, dass kein Blatt Papier dazwischen passt.

Im 19. Jh. wurden die Pyramiden von Archäologen vermessen. Manche Fachleute und interessierten Laien vermuteten hinter den gewonnenen Daten eine metaphysische Bedeutung, und es entstand die Pseudowissenschaft

DIE SPHINX HÄLT WACHE VOR DER PYRAMIDE DES KÖNIGS CHEPHREN.

AUF EINEM WANDGEMÄLDE IM GRAB DES HOHEN BEAMTEN RECHMIRE, DER IM 15. JH. V. CHR. IN LUXOR GELEBT HAT, SIND ARBEITER DARGESTELLT, DIE STEINE FÜR EIN PHARAONENGRAB BEARBEITEN.

von der „Pyramidologie". Ihre Anhänger suchten nach einem grundlegenden „Pyramidenmaß", einer Standardeinheit, die es den Ägyptern ermöglicht hatte, mit solcher Präzision zu bauen. Als mögliche Richtmaße wurden die Kreiszahl π, Masse und Umfang der Erde oder der Abstand zwischen Erde und Sonne in Erwägung gezogen. Andere sahen in den Pyramiden auch steinerne Annalen, die verschlüsselte Angaben über die Weltgeschichte machten. Zu den moderneren, wenn auch nicht unbedingt plausibleren Erklärungen über die Entstehung der Bauwerke gehört die Theorie, die Pyramiden seien von Außerirdischen mit Ufos zur Erde gebracht worden.

ANTIKE BAUARBEITEN

Die Wahrheit über den Bau der Pyramiden ist nicht ganz so phantastisch, wenn auch nicht weniger beeindruckend. Die Arbeiten begannen mit dem Hauen der Steinblöcke und dem Transport an den Ort der Bestimmung – manche kamen aus den Granitbrüchen des fast 1000 km entfernten Assuan. Als Transportmittel verwendete man vor allem zur Zeit des Nilhochwassers Flöße oder Lastkähne, die von vielen kleinen Booten gezogen wurden.

Vor Ort ebneten die Arbeiter zunächst den Bauplatz ein, indem sie mithilfe eines Kanalsystems das ganze Areal überfluteten. Danach wurde der Pyramidenumfang abgesteckt, wobei man den vorhandenen Felsuntergrund als Fundament mit einbezog. Am Nilufer errichteten die Arbeiter einen festen Damm, er sollte das Entladen erleichtern. Die Felsblöcke wurden dann mit Holzschlitten über hunderte von Metern zur Baustelle gezogen. Hier schlugen Steinmetze und Maurer die Steine für ihre jeweiligen Zwecke zu. Die behauenen Quader wurden anschließend hochgehievt – möglicherweise über mehrere Rampen, die mit dem Fortschreiten des Bauwerks verlängert wurden, während die Neigung konstant blieb, oder über nur eine einzige, spiralförmige Rampe, die sich um den Bau herum hinaufzog. Dann schaffte man den Stein an die Kante der Rampe und schob ihn in ein Bett aus flüssigem Mörtel. Während so die Pyramide heranwuchs, arbeitete sich ein anderer Bautrupp, die Steine glättend, von oben nach unten vor.

SKLAVEN, BAUERN ODER FREIWILLIGE?

Wie groß war nun das Heer der Bauarbeiter, und wie setzte es sich zusammen? Der griechische Geschichtsschreiber Herodot (485 bis 425 v. Chr.) ging von etwa 100 000 Menschen aus, die über eine Zeitspanne von etwa 20 Jahren auf der Baustelle arbeiteten und alle 3 Monate ausgetauscht wurden. Vermutlich ist die Zahl jedoch zu hoch geschätzt. Eine nahe der Pyramiden freigelegte Unterkunft bot rund 4000 Mann Platz, und wahrscheinlich gab es mehrere dieser Art.

Wie man heute annimmt, handelte es sich bei den Bauarbeitern nicht um Sklaven, die von Peitsche schwingenden Aufsehern zum Frondienst gezwungen wurden. In der Grabinschrift eines Aufsehers heißt es, er habe nie einen Untergebenen so hart angefasst, dass dieser zu Boden gegangen sei. Vielmehr führten Kriegsgefangene den Großteil der schweren Arbeiten aus, während Bauern die Tätigkeiten verrichteten, die besondere Geschicklichkeit verlangten. Sie wurden in Naturalien bezahlt und arbeiteten vor allem während der Nilüberflutung, wenn kein Ackerbau möglich war.

DIE PYRAMIDEN DER KÖNIGE CHEOPS UND CHEPHREN ÜBERRAGEN NOCH HEUTE DAS LANDSCHAFTSBILD UM GISEH. NACH ANSICHT VON FACHLEUTEN BEFANDEN SICH URSPRÜNGLICH IN DER NÄHE DER RIESIGEN GRABMÄLER KULTGEBÄUDE WIE TEMPEL UND SÄULENHALLEN, IN DENEN DER EIGENTLICHE TOTENKULT STATTFAND.

DER FLUCH DER MUMIE

SARG DES TUTANCHAMUN

DETEKTIV-ARBEIT

Im November 1922 betraten der Ägyptologe Lord Carnarvon und der Archäologe Howard Carter, beides britische Staatsbürger, im Tal der Könige das noch versiegelte Grab des jung verstorbenen Pharaos Tutanchamun und entdeckten einen reichen Schatz an Grabbeigaben. Lord Carnarvon allerdings konnte sich nicht lange über diesen sensationellen Fund freuen: Er starb schon wenige Monate später an Malaria. Auf einer Pressekonferenz erklärte ein französischer Sprecher, der Tod Carnarvons sei der Preis für die Entweihung des Grabes. Diese Theorie vom „Fluch der Mumie" stieß in der Öffentlichkeit auf großes Interesse, konnte aber nicht durch Fakten erhärtet werden. Von den 22 Personen, die bei der Öffnung des Grabes anwesend waren, starben bis 1934 nur sechs – keine auffallend hohe Todesrate, wenn man bedenkt, dass sich Ausländer in Ägypten oft schwere Tropenkrankheiten zuzogen. Carter selbst wurde 66 Jahre alt.

LORD CARNARVON

Die Ursprünge Griechenlands

Wo liegen die Wurzeln der griechischen Kultur, die einen so bedeutenden Einfluss auf die Entwicklung des Abendlands nahm?

DIE DARSTELLUNG AUF EINER VASE AUS DEM 6. JH. V. CHR. ZEIGT, WIE THESEUS DEN MINOTAURUS TÖTET. DIE VASENMALEREI WAR EINE DER KUNSTARTEN, DIE DIE GRIECHEN VON IHREN VORGÄNGERN – MINOERN UND MYKENERN – ÜBERNAHMEN. AB DEM 7. JH. V. CHR. WURDEN DIE TONGEFÄSSE MIT DARSTELLUNGEN LEBENSECHT WIRKENDER FIGUREN, OFT AUS DER SAGENWELT, VERSEHEN. UNTEN EINE GRIECHISCHE MÜNZE MIT DEM BILD DES MINOTAURUS.

Eine der Hauptsäulen, auf denen die abendländische Zivilisation ruht, ist die Kultur des klassischen Griechenland. Sie erlebte ihre Hochblüte um die Mitte des 5. Jh. v. Chr. unter Perikles. Auch wenn ihre Auswirkungen deutlich erkennbar sind – die Ursprünge dieser Hochkultur sind bis heute noch nicht ganz geklärt.

Für die antiken Geschichtsschreiber wie Herodot und Thukydides lagen die Wurzeln Griechenlands in einem früheren „heroischen Zeitalter“. Diese Epoche genau zu bestimmen ist schwierig, weil sich die historische Wahrheit in einem dichten Nebel aus Mythen verbirgt. So berichtet eine Sage von einem Volk, das einst die Insel Kreta bewohnte und von König Minos, einem Sohn von Zeus, regiert wurde. So mächtig waren die Minoer, dass die alten Griechen ihnen jedes Jahr sieben Jünglinge schicken mussten, die dem Minotaurus geopfert wurden. Dieser „Stier des Minos“, der den Kopf eines Menschen hatte, hauste in einem ausgedehnten unterirdischen Labyrinth. Tatsächlich wurden gegen Ende des 19. Jh. bei Ausgrabungen auf Kreta große labyrinthartig verschachtelte Paläste aus dem 2. und 3. Jt. v. Chr. freigelegt; außerdem fand man kunstvolle Wandmalereien, die Zeremonien im Zusammenhang mit Stieren darstellten. Heute glauben die Wissenschaftler,

AUF DER AMPHORE (LINKS) SIND AGAMEMNON, ODYSSEUS UND DIOMEDES DARGESTELLT. DIE GOLDENE MASKE HIELT MAN ANFANGS FÜR DAS ABBILD AGAMEMNONS. UNTEN: EIN AQUARELL VOM PALAST VON KNOSSOS

dass die Sage vom Minotaurus eine phantasievolle Umgestaltung dieser Vorlagen war.

Ein anderer Mythos berichtet von der mächtigen Festungsstadt Mykene im Nordosten des Peloponnes, die von Perseus und den einäugigen, riesenhaften Kyklopen erbaut worden war. Das Reich der Mykener hielt man für die Vormacht des prähistorischen Griechenland; hier hatte Agamemnon regiert, der die Griechen im Trojanischen Krieg anführte. Homer nannte die Mykener „Achäer" und pries ihre Tapferkeit. Nach dem Niedergang der mykenischen Kultur nach 1200 v. Chr. wurde ihre Geschichte wie die der Minoer in Heldenepen überliefert.

SCHLIEMANNS GRABUNGEN

Erst in den 70er-Jahren des 19. Jh. kam Licht in das Dunkel der griechischen Frühgeschichte. Der Archäologe Heinrich Schliemann fand damals bei Grabungen in Griechenland die steinerne Hinterlassenschaft eines Volkes, das zwischen 2800 und 1200 v. Chr. eine Blütezeit erlebt hatte. Wissenschaftlern gelang es, diese Menschen, die man nach einer der größten Festungen auf dem Peloponnes Mykener nannte, mit der Vernichtung der minoischen Kultur im 15. Jh. v. Chr. in Verbindung zu bringen. Einige Historiker vertreten sogar die Auffassung, dass der Sieg über die Minoer erst für das Aufblühen der mykenischen Kultur im darauf folgenden Jahrhundert verantwortlich war.

EINIGE DER FUNDSTÜCKE (OBEN), DIE HEINRICH SCHLIEMANN (UNTEN) IN HISSARLIK IN DER TÜRKEI AUSGEGRABEN HAT. OBEN RECHTS: TONTAFEL MIT SO GENANNTER LINEAR-B-SCHRIFT

Die Minoer auf Kreta waren ein friedliches Volk; ihr Wohlstand basierte vornehmlich auf dem Handel. Obwohl sie dadurch intensiven Kontakt zu ihren Nachbarn hatten, besaßen sie länger als diese keine Schrift. Schließlich schufen sie sich eine eigene Bilderschrift, die sie um 1600 v. Chr. zu einer Strichschrift – von den Archäologen als Linear A bezeichnet – weiterentwickelten.

Diese linearen Schriftzeichen sind das deutlichste Bindeglied zwischen minoischer und mykenischer Kultur, denn die Mykener verwendeten eine Schrift, die auf Linear A basierte und später Linear B genannt wurde. Tontafeln mit Linear-B-Inschriften aus der Zeit der Zerstörung der minoischen Kultur wurden auf Kreta gefunden – wohl ein Indiz dafür, dass die Mykener nicht nur die Schrift der Minoer übernahmen, sondern auch ihr Land an sich rissen. Und diese Theorie passt in der Tat zu allem, was man von den Mykenern weiß: Sie waren ein wildes, kriegerisches Volk, das seine Helden in monumentalen Grabstätten beisetzte. Möglicherweise wurde Homer dadurch inspiriert, die Helden in der *Ilias* so eindrucksvoll zu beschreiben.

Ein hervorstechendes Beispiel für die gigantischen Bauten ist das Atridengrab in Mykene, das so genannte Schatzhaus des Atreus, des Vaters von Agamemnon. Es wurde zwischen 1300 und 1250 v. Chr. errichtet, misst 14,5 m im Durchmesser und ist 13,2 m hoch; über dem Eingang liegt ein Deckstein von rund 120 t Gewicht.

WER KAM WANN?

Zwar weiß man heute einiges über die Griechen der vorgeschichtlichen Zeit, doch ist noch immer nicht geklärt, wie das griechische Festland besiedelt wurde. Geschah es durch eine Invasion? Oder durch allmähliche Einwanderung? Und wann genau ließen sich die Vorfahren eines Aristoteles und Hippokrates in Griechenland nieder? Nach der Untersuchung

LINKS: DAS SCHATZHAUS DES ATREUS IN MYKENE, EINE FRÜHGESCHICHTLICHE GRABSTÄTTE, IST EIN BIENENKORBFÖRMIGER RUNDBAU MIT GLEICHMÄSSIG GEWÖLBTER KUPPEL. DAS EINGANGSTOR IST GEWALTIGE 5,4 METER HOCH. DER DREIECKIGE LEERRAUM ENTLASTET DEN RIESIGEN TÜRSTURZ VOM GEWICHT DER DARÜBER RUHENDEN STEINQUADER.

HIPPOKRATES (GANZ OBEN) UND ARISTOTELES (OBEN) SIND ZWEI HERAUSRAGENDE GESTALTEN DES ANTIKEN GRIECHENLAND.

bronzezeitlicher Stätten, deren einzelne Schichten Zeichen von Zerstörung und nachfolgendem technischem und kulturellem Fortschritt aufwiesen, haben einige Archäologen die Zeit des Eindringens um etwa 2200 v. Chr. angesetzt. Andere dagegen sind der Ansicht, in Wirklichkeit gäbe es keinerlei überzeugenden Beweis dafür, dass die Besiedlung Griechenlands seit ihren frühesten Spuren um 6000 v. Chr. bis zum Ende der mykenischen Kultur je unterbrochen war. Und eine dritte Meinung besagt, dass schon um 3000 v. Chr. die ersten Einwanderer nach Griechenland kamen. Ihren Sprachen nach zu schließen stammten sie überwiegend aus Kleinasien. Eine eindeutige Antwort hat die Wissenschaft noch nicht gefunden.

DIE SCHWARZE ATHENE

DETEKTIV-ARBEIT

Sollten wir unsere traditionellen Vorstellungen von der griechischen Kultur über Bord werfen? Der Wissenschaftler Martin Bernal ist dieser Meinung. In seinem Buch *Schwarze Athene: Die afroasiatischen Wurzeln der klassischen Kultur* stellt er die These auf, Griechenland sei um das 16. Jh. v. Chr. von Ägyptern erobert und befriedet worden und die klassische Zivilisation habe daher tiefe Wurzeln in den afroasiatischen Kulturen. Bernal behauptet, die Existenz dieser Einflüsse sei im 18. und 19. Jh. aus rassistischen Gründen verneint worden. Seiner Ansicht nach waren auch die alten Griechen selbst überzeugt, dass ihre politischen Institutionen, ihre Wissenschaft und Philosophie sich nicht von den Indoeuropäern ableiteten, sondern im Süden ihre Wurzeln hatten.

DIE GÖTTIN ATHENE, SCHUTZHERRIN DER STADT ATHEN

Jason und die Argonauten

DER ITALIENISCHE MALER LORENZO COSTA SCHUF UM 1500 DAS GEMÄLDE *DAS SCHIFF DER ARGONAUTEN*. DIE ARGONAUTENSAGE IST EINE DER ÄLTESTEN ÜBERLIEFERUNGEN DER GRIECHISCHEN MYTHOLOGIE. SIE ERZÄHLT, WIE 50 HELDEN UNTER DER FÜHRUNG VON JASON NACH KOLCHIS AM SCHWARZEN MEER FAHREN, UM DORT DAS VON EINEM DRACHEN BEWACHTE GOLDENE VLIES ZU HOLEN.

Zu den ältesten griechischen Sagen gehört die Geschichte vom Helden Jason und seinen kühnen Gesellen: Sie brachen auf der *Argo* in die entlegensten Bereiche der damals bekannten Welt auf, um das Goldene Vlies zu holen, ein wertvolles Widderfell, das sich in Kolchis am Schwarzen Meer befand und von einem Drachen bewacht wurde.

Die Argonautensage entstand um 1300 v. Chr. Wie alle Legenden wurde sie beim Erzählen ausgeschmückt und nach den Vorstellungen des Vortragenden leicht verändert. In ihr spielen zahlreiche Fabelwesen eine Rolle, etwa Vögel mit Federn aus Bronze, Feuer speiende Stiere, Drachen, betörende Sirenen. Dennoch sehen manche Wissenschaftler in der Geschichte kein reines Phantasieprodukt, sondern vermuten darin einen wahren Kern, der wichtige Informationen über die Vorfahren der antiken Griechen enthält. Immerhin erscheint die Basis der Handlung durchaus als zutreffend: Wie man aufgrund archäologischer Funde weiß, hatte sich das alte Griechenland lange vor vielen anderen Kulturen als Seemacht behauptet. Beweise für See-Expeditionen im Mittelmeerraum durch prähellenische Völker, die später wahrscheinlich im antiken Griechenland aufgingen, gehen auf das 7. Jt. v. Chr. zurück.

JASONS ABENTEUER

Zu der Zeit, als Jason seine abenteuerliche Reise antrat, war der Schiffbau noch nicht sehr weit fortgeschritten; so besaß die *Argo* nicht einmal ein Deck. Wenn die Argonauten – oder andere zeitgenössische Entdecker – an Land gingen, zerlegten sie ihr Schiff in seine Einzelteile und nahmen diese mit. Später bauten sie es dann wieder zusammen. Solchem Aufwand zum Trotz wurden die Vorteile der *Argo* ausführlich gepriesen und ihre Überlegenheit gegenüber anderen Schiffen wortreich betont, ein Beweis für den Stolz der frühen Griechen auf ihre Schiffbautechnik und auf das Vertrauen, das sie ins Meer und seinen ungestümen Gott Poseidon setzten.

AUF DEN BEIDEN BILDERN LINKS IST DARGESTELLT, WIE JASON DAS GOLDENE VLIES AN SICH REISST. UM IN DEN BESITZ DES WIDDERFELLS ZU KOMMEN, SEGELTE ER MIT DEN ARGONAUTEN IN DIE ENTLEGENSTEN GEWÄSSER. BEI DEM SCHIFF HANDELT ES SICH UM EIN MODELL DER SAGENHAFTEN *ARGO*.

Möglicherweise handelte es sich bei Jason und seinen Gefährten in Wirklichkeit um Schatzsucher, die später zu Helden idealisiert wurden. Die Sage vom Gold, das in den Flüssen der Kolchis, also im heutigen Georgien, zu finden sei, war zu damaliger Zeit allgemein bekannt. Überhaupt war es meist eher die Aussicht auf reichen Gewinn, die die Seeleute und Krieger in ferne Länder zog, als reine Abenteuerlust.

Aber bedeutsamer als phantasiereiche Kämpfe mit Ungeheuern oder der tatsächliche Anlass der Reise ist für die heutigen Wissenschaftler die kühne Fahrt der Argonauten durch europäische Gewässer. Im gesamten Epos wird von astronomischen Beobachtungen berichtet, die klar erkennen lassen, dass Jason und seine Männer sich auf Meeren und Flüssen nicht einfach den Elementen überließen; bereits vor mehr als 3000 Jahren verfügten sie über gründliche Kenntnisse der Navigationstechnik. Ihre bahnbrechende Unternehmung trug sie weit nach Osten durchs Schwarze Meer bis an den Fuß des Kaukasus. Nach dem damaligen Kenntnisstand der griechischen Seeleute war das Schwarze Meer der Golf eines grenzenlosen Ozeans; die östlich anschließende Bergwelt war ihnen noch unbekannt. Zweifellos prägten Reiseerfahrungen wie die der Argonauten ihr Weltbild und ihr Verhältnis zu den Völkern im Osten.

DURCH EUROPÄISCHE GEWÄSSER

Auf dem Rückweg segelten die Argonauten nach Ansicht verschiedener Historiker nordwärts über Skandinavien, dann nach Westen zu den Britischen Inseln und schließlich Richtung Süden entlang der Westküste Europas bis ins Mittelmeer. Nach einer anderen Theorie fuhren sie die Donau aufwärts und weiter über kleinere Flüsse bis zur Adria und dann nach Griechenland. So oder so erbrachte ihre Route viel neues Wissen über Lage und Verlauf der europäischen Gewässer, sodass aus heutiger Sicht Jasons wichtigste Tat sein Beitrag zu den geographischen Kenntnissen der Griechen wurde.

Gab es tatsächlich das Trojanische Pferd?

Schliemann entdeckte den Ort, an dem wohl der Trojanische Krieg stattgefunden hatte, aber wurde der Kampf wirklich mit List gewonnen?

DIE *ILIAS*, HOMERS FASZINIERENDE BESCHREIBUNG des Trojanischen Krieges, ist das herausragende Epos des Altertums. Es führt uns eine Parade von Helden vor Augen, es berichtet von blutigen Schlachten, von Sieg und Niederlage. Zweifellos eine großartige Geschichte, aber ist auch etwas davon wahr?

Viele antike Historiker verbürgten sich für den Wahrheitsgehalt der Erzählung; Thukydides etwa behauptete, dass es tatsächlich einen Trojanischen Krieg gegeben habe. Aber da der Geschichtsschreiber erst um 455 v. Chr. geboren wurde, d. h. rund 800 Jahre nach den angeblichen Geschehnissen, ist sein Zeugnis nicht sehr verlässlich. Letztlich bleibt der Dichter Homer unsere einzige Quelle, doch weiß man von ihm weder, wer er war, noch woher er seine Kenntnisse von der Geschichte Trojas hatte. Und so viel bekannt ist, lebte er zwischen 900 und 700 v. Chr., also mindestens vier Jahrhunderte nach den kriegerischen Ereignissen. Lange Zeit war sogar unklar, ob es überhaupt je eine Stadt Troja gegeben hatte. Und niemand wusste genau, wo dieser Ort, wenn es ihn denn gab, gelegen haben sollte.

SCHLIEMANNS FUND

Dem Kaufmann und Archäologen Heinrich Schliemann gelang es, das historische Rätsel zu lösen. Er war davon überzeugt, dass das Epos auf Wahrheit beruhte, und suchte zunächst nach der Burg des Odysseus, dann nach der Stadt Troja. Die antiken griechischen Texte als Führer benutzend, begann er im Jahr 1871 mit-

IN DER *ODYSSEE*, EINEM EPOS VON HOMER, BESCHREIBT ODYSSEUS DAS HÖLZERNE PFERD VON TROJA RECHT GENAU. DENNOCH LÄSST ES SICH NICHT DURCH ARCHÄOLOGISCHE FUNDE BELEGEN. NACH ANSICHT MANCHER FACHLEUTE BERUHT DIE SAGE AUF EINER SPÄTER AUSGESCHMÜCKTEN ERZÄHLUNG VOM EINSATZ EINES STURMBOCKS ODER EINES BELAGERUNGSTURMS, MIT DESSEN HILFE DIE STADT TROJA EINGENOMMEN WERDEN SOLLTE.

hilfe von fast 100 Arbeitern, den Hügel von Hissarlik im Nordwesten der Türkei auszugraben. Und tatsächlich fand er dort sein Troja. Insgesamt sogar neun Trojas, nämlich die Hinterlassenschaft mehrerer Kulturen – eine unter der anderen begraben –, deren älteste bis zum Ende der frühen Bronzezeit um 2500 v. Chr. zurückreicht.

Am 14. Juni 1873, einen Tag vor dem geplanten Ende der Grabungssaison, stieß Schliemann auf einen riesigen Schatz, darunter über 8000 mit Edelsteinen besetzte Becher, Ringe und Armreifen. Er nannte seinen wertvollen Fund den „Schatz des Priamos“ nach dem trojanischen König, von dem in der *Ilias* die Rede ist. Aber damit befand sich Schliemann, wie sich später herausstellte, im Irrtum: In seinem Eifer hatte er an der Schicht, die von Priamos' Troja übrig geblieben war, vorbeigegraben und stattdessen eine rund 1000 Jahre ältere Siedlung freigelegt. Das Troja der *Ilias* lag dagegen verstreut in den Schutthaufen der Ausgrabung. Entscheidend aber war: Schliemanns Entdeckung des geschichtsträchtigen Hügels bewies, dass es ein historisches Troja tatsächlich gegeben hat.

Doch war dort auch ein Krieg gegen die Griechen ausgetragen worden? Die Archäologen legten in den folgenden Jahrzehnten hohe Schutzmauern frei, immerhin ein Hinweis auf eine kriegerische Gesellschaft. Aber es fehlt der letzte, zwingende Nachweis, dass vor diesen Mauern ein Heer lagerte, ganz zu schweigen von den rund 110 000 Mann, von denen Homer spricht.

KEIN PFERD UND KEINE HELENA?

Und was ist mit der berühmten Geschichte vom Trojanischen Pferd? In der von den Griechen zurückgelassenen Holzskulptur, die die Trojaner in die Stadt schafften, hatten sich 30 Griechen versteckt, die nachts heimlich von innen die Stadttore öffneten und die Zerstörung von Troja ermöglichten. So lehrreich die Sage auch ist – es gibt keine Funde oder andere Hinweise darauf, dass sie auf einer historischen Begebenheit beruht. Und auch die Geschichte der schönen Helena, der Gattin des Spartanerkönigs Menelaos, die vom trojanischen Königssohn Paris entführt und so zum Anlass des Krieges wurde, ist nicht belegt; in den Berichten des Altertums finden sich keine Hinweise auf diese Königin. Und dass die Belagerung Trojas 10 Jahre gedauert haben soll, ist auch nicht sehr wahrscheinlich, denn damals gab es keine strenge soldatische Disziplin, und die Truppenverbände lösten sich meist innerhalb kurzer Zeit wieder auf.

Zahlreiche Historiker halten dagegen, dass wesentliche Aussagen über den Krieg zutreffen, wenn auch manches Detail erfunden wurde. Sie verweisen darauf, dass Dichter Begebenheiten gern ausschmücken und dass derartige Berichte mündlich über Generationen weitergegeben wurden. Dabei veränderten die Erzähler die Geschichten, indem sie aus dem Fundus anderer überlieferter Heldensagen schöpften. Eine besonders beliebte Version fand dann die größte Verbreitung und wurde schließlich schriftlich festgehalten.

Bei all den historischen Ungewissheiten verfährt man mit dem Trojanischen Krieg am besten so wie mit vielen anderen Rätseln des Altertums: Man freut sich einfach an der schönen Geschichte.

WER WAR HOMER?

FAKT ODER NICHT?

Ungeachtet seines Ruhmes weiß man sehr wenig von Homer, dem größten Dichter der Antike. Bis zur Mitte des 5. Jh. v. Chr. hielten die Griechen die Insel Chios vor der Westküste Kleinasiens für seinen Geburtsort. Dort wurden seine Epen von den so genannten Homeriden gesungen, einer Volksgruppe, die in Homer ihren direkten Vorfahren sah.

Als sich Homers Ruhm herumsprach, nahmen westlicher gelegene Städte, unter ihnen Athen, ihn als ihren Sohn in Anspruch. Doch lokale Bezüge in der *Ilias* legen nahe, dass Homer tatsächlich aus der östlichen Ägäis stammte. Außerdem weisen grammatische, stilistische und metrische Elemente der *Ilias* auf das 8. Jh. als Entstehungsdatum hin, ebenso wie die Beschreibung einiger zeittypischer Kampfmethoden. Es gibt allerdings auch Wissenschaftler, die Homer weder für den Autor der *Ilias* halten noch für den der *Odyssee*, der Geschichte von der langwierigen Heimfahrt des Odysseus nach dem Trojanischen Krieg.

WAHRSCHEINLICH HAT HOMER (OBEN), MIT EIGENEN AUSSCHMÜCKUNGEN, GESCHICHTEN UND GESÄNGE ZUSAMMENGEFASST, DIE SCHON ÜBER GENERATIONEN VOR IHM WEITERGEGEBEN WORDEN WAREN. DIE IHM ZUGESCHRIEBENEN EPEN *ILIAS* UND *ODYSSEE* BERICHTEN ÜBER BEGEBENHEITEN DES TROJANISCHEN KRIEGES UND DIE IRRFAHRTEN DES ODYSSEUS.

Noah und die Sintflut

In den letzten zwei Jahrhunderten haben Archäologen und Historiker Beweise dafür erbracht, dass die Erzählung von einer großen Flut auf ein tatsächliches Ereignis zurückgeht.

GOTT TRUG NOAH AUF, „EIN SCHIFF AUS HOLZ" ZU BAUEN, UM SICH, SEINE FAMILIE UND JE EIN PÄRCHEN DER VERSCHIEDENEN TIERARTEN VOR DER SINTFLUT ZU RETTEN. DURCH DIE JAHRHUNDERTE HABEN KÜNSTLER DIESE GESCHICHTE AUF LEINWAND DARGESTELLT. DER AMERIKANISCHE MALER NATHANIEL CURRIER SCHUF SEINE VERSION 1855.

Bei der Aufklärung eines Kriminalfalls hält man ein Indiz für umso wahrscheinlicher, je mehr Zeugen es bestätigen. Dieser Grundsatz lässt sich auch auf die Archäologie übertragen. Wenn ein bestimmtes Ereignis, das in grauer Vorzeit geschehen sein soll, in mehreren Kulturen überliefert wird, spricht vieles dafür, dass diese Geschichte tatsächliche Begebenheiten wiedergibt.

Der Bericht von der Sintflut ist eine solche archetypische Erzählung. Sie handelt von einer gewaltigen Überschwemmung, von der nur eine einzige Familie verschont blieb, die dann die Erde neu bevölkerte. Die in unserem Kulturkreis bekannteste Version findet sich im Alten Testament im 1. Buch Mose. Gott sah, dass auf der Erde die Schlechtigkeit der Menschen zunahm, und er wollte die Menschheit durch eine große Regenflut vernichten. Nur der rechtschaffene Noah fand Gnade vor seinen Augen und erhielt den Auftrag, eine Arche für sich und die Seinen sowie je ein Pärchen der verschiedenen Tierarten zu bauen.

Ähnlich lautende Geschichten gibt es in den Mythologien vieler anderer alter Kulturen, so etwa auch bei den Mesopotamiern, Griechen, Wikingern, Indianern. Die berühmteste nichtbiblische Erzählung von einer großen Überschwemmung wurde 1872 in Babylon auf Tontafeln entdeckt; sie ist ein Teil des Gilgamesch-Epos aus dem 2. Jt. v. Chr. Darin berichtet der Held Utnapischtim, wie er eine große Flut überlebt habe, mit der die Götter die Menschheit vernichten wollten. Ausschnitte desselben Epos wurden seitdem auf hunderten von Keilschriftfragmenten gefunden und waren wahrscheinlich die Quelle für die biblische Geschichte von Noah.

Beide Berichte von einer großen Flut weisen viele Gemeinsamkeiten auf: die mit Pech abgedichtete Arche, die Tiere, die mit an Bord genommen wurden, das Aussenden von Vögeln, die nach trockenem Land suchen sollten. Möglicherweise war früher die ständige Sorge der Menschen, dass ihr Ackerland überschwemmt würde, der Hauptgrund für die Entstehung derartiger Legenden.

GRABUNG DURCH DIE JAHRTAUSENDE

Da sich die Hinweise auf eine vernichtende Überschwemmung, die tatsächlich stattgefunden hat, häuften, begannen die Archäologen nach handfesten Beweisen zu suchen. Ende der 20er-Jahre des 20. Jh. wurden sie bei der Freilegung der untergegangenen Stadt Ur im Süden des Irak fündig: Der Brite Leonard Woolley, der die „Grabung durch die Jahrtausende" leitete, fand abwechselnd Schichten aus Ruinenresten und Flussablagerungen vor. Offenbar war die Region mehrfach überflutet worden, und die Kulturen hatten sich immer wieder aufs Neue behaupten müssen.

Nach Woolleys Ansicht gab es damals aber keine „weltweite Überschwemmung, sondern nur eine gewaltige Flutwelle im Tiefland zwischen Euphrat und Tigris, die alles bewohnbare Land zwischen Gebirge und Wüste unter sich begrub. Für die Menschen, die dort lebten, war das allerdings die ganze Welt."

Woolley fand noch ein weiteres Indiz für seine These: einen großen Hügel, der zur Zeit der Überschwemmung wohl als einzige Erhebung in der Ebene aus dem Wasser ragte. Bei Grabungen legte er hier Siedlungsschichten frei, die sich ohne Unterbrechung nach unten ins Erdreich fortsetzten. Dies ließ den Schluss zu, dass der Ort als Zuflucht vor dem steigenden Wasser gedient hatte. Vielleicht, so vermutete Woolley, wurde auf diesem Hügel der Mythos von der großen Flut geboren, während ringsum die Wassermassen langsam abliefen und die Überlebenden sich erneut an ihr Tagwerk machten.

SCHMELZENDE GLETSCHER

In jüngster Zeit gelangten Naturwissenschaftler zu Erkenntnissen, die den Mythos Sintflut aus einem anderen Blickwinkel beleuchten. Geologische und ozeanographische Analysen haben ergeben, dass es vor rund 7600 Jahren zu einer großen Überschwemmung gekommen sein muss. Damals stieg aufgrund schmelzender Gletscher der Wasserspiegel des Mittelmeers an, und der natürliche Damm, der es von einem Binnensee, dem heutigen Schwarzen Meer, trennte, wurde überflutet. 2 Jahre lang strömte unaufhaltsam Wasser durch den heutigen Bosporus in den See; mit jedem Tag rückte dieser rund 1,5 km vor und verwandelte die gesamte Region in ein riesiges Meer. Vielleicht schufen die Überlebenden dieses Naturereignisses, die sich später rund ums Mittelmeer ansiedelten, den Mythos von der großen Flut.

DIE BEIDEN GIPFEL DES ARARAT RAGEN ÜBER DEM NEBEL AUF. DER ERLOSCHENE VULKAN IST DIE HÖCHSTE ERHEBUNG IN DER TÜRKEI UND WIRD NICHT SELTEN FÜR DEN LANDEPLATZ VON NOAHS ARCHE GEHALTEN.

DIE SUCHE NACH DER ARCHE

DETEKTIV-ARBEIT

Die Bibel nennt keinen geographischen Ort für den Berg Ararat, auf dem die Arche nach der Flut gemäß 1Mose 8,4 aufsetzte. Dennoch hat man immer wieder auf dem gleichnamigen Berg im Nordosten der Türkei nach Überresten der Arche gesucht, allerdings bisher ohne Erfolg.

1955 schließlich brachte der französische Forscher Fernand Navarra von einer Expedition auf den Ararat Stücke von einem Holzbalken mit, die zwar so aussahen, als seien sie sehr alt, nach einer wissenschaftlichen Untersuchung aber aus dem frühen Mittelalter stammten. Damals befand sich am Fuß des Berges ein Kloster. Wahrscheinlich hatten Mönche eine Nachbildung der Arche angefertigt und auf den Berg gebracht, und von dieser „Reliquie" rührte die Holzprobe her.

Ebenfalls in den 50er-Jahren des 20. Jh. wurde der Ararat von einem Hubschrauber aus erkundet und ein Foto von einem merkwürdigen Gebilde gemacht, das aus dem Eis nahe dem Hauptgipfel herausragte. 1974 ließen Satellitenbilder etwas tiefer an der Nordwestflanke des Berges eine Struktur erkennen, die „als nicht passend zu allem anderen auf dem Berg" aussah. Für eine Ausgrabung müssten aber große Mengen Eis bewegt werden, und so lässt der endgültigen Beweis für den Verbleib der Arche noch auf sich warten.

Moses und der Exodus

Der Auszug aus Ägypten ist ein entscheidendes Kapitel des Alten Testaments und darüber hinaus ein Symbol für Hoffnung und Freiheitsliebe.

Die Legende vom Auszug aus Ägypten zählt zu den eindringlichsten Passagen der fünf Bücher Mose. Nicht nur einzelne Personen schöpften daraus Hoffnung und Zuversicht, sogar ganze Völkerschaften verbanden ihr Schicksal mit der Befreiungsgeschichte. So nahmen etwa die schwarzen Sklaven in Amerika die Legende vom Exodus in ihre Lieder auf und verstanden sich als später geborene Kinder Israels, die auf ihre Ausreise ins Gelobte Land hofften.

So unbestritten die Bedeutung der Geschichte vom Auszug aus Ägypten ist, so wenig gesichert ist ihr Wahrheitsgehalt. Die meisten Wissenschaftler sind der Ansicht, dass es für den Exodus keinen eindeutigen Beweis gibt – keine antiken Tontafeln, die sich direkt darauf beziehen, keine Hieroglyphenbilder, keine Überbleibsel provisorischer Behausungen in der Wüste Sinai. Tatsächlich fehlt in sämtlichen Chroniken des alten Ägypten ein Bericht über Moses oder den Exodus.

DIE GESCHICHTE, WIE MOSES DAS VOLK DURCH DIE WÜSTE FÜHRT, HAT DIE KÜNSTLER ÜBER JAHRHUNDERTE INSPIRIERT. DIE DREI GEMÄLDE AUS DER SCHULE RAFFAELS ZEIGEN, WIE MOSES DIE GESETZESTAFELN EMPFÄNGT (OBEN) UND WIE ER WASSER AUS DEM FELS SCHLÄGT (UNTEN). AUF DEM MITTLEREN BILD IST DIE WOLKENSÄULE DARGESTELLT, IN DER GOTT DEN ISRAELITEN VORAUSGEHT, UM IHNEN DEN WEG ZU WEISEN.

OHNE ECHO UND SPUREN?

Diese historische Schweigsamkeit ist in den Augen vieler Archäologen äußerst beredt. Ihrer Meinung nach hätte ein Massenexodus und ein 40 Jahre dauernder Zug durch die Sinai-Halbinsel ein Echo in der Region gehabt und Spuren hinterlassen, und deshalb halten manche von ihnen die Geschichte für eine spätere politische Erfindung zu dem Zweck, die unterschiedlichen Stämme in Kanaan zu einen.

Andere Archäologen dagegen halten den Exodus für authentisch. Sie erklären das Fehlen historischer Berichte damit, dass die Israeliten leicht verderblichen Papyrus für ihre Urkunden verwendeten – anders als viele ihrer Nachbarn, die den haltbareren Ton benutzten. Dass auch ägyptische Belege fehlen, hinge damit zusammen, dass Verlierer in der Geschichte häufig für sie ungünstige Berichte unterschlagen hätten. Diese Fachleute weisen auch darauf hin, dass die Bibel beispielsweise die Pyramiden nicht ausdrücklich erwähnt, dass aber niemand an ihrer Existenz zweifelt. Zur Untermauerung ihrer These ziehen sie einige bruchstückhafte nichtbiblische Überlieferungen heran: die von dem griechischen Geschichtsschreiber Strabo

(64 v. Chr.–um 20 n. Chr.) geschilderte Sage von einem antiken Heer, das an der Küste Kanaans, „nahe Ägypten", ertrank, und die phönikische Geschichte von einem Helden namens Danaos, der seine Anhänger aus Ägypten führte, nachdem mehrere Katastrophen das Land heimgesucht hatten.

PLAKAT VON CECIL B. DEMILLES FILMKLASSIKER *DIE ZEHN GEBOTE* VON 1923, DER DIE GESCHICHTE VON MOSES UND DEM EXODUS IN DIE KINOS BRACHTE.

Eine dritte Theorie geht davon aus, dass es tatsächlich vielfach Unterdrückung und Vertreibung gab und dass die Erzählung vom Exodus eine Zusammenfassung dieser Ereignisse sei.

DIE VORRATSSTÄDTE

Auch wenn man den Exodus als Tatsache ansieht, bleiben einige Unklarheiten bestehen. Zunächst einmal sind sich die Wissenschaftler bei der Datierung des Ereignisses nicht einig. Nach 1 Könige 6,1 soll der Exodus ungefähr 480 Jahre vor Salomos Tempelbau stattgefunden haben, also um 1445 v. Chr. Aber dieses Datum widerspricht anderen Angaben im Alten Testament. Im Buch Exodus (2 Mose 1,11) steht, dass die Israeliten die Vorrats- und Garnisonsstädte Pitom und Ramses für den Pharao bauen sollten. Da man diesen Befehl allgemein dem Pharao Ramses II. zuschreibt, muss der Städtebau also im 13. Jh. v. Chr. erfolgt sein.

Dieses Datum für den Exodus stimmt mit dem frühesten bekannten Hinweis auf das Volk Israel außerhalb der Bibel überein: einem Granitmonument, das in einem Tempel für Pharao Merneptah, den Sohn Ramses' II., gefunden wurde. Die eingemeißelten Hieroglyphen erinnern an die militärischen Erfolge des Königs und rühmen in einer Zeile den Sieg über die Israeliten während eines Feldzugs nach Kanaan, der im Jahr 1210 v. Chr. stattgefunden hat. Wenn die Israeliten also zu dieser Zeit schon in Kanaan ansässig waren, muss der Exodus mindestens 50 Jahre zurückgelegen haben.

Für viele Menschen, die sich mit der Geschichte vom Auszug der Israeliten aus Ägypten befassen, sind derartige wissenschaftliche Erwägungen jedoch nicht wichtig. Sie schöpfen allein aus der Begebenheit, dass Gott sein Volk aus der Knechtschaft befreit hat, Trost und Hoffnung.

DAS GEMÄLDE VON DER DURCHQUERUNG DES ROTEN MEERES STAMMT VON RAFFAEL. DER NAME DES GEWÄSSERS BEDEUTET IM HEBRÄISCHEN ALLERDINGS SCHILFMEER. VERMUTLICH HANDELTE ES SICH UM EIN SUMPFIGES GELÄNDE NÖRDLICH VOM GOLF VON SUEZ, DAS DIE ISRAELITEN AUF DER FLUCHT VOR DEN ÄGYPTERN DURCHQUEREN MUSSTEN.

Die zehn Stämme Israels

Bis in die jüngste Zeit war die Geschichte des jüdischen Volkes in weiten Teilen eine Saga von Wanderung und Verschleppung. Aus dem einen Land verbannt, aus dem anderen durch Verfolgung oder Hunger vertrieben, wurden die Juden zu einem auf der ganzen Welt verstreuten Volk. Als Ausgleich für die Entwurzelung entstanden Geschichten, die von Wiedervereinigung und Rückkehr in die Heimat der Väter erzählen. Eine der ergreifendsten ist die Legende von den zehn verlorenen Stämmen. Sie handelt vom Verschwinden von mehr als drei Vierteln des jüdischen Volkes und von der Hoffnung, dass sie eines Tages wieder gefunden werden – eine Hoffnung, die zwar trostreich sein mag, aber nicht auf historischer Wahrheit beruht. In der Tat sind die zehn Stämme Israels „verloren", doch die Gründe für ihren Untergang sind wohl prosaischer als die phantastischen Geschichten, die traditionell mit ihnen verbunden werden.

DIE TRENNUNG DER STÄMME

Jakob, der Enkel Abrahams, hatte zwölf Söhne, deren Nachkommen mit Mose durch die Wüste zogen und schließlich Kanaan einnahmen. Sie ließen sich als die traditionellen zwölf Stämme Israels in verschiedenen Regionen des Landes nieder. Nach dem Tod König Salomos (etwa um 926 v. Chr.) wurde das Reich aufgeteilt in Juda (im Süden) und Israel (im Norden). Zehn Stämme lebten im Nordreich, zwei, die Stämme Benjamin und Juda, im Südreich.

Im Jahr 722 v. Chr. wurde das Nordreich Israel von den assyrischen Königen Salmanassar V. und Sargon II. erobert und die Bevölkerung in die Verbannung verschleppt. Danach verschwanden diese Menschen anscheinend spurlos aus der Geschichte. Das Reich Juda dagegen existierte noch über ein Jahrhundert, bis 587 v. Chr. der babylonische König Nebukadnezar Jerusalem einnahm, den Tempel zerstörte und den Großteil der Bevölkerung ins Exil schickte. Jahrzehnte später – 539 v. Chr. – ließ

AUF DER ZEICHNUNG HABEN DIE ZWÖLF STÄMME ISRAELS IHR LAGER IN DER WÜSTE AUFGESCHLAGEN.

DIE ZISTERNE VON SCHILO (OBEN) WAR DAS RELIGIÖSE ZENTRUM DES KÖNIGREICHS ISRAEL, HIER WIRKTE DER PRIESTER ELI.

der persische Herrscher Kyros diese Menschen und ihre Nachkommen aus der Babylonischen Gefangenschaft in ihre Heimat zurückkehren. Von da an ist die Geschichte der Juden im Wesentlichen die der Bewohner des ehemaligen Südreiches Juda, also der Heimat von zwei der ursprünglich zwölf Stämme.

Den ersten Hinweis auf den Verbleib der zehn verlorenen Stämme gibt die Bibel: Laut 2 Könige 17,6 wurden sie in Mesopotamien angesiedelt. Auch der jüdische Geschichtsschreiber Flavius Josephus, der im 1. Jh. n. Chr. lebte, vermutete sie in dieser Region, nämlich „jenseits des Euphrat". Und ein anderer, um dieselbe Zeit geschriebener griechischer Text berichtet, dass die Stämme zu einem Ort namens Azaret aufbrachen. Dieser konnte jedoch nicht identifiziert werden; vielleicht handelt es sich um eine Verballhornung des hebräischen Begriffs *erez aharet:* „ein anderer Ort".

ZUFLUCHT IN UNBEKANNTEN LÄNDERN?

In Zeiten der Bedrängnis war das Interesse am Verbleib der zehn verlorenen Stämme immer besonders groß. So etwa während der Kreuzzüge: Da schöpften die grausam verfolgten Juden Hoffnung aus der Prophezeiung, das ganze Volk Israel werde bald wieder vereint sein.

Als Zufluchtsort der zehn Stämme vermutete man oft neue, unbekannte Länder. Als die Neue Welt entdeckt wurde, hielten manche die einheimischen Völker für Nachkommen eines der Stämme. Angeblich glichen die Menschen dort den Juden in Aussehen und Sprache. Ein Reisender berichtete nach der Rückkehr aus Südamerika dem Rabbiner von Amsterdam, dass die Indianer in Peru jüdische Rituale ausübten. Hinter derartigen Verknüpfungen steckte die Hoffnung, dass es den verlorenen Stämmen irgendwie gelungen war, den Atlantik zu überqueren und ihre Kultur dort weiterleben zu lassen. Eine ähnliche Verbindung wird mit den Mormonen in Amerika hergestellt, vor allem aber mit den Falascha in Äthiopien. Diese so genannten schwarzen Juden, deren Herkunft nach wie vor ungeklärt ist, führen ihre Kultur auf die Thora, die fünf Bücher Mose, zurück.

Nach Meinung der meisten Historiker gibt es aber eine simplere Erklärung für das Verschwinden der zehn Stämme: Die Menschen aus dem eroberten Reich Israel vermischten sich nach ihrer Verschleppung mit den benachbarten Kulturvölkern und gingen in ihnen auf.

DIE SCHLACHT VON LACHIS (UNTEN) FAND WÄHREND DES FELDZUGS DER ASSYRER GEGEN ISRAEL STATT.

DER FLUSS SAMBATYON

DETEKTIV-ARBEIT

Eine besonders phantasievolle Geschichte über die zehn verlorenen Stämme geht zurück auf Eldad ha-Dani, einen jüdischen Reisenden im 9. Jh. Er behauptete, sie jenseits des Sambatyon, des sagenhaften „Sabbatflusses", gesehen zu haben. Dieser Fluss war ein unpassierbarer reißender Strom aus Steinen, der sich nur am Sabbat beruhigte. Da Juden am Sabbat nicht reisen dürfen, waren die verlorenen Stämme für immer hinter dem Strom verschwunden. Viele Historiker haben diesen magischen Fluss gesucht. Flavius Josephus vermutete ihn in Syrien, Plinius in Judäa, andere in Indien, China, Japan, Afrika und Spanien. Bis heute wurde er wie die verlorenen Stämme nicht gefunden.

Der Turmbau zu Babel

Für den mächtig gen Himmel strebenden Turm, von dem die Bibel eindrucksvoll zu berichten weiß, gibt es historische Vorbilder.

ALS DER FLÄMISCHE KÜNSTLER PIETER BRUEGEL DER ÄLTERE IM 16. JH. DEN TURM ZU BABEL MALTE, WUSSTE MAN NOCH NICHTS VON DEN ZIKKURATS IN BABYLONIEN; SIE WAREN NOCH NICHT AUSGEGRABEN WORDEN. UMSO BEMERKENSWERTER IST ES, DASS BRUEGEL SICH DEN TURM GESTUFT VORSTELLTE.

Wie die Erzählung von der Sintflut ist auch die Legende vom Turmbau zu Babel eine Geschichte, die dem Leser eine Lektion erteilen will. Gemäß der Genesis machten sich die Nachkommen Noahs daran, einen Turm zu bauen, „der bis an den Himmel reicht" (1 Mose 11,4). Gott missfiel dieser anmaßende Plan: Er verwirrte die Sprache der Menschen, die bis dahin alle die gleiche Sprache gesprochen hatten, und verhinderte damit die Zusammenarbeit, die ein solches Unterfangen erfordert hätte. Die Moral: Der Leser wird gewarnt vor Vermessenheit und übergroßem Stolz. Darüber hinaus bietet diese Legende eine Erklärung für den Ursprung der verschiedenen Sprachen in der Welt.

Im Gegensatz zu mancher anderen biblischen Geschichte bezieht sich die Erzählung vom Turmbau zu Babel auf eine nachweisbare historische Tatsache, durch die sie sicherlich angeregt wurde. In Mesopotamien, dem fruchtbaren Land zwischen Euphrat und Tigris, in dem vor etwa 5000 Jahren die ersten Stadtstaaten entstanden, hatten die Menschen eine architektonische Besonderheit entwickelt: die Zikkurats. Das waren imposante Gebäude, die sich in mehreren Stufen teilweise bis zu 100 m hoch erhoben. Jeder dieser Türme war einer lokalen Gottheit geweiht und von einem Tempel gekrönt, der dem Gott auf seiner Reise zur Erde als Rastplatz dienen sollte. Die großartigste Zikkurat, Etemenanki genannt, wurde am Ufer des Euphrat in Babylon erbaut, der Hauptstadt von König Nebukadnezar II. (606 bis 562 v. Chr.). Sie war höchstwahrscheinlich das Vorbild für den Turm zu Babel.

Der Bau des frühgeschichtlichen Wolkenkratzers führte laut Bibel zur Sprachverwirrung unter den Menschen. Die Verfasser der Legende haben dagegen ganz bewusst mit der Sprache gespielt: Der Name Babel stammt von dem babylonischen Wort *Bab-ilu*, Gottes Tor; ganz ähnlich klingt der hebräische Begriff für verwirren: *balal*. „Darum wird diese Stadt Babel genannt, denn dort hat der Herr die Sprache der Menschen verwirrt …" (1 Mose 11,9).

MIT PECH UND ZIEGELSTEIN

Die Zikkurats wurden aus Ziegeln gebaut. In einer Region, in der es kaum Nutzholz und nur wenige Steinbrüche gab, hatten die Menschen schon früh lernen müssen, gebrannte Ziegelsteine herzustellen. Als Mörtel benutzte man, wie Luther übersetzte, Erdharz. Dabei handelte es sich um Bitumen oder Pech, einen Werkstoff, der in dieser ölreichen Gegend leicht gewonnen werden konnte. Archäologische Funde sowie schriftliche Berichte lassen darauf schließen, dass viele Zikkurats in leuchtenden Farben bemalt und mit glasierten Ziegeln und vergoldeten Skulpturen reich geschmückt waren.

Eine babylonische Inschrift besagt, dass die Zikkurat Etemenanki „in leuchtendem Blau" erstrahlte.

Insgesamt sind rund 30 Zikkurats bekannt, die zwischen 2200 und 500 v. Chr. von den mesopotamischen Stadtstaaten errichtet wurden. Anders als die ägyptischen Pyramiden sind die meisten von ihnen längst dem Zahn der Zeit zum Opfer gefallen. Die Ziegel wurden von Einheimischen für den Bau von Wohnhäusern verwendet; der Rest war der Erosion durch Wind und Wetter ausgesetzt. Alles, was von der Zikkurat Etemenanki übrig blieb, ist der Umriss ihres mächtigen Steinfundaments, das mit Ablagerungen bedeckt und von einer Pflanzendecke überwuchert ist.

GLANZ UND ENDE DER ZIKKURAT

Dank archäologischer Grabungen und biblischer Berichte weiß man Einzelheiten über die prächtige Zikkurat Etemenanki. Sie wurde mehrere Male neu erbaut, die imposanteste Version war die, die im 6. Jh. v. Chr. unter Nebukadnezar II. entstand. Nach dessen Angaben waren die Seiten des Turms 90 m lang, ebenso die Höhe, die über sieben Stufen erreicht wurde. Bei der Untersuchung des Fundaments stellte man fest, dass die Dimensionen des Sockels die antiken Maßangaben bestätigen.

Frühgeschichtlichen Beschreibungen zufolge wurde der Turm gekrönt von einem überaus prächtigen Tempel für den Gott Marduk, verziert mit einer 22 t schweren goldenen Statue. Die Verbindung von Marduk mit Etemenanki erklärt, warum diese Zikkurat so viel größer war als viele der Türme, die in den Städten der Umgebung gebaut wurden. Ursprünglich war Marduk nur die lokale Gottheit Babylons; nachdem die Stadt aber zur mächtigen Hauptstadt der Region aufgestiegen war, wurde Marduk der Hauptgott von ganz Babylonien. Die Zeremonien, die man zu seinen Ehren abhielt, dauerten lang und enthielten Passagen in zahlreichen Sprachen und Dialekten. Tatsächlich muss der Tempel für durchziehende Nomaden wie die Heimat und Quelle unzähliger Sprachen gewirkt haben.

Als Babylonien im späten 5. Jh. v. Chr. persische Provinz wurde, verfiel der Turm. Im Jahr 331 v. Chr. besichtigte Alexander der Große die Zikkurat und beschloss, die Ruine wieder aufzubauen. Aber er musste das Projekt wegen seiner gigantischen Ausmaße fallen lassen – allein für die Aufräumarbeiten hätten 10 000 Mann 2 Monate gebraucht.

PARFÜMIERTE ZIEGEL

AUGEN-ZEUGEN

Nach der Zerstörung Babylons durch den assyrischen König Sanherib 689 v. Chr. ließ der babylonische König Nabupolassar die Zikkurat Etemenanki wieder aufbauen. Eine Inschrift aus der Zeit enthält seinen Bericht vom Bau: „Gold, Silber und Edelsteine aus dem Gebirge und dem Meer wurden freigebig in die Fundamente eingesetzt … Öle und Parfüme wurden in die Ziegel gemischt … Ich machte ein Abbild meiner königlichen Person, die den Ziegelkorb trägt, und trug ihn in das Fundament. Ich neigte mein Haupt vor Marduk."

DER TURMBAU ZU BABEL (OBEN), WIE IHN SICH DER VENEZIANISCHE MALER LEANDRO BASSANO VORSTELLTE. LINKS RAGEN DIE RESTE EINER ZIKKURAT, DIE UM ETWA 2100 V. CHR. ERBAUT WURDE, AUS DER IRAKISCHEN WÜSTE AUF. IM 2. JH. N. CHR. BILDETE SIE DAS ZENTRUM EINER FESTUNG. DAS GEBÄUDE WURDE UM 1900 VON AMERIKANISCHEN ARCHÄOLOGEN ALS ZUFLUCHT VOR DEN ANGRIFFEN LOKALER STAMMESKRIEGER ERRICHTET.

Das Geheimnis der Bundeslade

VON RAFFAEL STAMMT DIE DARSTELLUNG, WIE JOSUA AUS DEM JORDAN STEIGT. DER NACHFOLGER VON MOSE HATTE VON GOTT DEN AUFTRAG ERHALTEN, DEN PRIESTERN, DIE DIE BUNDESLADE TRUGEN, ZU BEFEHLEN, IM JORDAN STEHEN ZU BLEIBEN. LAUT DEM BUCH JOSUA TEILTE SICH DARAUFHIN DAS WASSER, UND DIE ISRAELITEN KONNTEN TROCKENEN FUSSES DEN FLUSS DURCHQUEREN.

Das wichtigste biblische Heiligtum verschwand vor 2500 Jahren. Die Suche danach dauert an.

Die Bundeslade war für die Israeliten der bedeutendste Kultgegenstand. In ihr wurden die Zehn Gebote, die Gott Mose gegeben hatte, aufbewahrt. In der Bibel wird über Form und Ausstattung der Bundeslade berichtet, über ihre verschiedenen Aufenthaltsorte und über ihre angeblich magischen Kräfte. Das größte Geheimnis, das sie umgibt, ist jedoch ihr rätselhaftes Verschwinden.

Angefertigt wurde die Lade, in der Bibel „Kiste“ oder „Kästchen“ genannt, von dem kunstsinnigen und geschickten Bezalel. Sie bestand aus Akazienholz und war etwa „eineinviertel Meter lang, dreiviertel Meter breit und ebenso hoch“ (2 Mose 37,1), innen und außen mit reinem Gold verkleidet. Man transportierte sie mithilfe von Stangen, die durch Ringe geschoben wurden. Die Deckplatte war aus Gold gearbeitet; sie wurde bewacht von zwei goldenen Cherubim mit ausgebreiteten Flügeln. Der Raum zwischen ihnen war der Thron Gottes, der ja einen Bund mit seinem Volk geschlossen hatte – daher der Name des Schreins.

In der Wüste wurde die Bundeslade als Symbol für diesen Pakt dem Zug der Israeliten zum Gelobten Land vorangetragen. Angeblich besaß sie überirdische Kräfte, vor allem wenn man sie in einen Kampf mitnahm. Einmal, so heißt es, teilte sich das Wasser des Jordan, damit das Volk den Fluss durchqueren konnte. Beim Zug um Jericho bildete sie die Spitze, sie führte also die Israeliten zu ihrem ersten Sieg in Kanaan. Später holte König David die Lade nach Jerusalem, und nach dem Bau des Tempels durch König Salomo wurde sie im Allerheiligsten aufbewahrt, das der Hohepriester nur einmal im Jahr am Versöhnungstag betrat.

Nach dem Bericht über die Zerstörung des Tempels (587 v. Chr.) wird die Bundeslade in der Bibel nicht mehr erwähnt. Was geschah danach mit ihr? Warum wurde sie nach dem Wiederaufbau des Tempels nicht mehr dort aufbewahrt? Wo ist sie heute? Fragen, die über die Jahrhunderte viele Gelehrte und Laien beschäftigt haben.

LEGENDEN ÜBER DIE VERLORENE LADE

In Ermangelung genauer Kenntnisse entstanden verschiedene Legenden. Eine besagt, dass die Bundeslade vom Propheten Jeremias auf dem Berg Nebo im heutigen Jordanien versteckt wurde, wo sie sich immer noch befinde. Dieser Berg ist auch der Ort, an dem Mose starb – eine erhabene Vorstellung, dass der Überbringer der Zehn Gebote an der Stelle seine letzte Ruhestätte fand, wo auch die Gesetze ruhen. Angeblich warten sie dort auf den Tag, an dem Gott sein Volk wieder versammelt und die Lade von neuem enthüllt.

Einer anderen Überlieferung zufolge versteckte König Josia die Bundeslade in einer nicht näher beschriebenen Hütte. Und in neuerer Zeit haben zwei israelische Rabbis erklärt, die Lade befinde sich in einer Höhle unter dem Tempelberg in Jerusalem. Einer von ihnen behauptet sogar, er sei dem Versteck bis auf wenige Meter nahe gekommen, doch dann habe er seine Suche wegen der Spannungen mit den Muslimen einstellen müssen.

Eine weitere, aufwändig ausgeschmückte Geschichte aus alter Zeit lässt die Bundeslade nach Äthiopien gelangen. König Salomo hatte ein Liebesverhältnis mit der Königin von Saba. Der Sohn aus dieser Verbindung, Menelik, erregte Eifersucht bei den Ältesten Israels, und sie verlangten, dass er zu seiner Mutter nach Äthiopien zurückkehre. Salomo willigte ein, aber unter einer Bedingung: Die Ältesten des Landes sollten jeweils ihren erstgeborenen Sohn zusammen mit Menelik nach Äthiopien schicken. Und so kam es, dass Azarius, der Sohn des Hohepriesters Zadok, mit Menelik das Gelobte Land verließ. Aber sie gingen nicht mit leeren Händen. Vor dem Aufbruch stahl sich Menelik in den Tempel, drang ins Allerheiligste ein und entwendete die Bundeslade. Es wird behauptet, sie befände sich bis heute in einer äthiopischen Kirche und werde nur einmal im Jahr anlässlich des christlichen Festes Timkat öffentlich ausgestellt.

Eine ähnliche Theorie vermutet die Lade auf der Nilinsel Elephantine in Ägypten. Die Juden dieser Region baten Jerusalem um Erlaubnis, einen eigenen Tempel zu errichten. Das Ersuchen war höchst umstritten – es sollte zwei Jahrhunderte dauern, bis der Bitte entsprochen wurde. Aber schließlich ließ der Sohn des damaligen Hohepriesters einen jüdischen Tempel in Assuan bauen …

BIS ZUR ZERSTÖRUNG DES TEMPELS VON SALOMO (OBEN) WURDE DIE BUNDESLADE IM ALLERHEILIGSTEN AUFBEWAHRT. EINER BELIEBTEN LEGENDE ZUFOLGE GELANGTE SIE DANACH NACH ÄTHIOPIEN. DIE DARSTELLUNG DES SCHREINS (UNTEN LINKS) IST IM ÄTHIOPISCHEN STIL GEMALT.

WAS WÄRE WENN …?

DETEKTIV-ARBEIT

Es ist interessant, sich auszumalen, welche Wirkungen die Entdeckung der Bundeslade möglicherweise zeitigen könnte – etwa im Zusammenhang mit dem Nahostkonflikt. Würden dadurch bestimmte Religionen in ein schlechtes Licht gerückt? Würde die wieder aufgefundene Lade Eintracht oder Zwietracht stiften unter denen, die an das Alte Testament glauben? Würde es zu Übertritten zum Judentum kommen? Zum Christentum? Zum Islam? Würde man vielleicht sogar versuchen, die Lade wegen der ihr zugeschriebenen Kräfte als eine Art Waffe einzusetzen? Und wer würde davon profitieren? Fragen über Fragen, auf die es vielleicht nie eine Antwort geben wird.

Wer schrieb die Bibel?

Die Gelehrten diskutieren seit Jahrhunderten, von wem das berühmteste Buch der Weltgeschichte geschrieben wurde.

EINE HEBRÄISCHE BIBEL AUS DEM 13. JH. ZEIGT KÖNIG SALOMO BEIM STUDIUM DER THORA.

DIE BIBEL IST DAS EINFLUSSREICHSTE BUCH DES Abendlands. Ihre Wirkung beschränkt sich nicht nur auf die Religion, sondern erreicht auch andere Lebensbereiche wie etwa Politik und Literatur. Die Bibel wurde ganz oder teilweise in über 1900 Sprachen übersetzt, jedes Jahr kommen Ausgaben in etwa 16 neuen Sprachen oder Dialekten hinzu. Sie ist das meistgelesene Buch der Welt, allerdings wird es auch weltweit am häufigsten aus Buchhandlungen und Bibliotheken gestohlen.

Dennoch weiß man nicht viel über die Verfasser der Bibel. Sicher ist nur, dass es sich um mehrere Personen gehandelt hat, denn genau genommen ist die Bibel nicht ein einziges Buch, sondern ein Sammelwerk aus zahlreichen Büchern. Den Zeitpunkt der Entstehung datiert man für die ältesten Teile des Alten Testaments – von den fünf Büchern Mose bis zu den zwei Büchern der Könige – auf etwa Mitte des 6. Jh. v. Chr. Man geht aber davon aus, dass viele Abschnitte darin wesentlich älter sind.

DAS ALTE TESTAMENT

Beim Alten Testament bereitet die Frage nach dem Urheber des Pentateuch, der fünf Bücher Mose, die meisten Schwierigkeiten. Nach jüdischer Tradition war Mose selbst der Autor, und wer das in Frage stellte, wurde früher oft genug angegriffen und verurteilt. Dabei wird nicht einmal im Pentateuch selbst behauptet, dass diese Texte von Mose stammen.

Zweifel an seiner Autorschaft erhoben sich seit der Entstehungszeit des Talmud, d. h. der schriftlichen Auslegung der Gesetze (um 135 v. Chr. – 500 n. Chr.). Den Gelehrten wurde klar, dass der Abschnitt im 5. Buch, der vom Tod Mose und den unmittelbaren Folgen handelte, kaum von Mose selbst geschrieben worden sein konnte. Andere Passagen erwähnen Ortsnamen wie etwa den Tempelberg, die erst Jahrhunderte nach Mose verwendet wurden, oder lassen Veränderungen der hebräischen Sprache erkennen, die sich über einen längeren Zeitraum entwickelt haben müssen. In der zweiten Hälfte des 17. Jh. sah es schließlich der jüdische Gelehrte Spinoza als erwiesen an, dass der Pentateuch nicht von Mose selbst geschrie-

ben wurde. Zwar stieß man ihn wegen seiner Ansichten aus der jüdischen Gemeinde aus, aber seine Theorien wurden zur Grundlage der modernen Bibelwissenschaft und ebneten den Weg für weitere Entdeckungen über den Ursprung des Buches.

Der gängigsten Theorie nach setzen sich die fünf Bücher Mose aus vier deutlich voneinander unterscheidbaren Quellen zusammen, die ihrerseits schon vor ihrer Aufzeichnung über Jahrzehnte oder gar Jahrhunderte mündlich überliefert worden waren. Dubletten – d. h. Wiederholungen desselben Themas an zwei oder mehr Stellen im Pentateuch – ließen trotz der Ähnlichkeit aller Geschichten auch wichtige Unterschiede erkennen. Der bemerkenswerteste betraf die Benennung Gottes. Er wird in einer Quelle durchgängig Jahwe genannt, in einer anderen Elohim, das ist das hebräische Wort für Gott. Daraus schloss man anfangs, dass der Pen-

CHRISTUS SENDET DIE APOSTEL AUS, DAMIT SIE SEINE BOTSCHAFT IN DER GANZEN WELT VERBREITEN. INITIAL EINER ILLUMINIERTEN HANDSCHRIFT AUS ITALIEN

BIBLISCHE MANUSKRIPTE WURDEN SCHON IN DEN ERSTEN NACHCHRISTLICHEN JAHRHUNDERTEN ILLUSTRIERT: MIT MINIATURPORTRÄTS, VERZIERTEN ANFANGSBUCHSTABEN ODER SCHMUCKRÄNDERN. RECHTS DAS AUSGESCHMÜCKTE TITELBLATT ZUM BUCH JOSUA AUS EINER HEBRÄISCHEN HANDSCHRIFT VON 1500. GANZ RECHTS EINE SEITE DES MATTHÄUSEVANGELIUMS AUS EINER DEUTSCHEN BIBEL AUS DEM 10. JH.

DARSTELLUNG DES HIERONYMUS AUS DEM 14. JH. DER GELEHRTE AUS DALMATIEN ERHIELT 382 VON PAPST DAMASUS DEN AUFTRAG, EINE VERBINDLICHE BIBELÜBERSETZUNG IN LATEINISCH ANZUFERTIGEN. DA ER AUS DEM ORIGINALTEXT ÜBERSETZEN WOLLTE, LERNTE ER IN EINEM KLOSTER IN BETHLEHEM HEBRÄISCH. SEIN WERK WURDE VULGATA GENANNT, WEIL ES IN DER UMGANGSSPRACHE VERFASST WAR.

tateuch von zwei verschiedenen Autoren stammte, die mit „J" (für Jahwe) bzw. „E" (für Elohim) bezeichnet wurden. Später bemerkte man, dass innerhalb der E zugeschriebenen Erzählung ein größerer Teil des Textes die Bedeutung der Priester und ihrer Ämter hervorhob – deshalb nahm man an, dass eine dritte Quelle zum Pentateuch beigetragen hatte: „P" (für Priester). Und schließlich schien das 5. Buch Mose, das Deuteronomium, einen eigenen Stil zu haben, der anders war als der von J, E und P. Deshalb kamen die Wissenschaftler zu der Überzeugung, das Deuteronomium sei von einem vierten Autor geschrieben worden: „D".

DAS NEUE TESTAMENT

Nicht leicht zu beantworten ist auch die Frage nach den Autoren der Evangelien im Neuen Testament, die von Jesu Geburt, Taufe, Lehre, Kreuzigung und Auferstehung berichten. Das Wort Evangelium ist griechischen Ursprungs und bedeutet „frohe Botschaft". Obwohl jeder dieser Berichte der Person zugeschrieben wird, deren Namen er trägt – Matthäus-, Markus-, Lukas- und Johannesevangelium –, sind sich die Wissenschaftler keineswegs sicher, ob diese Zuordnungen auch stimmen.

Das Evangelium nach Matthäus, eine realistische Darstellung des Lebens Jesu, ist eine Art Handbuch mit Regeln und Anweisungen für Christen. Es wurde im späten 1. Jh. verfasst und fällt durch seinen ausgewogenen, anspruchsvollen Ton auf, der die Autorität Jesu bei seinen Predigten unterstreicht. Mit Sicherheit stammt es nicht vom Apostel Matthäus, sondern von einem anonymen Autor, der jedoch möglicherweise eine Sammlung von Aussprüchen Jesu, die Matthäus selbst früher zusammengetragen hatte, verwendete.

Das Markusevangelium entstand im Jahr 70; es wurde vor den anderen Evangelien geschrieben und diente wohl als Quelle für das Matthäus- und das Lukasevangelium. Der Bericht enthält eine sorgfältig ausgearbeitete Zusammenstellung der Geschichten über Jesus und ihm zugeschriebener Zitate. Auch bei Markus handelt es sich um einen anonymen Autor – obwohl manche Bibelforscher es für wahrscheinlich halten, dass der in der Apostelgeschichte erwähnte Markus sich in Rom Petrus anschloss und später dessen Erinnerungen aufzeichnete.

Das Lukasevangelium wurde ebenfalls im letzten Drittel des 1. Jh. verfasst. Es betont Bedeutung und Wirken des Heiligen Geistes im Leben Jesu sowie dessen Mitgefühl gegenüber den Not Leidenden. Auch hob Lukas die bedeutsame Rolle hervor, die Frauen im Christentum spielen sollten. Aber war er auch der Autor des Buches, das seinen Namen trägt? Vieles weist daraufhin, dass der angesehene Arzt, der Paulus auf dessen zweiter und dritter Missionsreise begleitete, tatsächlich das dritte Evangelium schrieb. Er betont in seinem Vorwort, dass es bereits andere derartige Niederschriften gäbe – wohl ein Hinweis darauf, dass er sich nicht nur auf seine eigene Erinnerung verlasse, sondern auch auf schon vorhandene Schriften stütze, etwa das Markusevangelium. Möglicherweise aber wurde Lukas' Name dem dritten Evangelium zu einem späteren Datum nur hinzugefügt, damit es einen größeren Anschein von Echtheit erhielt.

DER BERICHT DES JOHANNES

Die ersten drei Evangelien – nach Matthäus, Markus und Lukas – beschreiben die Biographie Jesu sehr ähnlich, deshalb nennt man sie synoptisch, d. h. auf Griechisch „zusammengesehen". Deutlich anders dagegen ist das Johannesevangelium. Es enthält nur wenige der Begebenheiten aus dem Leben Jesu, von denen die anderen berichten, und unterscheidet sich von ihnen auch in der Wortwahl. Der Bericht des Johannes ist weitaus symbolträchtiger und mystischer, eine umfassende Darstellung des Lebens und Lehrens Jesu.

Welcher Autor steht nun hinter dem vierten Evangelium? Möglicherweise Johannes, der Sohn des Zebedäus und Bruder von Jakobus, der mit zu den Ersten gehörte, die Jesus zu seinen Jüngern berief. Manche halten ihn auch für den Lieblingsjünger Jesu. Viele Bibelforscher weisen allerdings darauf hin, dass Johannes, ungebildet wie er war, nicht selbst den Text verfasst haben könnte. Mit größerer Wahrscheinlichkeit sei dieser das Werk eines seiner Anhänger. Bis vor wenigen Jahren nahm man an, dieses Evangelium sei um 90 n. Chr. geschrieben worden, heute datieren einige Wissenschaftler das Buch jedoch früher.

Doch unabhängig von allen offenen Fragen nach ihren Ursprüngen ist die Bibel auch heute noch ein Buch, aus dem man zeitlebens lernen kann und das eine nie nachlassende Faszination ausübt.

DIE REICH VERZIERTE BELGISCHE BIBELHANDSCHRIFT VON ETWA 1440 ZEIGT DIE VIER EVANGELISTEN BEI DER ARBEIT.

WER WAREN J, E, P UND D?

DETEKTIV-ARBEIT

Wer waren die Verfasser der Bibel, die von der Forschung nur mit Anfangsbuchstaben benannt sind? Wenn man die ihnen zugeordneten Textstellen studiert, erhält man Aufschlüsse über den jeweiligen Hintergrund. Jeder Schreiber stellt seine subjektive Sicht der Ereignisse dar, gibt durch Schwerpunkte und Vorurteile etwas über sich selbst preis. So scheint E ein levitischer Priester aus der Stadt Schilo gewesen zu sein, möglicherweise ein Nachkomme von Mose. P war vermutlich ein aaronitischer Priester aus Jerusalem, der vor der Zerstörung der Stadt im Jahr 587 v. Chr. lebte. D war wie E wohl ein Priester aus dem Stamm Levi. Und J schließlich gehörte wahrscheinlich zum Stamm Juda und lebte irgendwann zwischen 1200 und 722 v. Chr. Im Unterschied zu den anderen scheint er kein Priester gewesen zu sein. Und da er weibliche Gestalten stärker berücksichtigt, lässt sich die Möglichkeit, dass J eine Frau war, nicht ausschließen.

Das Turiner Grabtuch

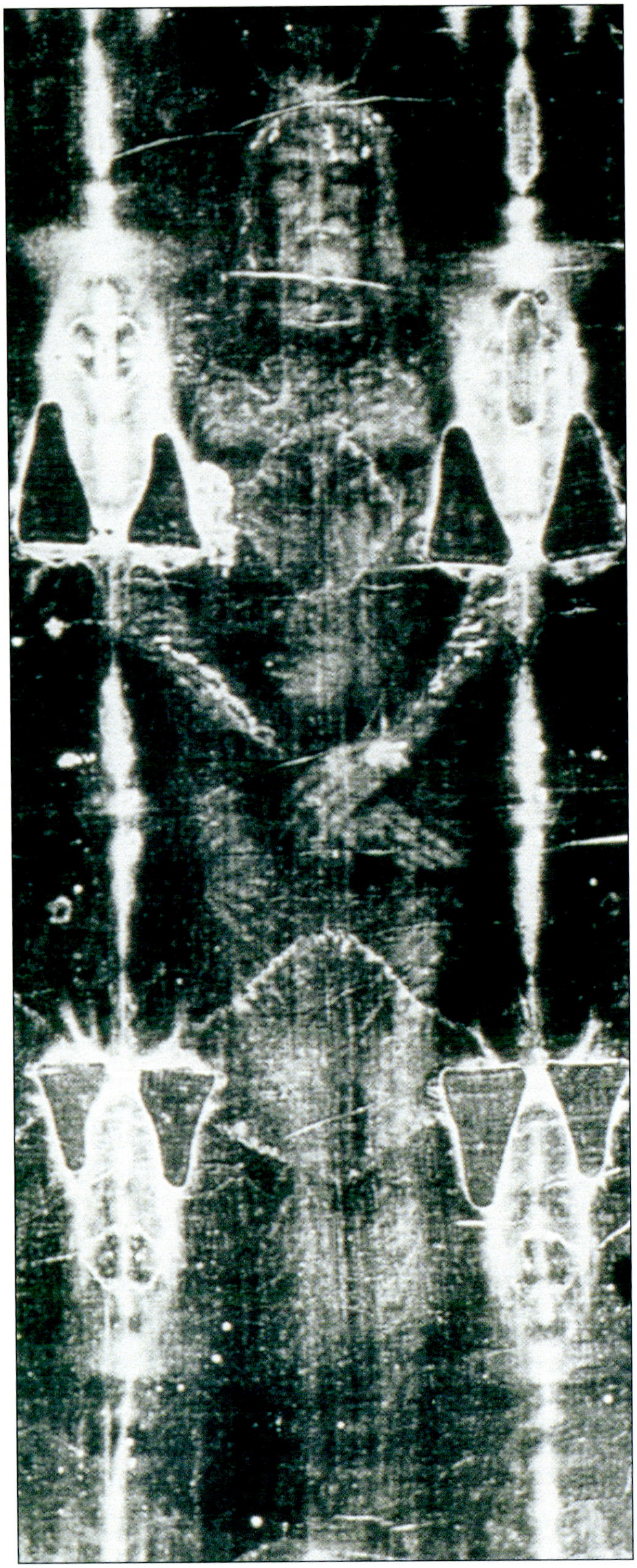

In Turin befindet sich eine Reliquie, die, wenn sie echt ist, das bedeutendste Heiligtum des Christentums wäre: ein Grabtuch mit den blassen Umrissen eines gekreuzigten bärtigen Mannes. Schon im Spätmittelalter wurde das handgewebte Leinentuch als Leichentuch Jesu verehrt, 1578 brachte man es zur sicheren Verwahrung nach Italien, wo es angesichts seiner Bedeutung und seines Alters nur selten den Gläubigen gezeigt wurde.

Die meisten Menschen, die es sahen, waren tief beeindruckt, aber immer wieder wurden auch Zweifel an der Echtheit der Reliquie laut. Um Klarheit in den Fall zu bringen, erlaubte man 1898 erstmals, das Tuch zu fotografieren. Während der Abdruck im Original nur schlecht zu erkennen ist, zeigte das Negativ eines Fotos überraschenderweise deutliche anatomische Details.

RÄTSELHAFTES ABBILD

Es gibt einige gewichtige Beweise, die für die Echtheit des Turiner Grabtuchs sprechen: Der Abdruck zeigt die Vorder- und Rückansicht eines Mannes, der runde Wundmale an Handgelenken und Fußwurzelknochen aufweist – möglicherweise die Folgen einer Kreuzigung. In der mittelalterlichen Malerei wurden die Stigmata Christi dagegen meist an den Händen dargestellt – eine Fälschung aus der Zeit ist also eher unwahrscheinlich.

In jüngerer Zeit förderte ein israelischer Wissenschaftler bei Untersuchungen an dem Tuch Spuren zweier Pollenarten zutage, die nur an einem Ort und in einer Epoche der Weltgeschichte gleichzeitig vorkamen: in Palästina im 1. Jh. – also zu Lebzeiten Jesu und in der Region, in der er wirkte.

Falls also das Grabtuch tatsächlich echt ist, wie entstand dann das Bild darauf? Hier einige Hypothesen: Manche Wissenschaftler behaupten, der Abdruck rühre von den Salbölen her, mit denen die Leiche bestrichen wurde. Andere vermuten, dass Gase aus den Poren der Leiche chemisch auf das Tuch einwirkten und das Abbild erzeugten. Und wieder andere nehmen an, Jesus habe als Folge seines Todeskampfes eine bestimmte Art von Strahlung freigesetzt, die auf das Tuch einwirkte wie Licht auf eine fotografische Platte.

EIN BILD DES TURINER GRABTUCHS ZEIGT DEUTLICH DIE GESTALT EINES GEKREUZIGTEN MANNES. ANHAND DER RADIOKARBONMETHODE FANDEN WISSENSCHAFTLER HERAUS, DASS DAS TUCH HÖCHSTENS 725 JAHRE ALT SEIN KANN.

Skeptiker fanden jedoch keine dieser Theorien überzeugend und forderten eine gründliche Analyse der Reliquie. 1988 schließlich wurden kleine Abschnitte vom unteren Ende des Tuches in Zürich, Oxford und Tucson, Arizona, unabhängig voneinander mithilfe der Radiokarbonmethode untersucht – mit dem Ergebnis, dass der Stoff nicht mehr als 725 Jahre alt und europäischer Herkunft sei. Untersuchungen verschiedener Labors bestätigten dieses Resultat. Das Turiner Grabtuch, so scheint es, ist eine Fälschung.

ENDGÜLTIGE ANTWORT?

Aber nicht alle ließen sich durch ein anscheinend „endgültiges" Urteil von ihrem Glauben an die Echtheit des Turiner Grabtuchs abbringen. Der französische Priester Bruno Bonnet-Eymard erklärte, nicht das Tuch sei gefälscht worden, sondern die Radiokarbonmessung; andere behaupteten, die Kirche habe die Ergebnisse manipuliert. Darunter die Autoren Holger Kersten und Elmar R. Gruber, die in dem 1992 erschienen Buch *Das Jesus-Komplott* die These aufstellten, Christus habe noch gelebt, als er ins Grab gelegt wurde; und damit die Lehre von der Auferstehung nicht ins Wanken käme, habe der Vatikan beschlossen, das Tuch als Fälschung abzutun. Vielleicht erfahren wir nie genau, ob das Grabtuch von Turin tatsächlich das Tuch ist, das gemäß dem Neuen Testament Joseph von Arimathäa kaufte, um den Leichnam Jesu darin einzuhüllen.

BLUTBILD

ROST VON EINEM ALTEN NAGEL

BRANDSPUR

OBEN: EIN GEMÄLDE AUS DEM 16. JH. ZEIGT, WIE DAS GRABTUCH MÖGLICHERWEISE GEFALTET WAR. MITHILFE DER MIKROFOTOGRAFIE (LINKS) WURDEN EVENTUELLE BLUT-, ROST- UND BRANDSPUREN AUF DEM TUCH UNTERSUCHT.

WAR LEONARDO DA VINCI AM WERK?

DETEKTIV-ARBEIT

Wenn das Grabtuch eine Fälschung ist, muss der Künstler ein Genie gewesen sein. Und dann fällt in dem Zusammenhang immer wieder der Name Leonardo da Vinci. So handelt beispielsweise der im Jahr 1982 gedrehte Film *Der stumme Zeuge* davon, dass da Vinci der Einzige gewesen sei, der eine solche Fälschung geschaffen haben könnte. Anhänger dieser Theorie sind auch Lynn Picknett und Clive Prince, deren Buch *Das Turiner Grabtuch* (1994) die Möglichkeit untersucht, dass da Vinci eine alte Fälschung veränderte. War vielleicht ein Unbekannter in das Tuch gehüllt?

Manche Experten denken da an die Leiche eines Kreuzfahrers aus dem 14. Jh., der als gotteslästerliche Nachahmung des Todes Christi von den Sarazenen gekreuzigt wurde. Dies würde zumindest die charakteristischen Wunden erklären.

Ob man nun von der Echtheit des Tuches überzeugt ist oder nicht – beide Seiten werden neue Untersuchungsergebnisse und immer komplexere Theorien vorlegen und so vielleicht einmal das Geheimnis lüften.

Der Fund von Qumran

Die am Toten Meer entdeckten antiken Schriftrollen stammen von der jüdischen Gemeinschaft der Essener. Liefern sie neue Beweise für lange bekannte Glaubenslehren?

BEI IHRER ENTDECKUNG FAND MAN DIE SCHRIFTROLLEN IN TONGEFÄSSEN VERSTAUT (OBEN). DIE URNEN WERDEN HEUTE IM ISRAEL-MUSEUM IN JERUSALEM AUFBEWAHRT. UNTEN: EIN AUSZUG AUS DEM SO GENANNTEN HANDBUCH DER VORSCHRIFTEN, EINER ART VERFASSUNG FÜR DIE SEKTE DER ESSENER.

IM FRÜHJAHR 1947 SUCHTE DER BEDUINENHIRTE Muhammed ad-Dhib in der Wüstenregion nordwestlich des Toten Meeres nach einer verirrten Ziege. Er vermutete das Tier in einer der vielen kleinen Höhlen nahe dem Wadi Qumran und warf deshalb einen Stein in eine Felsöffnung. Zu seiner Verwunderung hörte er ein Geräusch wie von zerbrechenden Tongefäßen. Neugierig geworden schaute er nach und entdeckte mehrere Krüge, die in Leder gewickelte alte Schriftrollen enthielten. Es handelte sich dabei um die ersten von tausenden Handschriften und Handschrift-Fragmenten, die man heute zusammenfassend als Schriftrollen von Qumran bezeichnet. Sie sind in Hebräisch und Aramäisch geschrieben, einer Sprache, die um Christi Geburt in Palästina und anderen Regionen des Vorderen Orients gesprochen wurde. Obwohl die Entdeckung der Manuskripte jetzt schon einige Jahrzehnte zurückliegt, blieben bis vor kurzem viele unveröffentlicht.

DIE ASKETISCHEN ESSENER

Allgemein wird angenommen, dass die Schriftrollen das Werk der Essener sind. Das ist eine jüdische Sekte, die sich von der offiziellen Lehre abspaltete und deren Mitglieder Mitte des 2. Jh. v. Chr. südwärts in die Wüste wanderten. Die Essener sahen sich selbst als die wahren Diener Gottes an; sie gründeten eine asketische Mönchsgemeinschaft, in der sie ohne persönliche Habe und die meisten auch im Zölibat lebten. Nicht weit von den Höhlen von Qumran finden sich die Reste eines Gemeinschaftszentrums, das wahrscheinlich die Hauptniederlassung der Essener war.

Warum aber wurden die Schriftrollen in Höhlen aufbewahrt? Möglicherweise lebten hier einige der Essener, und die Manuskripte waren die Reste von persönlichen Bibliotheken oder von einer Art Gemeindebibliothek. Vielleicht aber hat man die wertvollen Schriftrollen auch nur in aller Eile auf verschiedene Höhlen – insgesamt elf – verteilt, um sie vor dem römischen Angriff 68 n. Chr. zu retten.

Die in Qumran gefundenen Schriftrollen, die datiert sind zwischen dem 2. Jh. v. Chr. und dem 1. Jh. n. Chr., enthalten vorwiegend biblische Texte sowie Dokumente, die sich auf die Essener beziehen. Letztere geben Aufschluss da-

rüber, wie diese religiöse Gemeinschaft lebte und woran ihre Mitglieder glaubten. Das so genannte Handbuch der Vorschriften erlässt u. a. Richtlinien für den Eintritt in die Sekte, führt eine Liste der Gemeindesatzungen auf, enthält eine Art Strafgesetzbuch, eine Erörterung ihrer Theologie und außerdem eine Hymne, die Gott preist.

Die so genannte Kriegsrolle ist ein weiteres ureigenes Dokument der Essener. Sie beschreibt einen 40-jährigen Krieg, der auf das Ende der Welt folgt, wenn die Kinder des Lichts – d. h. die Sektenmitglieder von Qumran – gegen die Kinder der Finsternis kämpfen, und der in einem überwältigenden Sieg für die Kinder des Lichts endet. Offenbar sollten die Essener damit auf einen globalen Endkampf eingeschworen werden.

Die nichtessenischen Dokumente enthalten u. a. Schriftrollen und Fragmente aus jedem Buch des Alten Testaments außer dem Buch Ester. Das Buch der Psalmen ist mit 36 Exemplaren das am häufigsten gefundene biblische Manuskript in Qumran; das 5. Buch Mose und das Buch Jesaja bleiben mit 29 bzw. 21 Exemplaren nur wenig dahinter zurück.

Die Bedeutung dieser biblischen Werke für die Essener hängt mit ihrer Lebensgestaltung zusammen. Wahrscheinlich dienten ihnen die letzten vier Bücher des Pentateuch als Vorlage für das Handbuch der Vorschriften; das Buch der Psalmen nahmen sie möglicherweise als Grundlage für mehrere Formen des Gottesdienstes.

FRÜHCHRISTLICHE GESCHICHTE

Die Schriftrollen vom Toten Meer können aber auch Bezüge zur Geschichte des frühen Christentums herstellen. Manche Bibelforscher nehmen an, dass Jakobus, ein „Bruder" Jesu, der so genannte Lehrer der Gerechtigkeit war; dieser Priester, Führer der Essener, wird in den Texten erwähnt, aber nicht namentlich genannt. Ähnlich wird der Mann der Lüge, der historische Feind des Lehrers der Gerechtigkeit, manchmal mit dem Apostel Paulus gleichgesetzt. Eine andere Theorie besagt demgegenüber, dass Johannes der Täufer der Lehrer der Gerechtigkeit war.

In den Manuskripten von Qumran gibt es auch Hinweise auf die Kreuzigung – ebenfalls eine mögliche Verbindung zur Frühgeschichte des Christentums. Allerdings sind sich die meisten Bibelforscher einig, dass solche Deutungen archäologischen und anderen wissenschaftlichen Erkenntnissen widersprechen, da diese die Abfassung vieler Schriftrollen vor Christi Geburt datieren. Es scheint jedoch erwiesen, dass eine Fülle von Gedanken und Redewendungen, die später ins Neue Testament einflossen, ihren Ursprung in diesen Schriftrollen haben – Dokumente, die vielleicht nie ans Licht gekommen wären, hätte nicht ein Hirte einen Stein geworfen.

DIE HÖHLEN, IN DENEN DIE SCHRIFTROLLEN ENTDECKT WURDEN, LIEGEN UNZUGÄNGLICH IN FELSWÄNDEN. SCHLANGEN UND SKORPIONE ERSCHWEREN ZUSÄTZLICH DIE ERFORSCHUNG DES TERRAINS. AUS DIESEM GRUND WURDEN DIE MEISTEN HÖHLEN JAHRHUNDERTELANG NICHT BETRETEN, SODASS DIE WERTVOLLEN DOKUMENTE SO LANGE UNENTDECKT BLIEBEN.

Der Aufstieg Roms

Wie konnte aus der ursprünglich kleinen, unbedeutenden Siedlung am Tiber das riesige römische Weltreich entstehen?

DER STICH AUS DEM 19. JH. ZEIGT DAS FORUM ROMANUM ZUR ZEIT DER BLÜTE ROMS. DAS FORUM WURDE AN DER STELLE EINES MARKTPLATZES ERBAUT, DER BEREITS SEIT DEM 8. JH. V. CHR. MITTELPUNKT DER DAMALIGEN SIEDLUNG GEWESEN WAR. RECHTS EIN RELIEF MIT RÖMISCHEN SOLDATEN IN DER SCHLACHT.

DIE RÖMER LIEBTEN IHRE STADT UND DIE LEGENDE, die sich um ihre Entstehung rankte: Als der Trojanische Krieg beendet war, flohen einige Trojaner – darunter Aeneas, Sohn der Göttin Venus – mit dem Schiff nach Italien, genauer: nach Latium am unteren Tiber. Hier siegten sie in den Auseinandersetzungen mit den Einheimischen, und schließlich heiratete Aeneas sogar die Tochter des Königs von Latium. Ihr Sohn gründete die Stadt Alba Longa, die über viele Jahre von Aeneas' Nachkommen regiert wurde. Doch dann brach ein Bruderkrieg zwischen zwei Königssöhnen aus. Der rechtmäßige Erbe wurde vertrieben, aber der Kriegsgott Mars schlug sich auf seine Seite und heiratete seine Tochter, die ihm die Zwillinge Romulus und Remus gebar. Der unrechtmäßige König ließ die Säuglinge in einem Korb auf dem Tiber aussetzen, doch sie wurden an Land gespült, wo eine Wölfin sie wimmern hörte und säugte. Später, 753 v. Chr., erbauten sie an dem Ort, wo sie gefunden wurden, die Stadt Rom, die nach Romulus benannt wurde, der seinen Bruder im Streit erschlagen hatte.

Rund 700 Jahre später schrieb der Dichter Vergil die Geschichte von Aeneas und seinem Kampf um Latium in dem Nationalepos *Aeneis* nieder und stillte damit die Sehnsucht der Römer nach einer Verbindung mit der Götterwelt.

HISTORISCHE REALITÄT

In Wirklichkeit sind die Anfänge Roms bescheidener. Um 1000 v. Chr. siedelten sich Hirten in der Gegend an, bis zum 7. Jh. v. Chr. schlossen sich ihre Siedlungen zu größeren

Gemeinwesen zusammen. Ihr Mittelpunkt wurde Rom, das zu dieser Zeit unter den Einfluss der Etrusker und der Griechen geriet. Dennoch konnte die Stadt ein politisches Eigenleben entwickeln: 509 v. Chr. schufen die Römer eine republikanische Staatsform, die rund 500 Jahre Bestand haben sollte.

Die frühe Republik bewahrte die einfache bäuerliche Lebensweise der Römer. Dank ihrer Selbstdisziplin und ihres Kampfesmuts gelang es ihnen nach und nach, die Staaten in Mittel- und Unteritalien unter ihre Herrschaft zu bringen. Im Streit um Sizilien kam es zwischen 264 und 146 v. Chr. zu drei Kriegen mit der nordafrikanischen Macht Karthago, aber schließlich blieb Rom siegreich und gewann die Vormacht über das westliche Mittelmeer.

PATRIZIER UND PLEBEJER

Anfangs wurde die Republik von adligen Großgrundbesitzern, den Patriziern, regiert, doch mit der Zeit errang das gemeine Volk, die Plebejer, ebenfalls politische Rechte und durfte eigene Beamte wählen. Nach ihren Niederlagen im Krieg gegen die Karthager verloren die plebejischen Konsuln aber an Ansehen, und die patrizischen Feldherrn, die Rom gerettet hatten, sicherten sich die politische Macht. Der Senat, die bestimmende Kraft der Republik, legte allerdings fest, dass nur außerhalb Italiens Krieg geführt werden durfte; Rom sollte von inneren Konflikten verschont bleiben.

Mit seinem gewaltigen Heer eroberte Rom seit dem 2. Jh. v. Chr. Griechenland und Kleinasien, bald reichten seine Grenzen von Ägypten bis zum Ärmelkanal. Reiche Kriegsbeute floss in die Stadt, doch die Lage im Innern verschlechterte sich dramatisch: Eine tiefe Kluft tat sich auf zwischen Arm und Reich, es kam zu Bürgerkrieg und Militärdiktatur. Mitte des 1. Jh. v. Chr. ergriff Julius Caesar die Macht, aber sein Ziel – persönliche Herrschaft auf Lebenszeit – alarmierte die Senatoren und führte zu seiner Ermordung. Im nachfolgenden Bürgerkrieg siegte Caesars Adoptivsohn Octavian. Er behielt zwar einige republikanische Institutionen bei, errichtete aber unter dem Ehrennamen Augustus („der Erhabene") 27 v. Chr. eine Monarchie. Wie in der *Aeneis* vorausgesagt, brachte er dem römischen Weltreich Frieden, aber auch das Ende der republikanischen Freiheit.

DER HOLZSCHNITT AUS DEM 16. JH. ZEIGT EIN ANTIKES BAD IM FRANZÖSISCHEN PLOMBIÈRES. DIE RÖMISCHEN BÄDER WAREN OFT LUXURIÖSE ÖFFENTLICHE EINRICHTUNGEN, IN DENEN MAN SICH TRAF, SEINE FREIZEIT VERBRACHTE ODER POLITIK MACHTE.

VERGIL – DICHTER UND MAGIER

STREIFLICHTER

Der große römische Dichter Vergil (70–19 v. Chr.) errang nicht nur mit dem von ihm verfassten Nationalepos *Aeneis* Ansehen und Einfluss. In einigen seiner Gedichte mit dem Titel *Eclogae*, die 30 Jahre vor Christi Geburt erschienen, schrieb er über die Ankunft eines göttlichen Kindes, das ein neues Zeitalter einleiten werde. Von vielen christlichen Gelehrten wurde er deshalb als Prophet angesehen, und seine Werke blieben bis in die Zeit der Renaissance ein obligatorisches Bildungsgut. Schriftsteller übten das Schreiben von Weissagungen, indem sie Passagen Vergils interpretierten. Dichter aller Epochen wurden von ihm beeinflusst: Dante machte ihn zum Führer durch die Hölle im *Inferno*, John Milton ahmte in seinen epischen Schriften seinen Stil nach. Für manche seiner treuesten Schüler war Vergil zugleich Magier und Geisterbeschwörer, und sie änderten seinen Namen in Virgil – Wahrsager.

RÖMISCHES MOSAIK MIT DER DARSTELLUNG DES DICHTERS VERGIL, DER WÄHREND DER REGIERUNGSZEIT VON KAISER AUGUSTUS LEBTE.

Caesar und Kleopatra

DER RÖMISCHE MACHTHABER UND DIE ÄGYPTISCHE KÖNIGIN gehören zu den berühmtesten Liebespaaren der Weltgeschichte. Die Faszination, die von ihnen ausgeht, wurde durch die tragischen Umstände ihres Todes noch gesteigert. Der englische Dichter William Shakespeare hat ihr Wirken und ihre letzten Stunden in den Dramen *Julius Caesar* und *Antonius und Cleopatra* künstlerisch gestaltet, Romane und Filme haben sie zu Superstars der Antike gemacht. Doch wie sah die Wirklichkeit aus?

JULIUS CAESAR UND KÖNIGIN KLEOPATRA GEHÖREN ZU DEN GROSSEN LIEBESPAAREN DER WELTGESCHICHTE.

Besonders schön im landläufigen Sinn waren beide wohl nicht; aber sie besaßen Charme und strahlten eine Attraktivität aus, die auf Macht und Selbstbewusstsein beruhte. Als Julius Caesar Kleopatra zum ersten Mal begegnete, war er in der Tat einer der mächtigsten Männer des römischen Weltreichs. Nach seiner Rückkehr von einem siegreichen Feldzug im Osten wurde er zu Anfang des Jahres 44 v. Chr. mit dem Titel *Pater Patriae*, Vater des Vaterlandes, geehrt und zum Diktator auf Lebenszeit ernannt. Aber mehrere Senatoren fürchteten, dass seine Alleinherrschaft die republikanische Verfassung des römischen Staates gefährden würde. Auch waren sie in Sorge wegen seiner Beziehung zu Kleopatra, die zu der Zeit mit ihren Geschwistern um den ägyptischen Thron kämpfte. Kleopatra galt als Griechin; ihre Familie, die Ptolemäer, regierte in Ägypten seit fast drei Jahrhunderten und hatte ein weitgehend griechisches Verwaltungs- und Rechtssystem aufgebaut. Die Griechen waren der traditionelle Feind Roms – und das Liebesverhältnis in den Augen mancher Römer folglich eine Art politischer Verrat. Als Caesar dann auch noch die Königswürde angetragen wurde – die er aber ablehnte –, war für eine Gruppe von Senatoren das Maß voll. Sie verschworen sich gegen den Diktator und schmiedeten, unter Anführung von Marcus Brutus und Gaius Cassius, Pläne zu seiner Ermordung.

MORD IM SENAT

Der Senat hatte für die Iden des März (15. März) eine Sitzung anberaumt, und die Verschwörer nutzten diese Gelegenheit für das Attentat. Sie standen unter Zeitdruck, da Caesar 3 Tage später einen Feldzug gegen die Parther beginnen wollte. Insgesamt waren an dem Komplott rund 60 Männer beteiligt, von denen über 20 Senatoren den Mord ausführen sollten. Durch die kollektive Verantwortung würde, wie sie hofften, nach vollendeter Tat die Macht an den Senat übergehen.

Eigentlich hätte Caesar, abergläubisch wie jedermann in Rom, an den Iden des März nicht in den Senat gehen sollen, denn ein Wahrsager hatte ihm für den Tag Unglück prophezeit, und seine Frau Calpurnia hatte geträumt, dass er ermordet würde. Aber ein Freund – tatsächlich einer der Verschwörer – überredete ihn, doch an der Sitzung teilzunehmen. Gegen Mittag erschien Caesar im Senat. Sofort überreichte ihm einer der Senatoren ein Bittgesuch, während die anderen ihn umringten. Der Bittsteller riss ihm die Toga vom Hals, und der erste Attentäter versetzte ihm einen Dolchstich. Caesar war jedoch nur an der Schul-

NEROCCIO DE LANDI MALTE DAS TREFFEN VON KLEOPATRA UND MARCUS ANTONIUS IN PRÄCHTIGEN FARBEN.

LAUT DEM GRIECHISCHEN HISTORIKER PLUTARCH WAR KLEOPATRA „NICHT MAKELLOS ODER AUCH NUR BEMERKENSWERT". DENNOCH WURDE SIE VON KÜNSTLERN WIE A. CABANEL OFT ALS SEHR SCHÖN DARGESTELLT.

ter verletzt; aber dann kamen weitere Verschwörer einer nach dem andern mit gezücktem Dolch und stachen auf ihn ein. Als Caesar sah, dass auch sein vermeintlicher Freund Brutus die Waffe gegen ihn hob, soll er ausgerufen haben: „Auch du, mein Sohn Brutus!" Möglicherweise war das wörtlich gemeint, Caesar hatte lange eine Liebesbeziehung mit Brutus' Mutter gehabt. Blutüberströmt zog der Sterbende seine Toga über den Kopf; von 23 Dolchstichen verwundet, sank er vor der Statue seines ehemaligen Widersachers Pompeius nieder. Nach Caesars Tod wurde jedoch nicht, wie die Attentäter erwartet hatten, die alte republikanische Ordnung wiederhergestellt, sondern es kam zu einem langjährigen Bürgerkrieg.

KLEOPATRAS ENDE

In der Zwischenzeit festigte Kleopatra ihre Position in Ägypten. Zwei Jahre nach Caesars Ermordung wurde sie die Geliebte von Marcus Antonius, einem der neuen Machthaber im Römischen Reich. Auf ihren Befehl hin ließ er den letzten ptolemäischen Rivalen ermorden. Marcus Antonius verließ sogar seine römische Ehefrau und heiratete die ägyptische Königin. Damit brachte er die Römer gegen sich auf, und schließlich sagte sein Rivale Octavian, Caesars Großneffe und Adoptivsohn, Kleopatra den Kampf an.

Im Jahr 31 v. Chr. fiel in der Seeschlacht von Aktium die Entscheidung: Octavian, der spätere Kaiser Augustus, siegte; die beiden Unterlegenen flohen nach Ägypten. Dort griff im Jahr darauf Octavian erneut die Truppen seines Gegners an und schlug sie in die Flucht. Marcus Antonius stürzte sich aus Verzweiflung in sein Schwert, ließ sich aber noch schwer verwundet zu Kleopatra bringen, um in ihren Armen sein Leben auszuhauchen. Kleopatra selbst tötete sich wahrscheinlich mithilfe einer Giftschlange, die sie in ihr Schlafgemach geschmuggelt hatte. Sie durchkreuzte damit die Pläne von Octavian, der sie als Gefangene in den Straßen von Rom zur Schau stellen wollte.

TRAUMROLLE FÜR FILMDIVEN

STOFF FÜR LEGENDEN

Hollywood hat die Geschichte der ägyptischen Königin mit berühmten Schauspielerinnen mehrmals verfilmt. In der Version von 1917 verkörperte Theda Bara die Hauptrolle. Cecil B. DeMilles aufwändig produzierter Film *Cleopatra* von 1934 zeigte Claudette Colbert als die ägyptische Herrscherin. Offenbar glaubte DeMille, er müsse die Colbert auf einen bestimmten Film-abschnitt vorbereiten – und zwar die Szene, in der Kleopatra sich das Leben nimmt, indem sie eine giftige Viper an die Brust drückt. Bevor diese Sequenz gedreht wurde, ringelte DeMille sich eine ziemlich große Schlange um den Körper und ging zur Hauptdarstellerin. Diese rief erschreckt: „Kommen Sie mir damit nicht zu nahe!" „Gut", entgegnete DeMille, „wie wär's mit der?" Und er zeigte ihr eine Schlange von der Größe einer ägyptischen Viper. Die Colbert meinte: „Das kleine Ding? Her damit!", und spielte die Szene tadellos.

1962 wurde der Stoff mit Elizabeth Taylor in der Hauptrolle neu verfilmt. Der Streifen war sehr teuer in der Herstellung und ein Fest für die Augen, wurde aber eine finanzielle Enttäuschung und ließ hinsichtlich der historischen Genauigkeit einiges zu wünschen übrig.

Der Ausbruch des Vesuv

Pompeji, Herculaneum und Stabiae – einst blühende Städte der Antike, dann Opfer des Vulkans

ALS DER VESUS IM JAHR 79 AUSBRACH, VERSANK DAS ANTIKE POMPEJI UNTER EINER TÖDLICHEN ASCHENWOLKE. DARIN WURDEN DIE KÖRPERFORMEN DER ERSTICKTEN MENSCHEN KONSERVIERT. ARCHÄOLOGEN FÜLLTEN DIE HOHLFORMEN SPÄTER MIT GIPS, SODASS NATURGETREUE ABGÜSSE VON DEN LEICHEN ENTSTANDEN (RECHTS). OBEN DER AUSSCHNITT EINES WANDGEMÄLDES AUS POMPEJI

WENN VOM AUSBRUCH DES VESUV DIE REDE IST, denken die meisten Menschen an den Untergang von Pompeji. Dabei wurden im August des Jahres 79 neben der reichen Stadt am Schnittpunkt bedeutender Handelsrouten gleichzeitig noch zwei weitere größere Städte zerstört: Herculaneum und Stabiae. Die Eruption war nach der Explosion der Vulkaninsel Santorin die zweitgrößte Katastrophe, die die antike Welt heimsuchte.

Tatsächlich ist der Vesuv in den vergangenen Jahrtausenden immer wieder ausgebrochen – seit der Zerstörung Pompejis allein rund 70-mal. Damals kamen in der Region um den Golf von Neapel über 3000 Menschen ums Leben. Noch verheerendere Auswirkungen hatte der Ausbruch von 1631, bei dem fast sämtliche Ortschaften am Fuß des Vulkans vernichtet wurden: Viele Tausende starben, denn inzwischen war die Gegend dichter besiedelt. 1707 wurde sogar die Großstadt Neapel von einem Aschenregen bedroht. Der letzte Ausbruch des Vesuv erfolgte 1944.

Pompeji und Herculaneum wurden auf unterschiedliche Weise zerstört. Die Gründe dafür waren das Wetter am Tag des Ausbruchs und die jeweilige geographische Lage: Pompeji liegt südöstlich vom Vesuv, Herculaneum dagegen westlich. Noch wichtiger ist, dass Herculaneum auf einem Vorgebirge erbaut worden war, zwischen zwei Bächen, die die Hänge des Vesuv herabflossen – eine günstige Lage, was landschaftliche Schönheit und gemäßigte Temperaturen im Sommer angeht, gefährlich jedoch bei einem Vulkanausbruch.

Am Tag des Ausbruchs blies der Wind in südöstlicher Richtung. Dies hatte zur Folge, dass über Pompeji ein Aschen- und Schlackenregen niederging, während Herculaneum von einer Schlammlawine überflutet wurde.

ANTIKE APOKALYPSE

Pompeji wurde nicht unter Lava begraben, sondern unter einer bis zu 7 m dicken Schicht aus Asche und Schlacke. Darin wurden die Formen der Leichen konserviert, sodass Archäologen Jahrhunderte später die durch Verwesung entstandenen Hohlräume mit Gips ausgießen konnten und lebensechte Skulpturen von Menschen in ihren letzten Augenblicken erhielten. Die meisten Einwohner der Stadt waren anscheinend an giftigen Gasen erstickt. Viele hatten offensichtlich fliehen wollen, waren aber aus Atemnot zu Boden gestürzt. Ein Vater versuchte, auf seine Arme gestützt, zu seinen Kindern zu kriechen; an einem Straßenrand hockte ein Mann, der sich mit den Händen Mund und Nase zuhielt.

So Mitleid erregend die Szenerie vom Untergang Pompejis wirkt – sein Ende war fast sanft verglichen mit dem von Herculaneum. Eine Lawine aus heißem vulkanischem Schlamm – ein Gemisch aus kondensiertem Dampf, Lava, Asche und Steinen – wälzte sich durch die Bachbetten und bedeckte die Stadt mit einer etwa 20 m dicken Schicht. Weil der Schlamm länger brauchte, um die Stadt unter sich zu begraben, hatten die Menschen hier mehr Zeit zur Flucht als in Pompeji. Diejenigen aber, die zu lange zögerten, wurden von der glühenden Masse zugedeckt, sodass nur Skelette übrig blieben.

ERDE IN BEWEGUNG

Zur Zeit ruht der Vesuv, aber das kann sich ändern, denn nach wie vor treffen in dieser Region unterirdisch zwei Erdplatten aufeinander. Dadurch entsteht ein immenser Druck, der Stein zu Magma schmelzen lässt. Diesem wiederum entweichen Gase, die sich irgendwann ein Ventil suchen werden …

UNTEN: DER AUSBRUCH DES VESUV, WIE IHN SICH DER MALER JEAN BAPTISTE GENILLION VORSTELLTE. LINKS: DAS WANDBILD ÜBERSTAND DEN ASCHENREGEN, DER POMPEJI ZERSTÖRTE.

DER BERICHT DES PLINIUS

AUGEN-ZEUGEN

Der römische Schriftsteller Plinius der Jüngere war Zeuge des Vulkanausbruchs, der im 1. Jh. Pompeji zerstörte. In einem Brief schilderte er dem Historiker Tacitus das Naturereignis:

„Man konnte das Schreien von Frauen und Kindern und die Rufe von Männern hören; einige riefen nach ihren Kindern; einer beklagte das eigene Schicksal, ein anderer das seiner Familie; manche wünschten aus lauter Angst vor dem Sterben den Tod herbei; einige erhoben die Hände zu den Göttern, aber die meisten glaubten, dass es keine Götter mehr gebe und dass die letzte ewige Nacht, von der wir gehört haben, über die Welt gekommen sei.

Das Feuer fiel in einiger Entfernung von uns nieder; dann wieder waren wir in dichte Dunkelheit getaucht, und ein schwerer Aschenschauer regnete auf uns herab. Wir mussten ab und zu aufstehen, um ihn abzuschütteln, sonst wären wir darin begraben worden."

Der Fall Roms

Rom wurde nicht an einem Tag erbaut. Ebenso zerfiel das römische Weltreich auch nicht an einem Tag, sondern ging allmählich an seiner eigenen Größe zugrunde.

OBEN: ROMS KAISER LIEBTEN PRUNK UND POMP ALS ZEICHEN IHRER UNBEGRENZTEN MACHT. DER STICH AUS DEM 19. JH. ZEIGT KAISER NERO ALS ZUSCHAUER BEI EINEM ZWEIKAMPF IM KOLOSSEUM. UNTEN EINE MÜNZE MIT KAISER NEROS KONTERFEI

DER NIEDERGANG DES RÖMISCHEN REICHES HATTE viele Ursachen; eine der wichtigsten war der anhaltende Druck, den Germanenstämme, die so genannten Barbaren, auf die Grenzen des riesigen Reiches ausübten. In der Zeit des Aufstiegs hatte das wachsende Imperium zahllose Angreifer erfolgreich zurückgeschlagen, bis schließlich im 2. Jh. die Sicherung der Grenzen in Europa nur noch geringe militärische Anstrengungen erforderte. Doch dieser Zustand war nicht von langer Dauer: Wandalen, Ost- und Westgoten sowie verschiedene andere germanische Völker drangen zunehmend weit ins Römische Reich vor und trafen auf einen Staat, dessen Widerstandskraft allmählich immer schwächer wurde.

Das Imperium Romanum war ein riesiges Weltreich; es erstreckte sich vom Norden Englands bis in den Vorderen Orient. Zwar verschoben sich seine Grenzen immer wieder, doch gehörten stets die Regionen um das Mittelmeer dazu, das die Römer *mare nostrum*, „unser Meer", nannten. Aber Größe bedeutete nicht nur Macht, sondern auch Schwerfälligkeit, und Rom musste feststellen, wie schwierig es war, einen solchen Koloss zu verwalten und zu verteidigen. Despotische Herrscher und – in den letzten Jahrhunderten – größenwahnsinnige Heerführer, die sich in verlustreiche innere Kämpfe verstrickten, um an die Herrschaft zu gelangen, schwächten das Reich zusätzlich.

ENDE DER STABILITÄT

Bis gegen Ende des 2. Jh. bereitete die Nachfolge der Kaiser keine Probleme, das Reich war politisch stabil. Doch mit dem Tod von Mark Aurel, „dem Philosophen auf dem Kaiserthron" (161–180), bahnte sich das Ende dieser Kontinuität an. Ihm folgte sein unfähiger Sohn Commodus; seine Ermordung 193 löste einen Bürgerkrieg aus. Aus den Unruhen ging der Heerführer Septimius Severus, der sich gegenüber mehreren Rivalen durchsetzen konnte, als Sieger hervor. Er begründete eine Militärmonarchie und sicherte durch mehrere siegreiche Feldzüge die Grenzen des römischen Imperiums. Nach seinem Tod übernahmen seine Söhne Caracalla (211–217) und Geta (211–212) die Macht; besonders Caracalla war berüchtigt für sein grausames und zügelloses Verhalten. Der letzte Kaiser aus der Severer-Dynastie, Severus Alexander, wurde 235 ermordet.

In den folgenden Jahrzehnten herrschten Anarchie und Chaos – zwischen 235 und 285 gab es 22 Thronwechsel. Einzelne Legionen riefen ihre Anführer zu Kaisern aus, und diese verbrachten ihre kurze Regierungszeit im Kampf gegen ihre Rivalen. Ihr Leben endete meist früh durch Mord oder auf dem Schlachtfeld. Die Kämpfe schwächten die kaiserliche Autorität, ruinierten das Reich finanziell, kosteten zahllose Legionäre das Leben und ließen die Grenzen ohne wirksamen Schutz. Im Westen über-

DER WESTTEIL DES RÖMISCHEN REICHES GING LANGE VOR DEM BYZANTINISCHEN OSTEN ZUGRUNDE. DIE RUINEN DES JUPITERTEMPELS IN TUNESIEN SIND ZEUGNISSE BYZANTINISCHER MACHT- UND PRACHTENTFALTUNG IN NORDAFRIKA.

OBEN: DAS GRÖSSTE AMPHITHEATER DES RÖMISCHEN WELTREICHS WAR DAS KOLOSSEUM IN ROM. IN DER ARENA FANDEN WASSERSCHLACHTEN UND BLUTRÜNSTIGE GLADIATORENKÄMPFE STATT. UNTEN: EINE ERNSTE BEDROHUNG ROMS STELLTEN DIE HUNNEN UNTER IHREM ANFÜHRER ATTILA DAR.

querten Germanen den Rhein, überrannten Gallien und rückten bis nach Spanien und Italien vor. Im Osten gelang es ihnen, auf den Balkan und nach Kleinasien vorzudringen, während das rivalisierende Persische Reich Armenien eroberte.

Nach 270 errang das Römische Reich zwar wieder einige militärische Siege, doch mittlerweile hatten die Legionen erheblich an Schlagkraft eingebüßt. Die Truppen waren fest in den jeweiligen Provinzen verwurzelt und nicht willens, andernorts zu dienen. Damit die Autorität des Kaisers bei den Legionären gewahrt blieb, war zumindest zeitweise seine Anwesenheit notwendig; gleichzeitig aber erwartete man von ihm, dass er an den Grenzen von England bis Ägypten die Feinde abwehrte. Um diese schwierige Aufgabe meistern zu können, teilte Kaiser Diocletian (284–305) das Reich in vier Teile auf: Der zum gleichberechtigten Mitkaiser erhobene Maximian erhält Afrika und Italien mit der Hauptstadt Mailand, Constantius Spanien, Gallien und Britannien mit den Zentren Trier und York und Galerius den Balkan (Illyricum, Makedonien und Griechenland) mit der Hauptstadt Sirmium. Diokletian selbst regiert von Nicomedia in Kleinasien den gesamten Osten des Reiches.

Diese Vierteilung bewährte sich jedoch nicht. Es kam erneut zu erbitterten Kämpfen der Nachfolger untereinander, aus denen Kaiser Konstantin der Große als Sieger hervorging. So erhob Konstantin (305–337) im Jahr 330 die von den Griechen gegründete Stadt Byzanz zur Hauptstadt des Ostreichs. Ihm zu Ehren wurde sie bald Konstantinopel genannt. Das Christentum war in Kleinasien zu dieser Zeit schon weit verbreitet und stärkte trotz religiöser Streitigkeiten das Oströmische Reich, das noch mehr als 1000 Jahre – bis zum Jahr 1453 – Bestand haben sollte.

DER NIEDERGANG DES WESTREICHS

Im Weströmischen Reich wirkte sich der Zusammenbruch des Militär- und Finanzsystems mindestens ebenso verheerend aus wie die Bedrohung durch die germanischen Völker. Diokletian versuchte, die Währung zu stabilisieren; er stellte einen Staatshaushalt auf und führte eine Finanz- und Steuerreform durch. Als die Ausgaben für das Heer die Staatseinkünfte überstiegen, wertete die Regierung die Währung ab und legte fixe Löhne und Preise fest. Die Folge war eine Inflation, die das Ansehen der Regierung schädigte und ihre Macht lähmte.

Nach der Verlegung der Hauptstadt der westlichen Reichshälfte nach Mailand sank Rom auf den Rang einer Provinzstadt herab. Gleichzeitig gingen der Stadt durch die Reichsteilung die Ressourcen des Ostens verloren, die nun Konstantinopel zugute kamen. Handel und Handwerk schrumpften, die Menschen begnügten sich oft mit der Produktion für den Eigenbedarf. Reiche Städter, die dem Steuerdruck entkommen wollten, zogen sich auf ihre Ländereien zurück. Verarmte Bauern verließen ihre eigenen kleinen Höfe und suchten sich Lohnarbeit bei den Großgrundbesitzern.

DIE BARBAREN VOR DEN TOREN ROMS

Bis zum Ende des 4. Jh. lösten Unruhen unter den germanischen Völkern, die jenseits der römischen Grenzen siedelten, die Völkerwanderung aus. Westgoten, Wandalen und andere Stämme suchten Zuflucht innerhalb des Reiches. Um sie zu integrieren, wurden die Neusiedler auch als Söldner eingesetzt, und bald übernahmen germanische Heerführer militärische und politische Ämter.

402 schlug ein römisches Heer unter dem Wandalen Stilicho die in Italien eingedrungenen Westgoten unter König Alarich zurück. Doch 408 ließ Kaiser Honorius Stilicho ermorden, und nun strömten die Westgoten ohne Widerstand ins Land, forderten Siedlungsraum und Hilfsgelder. Aber der Kaiser weigerte sich, mit ihnen zu verhandeln.

Darauthin belagerten die Westgoten Rom, in dessen Mauern Hunger und Seuchen grassierten. Schließlich öffneten ihnen Sklaven ein Tor, und sie drangen in die Stadt ein, die seit dem Einfall der Gallier im 4. Jh. v. Chr. nicht mehr erobert worden war.

Der Fall von Rom war der Anfang vom Ende des Weströmischen Reiches. Einige Jahrzehnte später – im Jahr 476 – setzte der germanische Heerführer Odoaker den letzten weströmischen Kaiser, Romulus Augustulus, ab und erklärte sich zum König von Italien. Die Macht Roms, von dem aus früher das Schicksal von Millionen Menschen bestimmt wurde, war gebrochen; doch Rom blieb – wenn auch mit Unterbrechungen – bis heute die Residenz des Oberhauptes der katholischen Kirche.

HIMMLISCHES ZEICHEN

FAKT ODER NICHT?

Nach Ansicht mancher Forscher trug die Auseinandersetzung zwischen dem jungen Christentum und dem Glauben an die antike Götterwelt zum Fall des Römischen Reiches bei. In diesem Zusammenhang fiel Kaiser Konstantin eine bedeutende Rolle zu. Wie kam es, dass er der neuen Religion so positiv gegenüberstand?

Der Legende nach sah Konstantin am 27. Oktober 312, in der Nacht vor der Entscheidungsschlacht gegen seinen Rivalen Maxentius, ein Kreuz aus Licht am Himmel und daneben die Worte *In hoc signo vinces* – „In diesem Zeichen wirst du siegen".

Daraufhin ließ Konstantin eine Standarte mit dem Christusmonogramm anfertigen und zog am nächsten Tag im Zeichen des Kreuzes in die Schlacht an der Milvischen Brücke vor den Toren Roms. Seine Krieger schlugen das Heer des Gegners, das unter dem Schutz der römischen Götter kämpfte. Konstantin schrieb seinen Sieg Christus zu und erließ 313 das Toleranzedikt von Mailand, das den Christen Religionsfreiheit gewährte. Der Kaiser selbst verhielt sich abwartend – angeblich ließ er sich erst auf dem Sterbebett taufen. Das Christentum wurde unter seiner Regierung auch noch nicht Staatsreligion, sondern erst 391 unter Kaiser Theodosius.

Was Konstantins Vision angeht, so meinen heute manche Wissenschaftler, dass er womöglich die seltene Konjunktion von Venus, Mars, Jupiter und Saturn gesehen habe, die sich um den 27. Oktober des Jahres 312 ereignete.

KONSTANTIN DER GROSSE (OBEN) BAUTE BYZANZ AUS UND MACHTE ES ZUR HAUPTSTADT DES OSTRÖMISCHEN REICHES. BALD ERHIELT DIE STADT AM BOSPORUS DEN NAMEN KONSTANTINOPEL, STADT DES KONSTANTIN. LINKS OBEN: DER GERMANISCHE HEERFÜHRER ODOAKER WIRD ZUM KÖNIG VON ITALIEN ERHOBEN.

WIE ZAHLREICHE KÜNSTLER VOR IHM STELLTE DER FLÄMISCHE MALER PETER PAUL RUBENS AMAZONEN ALS FRAUEN MIT HERRLICHEM KÖRPER DAR. ABER DAS GRIECHISCHE WORT „AMAZON" BEDEUTET „OHNE BRUST". IN DER URSPRÜNGLICHEN SAGE WURDEN DIE JUNGEN AMAZONEN ALS BOGENSCHÜTZEN AUSGEBILDET. UND UM IHNEN DAS SPANNEN DES BOGENS ZU ERLEICHTERN, BRANNTE MAN IHNEN DIE RECHTE BRUST AUS.

Gab es die Amazonen wirklich?

Handelt es sich bei den berüchtigten Kriegerinnen um sagenhafte Gestalten oder existierten sie tatsächlich?

Von Diodorus Siculus, einem Geschichtsschreiber des 1. Jh. v. Chr., stammt der Bericht, dass in den westlichen Teilen Lydiens – im heutigen Kleinasien –, an den Grenzen der damals bekannten Welt, ein Volk lebte, das von Frauen regiert wurde. Bei ihnen war es Brauch, dass die Frauen in den Krieg zogen und für eine festgelegte Zeitspanne zum Dienst im Heer verpflichtet waren; während dieser Zeit wahrten sie ihre Jungfräulichkeit. Wenn sie ihren Kriegsdienst abgeleistet hatten, kehrten sie nach Hause zu ihren Männern zurück, um Kinder zu gebären, aber sie behielten die Verwaltung und alle Staatsgeschäfte weiterhin in ihren Händen.

Diese Aussage spiegelt treffend die Legenden wider, die sich um die Amazonen rankten und die seit frühester Zeit fester Bestandteil der griechischen Mythologie waren. Die Wissenschaft ist heute jedoch zu der Überzeugung gelangt, dass die Langlebigkeit der Legende nicht so sehr ihrem Wahrheitsgehalt zu verdanken ist als vielmehr dem Aspekt menschlicher Phantasie, die sie befriedigt.

VERKEHRTE WELT

Die Forscher verweisen auf eine Tendenz unserer Phantasie, vertraute gesellschaftliche Rollen und Verhaltensmuster in ihr Gegenteil umzukehren. Die Griechen lebten in einer von

Männern geprägten Gesellschaft. Dagegen stellt die Sage von den Amazonen eine Umkehrung dieser Welt dar, wonach die Frauen die Krieger stellten und im Staat den Ton angaben, während die Männer ans Haus gebunden waren und eine untergeordnete Rolle spielten.

In der Sagenwelt der Griechen galt ursprünglich die Kaukasusregion an der kleinasiatischen Schwarzmeerküste als Heimat der Amazonen. Als sich aber der geographische Horizont der Griechen weitete und sie die Küsten des Schwarzen Meeres besiedelten, fanden sie dort keine von Frauen dominierte Kultur vor. Folglich wurde die Sage revidiert und das Amazonenreich weiter nach Osten, außerhalb der damals bekannten Welt, verlegt. Zugleich musste eine andere Sage geschaffen werden, die zu dieser Entdeckung passte, eine Aufgabe, die der Herakles-Mythos erfüllte. Der Held reiste demnach ins Amazonenreich, überwand die Königin Hippolyte und entriss ihr ihren Gürtel, womit er eine seiner Aufgaben erfüllte. Dann verbannte er die Amazonen ostwärts in die fernen und unbekannten Steppen Asiens.

Die Erzähler der Antike entfalteten eine ungeahnte Phantasie, wenn sie zu erklären versuchten, wie eine reine Frauengesellschaft Nachwuchs hervorbringen konnte. Und in jenen Fassungen der Sage, in denen Männer vorkamen, hatten diese keine Rechte und wurden als unterwürfig beschrieben. In anderen Versionen verbanden sich die Amazonen mit Gottheiten wie dem Kriegsgott Ares oder griechischen Helden wie Theseus.

VORBILDER IN DER GESCHICHTE?

Und wie steht es um den Wahrheitsgehalt dieser Legende? Es gab in der Antike einige Kulturen, in denen Frauen eine dominierende Rolle spielten, wie beispielsweise die nomadische Kurgan-Kultur in Russland, und es ist durchaus möglich, dass der Amazonen-Mythos in übertriebenen Berichten über solche Gesellschaften seine Wurzeln hat. Aber auch einige archäologische Funde geben wichtige Hinweise. So fand man in einem alten Grab in der Ukraine weibliche Skelette mit Waffenbeigaben, was auf eine Beteiligung an kriegerischen Handlungen schließen lässt.

Letzten Endes lebt die Legende von den weiblichen Kriegern von ihrer Wirkung. Immer wieder in der Geschichte haben Frauen, vielleicht unterschwellig von der Amazonen-Sage inspiriert, selbst zu den Waffen gegriffen. Es gibt Beispiele von römischen Gladiatorinnen ebenso wie von weiblichen Kreuzfahrern; und während der Französischen Revolution verteidigten 8000 Frauen die Barrikaden in Paris. Auf diese Weise hat sich der Amazonen-Mythos verselbstständigt und ist reale Geschichte geworden.

KRIEGERINNEN ZU PFERD

FAKT ODER NICHT?

Zahlreiche Versionen der Sage beschreiben die Amazonen als Kriegerinnen, die auf Pferden in die Schlacht zogen. Die Amazone Myrene, die legendäre Gründerin der Stadt Smyrna in Kleinasien, soll eine Reiterei von rund 30 000 Frauen befehligt haben. Es gibt einige Historiker, die die Ansicht vertreten, dass es in der Antike durchaus Stämme weiblicher Krieger zu Pferde gegeben hat. Sie könnten der Ursprung der Zentauren sein – jener sagenhaften Tiere, die halb Mensch, halb Pferd waren. Doch ein schlüssiger Beweis für diese These konnte bisher noch nicht erbracht werden.

EIN HOLZSCHNITT AUS DEM 18. JH. ZEIGT AMAZONEN IM KAMPF GEGEN FUSSSOLDATEN.

DIESE KAMPFSZENE STAMMT VON EINEM SARKOPHAG, DER IM MUSEO ARCHEOLOGICO IN FLORENZ AUSGESTELLT IST.

Wer war die Königin von Saba?

Die geheimnisvolle Besucherin an König Salomos Hof beschäftigt bis heute die Phantasie der Menschen. Mit ihrer viel gerühmten Klugheit und ihrer sagenhaften Schönheit nahm sie den König und seinen Hof für sich ein. Aber wer war diese Frau wirklich, von der alle schwärmen?

OBEN: EINE ÄTHIOPISCHE MINIATUR ZEIGT KÖNIG SALOMO (LINKS) BEI EINEM FESTMAHL ZU EHREN DER KÖNIGIN (OBEN RECHTS). LANGE ZEIT WAR DIE LAGE VON SABA UNKLAR. HEUTE SPRICHT VIELES DAFÜR, DASS SICH DAS REICH DORT ERSTRECKTE, WO HEUTE DER JEMEN LIEGT, UND NICHT IN DER GEGEND DES HEUTIGEN ÄTHIOPIEN ODER SAUDI-ARABIEN.

SIE BENÖTIGTE NICHT MEHR ALS 25 ZEILEN, UM die Phantasie der Welt anzuregen. Unser Wissen stammt aus dem Alten Testament. Aber in keinem der Bücher erfahren wir die Dinge, die unsere Neugier befriedigen würden: ihr Aussehen, ihre Geschichte, nicht einmal ihren Namen. Sie existiert nur als vages, doch verlockendes Phantom.

Wenn man dem biblischen Bericht Glauben schenken kann, so ergibt sich folgende Geschichte: Als die Königin von Saba vom Ruhm König Salomos hörte, dem weisesten und reichsten König von Israel, der um die Mitte des 10. Jh. v. Chr. regierte, reiste sie nach Jerusalem, um ihn kennen zu lernen. In ihrer Begleitung befand sich eine außergewöhnlich große Karawane. Hunderte von Kamelen trugen Gewürze und große Mengen an Gold und Edelsteinen. Am Hof angekommen, prüfte sie den König mit schwierigen Fragen, die er alle beantworten konnte. Beeindruckt von seiner Klugheit, überreichte die Königin ihm prachtvolle Geschenke. Er gab ihr seinerseits, was immer sie für sich erbat, und dazu einen Teil seiner Reichtümer. Nach dem Austausch kehrte die Königin in ihr Land zurück.

Einige Forscher vermuten, dass die Reise Verhandlungen über Handelsrouten und besonders über das Nutzungsrecht israelischer Häfen am Mittelmeer durch Saba diente. Aber die Bibel schweigt sich über die Gründe für den Besuch der Königin aus. Auch archäologische Forschungen haben die Geschichte nicht zu stützen vermocht. In den antiken Annalen finden sich keine anderen Hinweise auf diese geheimnisvolle Königin.

Eine reiche Überlieferung füllt diese Lücken, doch bleibt unklar, wie zuverlässig diese Legenden auf historischen Tatsachen beruhen. Die Königin von Saba war ein Lieblingsthema mittelalterlicher christlicher Mythen, wo sie manchmal als Zauberin erscheint oder mit übernatürlichen Fähigkeiten ausgestattet ist. Sie wird auch aus unerfindlichen Gründen häufig mit Tieren in Verbindung gebracht. Eine französische Skulptur stellt sie als Königin mit Schwimmfüßen dar, während eine deutsche Skulptur sie in eine Gans verwandelt. In islamischen und jüdischen Texten wird sie oft mit dem Wundervogel Wiedehopf in Verbindung gebracht.

DIE HEIMAT DER KÖNIGIN

Obwohl wir sehr wenig von der Königin wissen, konnten die Archäologen eine ganze Menge über das Land herausfinden, aus dem sie stammte. Das arabische Reich Saba lag am Roten Meer. Es wird mehrere Male in der Bibel erwähnt und der Name leitet sich von einem Nachkommen von Sem, einem Sohn Noahs, ab.

DIE KÖNIGIN VON SABA REGTE DIE PHANTASIE VON KÜNSTLERN WIE RAFFAEL AN (LINKS). DAGEGEN WIRD DIE KÖNIGIN AUF DER ÄLTESTEN STELE IM ÄTHIOPISCHEN AKSUM (UNTEN) MIT KEINER SILBE ERWÄHNT.

Saba war ein grünes, blühendes Land, bewässert durch einen Stausee mit einem riesigen Damm bei der Hauptstadt Marib. Seinen Reichtum verdankte es vor allem dem Handel mit Gewürzen wie Weihrauch und Myrrhe, die an den grünen Berghängen gediehen. Die Bewohner Sabas erwiesen sich als geschickte Kaufleute. Es gelang ihnen, den gesamten Handel in der Region in ihre Hand zu bringen.

Die Bevölkerung Sabas war aufgrund ihrer exponierten Lage im Süden des Roten Meeres geographisch isoliert, weshalb sie den Invasionen großer Heere entgingen, auch der Streitmacht Alexanders des Großen, dessen Machtbereich sich von Griechenland bis nach Indien erstreckte. Bis zum Ende des 4. Jh. widerstand Saba allen Angriffen von außen. Dennoch war das Land antiken Historikern wie Herodot und Plinius bekannt, in deren Werken sich häufig Hinweise finden.

Allerdings hören wir erst im 8. Jh. v. Chr. zum ersten Mal von dem Land, zwei Jahrhunderte nach dem Besuch der Königin bei Salomo. Jene frühen Jahre, in denen die sagenhafte Königin das Land regiert haben könnte, liegen noch immer im Dunkeln.

DIE SAGE VON MENELIK

STREIF-LICHTER

Eine der schillerndsten Legenden über die Königin von Saba ist die Geschichte von ihrem Kind Menelik.

Nach einer Sage aus dem 14. Jh. verführte Salomo die Königin während ihres Besuchs mit einer raffinierten List: Er gab ihr zu Ehren ein Festmahl, ermahnte sie aber, sie dürfe ohne seine Erlaubnis nichts nehmen. Als später in der Nacht die Königin, gequält von den scharfen Speisen, etwas Wasser trank, warf Salomo ihr Vertragsbruch vor und forderte dafür ihre Gunst. Als die Königin nach ihrem Übertritt zum Judentum Israel verließ, war sie mit ihrem Sohn Menelik schwanger. Menelik wurde dann der erste Kaiser von Äthiopien. Die Legende behauptet sogar, dass er die Bundeslade aus Salomos Tempel stahl. Nach Ansicht der Gläubigen liegt sie mit Menelik in Aksum begraben.

Länger als ein Jahrtausend hat Menelik eine wichtige Rolle bei der Krönung äthiopischer Herrscher gespielt. Während der Krönung Haile Selassies, des letzten Kaisers von Äthiopien, stand dieser unter einem prachtvollen koptischen Kreuz und erklärte: „Ich bin der Sohn von David und Salomo und Ibna Hakim“ – der Sohn des Weisen oder Meneliks.

Besuch von Außerirdischen auf der Erde?

Geheimnisvolle Artefakte und Scharrbilder auf der Erde werfen die Frage auf, ob frühere Kulturen außerirdischen Wesen begegneten.

DIE NAZCA SCHUFEN DIESE GEHEIMNISVOLLEN LINIEN, INDEM SIE SCHMALE GRÄBEN AUSHOBEN, DAMIT HELLEREN BODEN FREILEGTEN UND DANN DIE UMRISSE DER GRÄBEN MIT DUNKLEM KIES HERVORHOBEN. EINE VOGELFIGUR WURDE VON ERICH VON DÄNIKEN ALS LANDEBAHN FÜR AUSSERIRDISCHE GEDEUTET.

Es ist eine phantastische Vorstellung, dass außerirdisches Leben auf die Erde kam und die Entwicklung alter Kulturen beeinflusste. Besuchten uns wirklich Außerirdische? Manche Bibelkenner konstatierten die Ähnlichkeiten der Visionen Hesekiels mit heutigen Berichten über Ufos – fliegende lodernde Räder, die „Lebewesen" tragen. Ist es möglich, dass die in der Bibel und anderen antiken Texten beschriebenen Wunder nichts anderes waren als die Reaktion primitiver Menschen auf Maschinen und fortgeschrittene Technik? In zwei Fällen – den riesigen Figuren, die man auf einer Ebene in Peru gefunden hat, und dem Auftauchen mehrerer geheimnisvoller Kristallschädel – haben Wissenschaftler anscheinend eine Antwort gefunden.

MERKWÜRDIGE LINIEN

Auf einer peruanischen Wüstenebene zwischen Ica- und Nazcatal hinterließ das Volk der Nazca sein Vermächtnis – mehrere Figuren von Vögeln, seltsamen Tieren und ungewöhnlichen Symbolen, die in die trockene Erde gekratzt sind. Auf einer rund 60 km langen und 25 km breiten Fläche bildet eine Gruppe gerader Linien ein Aufsehen erregendes Vogelmuster, das

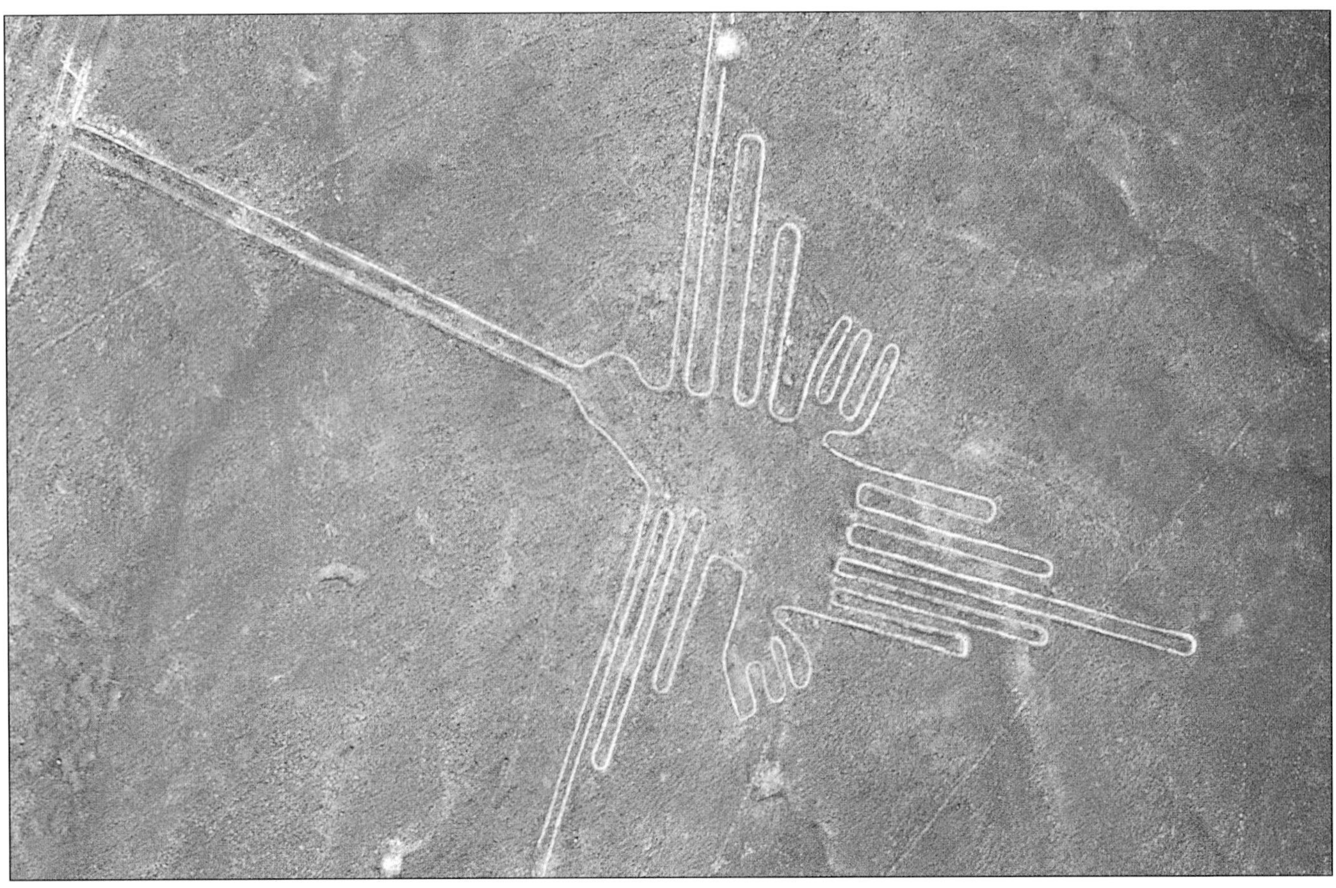

die Aufmerksamkeit des Schweizer Autors Erich von Däniken weckte. Das Muster hat eine so auffällige Ähnlichkeit mit den untereinander verbundenen Landebahnen eines modernen Flughafens, dass von Däniken fest daran glaubte, die Linien seien als Landebahnen für außerirdische Raumfahrzeuge in die Erde gekratzt worden.

Zwar ist der Boden aus weicher Erde, die für die wiederholte Landung von Flugobjekten ungeeignet ist. Dennoch erhielt die Spekulation Nahrung durch die Tatsache, dass diese Figuren vom Boden aus nicht zu erkennen sind. Dies erklärt auch, warum sie erst in den 1930er-Jahren entdeckt wurden, als ein Pilot sie auf der Suche nach Wasservorkommen überflog. Ingenieure, die die Linien untersuchten, kamen zu dem Schluss, dass das Gelände es unmöglich macht, solche exakten Muster vom Boden aus zu konstruieren. Und fliegen konnte man damals noch nicht.

Anfang der 1970er-Jahre demonstrierte Jim Woodman, der Autor eines Buches über dieses Phänomen, dass die Nazca durchaus in der Lage waren, die Linien aus der Luft zu sehen. Er stellte die Theorie auf, dass die Nazca sich aus Seilen und fest gewebtem Stoff einen Heißluftballon gefertigt hatten, der durch Feuer auf dem Boden angetrieben wurde. Woodman kopierte Stoffproben, die an den Leichen präkolumbischer Nazca gefunden wurden und baute damit einen solchen Ballon. Am 28. November 1975 stieg sein Ballon über der Ebene auf und bewies damit eindrucksvoll, dass es den früheren Einwohnern Perus möglich war, sich in die Luft zu erheben. Nun ist es an den Archäologen, handfeste Beweise dafür zu finden, dass die alten Peruaner den ersten Flug der Menschheit unternahmen, lange bevor man es bisher für möglich gehalten hatte.

GEHEIMNISVOLLE KRISTALLSCHÄDEL

Wilde Spekulationen rankten sich um eine Gruppe von kristallenen „Totenschädeln", die auf mysteriöse Weise im späten 19. Jh. ans Licht kamen. Weil einige Experten behaupten, dass nur maschinelle Werkzeuge und Diamantbohrer, die erst im 20. Jh. entwickelt wurden, ein so hartes Material wie Kristall geformt haben können, waren die Anhänger außerirdischer Besuche schnell bei der Hand, den merkwürdigen Artefakten einen extraterrestrischen Ursprung zuzuschreiben.

DER QUARZ, AUS DEM DIE KRISTALLSCHÄDEL BESTEHEN, DÜRFTE VOR DEM AUFKOMMEN DES DIAMANTBOHRERS IM 20. JH. PRAKTISCH UNSCHNEIDBAR GEWESEN SEIN. DASS MAN KEINE WERKZEUGSPUREN AN DEN SCHÄDELN FAND, STEIGERTE DAS GEHEIMNISVOLLE IHRER HERKUNFT NOCH ERHEBLICH.

Zwei der berühmtesten Schädel gehören dem Smithsonian Institute und dem Londoner Museum of Mankind, die sie in den 1890er-Jahren bei Tiffany gekauft hatten. Der dritte Schädel ist im Besitz der Kanadierin Anna Mitchell-Hedges aus Kitchener in Ontario. Während sie behauptete, sie habe den Schädel 1924 gefunden, als sie mit ihrem Vater an einer archäologischen Expedition in Mittelamerika teilnahm, haben einige Forscher erheblichen Zweifel an ihrer Geschichte geäußert.

Wissenschaftler bei Hewlett-Packard untersuchten die Schädel in ihren Labors, konnten aber nicht erklären, wie alte Kulturen, denen die notwendigen Werkzeuge zum Schneiden von Quarzkristall fehlten, diese Gegenstände geschaffen haben könnten. Manche vermuten, dass Generationen hingebungsvoller Arbeiter die Schädel geformt haben könnten, indem sie den Kristall sorgfältig mit einer Schmirgelsubstanz wie Sand abrieben. Andere verweisen auf eine Gruppe deutscher Kunsthandwerker im 19. Jh., die sich auf Kristallverzierungen spezialisiert hatten, und identifizierten sie als die wahrscheinlichere und ganz und gar irdische Erklärung.

Gab es Atlantis wirklich?

ATLANTIS WIRD OFT ALS KULTUR VON HOHEM KÜNSTLERISCHEM UND TECHNISCHEM NIVEAU DARGESTELLT (OBEN). IST DIES DAS ERGEBNIS VON HISTORISCHEN FORSCHUNGEN ODER SIND ES TRÄUMEREIEN EINES BEGABTEN UND PHANTASIEVOLLEN LEHRERS?

DAS GEHEIMNIS DER VERSUNKENEN Stadt Atlantis, die irgendwo auf dem Grund des Ozeans ruht, hat die Menschen über Jahrhunderte hinweg fasziniert. Aber nur wenigen ist bewusst, dass die Quelle der Sage nicht irgendein verrückter Träumer ist, sondern der Vater des abendländischen Denkens, der griechische Philosoph Platon. Tatsächlich kommen die einzigen erhaltenen Hinweise auf Atlantis in zwei Dialogen Platons vor: *Kritias* und *Timaios*.

Hat die sagenumwobene Stadt Atlantis auf einer versunkenen Insel in der Ägäis tatsächlich existiert?

In ihnen beschreibt Platon ein ausgedehntes Inselparadies, reich an Metallvorkommen und üppigen Gärten, das irgendwo außerhalb der Straße von Gibraltar im Atlantik lag. Die Stadt, die die umliegenden Gebiete mit seiner mächtigen Flotte erobert hatte, wurde von Poseidon, dem Gott des Meeres, geschützt. Als sich jedoch die Bewohner der Insel anderen Göttern zuwandten, bestrafte Poseidon sie mit „einem einzigen Tag und einer einzigen Nacht des Unglücks, bei dem die Insel in den Tiefen des Meeres verschwand".

PHILOSOPHISCHER KUNSTGRIFF?

Platon schwelgte gern in Gleichnissen und Fabeln und manche Gelehrte – darunter auch Platons Schüler Aristoteles – haben vermutet, dass die Sage von Atlantis nur ein philosophischer Kunstgriff war, der die Gefahren nationaler Selbstgefälligkeit hervorheben sollte. Aber manche Historiker sind anderer Ansicht und haben die Antike nach Hinweisen auf ein tatsächliches Ereignis durchsucht, das dieser verheerenden Katastrophe entsprechen könnte. Besonders intensiv suchte man im 15. Jh., dem Zeitalter der Entdeckungen; jedes neu entdeckte Gebiet galt als Kandidat für die versunkene Stadt. Als Kolumbus in Amerika landete, hielten viele es tatsächlich für Atlantis, obwohl es keinen Beweis gab, dass die Neue Welt jemals im Wasser versunken gewesen war.

In den Vereinigten Staaten hat es sogar mehr Atlantis-Fanatiker gegeben als anderswo. Der Kongressabgeordnete Ignatius Donnelly veröffentlichte 1882 ein Buch, in dem er feststellte, dass Atlantis ein Inselkontinent zwischen der Alten und der Neuen Welt war. Donnelly behauptete, die Existenz von Atlantis erkläre die Ähnlichkeiten zwischen den präkolumbischen Kulturen in Amerika und der alten ägyptischen Kultur, darunter der Pyramidenbau und das 365-Tage-Jahr. Beide Kulturen entstanden auf Atlantis, sagte Donnelly, und verlagerten sich auf ihre jeweiligen Kontinente, als die Insel überflutet wurde.

DIE LÖSUNG – DIE INSEL SANTORIN

In der Folgezeit tauchten immer neue Theorien auf, die Atlantis an den verschiedensten Punkten der Welt orteten, von Tibet über das Amazonasbecken bis hin zu den Bahamas. Doch die einleuchtendste Beschreibung legt die Insel in die Nähe Griechenlands.

Moderne Seismologen und Vulkanologen haben die historischen Quellen nach einem Ereignis von so katastrophalen Ausmaßen durchsucht, dass es eine ganze Kultur zerstören könnte, und ein solches ereignete sich auf einer Insel in der Ägäis. Vor rund 3500 Jahren erschütterte ein gewaltiger Vulkanausbruch die Insel Thera – heute Santorin –, die südlichste der Kykladen. Die Eruption hatte die Stärke von über 500 Atombomben und verbreitete Asche über ein Gebiet von fast 800 000 km^2. Thera lag im Einflussbereich Kretas, das damals eine Blütezeit erlebte. Tatsächlich haben Archäologen die Ruinen prachtvoller Städte ausgegraben, die anscheinend den von Platon in seinen Dialogen beschriebenen gleichen. Die Eruption auf Thera löste Flutwellen aus, die sich schnell nach Kreta ausbreiteten und viele Hafenstädte zerstörten, u. a. auch die prächtige Hauptstadt Knossos. Kreta erholte sich nie mehr davon.

Doch wie entstand die Sage ? In den Dialogen behauptet Kritias, er habe die Geschichte von seinem Urgroßvater gehört, der sie von den Ägyptern herleitete. Die Ägypter waren selbst kein seefahrendes Volk, aber sie trieben einen umfangreichen Handel mit Kreta und hatten zweifellos von Kretas Glanz erzählen gehört. Als nach der Eruption die kretischen Schiffe plötzlich ausblieben, könnten die Ägyptern geglaubt haben, Kreta sei einfach verschwunden. Es ist durchaus möglich, dass diese Vorstellung mit der Zeit durch erzählerische Ausschmückungen in die Sage von der versunkenen Stadt Atlantis umgewandelt wurde.

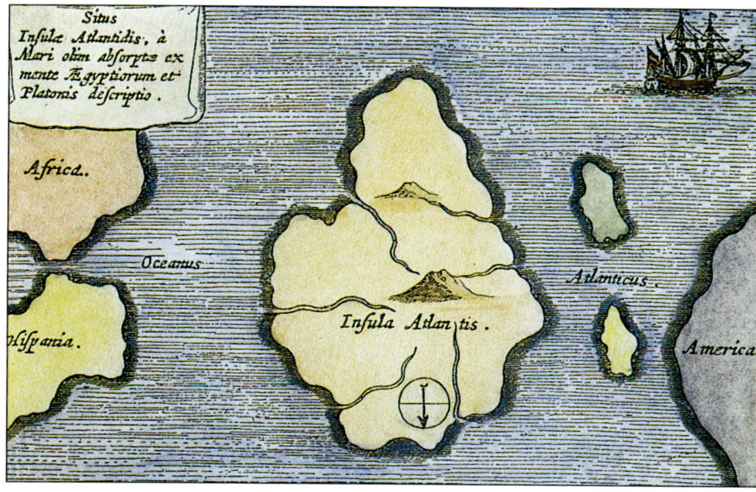

OBEN: EINE KARTE AUS DEM JAHR 1678 ORDNETE ATLANTIS ZWISCHEN AFRIKA UND AMERIKA EIN. LINKS: NOCH 1831 ERSCHIEN ATLANTIS AUF KARTEN DES BERLINER KARTOGRAPHEN IGNACY LELEWEL.

TEIL 3

DAS MITTELALTER

FÜR DIE MENSCHEN DER RENAISSANCE WAR DAS MITTELALTER EINE DUNKLE Zeit des Unglücks und Leids. Wenn die Bauern nicht von den Grundherren unterdrückt wurden, starben sie in Kriegen, die sie nicht wollten, wurden von eindringenden Barbarenscharen ausgeplündert, von inquisitorischen Eiferern gefoltert oder von der Pest und anderen Seuchen dahingerafft. Aber in den vergangenen 100 Jahren hat sich unsere Sicht des Mittelalters grundlegend gewandelt. Es war auch eine Zeit, in der große Ideen Gestalt annahmen. Jeanne d'Arc gab den Franzosen ihr Nationalgefühl und Bonifatius bekehrte die Deutschen zum Christentum. Und wer waren die sagenhaften Gestalten König Artus, Robin Hood und Wilhelm Tell? Wie so viele kunstvolle und prächtige Buchmalereien das Mittelalter überdauert haben, so beleuchten die überlieferten Sagen die bruchstückhaften Zeugnisse der Geschichte.

Robin Hood: Legende oder Wirklichkeit?

Die Legende vom unerschrockenen Räuberhauptmann, der die Reichen bestiehlt und den Armen gibt, kennt jedes Kind. Aber hat er tatsächlich gelebt?

DIE SAGE VON ROBIN HOOD IST AUF DER GANZEN WELT BEKANNT, SEIN NAME ZUM SYNONYM DES KAMPFES FÜR DIE UNTERDRÜCKTEN UND GEGEN DIE UNGERECHTIGKEIT GEWORDEN. DIE ILLUSTRATION AUS DEM 19. JH. ZEIGT ROBIN MIT EINEM BOGENSCHÜTZEN.

Die Frage, ob es einen Robin Hood wirklich gab, grenzt fast schon an Frevel, so groß ist unsere Wertschätzung des verwegenen Streiters für die Schwachen und das gemeine Volk. Im 19. Jh. kamen die Forscher zu dem Schluss, dass die Robin-Hood-Geschichten jeder historischen Grundlage entbehrten, und in einem 1882 erschienenen Buch über englische und schottische Volksballaden wird der Geächtete aus dem Sherwood Forest sogar zu einer reinen Schöpfung der Balladendichtung erklärt. Doch die Forschung in späteren Jahren lässt vermuten, dass die Sage doch einen wahren Kern hat.

Wann genau die ersten Geschichten um Robin Hood aufkamen, lässt sich heute nicht mehr genau sagen, wurden sie zunächst doch nur mündlich, wahrscheinlich von fahrenden Sängern, verbreitet. Die erste bekannte, bereits erweiterte Fassung der Geschichte ist die Balladensammlung *Lyttle Geste of Robyn Hode* aus dem 15. Jh. Sie enthält die bekannten Personen: den Sheriff von Nottingham, Robin, Little John und den Rest seiner „lustigen Gesellen“, die Reiche bestehlen und Arme beschenken. Hinweise auf Robin Hood erscheinen aber schon um die Mitte des 14. Jh. in Balladen und Geschichten, weshalb Historiker vermuten, dass der Fürst der Diebe irgendwann vorher lebte – vorausgesetzt, er war eine historische Gestalt. In Grundherrschaftslisten und anderen örtlichen Registern von 1228 bis 1230 taucht der Name eines Robert Hood auf. Er wird als flüchtiger Rechtsbrecher beschrieben, der „zum Nutzen der großen Masse“ stahl. Freilich: Robert Hood war damals ein ziemlich verbreiteter Name, weshalb diese Quelle keine wirkliche Beweiskraft hat.

PROBLEME MIT DER DATIERUNG

Zu den größten Schwierigkeiten bei der Datierung des Helden zählen die widersprüchlichen historischen Bezüge; Anspielungen in den Balladen ordnen ihn der Regierungszeit von nicht weniger als vier verschiedenen Königen zu, von Richard Löwenherz (1189–1199) bis Eduard II. (1307–1327). Die stärkste Verbindung zu Robin Hood hat Richard, der von seinem Bruder und späteren Nachfolger König Johann bekämpft wurde. Aber Robin wurde auch mit einem Aufstand gegen König Heinrich III. in Zusammenhang gebracht, den dessen Schwager Simon de Montfort 1265 anführte. Der Historiker Walter Bower schrieb, dass nach der Erhebung gegen Heinrich „der berühmte Räuber Robin Hood ... unter jenen Berühmtheit erlangte, die aufgrund des Aufstands enterbt und verbannt worden waren". Allerdings weisen moderne Historiker darauf hin, dass der Langbogen, der in vielen Robin-Hood-Geschichten eine so wichtige Rolle spielt, zur Zeit König Heinrichs III. keine gebräuchliche Waffe war, was Zweifel an Bowers Behauptung weckt.

Unter all den möglichen Kandidaten hat einer die größten Chancen, Robin Hood zu sein: ein Pächter aus dem nördlich von Nottingham gelegenen Wakefield, der im Jahr 1322 wahrscheinlich in einen Aufstand gegen den Grafen von Lancaster verstrickt war. Die Grundregister der Stadt für 1320 führen einen Robert Hood an, dem Bruch des Forstrechts, Widerstand gegen den Gutsherrn und Nachlässigkeit im Kampf gegen die Schotten vorgeworfen wird. Auch gibt es einen Hinweis, dass Hoods Haus wegen dieser Pflichtverletzung eingezogen wurde, was der Grund für seinen Rückzug in die Wälder gewesen sein könnte. Dieser Robin würde die Geschichte der Regierungszeit Eduards II. zuordnen, und in der Tat gibt es ein Dokument, nach dem der König einen Robert Hood als Hofdiener in seine Dienste nahm.

LITERARISCHER EINTOPF

Trotz des Aufwands, den die Historiker mit der Suche nach dem wahren Robin Hood getrieben haben, meinen die meisten, die Legende habe sich durch die Jahrhunderte so drastisch weiterentwickelt, dass sich eine historische Grundlage wohl nicht mehr ausmachen lässt. Marian, Robins Liebste, taucht erstmals im 16. Jh. in einem Theaterstück auf, und der beleibte Klosterbruder Tuck kam ebenfalls in den frühesten Fassungen nicht vor. In anderen Versionen der Geschichte wird Robin weniger davon motiviert, Unrecht wieder gutzumachen, als vielmehr von Nationalstolz, als er für das Volk der Sachsen gegen die normannischen Eroberer kämpft. Einige Forscher haben sogar die sehr umstrittene Behauptung aufgestellt, Robin Hood und seine „lustigen Gesellen" seien in Wirklichkeit eine Gemeinschaft von Homosexuellen gewesen, die gezwungen war, außerhalb der Stadt zu leben, wohin der Arm des Gesetzes und der Kirche nicht reichte.

Nicht umstritten ist, dass die Geschichte von Robin Hood, dem Urbild des vogelfreien Helden, die Merkmale und Details vieler Balladen über Geächtete annahm und somit eine Art literarischer Eintopf aus lokaler Überlieferung und zeitgenössischen Ereignissen entstand. Die begeisterten Leser stört es wohl kaum, dass sie sich vielleicht über Jahrhunderte verändert hat. Sie erwarten gar nichts anderes, denn die Liebe zur Gerechtigkeit ist so mächtig, dass Helden, die dafür kämpfen, zwangsläufig größer, berühmter und unterhaltsamer werden als alles, was die Geschichte je hervorbringen könnte.

IM FILM SPIELTE ERROL FLYNN 1938 DIE ROLLE DES ROBIN HOOD (OBEN). DIE ILLUSTRATION DES AMERIKANISCHEN MALERS N. C. WYETH FÜR EINE SAGENSAMMLUNG VON 1917 (UNTEN LINKS) ZEIGT DEN RÄUBER MIT KÖCHER BEI EINEM KÖNIGLICHEN TURNIER, WO ER ERSTMALS SEINER SPÄTEREN LIEBE MARIAN BEGEGNET.

HOOD IN HÜLLE UND FÜLLE

FAKT ODER NICHT?

Viele andere Rebellen, Geächtete und Verfemte sind als der historische Robin Hood vorgeschlagen worden. Dazu zählen Sir Robert Thwing, der mit seinen Anhängern Klöster überfiel, Getreide stahl und an die Armen verteilte, und Robert Fitzhooth, Anwärter auf die Grafenwürde von Huntington, der um 1160 geboren wurde und 1247 starb. Tatsächlich führen einige historische Dokumente diese Lebensdaten auch für Robin Hood an, sodass Fitzhooth ein ernst zu nehmender Kandidat sein könnte. Kritiker verweisen jedoch darauf, dass spätere Urkunden keinen Adligen mit diesem Namen erwähnen.

Die Legende von König Artus

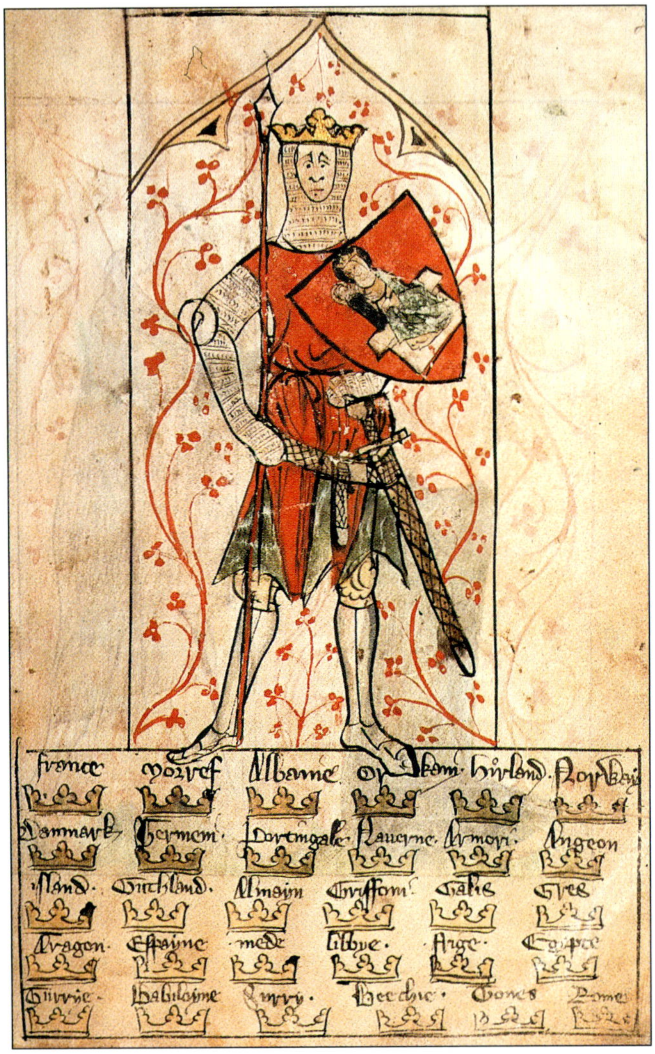

ARTUS SOLL HERRSCHER ÜBER 30 KÖNIGREICHE GEWESEN SEIN, WORAUF DIE 30 KRONEN ZU SEINEN FÜSSEN VERWEISEN.

DA ES KEINEN SICHEREN BEWEIS FÜR DIE Existenz König Artus' gibt, ziehen viele Historiker den Schluss, dass er nur eine Sagengestalt ist. Warum haben dann aber so viele Menschen so viele Jahrhunderte lang an den König geglaubt, der Britannien ein goldenes Zeitalter bescherte?

Die Suche nach einer Antwort beginnt bei einem lateinischen Buch über die Geschichte der Könige Britanniens, das der Kleriker und Chronist Geoffrey von Monmouth zwischen 1135 und 1139 veröffentlichte. Seine *Historia regum Britanniae*, eine Mischung aus Phantasie und Tatsachen, schildert König Artus als glanzvollen Monarchen von heroischen Ausmaßen, ein leuchtendes Vorbild höfischen Rittertums. Manche Zeitgenossen taten Geoffreys Buch als Lügengeschichte ab, doch werden einige seiner Geschichten interessanterweise von der modernen Archäologie bestätigt. So behauptet Geoffrey z. B., Artus sei in der Inselfestung Tintagel an der Nordküste Cornwalls geboren. Archäologen haben dort tatsächlich Reste einer Festung entdeckt, was darauf schließen lässt, dass Geoffrey durchaus nicht nur aus der Phantasie schöpfte.

EIN KRIEGER IN DUNKLER ZEIT

Schon zuvor war der Name Artus in frühen Chroniken aufgetaucht. Die *Historia Britonum* des walisischen Mönches Nennius aus dem 9. Jh. beschreibt Artus als Feldherrn, der eingedrungene Sachsen am Mount Badon vernichtete, einem Berg, der allerdings nie identifiziert werden konnte. Der Mönch und Geschichtsschreiber Gilda berichtet Mitte des 6. Jh., die Schlacht von Badon habe um 500 stattgefunden, bringt sie aber nicht in Zusammenhang mit Artus. Der Sieg am Mount Badon wird ebenfalls in den *Annales Cambriae*, einer Chronik aus dem 10. Jh. erwähnt; dort ist auch von einer Schlacht bei Camlann im Jahr 537 die Rede, in der Artus angeblich fiel.

Aufgrund dieser dürftigen Quellen glauben manche Historiker, Artus könnte ein christlicher englischer Krieger des 5. Jh. gewesen sein, der sein Land in den unruhigen Zeiten nach dem Abzug der Römer gegen die sächsischen Eindringlinge verteidigte. Da sie die Eindringlinge nicht aufhalten konnten, seien seine Anhänger in die Berge von Wales geflohen. Dort hätten sie während langer Jahrhunderte Geschichten erzählt, die aus einem unbedeutenden Krieger einen Helden von Weltformat machten, der nicht nur in Britannien, sondern auch im Ausland kämpfte.

Geoffreys Quellen waren diese Erzählungen, die er wahrscheinlich in seiner walisischen Heimat gehört hatte. Er schildert Artus' schöne Gemahlin Guinevere, seinen treulosen Neffen Mordred und den mächtigen Zauberer Merlin. Er erwähnt auch einen verbreiteten Glauben, dass Artus nicht tot sei, sondern zurückkehren und sein Volk von seinen Feinden erretten werde. Tatsächlich wird Artus bis heute „der einstige und künftige König" genannt.

Geoffreys Bild von Artus strahlte auch auf das europäische Festland aus, wo sich der Stoff im 12. und 13. Jh. ungeheurer Beliebtheit erfreute und Einzug in die hohe Literatur fand. Französische Dichter wie Chrétien de Troyes und Marie de France ergänzten die Rittersage um bleibende Elemente wie die Liebesgeschichte von Lancelot und Guinevere, die Ritter der Tafelrunde und die Suche

IM ZENTRUM DES HÖFISCHEN LEBENS AUF CAMELOT STAND DIE BERÜHMTE TAFELRUNDE.

nach dem Heiligen Gral. In Deutschland schrieben Hartmann von Aue und Wolfram von Eschenbach ihre großen Artusepen und 1469 schließlich erschien Thomas Malorys *Le morte d'Arthur*, der die Geschichte in der uns heute bekannten Form erzählte.

EIN GEHEIMNISVOLLER RIOTHAMUS

Die Suche nach dem realen Artus geht weiter. Manche historischen Dokumente stützen Geoffreys Behauptung, Artus habe Britannien verlassen, um auf dem Kontinent zu kämpfen. Im Gegensatz zu den meisten Historikern schenkt der britische Historiker Geoffrey Ashe den Ausführungen seines Namensvetters Glauben. Ashe ist Mitbegründer des Camelot-Forschungskomitees, das die Ausgrabung von Cadbury Castle 1966–70 leitete. Vieles spricht dafür, dass dieser Ort mit Artus' Camelot identisch ist. Auf der Suche nach Hinweisen außerhalb Britanniens entdeckte Ashe Berichte von einem „König der Briten", der um 470 ein Heer nach Frankreich führte. Zudem stieß er auf ein Dokument, in dem ein gewisser Riothamus erwähnt wird, der die Truppen Britanniens nach Gallien führte und seiner Ansicht nach Artus sein könnte.

Bis Archäologen oder Historiker etwas wirklich Überzeugendes ausgraben, wird König Artus wohl eine sagenumwitterte Schattengestalt bleiben. Er ist der Stoff, aus dem Legenden gewoben wurden, ein Held, der möglicherweise aus den Lebensläufen mehrerer Könige zusammengestellt ist. Bis auf den heutigen Tag jedenfalls hat die Geschichte von König Artus und seiner schillernden Tafelrunde nichts von ihrer Faszination eingebüßt.

WAR EDUARD I. ARTUS' ERBE?

DETEKTIV-ARBEIT

Die meisten modernen Historiker zweifeln an König Artus' Existenz. Das war nicht immer so. Im Mittelalter hielt man es im Interesse Britanniens für wichtig, dass die Monarchen Erben eines so berühmten Königs seien. Die englischen Könige glaubten nicht nur daran, dass es Artus gab, sie erklärten sich gleich auch zu seinen Verwandten. Eduard I. (rechts) erhob als Artus' Erbe gar den Anspruch, England und Schottland zu regieren.

LANGE ZEIT HAT KÖNIG ARTUS DIE DICHTER UND KÜNSTLER DER GANZEN WELT INSPIRIERT. DIESES WERK ENTSTAND IM FRANKREICH DES 14. JH.

Der Aufstieg der katholischen Kirche

Die katholische Kirche hatte von jeher einen gewaltigen Einfluss auf die Geschicke der Welt. Ihre Geschichte ist geprägt von vielen Kriegen, blutigen Kreuzzügen und den Gräueln der Inquisition.

DER RÖMISCHE KAISER KONSTANTIN DER GROSSE BEENDETE DIE UNTERDRÜCKUNG DER CHRISTEN UND UNTERSTÜTZTE DIE NEUE RELIGION. KEINE 70 JAHRE SPÄTER WURDE DAS CHRISTENTUM ALS OFFIZIELLE STAATSRELIGION IM RÖMISCHEN REICH ANERKANNT. KEIN KAISER KONNTE KÜNFTIG OHNE DIE KIRCHE REGIEREN.

VOR FAST 2000 JAHREN GEGRÜNDET, IST DIE KATHOlische Kirche die älteste Institution des Abendlands. Der ungeheure Einfluss, mit dem sie den Gang der Geschichte bestimmt hat, lässt sich kaum abschätzen. Doch wie kam es eigentlich zu dieser enormen Machtfülle? Und ging sie damit immer verantwortungsbewusst um?

SCHWIERIGE ANFÄNGE

Schon kurz nach der Kreuzigung Jesu in Jerusalem begannen seine Anhänger, von Damaskus bis Rom eine Vielzahl kleiner Christengemeinden zu gründen, und nach nur einem halben Jahrhundert hatte sich die christliche Lehre im ganzen Osten des Römischen Reiches ausgebreitet. Den römischen Kaisern war dies freilich ein Dorn im Auge. 64 n. Chr. begann die erste große Christenverfolgung, nachdem Kaiser Nero den Gläubigen die Schuld am Brand Roms zugeschoben hatte, und nicht wenige starben den Märtyrertod. Doch die Unterdrückung vermochte den Glauben nicht auszulöschen, im Gegenteil, sie stärkte ihn noch und trug zu seiner raschen weiteren Verbreitung bei.

Die Unterdrückung der Christen fand erst 312 unter Kaiser Konstantin I. ein Ende. Vor der entscheidenden Schlacht gegen seinen Schwager und Rivalen Maxentius an der Milvischen Brücke hatte er angeblich eine folgenreiche Vision. Er sah am Himmel ein Kreuz aus Licht, und eine himmlische Stimme sprach zu ihm: „In diesem Zeichen wirst du siegen.“ Konstantin ließ sofort die Schilde seiner Sol-

daten mit dem Kreuz versehen und – siegte. Das Kreuz, so seine feste Überzeugung, hatte ihm zum Sieg verholfen.

Ein Jahr später erließ Konstantin im Bündnis mit Licinius, dem Herrscher des Oströmischen Reichs, das Edikt von Mailand, das den christlichen Glauben gleichberechtigt neben andere Religionen stellte und eine Epoche religiöser Toleranz einläutete. Das Edikt sollte einen enormen Einfluss auf die Kirche und auch auf das Römische Reich haben. Weil es das Christentum zur offiziell gebilligten Religion machte, trug es alle Aspekte der Kirche in den römischen Alltag hinein. Die Ausbreitung des Christentums wurde gefördert und mit dem Bau des Lateranpalastes in Rom, dem Sitz des Bischofs

„IN DIESEM ZEICHEN WIRST DU SIEGEN“: KONSTANTINS VISION WAR DER VIELLEICHT FOLGENREICHSTE TRAUM DER GESCHICHTE.

AUF EINEM MOSAIK AUS DEM 4. JH. (OBEN UND UNTEN RECHTS) STELLT DER HAHN DAS LICHT DAR, WÄHREND DIE SCHILDKRÖTE FÜR DUNKELHEIT STEHT. DASS DIE KATHOLISCHE KIRCHE SELBST EINMAL VIEL LEID UND DUNKELHEIT ÜBER DIE WELT BRINGEN WÜRDE, KONNTE MAN SICH DAMALS WOHL NOCH NICHT VORSTELLEN.

von Rom, gab Konstantin ihm einen prächtigen Mittelpunkt. Auch nachdem Konstantin 323 die Alleinherrschaft im Reich angetreten hatte, förderte er die Kirche weiter wohlwollend. Im Jahr 330 gründete er an der Stelle des alten Byzanz seine neue Hauptstadt Konstantinopel, wo er sich kurz vor seinem Tod im Jahr 337 auch taufen ließ. Ende des 4. Jh. wurde der christliche Glaube unter Theodosius die offizielle Religion des Römischen Reiches.

Unter Konstantin und seinen Nachfolgern verwischte die Grenze zwischen Kirche und Staat. Die römischen Kaiser sahen sich als Erben der Tradition der alten Caesaren ebenso wie als Bannerträger der Apostel. In dieser Eigenschaft trafen sie nicht nur politische Entscheidungen, sondern sprachen auch in religiösen Dingen wie Fragen der Kirchenverwaltung, der Lehre und der Liturgie mit. Als der ägyptische Theologe Arius einen Streit über die Natur des Verhältnisses zwischen Gottvater und Gottsohn auslöste, der die Christenheit zu entzweien drohte, berief Konstantin zur Lösung des Konflikts am 20. Mai 325 das Konzil von Nicäa ein, zu dem 318 Bischöfe kamen. Konstantin setzte die Lehrmeinung durch, dass Christus und Gott wesenseins seien, womit das erste christliche Glaubensbekenntnis formuliert war.

KAISER IN DIE SCHRANKEN VERWIESEN

Dass die Kaiser auch in der Kirche eine Führungsrolle innehatten, stieß schon bald auf den Widerstand der Bischöfe. Vor allem Ambrosius von Mailand formulierte den Grundsatz von der Trennung der weltlichen und der kirchlichen Gewalt und setzte sich mit Erfolg dafür ein, dass die Macht der Kaiser innerhalb der Kirche stark eingeschränkt wurde.

Nachdem Konstantin seine Hauptstadt nach Konstantinopel verlegt hatte, wurde im Westteil des Reiches das Papsttum zur herausragenden Kraft. Der Überlieferung nach hatte Jesus selbst den Apostel Petrus als Oberhaupt der Kirche und ersten Bischof von Rom eingesetzt und damit nach katholischer Glaubensauffassung das Papsttum begründet. Schon ab dem 2. Jh. hatten die Bischöfe von Rom den Anspruch auf einen Vorrang der römischen Kirche erhoben. Der Aufstieg des Papsttums vollzog sich über Jahrhunderte. Mit der Pippin'schen Landschenkung im Jahr 754 wurde die weltliche Macht der Päpste gefestigt und die Grundlage für den Kirchenstaat gelegt.

DUNKLE KAPITEL

Neben dem Aufstieg des Papsttums prägten zwei weitere Ereignisse das Mittelalter, die der Kirche jedoch kein Ruhmesblatt einbrachten: die Kreuzzüge und die Inquisition. Mit der Inquisition versuchte die Kirche, ihre Vormachtstellung auf eigenem Gebiet durchzusetzen und zu erhalten, und mit den Kreuzzügen wollte sie auf fremdem Gebiet dem neuen islamischen Glauben entgegentreten.

Nach dem Tod des Propheten Mohammed, der den muslimischen Glauben begründet hatte, verbreitete sich der Islam mit atemberaubender Geschwindigkeit – schneller noch als zuvor das Christentum. Zu den territorialen Erwerbungen der Muslime während dieser Phase zählten mehrere heilige Stätten der Christen, darunter auch Jerusalem. Um diese Orte zurückzuerobern, setzte die Kirche von 1096 an sieben Kreuzzüge in Gang. Nur die erste dieser militärischen Expeditionen erwies sich mit der Einnahme Jerusalems 1099 als erfolgreich, doch fast 90 Jahre später gewannen die Muslime unter Sultan Saladin Jerusalem zurück.

Im frühen Mittelalter begann die Christenheit, Ungläubige und Andersdenkende als Feinde der Gesellschaft zu sehen. Als in Frankreich

URSPRÜNGLICH ALS INSTRUMENT ZUR AUSROTTUNG VON KETZEREIEN IN DEN MÖNCHSORDEN GEDACHT, WURDE DIE INQUISITION EIN SCHRECKLICHES MITTEL ZUR DURCHSETZUNG KIRCHLICHER AUTORITÄT. PAPST GREGOR IX. (OBEN) SETZTE SIE 1231 EIN. OBEN LINKS: GOYAS GEMÄLDE FÄNGT DAS GRAUEN DER PROZESSE EIN. NOCH 1484 VERURTEILTE INNOZENZ VIII. DIE HEXEREI IN SEINER HEXENBULLE (UNTEN).

im 11. und 12. Jh. christliche Sekten wie die Waldenser und Albigenser aufkamen, setzte Papst Gregor IX. 1231 die erste Inquisition ein, die die angeblichen Ketzer aufspüren und ihnen den Prozess machen sollte. Sobald verdächtigte Abtrünnige verhaftet waren, bekamen sie Gelegenheit, ihre Ketzerei zu bekennen und zu bereuen. Gestand der Ungläubige nicht, wurde er vor den Inquisitor gebracht. Gemäß den Geboten der 1252 von Papst Innozenz IV. erlassenen Bulle *Ad Extirpanda* konnte der Verdächtige, um ein Geständnis zu erpressen, auch gefoltert werden. Freilich erlaubte der Erlass nur die einmalige Folterung; die Inquisitoren jedoch legten dies als einmal pro Sitzung aus, sodass viele Opfer mehrfach gefoltert wurden.

Von Nordeuropa breitete sich die Inquisition bald nach Süden aus, wo sie in Spanien als staatliche Organisation ihren grausamen Höhepunkt erlebte. Die spanische Inquisition wurde selbst für den Geschmack mehrerer Päpste zu brutal, sodass sie sich zum Einschreiten gezwungen sahen. Doch die Appelle von Papst Sixtus IV. zur Mäßigung blieben wirkungslos, und 1483 ernannte er Tomás de Torquemada zum Großinquisitor von Kastilien, der jedoch seinen Vorgängern in nichts nachstand. Während seiner Amtszeit fanden rund 2000 überführte Ketzer den Tod, der oft öffentlich und grausam inszeniert wurde; ein großer Teil waren Juden, die auf dem Scheiterhaufen verbrannt wurden. Vergebens setzte Papst Alexander VI., beunruhigt von Torquemadas Maßlosigkeit, vier Sonderinquisitoren ein, die ihn zügeln sollten.

Einmal für schuldig befunden, wurden die Ketzer in einer als Autodafé bezeichneten Zeremonie vorgeführt, wo die Urteile verkündet wurden. Dieses Schauspiel war in Spanien ein Grund zum Feiern; jubelnde Mengen sahen zu, während die kahl geschorenen Gefangenen auf dem Scheiterhaufen brannten.

EIN MÖNCH SPALTET DIE KIRCHE

Die katholische Kirche selbst und die päpstliche Autorität wurden infrage gestellt, als die Unzufriedenheit mit vielerlei Missständen und Korruption in der Kirche im frühen 16. Jh. durch Martin Luthers 95 Thesen ihren Ausdruck fand und damit der Stein der Reformation ins Rollen gebracht wurde. In der Vergangenheit hatten

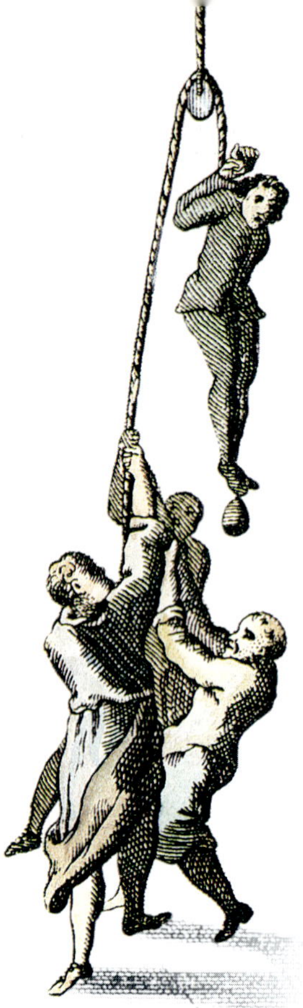

OBEN RECHTS: EINE HISTORISIERENDE DARSTELLUNG ZEIGT LUTHER, WIE ER – ANGEBLICH – SEINE BERÜHMTEN 95 THESEN AN DIE TÜR DER SCHLOSSKIRCHE ZU WITTENBERG NAGELT. OBEN UND UNTEN: GRAUSAME FOLTERSZENEN.

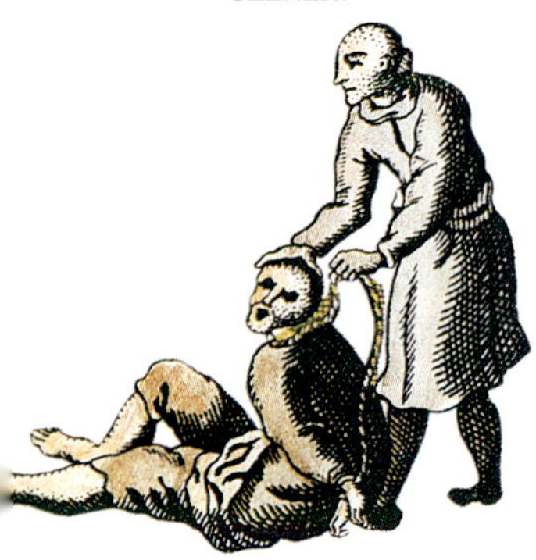

Reformbewegungen im Christentum stets im Rahmen des Katholizismus stattgefunden; Reform hatte sich in einer verstärkten Hinwendung zum Mönchtum und einer noch engeren Bindung an das Papsttum ausgedrückt. Dagegen griff die protestantische Reformation gerade die Dinge an, die bis dahin die Träger von Reformen gewesen waren: Die katholische Kirche und der Papst seien keine legitimen Quellen von Autorität; die einzige Autorität sei die Bibel; Protestanten sollten sich an die Heilige Schrift wenden, wenn sie Antworten auf ihre religiösen Fragen suchten.

Die Reformation brachte eine Reihe protestantischer Gruppen hervor, die durchaus unterschiedliche Auffassungen hatten. Gemeinsam war ihnen aber der Glaube an die Dreieinigkeit, die Erbsünde und die Erlösung durch Christi Tod. Sie verwarfen die katholischen Sakramente bis auf Taufe und Abendmahl, da sie nur diese als biblisch begründet betrachteten.

Die katholische Kirche selbst reagierte auf die Herausforderung mit einer Gegenreformation, einer Erneuerung durch Reformen. Das Trienter Konzil, das Papst Paul III. 1545 einberief, erließ Dekrete, die zur Grundlage der katholischen Reaktion wurden und Protestantismus und Katholizismus voneinander abgrenzten.

Während die Katholiken die Bibel als notwendige Autorität in religiösen Dingen anerkannten, hoben sie zusätzlich die Bedeutung der Tradition – besonders des Papsttums – hinsichtlich solcher Kernfragen hervor. Was die Protestanten verworfen hatten, wurde auf dem Konzil erneut bekräftigt. Nach dem Konzil kam es zu einer langsamen Erneuerung der katholischen Kirche, einer inneren Reform an Haupt und Gliedern. Aus einer schwierigen Phase ging die katholische Kirche letztlich religiös gestärkt, wenn auch zahlenmäßig dezimiert hervor. Die Spaltung der Kirche hatte nicht mehr verhindert werden können.

NEUE HERAUSFORDERUNGEN

Die Geschichte des Aufstiegs der katholischen Kirche zeigt, dass die älteste Institution des Abendlands, von der ihre Anhänger glauben, sie sei von Gott selbst bestätigt, vor Irrtümern und Fehlentscheidungen nicht gefeit war. Papst Johannes Paul II. räumte dies im März 2000 in Aufsehen erregender Weise ein und entschuldigte sich pauschal für frühere Sünden der Kirche, einschließlich der Kreuzzüge und der Inquisition.

Heute, am Beginn des 3. Jt., steht die Kirche ganz anderen Herausforderungen gegenüber. Weltweite Geburtenkontrolle, Zölibat und die Rolle der Frau in der Kirche sind nur ein paar der drängenden Fragen, mit denen sie sich auseinander setzen muss, wenn sie ihre momentane Krise beilegen und dauerhaft auch weiterhin eine Rolle in der Welt spielen möchte.

AM 12. MÄRZ 2000 VERKÜNDETE PAPST JOHANNES PAUL II.: „IN DIESEM JAHR DER GNADE KNIET DIE KIRCHE, GESTÄRKT DURCH DIE HEILIGKEIT DES HERRN, VOR GOTT UND BITTET UM VERZEIHUNG FÜR VERGANGENE UND GEGENWÄRTIGE SÜNDEN SEINER SÖHNE."

Im Zeichen des Kreuzes

Den Anstoß für die sieben über 200 Jahre sich hinziehenden Kreuzzüge gab die Besetzung des Heiligen Landes durch türkische Seldschuken 1070. Heimkehrende christliche Pilger hatten alarmierende Nachrichten von mordenden, raubenden und brandschatzenden Muslimen mitgebracht. 1095 appellierte Papst Urban II. an die Teilnehmer der Synode von Clermont: „Tretet den Weg zum heiligen Grab an, nehmt das Land dort dem gottlosen Volk, macht es euch untertan!"

Urban hatte den August 1096 als Termin festgesetzt, doch brach ein ungeordneter, schlecht ausgerüsteter Volkstrupp von 12 000 Mann bereits im März auf. Mittellos und dezimiert kamen sie schließlich in Konstantinopel an. Von dort zogen sie unbesonnen weiter nach Nicäa, wo sie von osmanischen Bogenschützen ausgelöscht wurden.

Unterdessen waren auch die von Edelleuten geführten Ritterheere mit fast 30 000 Kreuzfahrern in Konstantinopel eingetroffen, die weitaus erfolgreicher sein sollten. Nach der Eroberung Antiochias zog das christliche Heer am 15. Juli 1099 jubelnd in Jerusalem ein. Doch die Sieger zeigten kein Erbarmen; sie massakrierten 70 000 Muslime, darunter Greise, Frauen und Kinder, sie trieben die Juden in Synagogen und verbrannten sie bei lebendigem Leib.

SERIE VON MISSERFOLGEN

1144 rief Bernhard von Clairvaux zum zweiten Kreuzzug, der 3 Jahre später unter der Führung des deutschen Königs Konrad III. und Ludwigs VII. von Frankreich aufbrach. Das Unternehmen war ein einziger Misserfolg und scheiterte noch auf dem Marsch durch Kleinasien.

1187 eroberte der ägyptische Sultan Saladin Jerusalem, erlaubte aber Juden und Christen die Ausübung ihrer Religion, solange sie keine Waffen trugen. Dennoch zog ein dritter Kreuzzug los, den zunächst Friedrich Barbarossa anführte. Nachdem er im Fluss Saleph in Kleinasien ertrunken war, übernahmen der englische König Richard Löwenherz und Philipp II. August von Frankreich die Führung. Weil sie sich überwarfen, gelang es ihnen nicht, Jerusalem zurückzuerobern. Saladin jedoch schlug einen Vertrag vor. Danach sollte Jerusalem in der Hand der Muslime bleiben, doch christlichen Pilgern der Besuch der heiligen Stätten erlaubt sein.

DER BLUTIGSTE KREUZZUG

Der vierte Kreuzzug sollte der furchtbarste werden. Französische Kreuzfahrer sammelten sich 1202 in Venedig, hatten aber zu wenig Geld für die Überfahrt nach Ägypten. Die Venezianer schlugen daraufhin die Eroberung der reichen christlichen Stadt Konstantinopel vor. Dort veranstalteten die Kreuzfahrer eine Orgie des Mordens und Plünderns und kehrten dann sehr schnell mit ihrer Beute heim; nur ganz wenige zogen weiter zum Kampf gegen die Muslime. Europa war empört.

Auf dem fünften Kreuzzug erreichte Kaiser Friedrich II. ohne Blutvergießen bei Sultan Al-Kamil einen Vertrag, der den größten Teil Jerusalems den Christen überließ. Den sechsten und siebten Kreuzzug führte König Ludwig IX. von Frankreich an. 1270 starb er in Tunis an Ruhr. Damit endeten die Kreuzzugskriege, die zwar keine anhaltenden Erfolge, aber unzähligen Menschen den Tod gebracht hatten.

KÖNIG RICHARD I. UND SALADIN IN DER SCHLACHT UM JERUSALEM (LINKS). DIE EINNAHME DER STADT DURCH DIE KREUZRITTER ZEIGT EIN GEMÄLDE DER FLÄMISCHEN SCHULE (OBEN).

Fällte Bonifatius tatsächlich die Eiche?

Der Missionar brachte das Heiligtum einer heidnischen Gottheit zu Fall und überzeugte so einige germanische Völker von der Kraft des Christengottes.

DER HEILIGE BONIFATIUS FÄLLT DIE DONAR-EICHE. WÄHREND DIE HEIDNISCHEN ZUSCHAUER DARAUF WARTEN, DASS DER GOTT DONAR DEM FREVEL EIN ENDE SETZT, BETEN DIE ANWESENDEN CHRISTEN, GOTT MÖGE DAS HEIDNISCHE HEILIGTUM VERNICHTEN.

Der Missionar und Bischof Bonifatius hatte 719 von Papst Gregor II. den Auftrag erhalten, die germanischen Völker rechts des Rheins zum Christentum zu bekehren. Doch der Erfolg seiner Bemühungen war nicht zufrieden stellend. Ein Zeitgenosse von Bonifatius, der Mönch Willibald, schrieb: „Einige (Hessen) opferten heimlich, andere offen Bäumen und Quellen … andere betrieben teils offen, teils geheim Seherei, Weissagung, Zauberei und Beschwörungen …“ Viele der Bekehrten waren zwar mit dem Christentum in Kontakt gekommen, mochten aber nicht von ihren heidnischen Bräuchen lassen. So war die Ausgangslage, als sich Bonifatius im Jahr 723 zu einer Demonstration entschloss: Er wollte die so genannte Donar-Eiche fällen. Der ungewöhnlich große Baum, der in der Nähe von Geismar an der Eder stand, galt als germanisches Heiligtum; es war ein Frevel, Hand an ihn zu legen. Doch wenn er fiel – so die Hoffnung des Bischofs –, dann würde sich in den Augen der Germanen die Schwäche des heidnischen bzw. die Macht des christlichen Gottes offenbaren.

Zu dem Ereignis hatten sich zahlreiche Zuschauer eingefunden. Als der Missionar sich daran machte, eine Kerbe in den meterdicken Baumstamm zu schlagen, waren die meisten überzeugt, dass ein Blitz das gottlose Tun beenden würde. Doch stattdessen erfasste ein Windstoß die mächtige Krone der Eiche und schleuderte sie zu Boden. Der Stamm zerbrach in vier Teile, kaum dass Bonifatius richtig zugehauen hatte. Die Aktion erwies sich als durchschlagender Erfolg: Laut Willibald „priesen die Heiden, die zuvor geflucht hatten, den Herrn und glaubten“. Bonifatius erbaute aus dem Holz der Eiche eine kleine Kirche.

APOSTEL DER DEUTSCHEN

Hartnäckigkeit und Tatkraft führten zum Ziel – diese Erkenntnis gewann Bonifatius nicht zum ersten Mal. Als Sohn eines Adligen um 675 im englischen Königreich Wessex geboren, wurde der junge Winfried – so sein ursprünglicher Name – im Kloster Nursling bei Winchester erzogen, wo er auch die Mönchsgelübde ablegte. Er wurde Rektor der Klosterschule, dann Abt. Im Alter von über 40 Jahren entschloss er sich, seine erfolgreiche Laufbahn zu beenden und als Missionar aufs Festland zu gehen. Er begann in Friesland, hatte dort jedoch keinen Erfolg. Daraufhin zog er nach Rom, holte sich vom Papst

DIE UM 1000 ENTSTANDENEN BUCHMALEREIEN ENTHALTEN DARSTELLUNGEN AUS DEM LEBEN UND WIRKEN DES HEILIGEN BONIFATIUS. AUF DEM LINKEN BILD TAUFT DER BISCHOF EINEN BEKEHRTEN, DAS RECHTE BILD ZEIGT, WIE BONIFATIUS 754 IN FRIESLAND DEN MÄRTYRERTOD ERLEIDET.

den offiziellen Missionsauftrag und nahm den Namen Bonifatius nach einem römischen Märtyrer an. Mit Auftrag und Schutzbrief versehen, widmete er sich sodann der Christianisierung der Hessen. Diese waren schon früher von anderen Wandermönchen bekehrt worden, aber deren Wirken hatte nicht auf Dauer gefruchtet. Offenbar brauchten die Hessen einen so schlagenden Beweis wie die Zerstörung ihres Heiligtums. Auf dieser spektakulären Tat gründete der Erfolg von Bonifatius' Deutschlandmission, die ihm später den Beinamen Apostel der Deutschen einbrachte.

KLÖSTER, KIRCHEN UND PFARREIEN

Nach dem Ende seines Missionswerks in Hessen wandte sich Bonifatius nach Thüringen, wo er die Bevölkerung ebenfalls zum Christentum bekehrte. Wie viele Missionare vor ihm gründete er in Deutschland zahlreiche Klöster, darunter Fritzlar, Ohrdruf, Tauberbischofsheim. Sein Lieblingskloster Fulda wurde 744 von seinem Schüler Sturmi errichtet. Mit neu geschaffenen Pfarreien sorgte Bonifatius dafür, dass die Bekehrten weiterhin geistlich betreut wurden. Und die Einrichtung von Bistümern wie Würzburg, Erfurt, Eichstätt sowie die Einsetzung von Bischöfen, etwa in Regensburg, Freising und Salzburg, führten zu einer Neuordnung der fränkischen Kirche und ihrer festen Eingliederung in die römische Kirche.

ÜBERFÄLLIGE REFORMEN

741 erhielt Bonifatius, der seit 722 Bischof, seit 732 Erzbischof und seit 738 päpstlicher Legat war, von dem fränkischen Herrschaftsverwalter Karlmann den Auftrag, Missstände in der fränkischen Kirche zu beheben. Auf einer Synode im Jahr darauf wurden neue Regelungen festgelegt, u. a. verbot man „den Knechten Gottes, Waffen zu tragen und zu kämpfen"; es wurde beschlossen, dass ungebildete Bischöfe und Priester sich einer Prüfung unterziehen mussten und dass „Priester und Diakone nicht weltliche Gewänder tragen, sondern Kutten …"

TOD EINES MÄRTYRERS

Bonifatius hatte vertrauensvoll mit Karlmann zusammengearbeitet. Als sich dieser 747 aus der Politik zurückzog, ging Bonifatius im Jahr darauf als Erzbischof nach Mainz – doch nicht für lange Zeit. Bald schon bestimmte er seinen Schüler Lul zum Nachfolger, und 753, im Alter von nahezu 80 Jahren, begab er sich noch einmal auf Missionsreise. Sein Ziel hieß Friesland. Hier war er schon einmal gescheitert, und auch diesmal war ihm kein Glück beschieden: 754 kam er bei Dokkum durch einen Überfall der Friesen ums Leben.

Den Trauerzug des Bonifatius, der in Fulda beigesetzt wurde, begleiteten die Germanen mit höchster Anteilnahme; sie kannten den Wert seiner Lebensleistung. Bezweifelt wurde allerdings manchmal die Geschichte von der Donar-Eiche. Beruhte sie auf Tatsachen oder nicht? Wahrscheinlich ist sie wirklich so geschehen, Willibald hat sie sehr detailgenau beschrieben. Falls es sich aber doch nur um eine Legende handeln sollte, sind die Hauptbeteiligten sehr treffend dargestellt: die nur handgreiflich zu überzeugenden Germanen, die Natur, die sich in Form einer Windbö auf die Seite des fortschrittlichen Glaubens schlägt, und vor allem Bonifatius als tatkräftiger Streiter Gottes.

FAKT ODER NICHT?

Wilhelm Tell und Lady Godiva

MANCHMAL WERDEN SAGENGESTALTEN ZU WAHREN NATIONALhelden, die nicht nur am Ort ihres tatsächlichen oder sagenhaften Wirkens, sondern weit darüber hinaus in höchsten Ehren gehalten werden. Dazu zählen der Schweizer Meisterschütze Wilhelm Tell, der das Signal zum Befreiungskampf der Eidgenossen gegen die verhassten Habsburger gab, und die schöne englische Lady Godiva, die zu einer ungewöhnlichen Maßnahme griff, um die Bürger der Stadt Coventry vor einer erdrückenden Steuerlast zu bewahren. Andächtig lauschen heute Touristen aus aller Welt den Erzählungen der Fremdenführer und kaum jemand stellt sich die Frage, ob denn diese beiden guten Menschen tatsächlich einmal gelebt haben.

In Wilhelm Tells Fall lautet die Antwort mit ziemlicher Sicherheit nein. Populär wurde die heute in der ganzen Welt bekannte Geschichte durch Friedrich Schillers gleichnamiges Schauspiel von 1804. Sie spielt um die Wende zum 14. Jh. in den Waldstätten Uri, Schwyz und Unterwalden. Diese Kantone wurden von den Habsburgern regiert, deren Landvögte das Volk durch ihr selbstherrliches, hartes Regiment gegen sich aufbrachten. Einer davon, der tyrannische Landvogt von Uri, Hermann Geßler, verlangte von jedem Bürger, einen Hut auf einer Stange mitten auf dem Marktplatz zu grüßen, der während seiner Abwesenheit seine Autorität verkörperte.

EIN ZWEITER PFEIL FÜR DEN LANDVOGT

Wilhelm Tell war einer der Bauern, die sich in den Tälern ringsum abplagten und Geßlers Herrschaft zutiefst verachteten. Als er eines Tages mit seinem kleinen Sohn an der Stange vorbeigeht, unterlässt er den vorgeschriebenen Gruß und wird sofort von Soldaten gestellt. Man alarmiert den Landvogt und ruft ihn zum Marktplatz, wo sich bereits ein Auflauf gebildet hat. Tells Sohn, der sich der Gefahr nicht bewusst ist, prahlt vor der Menge mit den Künsten seines Vaters als Armbrustschütze, und Geßler nutzt die Gelegenheit, den unbotmäßigen Tell zu demütigen. Er fordert ihn auf, sein Können zu beweisen und einen Apfel vom Kopf seines Sohnes zu schießen.

SCHON UNZÄHLIGE BÜHNEN HABEN DIESE WOHL BERÜHMTESTE SZENE AUFGEFÜHRT: WILHELM TELL ZIELT AUF DEN APFEL AUF DEM KOPF SEINES SOHNES, WÄHREND LANDVOGT GESSLER ZUSCHAUT.

MALER LIESSEN SICH VON LADY GODIVAS RITT NUR ZU GERN INSPIRIEREN.

Vergeblich bittet Tell um eine andere Aufgabe. Schließlich nimmt er die Armbrust und zwei Pfeile – und trifft den Apfel mit dem ersten Schuss. Auf Geßlers Frage, wofür er den zweiten Pfeil bereitgehalten habe, antwortet er: „Mit diesem zweiten Pfeil durchschoss ich Euch, wenn ich mein liebes Kind getroffen hätte, und Eurer – wahrlich! hätt' ich nicht gefehlt." Darauf wird er in Gewahrsam genommen, kann aber fliehen und nimmt Rache. Er tötet den grausamen Landvogt und setzt damit das Fanal für den Aufstand des unterdrückten Volkes.

Bereits im 16. Jh. tauchten Zweifel am Wahrheitsgehalt der Sage auf; Schweizer Historiker hielten sie für eine Erfindung, um den Hass auf die Habsburger zu schüren. Im 19. Jh. wurden die Archive der Urkantone durchforstet, doch wurden auch dort keinerlei Beweise für eine Existenz Wilhelm Tells gefunden.

Historiker haben die Geschichte bis ins 15. Jh. zurückverfolgt und meinen, dass sie wahrscheinlich auf früheren mündlichen Überlieferungen beruht. Schriftlich wird Tell erstmals im so genannten *Weißen Buch* von Sarnen von 1470 und im *Bundeslied* von 1477 erwähnt. Das *Weiße Buch* nennt auch einen Gerichtsvollzieher Geßler, bringt die beiden aber nicht in Zusammenhang mit der Schweizer Unabhängigkeit. Schiller stützte sich bei seiner Arbeit auf das *Chronicon Helveticum* des Glarner Chronisten Aegidius Tschudi, der seinerseits jedoch auch nur auf überlieferten Fassungen aufbaute. Wie konnte die Geschichte dann ein solches Gewicht bekommen? Tatsächlich gibt es eine Reihe europäischer Sagen, in denen ebenfalls Meisterschützen auf die Probe gestellt werden. Möglicherweise wurde dieses Thema einfach mit dem Freiheitskampf der Schweizer verknüpft.

EINE BARMHERZIGE LADY

Und wie steht es um Lady Godiva? Nach der Sage ritt die Herrin von Coventry nackt durch die Stadt, um die Bürger vor einer Steuererhöhung zu bewahren. Die Lady war im Gegensatz zu Wilhelm Tell eine reale Person, wie Chroniken und Urkunden aus dem 11. Jh. belegen, und war mit Leofric, dem Grafen von Mercia, verheiratet. Es wird erzählt, dass Leofric auf Geheiß König Eduards des Bekenners erneut eine hohe Steuer von der ohnehin schon mittellosen Bevölkerung erhob. Die Bürger waren verzweifelt, denn sie wussten nicht, wie sie die Mittel aufbringen sollten. Da flehte Lady Godiva ihren Gemahl auf den Knien an, die Abgaben zu senken. Seine Antwort: Er wolle ihrem Wunsch entsprechen – wenn sie nackt auf einem Pferd durch die Stadt reiten würde. Womit ihr Gatte nie gerechnet hätte, trat ein: Godiva bestieg einen Schimmel und ritt unbekleidet, nur in ihr langes, wehendes Haar gehüllt, durch die Stadt, während die Menschen taktvoll in ihren Häusern blieben. Leofric blieb nichts anderes übrig, als sein Wort zu halten.

Die Geschichte wird zum ersten Mal in den Chroniken eines Geschichtsschreibers aus dem 13. Jh., Roger von Wendover, erwähnt, der sich auf später verloren gegangene Dokumente stützte. Während der spektakuläre Ritt heute nicht mehr nachgewiesen werden kann, gibt es eine Fülle von historischen Berichten über die Lady, die ihr Leben lang eine beeindruckende Hingabe an das Volk von Coventry zeigte. 1043 gründete sie dort ein Benediktinerkloster, das dank ihrer Großzügigkeit eines der reichsten im Land wurde. Bis ins 17. Jh. rühmte sich Coventry auch einer Reihe von Steuerfreiheiten, die nach Ansicht mancher noch von Leofrics Zugeständnis herrührten.

Die Sage selbst wurde mit der Zeit ausgeschmückt. So kam im 16. Jh. der Schneider Tom hinzu, der durch die Läden seines Hauses neugierig auf die nackte Herrin blickte und dafür mit Blindheit geschlagen wurde. Seither wird ein Voyeur im Englischen als Peeping Tom, „lugender Tom", bezeichnet.

AUS MITLEID MIT DEM VOLK RITT DIE SCHÖNE LADY GODIVA IM EVAKOSTÜM DURCH DIE STRASSEN VON COVENTRY.

Dschingis Khan
und das Weltreich der Mongolen

Wie gelang es dem gefürchteten mongolischen Eroberer, verfeindete Stämme zu vereinen und das bis dahin größte zusammenhängende Weltreich zu errichten?

DSCHINGIS KHAN KANNTE KEIN ERBARMEN. SO SCHRIEB ER: „DAS HÖCHSTE GLÜCK DES MANNES IST ES, SEINE FEINDE ZU ZERSCHLAGEN, SIE VOR SICH HERZUJAGEN, IHNEN ALL IHREN BESITZ ZU ENTREISSEN, IN TRÄNEN DIE WESEN ZU SEHEN, DIE IHNEN TEUER SIND, IHRE PFERDE ZU REITEN UND IHRE FRAUEN UND TÖCHTER IN SEINE ARME ZU DRÜCKEN.“ DAS SEIDENE ALBUMBLATT ZEICHNET DEN BERÜCHTIGTEN MONGOLENFÜHRER IN EINEM WEICHEREN LICHT.

ERSTMALS TRATEN DIE MONGOLEN, EINE GRUPPE von asiatischen Nomadenstämmen, deren Vorfahren aus den Wäldern Nordsibiriens gekommen waren, zu Beginn des 12. Jh. als zusammenhängende Nation auf. Als geübte Jäger, Fallensteller, Fischer und Hirten waren sie relativ wohlhabend. Das Gebiet, das sie durchstreiften, die heutige Mongolei, war in drei Staaten geteilt, die von Stämmen türkischer bzw. mongolischer Abstammung regiert wurden. Weit im Westen lebten die Naiman, in der zentralen Region die Keraiten und im Osten die kriegerischen Tataren, die sich oft mit China gegen die anderen türkischen Stämme oder die mongolischen Nomaden verbündeten.

Dass das mongolische Reich aus diesen unorganisierten nomadischen Wurzeln zu einer beherrschenden Macht heranwuchs, ist weitgehend, wenn nicht ganz das Werk eines Mannes, der als Dschingis Khan in die Weltgeschichte eingegangen ist. Sein eigentlicher Name war Temudschin; sein Vater Jesügei, ein geachteter Stammeshäuptling, der eine große Zahl mongolischer Stämme geeint hatte, hatte ihn nach dem Sieg über einen tatarischen Feind nach eben diesem unterlegenen Gegner benannt.

Als Temudschin 9 Jahre alt war, wurde sein Vater von Tataren vergiftet. Der Bund der Stämme, die er geführt hatte, zerfiel; der benachbarte Taidschut-Klan brachte Jesügeis Besitz an sich und überließ Temudschin und seine Familie ihrem Schicksal, die nun in bitterer Armut leben und sich von Wildpflanzen und Wurzeln ernähren mussten.

Als Temudschin älter war, begann er das Reich seines Vaters wiederaufzubauen. Er war ein wilder, mutiger junger Mann und Geschichten von seinen Heldentaten gegen die Taidschut machten die Runde. Immer mehr junge Mongolen stießen zu seinem wachsenden Lager und boten ihre Dienste an. Über die Taidschut errang er schließlich den Sieg, obwohl deren Heer dem seinen weit überlegen war. Temudschins militärische und politische Stärke wuchs stetig und Anfang des 13. Jh. war seine Macht so groß, dass er auch die drei türkisch-mongolischen Stämme angreifen konnte, angefangen bei den Tataren, die seinen Vater ermordet hatten. Bis 1204 hatte er die Herrschaft über alle drei erlangt und 2 Jahre später wurde er zum obersten Herrscher aller Mongolenvölker ausgerufen und erhielt den Titel Dschingis Khan, was so viel bedeutet wie „ozeangleicher Herrscher“. Er war nun Herrscher über 2 Millionen Menschen und 30 Völkerschaften.

REGIERUNG AUS DEM SATTEL

Diese frühen Eroberungen waren bloß ein Vorgeschmack dessen, was dann folgen sollte. Dschingis Khan baute eine schlagkräftige Armee auf und regierte für den Rest seines Lebens das mongolische Volk vom Sattel aus, während er auf einem beispiellosen Expansionszug eine Region nach der anderen unterwarf und versklavte. Nach der Unterwerfung der nicht mon-

DSCHINGIS KHAN (OBEN) VEREINTE FEINDLICHE MONGOLENSTÄMME ZUM MÄCHTIGSTEN HEER SEINER ZEIT. SO SCHLAGKRÄFTIG WAR DIESES, DASS SEINE SOLDATEN ANGEBLICH AN EINEM EINZIGEN TAG LAND IN 100 KM ENTFERNUNG ZERSTÖREN UND NACH HAUSE REITEN KONNTEN. SEINEN GEGNERN GEGENÜBER ZEIGTE SICH DER GROSSKHAN (LINKS IM BILD IM KAMPF) OFT BARBARISCH UND UNMENSCHLICH: EINEN SEINER FEINDE BESTRAFTE ER, INDEM ER IHM GESCHMOLZENES SILBER IN OHREN UND AUGEN GOSS.

golischen Steppenvölker wandte er sich gegen die etablierten Reiche. Sein erstes Ziel war das reiche China. In den Jahren 1211–15 strömten seine Reiterheere über die große Mauer nach Nordchina und rissen das ganze Land nördlich des Gelben Flusses an sich. Danach wandten sie sich nach Westen, wo sie ebenfalls ganze Heere vernichteten und Städte plünderten. Das Wort Niederlage war für die wilden Reiter praktisch ein Fremdwort.

1218 eroberten Dschingis Khans Truppen das zentralasiatische Königreich der Kara-Kitai, das vom Balchaschsee in Kasachstan bis nach Tibet reichte, und wenig später das Kaiserreich Choresmin. 1220 nahmen sie Buchara und Samarkand ein, um danach die blühenden Städte Balch, Herat und Merw zu erobern oder zu zerstören. Weitere blutige Feldzüge führten die Mongolen bis an die Wolga im Süden Russlands. Während der Eroberung des Königreichs Tanggut in Kansu starb Dschingis Khan im August 1227 an den Folgen eines Sturzes vom Pferd. Er hinterließ ein gewaltiges Reich, das sich vom Ostchinesischen Meer bis an die Grenzen Europas erstreckte.

Und er hinterließ sein Reich wohl geordnet. Schon Jahre zuvor hatte er die Große Yasa, einen verbindlichen Gesetzeskodex eingeführt, der seine Regeln und Gedanken mit den traditionellen Gesetzen der Mongolen verband.

OBEN: DIESE DARSTELLUNG ZEIGT DSCHINGIS KHAN MIT SEINEM SOHN UND ENKEL, DIE DAS MONGOLENREICH NACH SEINEM TOD REGIERTEN.

Mord, Raub und Ehebruch wurden darin unter Todesstrafe gestellt. Bemerkenswert ist, dass die Geistlichkeit unterworfener Völker von der Besteuerung und Wehrpflicht ausgenommen wurde. Ob dies von Dschingis Khans Achtung gegenüber seinen Feinden zeugt oder ein Beispiel seines unstillbaren Bedürfnisses ist, Bildung und Macht seines Reiches zu mehren, ist umstritten. Jedenfalls setzte sich die Regierung zu einem großen Teil aus unterworfenen Beamten zusammen und Muslime, Juden und Christen hatten hohe Ämter inne.

MONGOLEN VOR DEN TOREN WIENS

Nach Dschingis Khans Tod wurde sein dritter Sohn Ögädäi Großkhan. Er war ein begabter und mächtiger Herrscher. Er setzte die Eroberungspolitik seines Vaters fort, baute die Hauptstadt Karakorum und dehnte das Reich nach Europa aus, indem er Moskau und Kiew eroberte. 1241 fegten Ögädäis Heere durch Polen, rissen alles Land östlich der Donau an sich und standen schließlich vor Wien. Europa wappnete sich gegen einen Angriff, doch der blieb aus. Ögädäi starb im November 1241 und seine Heere zogen sich zurück. Es war der weiteste Vorstoß der Mongolen nach Westen gewesen.

Unter Dschingis Khans Enkel Möngke drangen die Mongolen nach Mesopotamien vor und plünderten 1258 Bagdad. Ein Jahr später starb Möngke in einer Schlacht. Sein Bruder Kubilai vollendete die 65 Jahre zuvor von Dschingis Khan begonnene Eroberung Chinas; unter ihm erlangte das Mongolenreich seine größte Ausdehnung. Nach seinem Tod 1294 aber begann das Riesenreich zu zerfallen.

DIE ZEICHNUNG AUS DER MING-DYNASTIE ZEIGT EINEN MONGOLISCHEN BOGENSCHÜTZEN ZU PFERD (RECHTS). DIE REITEREI WAR DER SCHLÜSSEL ZUM MILITÄRISCHEN ERFOLG DES MONGOLISCHEN WELTREICHS.

„DSCHINGIS KHAN", SCHRIEB MARCO POLO, DER GAST BEI DESSEN ENKEL KUBILAI WAR, „WAR EIN MANN VON HOHEM WERT UND GROSSEM KÖNNEN UND MUT." AUF DIESEM GEMÄLDE AUS DEM 13. JH. WIRD DAS KÖNIGLICHE ZELT DES GROSSKHANS VON VIER GÜNSTLINGEN BEWACHT.

ÜBERLEGENE MILITÄRISCHE STÄRKE

STOFF FÜR LEGENDEN

Selten übertrafen die Mongolen ihre Feinde an Zahl, doch ihre Organisation und taktische Gewandtheit suchten ihresgleichen. Sie waren grausam und gnadenlos im Kampf, und ihre Gefangenen, sofern sie überhaupt welche machten, standen beim nächsten Angriff in vorderster Linie. Auf diese Weise, schrieb der päpstliche Gesandte Giovanni del Piano Carpini, „vernichteten sie mit den Einwohnern eines Landes ein anderes".

Ein beliebtes Manöver Dschingis Khans war es, mit seiner schnellen Reiterei die Flanke des Feindes zu umgehen und so dessen Formation zu sprengen. Dann griff er sie heimlich von hinten an. Auf lange Feldzüge nahmen die mongolischen Heere viel mehr Pferde als Krieger mit, sodass jeder Krieger täglich ein frisches Pferd bekam. Auf den ausgeruhten Tieren waren sie dann so schnell, dass manch ein Feind sein Heil in der Flucht suchte.

Ein weiterer Vorteil der Mongolen war ein Faltboot, das es den Truppen erlaubte, mühelos Flüsse zu überqueren, die die feindlichen Heere zum Stehen brachten.

War Marco Polo ein Schwindler?

Kam der berühmte venezianische Reisende auf seinen ausgedehnten Erkundungs- und Abenteuerfahrten wirklich bis in den Fernen Osten?

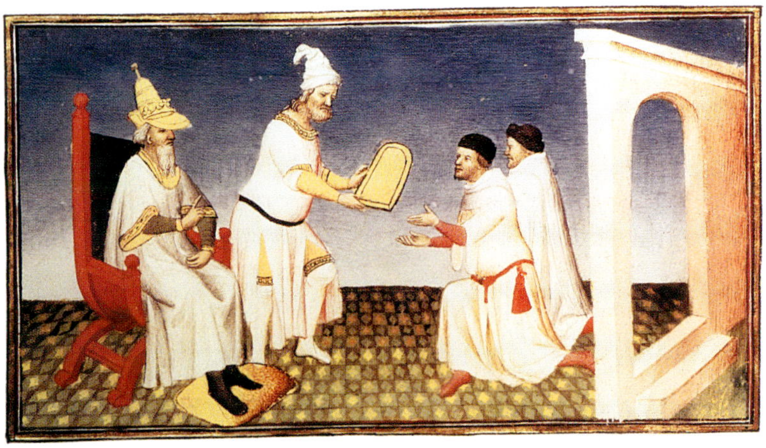

KUBILAI KHAN WAR VON SEINEN GÄSTEN SO ANGETAN, DASS ER IHRE REISEN DURCH CHINA FINANZIERTE. AUF EINEM GEMÄLDE VON 1413 SCHENKT ER IHNEN SEIN GOLDENES SIEGEL (GANZ OBEN). MARCO POLOS REISEBERICHT ERSCHIEN IN VIELEN SPRACHEN, 1477 AUCH IN DEUTSCH, UND PRÄGTE FÜR JAHRHUNDERTE DAS EUROPÄISCHE CHINABILD (OBEN).

MARCO POLOS ABENTEUERLICHE REISE NACH CHINA gilt heute noch als krönende Leistung des europäischen Zeitalters der Entdeckungen. Die Chronik der Reise durch damals weitgehend unbekannte Länder wurde in Europa um die Wende zum 14. Jh. mit Staunen aufgenommen und bald zum Standardwerk über die Geographie und Bräuche Asiens. Marco Polo hatte ein riesiges Reich in farbiger Ausführlichkeit beschrieben – aber war er wirklich dort gewesen?

BERICHT AUS EINER EXOTISCHEN WELT

Man schreibt das Jahr 1271. Im zarten Alter von 17 Jahren tritt Marco mit seinem Vater Niccolò, einem reichen Kaufmann, seinem Onkel Maffeo und großem Firmengefolge die Reise nach China an, das damals Kathay hieß. Marco berichtet, wie sie nach Palästina segelten, auf Kamelen nach Hormus im heutigen Iran ritten und schließlich nach 3-jähriger Reise den prachtvollen Hof des Mongolenherrschers Kubilai Khan betraten. Der Khan begrüßte seine europäischen Gäste begeistert und fand bald Gefallen an dem jungen Mann. Er forderte ihn auf, in seinem Auftrag frisch eroberte Ländereien zu bereisen und ihm danach über seine Beobachtungen zu berichten. So durchstreifte Marco Polo China 17 Jahre lang in allen Himmelsrichtungen und notierte getreulich seine Eindrücke und Begegnungen. Gegen Ende seiner Reise wurde Marco Polo sogar zum Gouverneur der ostchinesischen Stadt Yangzhou ernannt. 1292 nahmen die Europäer Abschied, nicht ohne zuvor reich mit Gold, Edelsteinen und Seide beschenkt worden zu sein. Sie erreichten Venedig 1295 und Marco wurde mit seinen märchenhaften Geschichten von einer fernen Welt sofort zur Sensation.

KÜNSTLERISCHE FREIHEIT

Als Genua 3 Jahre später einen Krieg gegen Venedig begann, geriet Marco Polo als Kommandant einer Galeere in Gefangenschaft. Im Gefängnis erzählte er seine Geschichte dem mitgefangenen Schriftsteller Rustichello, der sie eifrig mitschrieb. Doch nicht nur das: Der fabulierfreudige Mann fügte Marco Polos Ausführungen in Eigenregie vielerlei Übertreibungen und Ausschmückungen zu. Nach der Veröffentlichung wurde der Reisebericht auf der Stelle zum „Bestseller", doch kam auch bald schon der Verdacht auf, er sei nichts als ein Lügenmärchen und frei erfunden.

Nachprüfen lassen sich Marco Polos phantastische Berichte über Reichtum und Glanz des Fernen Ostens auch heute nicht. Über die lange Anwesenheit der Fremden gibt es kein einziges chinesisches Zeitzeugnis. Außerdem zeigt der Reisebericht seltsame Lücken über die fernöstliche Kultur. So erwähnt Marco Polo weder den Gebrauch von Essstäbchen noch die chinesischen kalligraphischen Schriftzeichen noch die Sitte, kleinen Mädchen die Füße zu binden. Auch markante Ortsmerkmale werden ausgespart, etwa die Chinesische Mauer, die

LINKS: MARCO POLO IN TATARISCHER TRACHT. RECHTS: DIE KATALANISCHE LANDKARTE ZEIGT IHN IN BEGLEITUNG EINER KAMELKARAWANE AUF DER SEIDENSTRASSE.

zwar erst 300 Jahre später vollendet wurde, aber deshalb nicht minder beeindruckend war. Außerdem mutet es seltsam an, dass der vielseitig begabte Mann, der nach eigenem Bekunden vier Sprachen fließend beherrschte, während seines langen Aufenthalts offenbar kein einziges chinesisches Wort aufgeschnappt hat. All das nährt Zweifel, ob Marco Polo die Lande wirklich gesehen hat, von denen er berichtet.

Manche glauben, dass der Venezianer einfach ein gutes Ohr für Geschichten hatte: Er sei nicht weiter als bis zu den Handelsniederlassungen seines Vaters in Konstantinopel gekommen, wo er Entdecker getroffen habe, die den fernen Osten besucht hatten. Deren Erlebnisberichte habe er ausführlich notiert und dann als seine eigenen Reisen ausgegeben.

Es ist gut möglich, dass das eine oder andere Abenteuer tatsächlich auf Hörensagen beruht. Andererseits sind Marco Polos Berichte über Chinas große Städte, das angenehme Auftreten von Kubilai Khan und tausende andere Beobachtungen viel zu persönlich und detailreich, als dass sie Wissen aus zweiter Hand sein könnten. Dass er gewisse Dinge übersehen hat, ist vielleicht der Tatsache zuzuschreiben, dass er in der höfischen Gesellschaft mit manchen Bereichen des Alltagslebens gar nicht in Berührung kam.

So fällt es zwar schwer zu beweisen, dass Marco Polo in China war, aber noch schwerer, dass er nicht dort war. Er selbst jedenfalls erklärte auf dem Sterbebett, er habe noch nicht einmal die Hälfte von dem erzählt, was er gesehen habe. Und nur weil ein wortgewaltiger Schriftsteller etwas künstlerische Freiheit walten ließ, muss man ja noch lange nicht alle Berichte anzweifeln.

STAMMT DIE NUDEL AUS CHINA?

FAKT ODER NICHT?

Die Behauptung, Marco Polo habe das Rezept für Nudelteig aus China nach Italien gebracht, hält sich hartnäckig. Sie stammt aus einem Zeitschriftenartikel aus den 1920er-Jahren, entbehrt aber leider jeder Grundlage.

In Wirklichkeit hat die gute alte Nudel mehrere Väter und Pasta waren schon in aller Munde, bevor der Venezianer das Licht der Welt erblickte.

Die Etrusker stellten bereits im 8. Jh. v. Chr. frische Nudeln und Lasagne nach einem griechischen Rezept für Teigkuchen her. Den Arabern gebührt vermutlich die Ehre, die haltbare Trockennudel erfunden zu haben, damit auf Wüstenreisen das Mehl nicht verdarb. Und in China gehörten fadenförmige Nudeln nachgewiesenermaßen schon seit 2000 v. Chr. zur Speisekarte.

Der Prophet Nostradamus

War der „Prophet des Verhängnisses“ ein Visionär oder Scharlatan?

BEI DEM ARZT UND WAHRSAGER MICHEL DE NOTREDAME SCHEIDEN SICH DIE GEISTER: WÄHREND IHN DIE EINEN FÜR DEN GRÖSSTEN SEHER ALLER ZEITEN HALTEN, IST ER FÜR ANDERE NICHTS ALS EIN GAUKLER.

DIE VORHERSAGEN DES NOSTRADAMUS SIND FAST 440 Jahre nach seinem Tod noch immer Thema vieler Forschungen, Spekulationen und Kontroversen. Als sich das 20. Jh. seinem Ende näherte, wurde jedenfalls über seine Millenniumsprognosen in aller Welt heftig diskutiert.

Am 14. Dezember 1503 als Sohn jüdischer Eltern im südfranzösischen Saint-Rémy-de-Provence geboren, nahm Michel de Notredame später an der Universität Montpellier ein Medizinstudium auf, wo er durch außergewöhnliche Intelligenz und ein phänomenales Gedächtnis auffiel. Als 1525 in Südfrankreich die Pest wütete, unterbrach er sein Studium und behandelte 4 Jahre lang seine kranken Mitbürger. Mit seiner Therapie, die sich deutlich von der seiner Zeitgenossen unterschied, rettete er hunderten, wenn nicht tausenden das Leben und gewann die Bewunderung vieler.

Nachdem er seine Prüfungen mit Auszeichnung bestanden hatte, ließ sich Nostradamus 1533 in Agen an der Garonne als Arzt nieder, heiratete und bekam zwei Kinder. Doch sein Glück währte nicht lange: Der Tod raubte ihm seine Familie. Anschließend zog er 10 Jahre durch Frankreich und Italien, betreute Pestkranke und andere Patienten und erwarb sich den Ruf eines Wunderheilers. 1547 heiratete er erneut und ließ sich in Salon-de-Provence nieder, wo er sich unter dem Dach seines Hauses ein Observatorium einrichtete.

DER PROPHET HÖRT EINE STIMME

In klaren Nächten befragte er dort mithilfe einer Wünschelrute, eines Destillierkolbens und einer Wasserschüssel die Sterne, nachdem er sich zuvor mit einem Kräutersud in Trance versetzt hatte. Dabei empfing er eine göttliche Stimme, die ihm die Zukunft enthüllte. Diese Offenbarungen hielt er in gereimten Vierzeilern fest. 1555 erschien das erste von insgesamt zehn Büchern, die jeweils 100 Vorhersagen enthielten. Die *Centuries* brachten ihm großen Ruhm, und obwohl manche behaupteten, er sei ein Werkzeug des Teufels, auch die Gunst des französischen Hofes. 1560 wurde er Leibarzt bei Katharina von Medici und ihrem Sohn König Karl IX., nachdem er zuvor den Tod König Heinrichs II., Katharinas Mann, bei einem Turnier vorhergesagt hatte.

EINE FRAGE DER INTERPRETATION

Die Weissagung vom Tod des „alten Löwen“ Heinrich II. war nicht die einzige, die sich bewahrheiten sollte. Katharina von Medici prophezeite Nostradamus das Schicksal einer Mut-

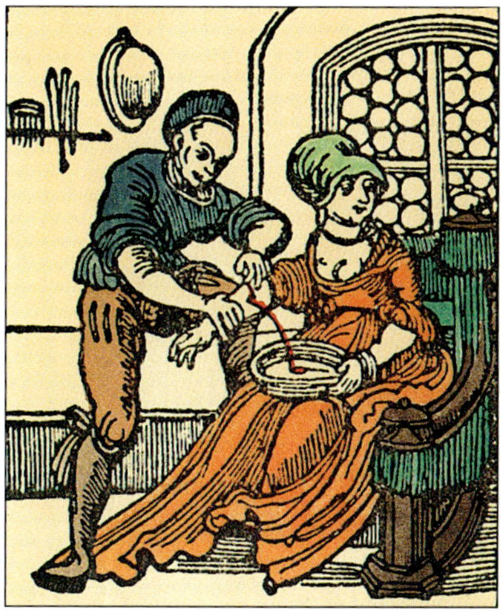

EIN HOLZSCHNITT AUS DEM 16. JH. ZEIGT EINEN ARZT BEIM ADERLASS, DER DEM KÖRPER „SCHLECHTES BLUT“ ENTZIEHEN SOLLTE. NOSTRADAMUS HIELT NICHTS VON DIESER THERAPIE UND BEHANDELTE PESTKRANKE MIT ANDEREN METHODEN.

HEILIGER SCHWEINEHIRT

FAKT ODER NICHT?

Während eines kurzen Aufenthalts in Italien soll Nostradamus an einem jungen Schweinehirten vorbeigekommen sein. Er habe innegehalten, sich verneigt und den Mann mit „Heiligkeit“ angeredet, was die Augenzeugen der seltsamen Begegnung in Erstaunen versetzte und verwirrte. Doch nach dem Tod des Propheten waren sie erst recht verblüfft, als der Empfänger dieser höflichen Anrede in Rom zum Papst gewählt wurde. Der junge Schweinehirt war nämlich kein anderer als Felice Peretti gewesen, der spätere Papst Sixtus V.

ter, die all ihre Söhne überleben würde – und behielt Recht damit. Den großen Brand von London im Jahr 1666 sagte er vorher mit den Worten: „Das Blut der Gerechten wird gefordert von London, verzehrt durch Feuer, wenn man drei mal 20 plus sechs schreibt.“ Auch Hinweise auf die Französische Revolution, Napoleon und den Zweiten Weltkrieg finden sich in seinen Prophezeiungen. Nur hat die Sache leider einen Haken: Die Weissagungen sind so dunkel und vage gehalten, dass man in sie hineindeuten kann, was man möchte. Nostradamus hatte den Inhalt nämlich absichtlich verschlüsselt und eine geheimnisvolle Sprache gewählt, um nicht von der Inquisition der Zauberei beschuldigt zu werden. Doch die vielen Gleichnisse, Andeutungen, Wortspiele und Umschreibungen öffnen praktisch jeder Art von Interpretation Tür und Tor. Mit genügend Phantasie lassen sich die Voraussagen mit einigen Ereignissen und Persönlichkeiten der Weltgeschichte in Einklang bringen. Damit sind sie den unbestimmten Aussagen in Zeitungshoroskopen nicht unähnlich, die immer irgendwie zu passen scheinen.

Bis heute haben über 400 selbst ernannte Nostradamus-Experten versucht, in ihren Büchern die Orakelsprüche des Nostradamus zu entschlüsseln – im Nachhinein und im Wissen um bereits Geschehenes nicht unbedingt eine schwere Übung. Henry C. Roberts behauptet z. B., der Prophet habe den Aufstieg Hitlers vorhergesagt. In der Prophezeiung heißt es, nach dem Sieg über eine rasende Zunge werde der Geist, der in Versuchung geführt wurde, zur Ruhe kommen; der blutbefleckte Kaiser werde eine Rede halten und die Zunge, das Fleisch und die Knochen rösten. Der Mann mit der rasenden Zunge sei Adolf Hitler und der zweite Teil der Prophezeiung verweise auf die Verbrennungsöfen in den Vernichtungslagern.

Einer anderen Prophezeiung zufolge sollte im siebten Monat des Jahres 1999 ein großer Schreckenskönig vom Himmel herabsteigen, um den großen König von Angolmois wieder zum Leben zu erwecken; davor und danach werde Krieg sein auf der Erde. Der Autor Stewart Robbs sieht darin einen Hinweis auf Armageddon. Freilich muss sich Nostradamus geirrt haben, zumindest um ein paar Jahre, denn 1999 trat nichts dergleichen ein.

Um herauszufinden, ob Nostradamus tatsächlich ein großer Prophet war, müssen wir uns vielleicht noch 2000 Jahre gedulden. Denn für das Jahr 3797 sagte er den Weltuntergang voraus. Bis dahin werden wohl noch viele Autoren ihre eigenen Hoffnungen und Überzeugungen in seine Prophezeiungen hineinlesen.

ARMAGEDDON UND DAS ENDE DER WELT WAR BEI MITTELALTERLICHEN KÜNSTLERN EIN BELIEBTES THEMA, WIE AUF DIESEM ALTARGEMÄLDE VON HANS MEMLING FÜR DIE DANZIGER MARIENKIRCHE (UNTEN). DER OFFENBARUNG DES JOHANNES ZUFOLGE SOLL EINE GROSSE SCHLACHT ZWISCHEN GUT UND BÖSE DIE WIEDERKUNFT CHRISTI ANKÜNDIGEN.

Hatte Graf Dracula ein reales Vorbild?

BEKANNTER ALS DER ROMANAUTOR BRAM STOKER (RECHTS), DER DRACULA ERSCHUF, SIND SCHAUSPIELER WIE BELA LUGOSI (RECHTE SEITE), DER DEN VAMPIR DER NACHT 1931 IN EINEM FILM VERKÖRPERTE. VIELE REGISSEURE HAT DER FÜRST DER VAMPIRE SEITHER INSPIRIERT, SO AUCH FRANCIS FORD COPPOLA, DESSEN FILM *BRAM STOKERS DRACULA* 1991 IN DIE KINOS KAM.

IM HORRORKABINETT DER WELT HAT SICH der Vampir einen Vorzugsplatz gesichert. Unter all den monströsen Geschöpfen, die die Menschen erfunden haben, um sich gegenseitig Angst einzujagen, hat wohl keines mehr Schrecken verbreitet und ist häufiger dargestellt worden. In einen schwarzen Umhang gehüllt, die messerscharfen Reißzähne im Schein des Vollmonds glitzernd, ist der Vampir – der lebende Leichnam, der nachts aus seinem Sarg steigt und das Blut der Lebenden trinkt – seit mehr als 1000 Jahren Bestandteil Furcht einflößender Volkssagen, die sich in Geschichten, Romanen und Filmen über die ganze Welt ausgebreitet haben.

Blutsaugende Untote sind in den Legenden fast aller Länder der Erde zu finden. Besonders verbreitet war der Vampirglaube auf dem Balkan, und in Rumänien und Serbien haben sich grauenhafte Geschichten von Heimsuchungen durch Vampire in den abgelegenen Tälern bis ins 20. Jh. hinein gehalten. Die alten Volkssagen erzählen von der Abneigung der Kreatur gegen Knoblauch, Sonnenlicht und das christliche Kreuz. Sie empfehlen jedem, der einen Vampir töten will, ihm einen Holzpflock durchs Herz zu treiben, denn als Untoter ist der Vampir verdammt zum Weiterleben, bis seinem ruhelosen Leben auf diese Art ein Ende gesetzt und er endlich erlöst wird. Der Vampir kann die Gestalt eines Wolfes oder einer Fledermaus annehmen und muss das Blut von Lebenden trinken, bis er schließlich Vergebung erfährt.

Dracula, der Vampir der Nacht, wurde durch Bücher und Filme unsterblich. Seinen Namen hat er von einem grausamen Herrscher, der tatsächlich lebte.

Weltberühmt hat den Vampir Bram Stoker in seinem 1897 erschienenen Roman *Dracula* gemacht, der zum Bestseller und Klassiker des Vampirromans wurde. Die Erzählung von dem unheimlichen Grafen, der in seinem halb verfallenen Schloss in den Bergen Transsilvaniens sein Unwesen treibt, regte in den folgenden 100 Jahren zu Dutzenden von Büchern und Verfilmungen an. Aber warum hat die Legende von Dracula bis heute nichts von ihrer ungeheuren Faszination eingebüßt? Vielleicht weil sie, zumindest teilweise, auf Wahrheit beruht und Graf Dracula einen ganz realen Urahn hat.

LEIDENSCHAFT – DAS PFÄHLEN

Dieser Urahn ist ein Fürst der Walachei, eines Pufferstaats zwischen Ungarn und dem Osmanischen Reich. Um 1430 gebar die Frau des Fürsten Vlad Dracul, was „Vlad vom Drachenorden" bedeutet, einen Sohn, Vlad III. Nach rumänischem Brauch wurde er Draculea genannt,

HÄTTE DER VAMPIR DRACULA DIE MENSCHEN NICHT SO FASZINIERT, WÄRE FÜRST VLAD TEPES NICHTS ALS EINE FUSSNOTE DER GESCHICHTE. SEINE GEGNER MUSSTEN UNTER DEN DENKBAR SCHLIMMSTEN GRÄUELN LEIDEN. DAVON ABGESEHEN WAR VLAD ABER EIN HERVORRAGENDER DIPLOMAT UND MILITÄRSTRATEGE, DER DIE UNABHÄNGIGKEIT DER WALACHEI GEGEN UNGARN UND OSMANEN GLEICHERMASSEN ZU VERTEIDIGEN WUSSTE.

Sohn des Dracul. Vlad war kein Vampir, aber, wie sein Beiname zeigt, ein grausamer Herrscher: Man nannte ihn Vlad Tepes, „Vlad den Pfähler".

Seine Zeit war geprägt von unablässigen Kriegen zwischen dem christlichen Europa und den islamischen Türken, die versuchten, Europa unter ihre Herrschaft zu bringen. In seiner Jugend geriet er als Geisel an den Hof des türkischen Sultans, wo er seine bevorzugte Hinrichtungsmethode, das Pfählen, kennen lernte. Diese Methode hat eine unheimliche Ähnlichkeit mit einem Aspekt der Vampirsage: Ein angespitzter Eisen- oder Holzpfahl wird dabei durch den Körper des Opfers gestoßen und dann in den Boden gehämmert. Danach stirbt das Opfer

VAMPIRISMUS – EINE KRANKHEIT?

OFFENE FRAGEN

Schon lange hat man versucht, eine wissenschaftliche Erklärung für Vampirismus zu finden. Dabei konzentriert sich die Wissenschaft auf eine Art der Stoffwechselkrankheit Porphyrie. In den 1980er-Jahren führten medizinische Beschreibungen der extrem seltenen kongenitalen erythropoetischen Porphyrie zu Spekulationen, dass sie eine „echte" Form von Vampirismus verursachen könne. Die Erkrankten haben blutige Zähne, sind lichtempfindlich und anämisch – ganz wie Graf Dracula. Könnte vielleicht eine alte Form der Porphyrie Pate gestanden haben für die Vampire in den Geschichten, die schon tausende von Jahren vor dem Erscheinen des Dracula-Romans im Umlauf waren? Doch dieses Geheimnis werden die sagenhaften Nachtgeschöpfe wohl niemals preisgeben.

langsam unter grauenhaften Schmerzen. 1448 setzten die Türken den jungen Vlad auf den Thron der Walachei, aber er rebellierte und floh in ein christliches Kloster. 8 Jahre später – die Türken hatten inzwischen Konstantinopel erobert – kehrte Vlad auf den Thron zurück und begann einen grimmigen Krieg gegen seine türkischen Feinde. Er wurde in der ganzen Region berühmt und berüchtigt, als er seine Truppen bis nahe ans Schwarze Meer führte, christliche Festungen an der Donau zurückgewann und gefangene Feinde grausam bestrafte. Als sich einmal zwei türkische Gesandte weigerten, ihre Turbane abzunehmen, ließ er die Kopfbedeckung kurzerhand an ihre Köpfe nageln.

Sein eigenes Volk behandelte Vlad kaum besser als seine Feinde. Ohne Anlass überfiel er freundlich gesinnte Städte, folterte und ermordete tausende seiner Untertanen und ließ sie bei lebendigem Leib verbrennen, kochen und häuten. Bei seinem grausamsten Massaker überfiel Vlad eine Stadt in Transsilvanien und ließ 30 000 Menschen pfählen.

MÄUSE UND VÖGEL AUF PFÄHLEN

Als Vlads Truppen von den Türken besiegt wurden, erhob sich schließlich sein Volk gegen ihn. Man fälschte Dokumente, denen zufolge er insgeheim mit den verhassten Türken verbündet war. Daraufhin warf ihn König Matthias von Ungarn ins Gefängnis und hielt ihn fast 15 Jahre fest. Selbst dort ließ er sich von den Wachen Mäuse und andere kleine Tiere bringen, die er in seiner Zelle auf kleine Pfähle aufspießte.

1476 gewann Vlad den Thron zurück, wurde aber 2 Monate später in einer Schlacht gegen die Türken getötet. Der Überlieferung nach wurde ihm hinterher der Kopf abgeschlagen und dieser dem türkischen Sultan, in Honig konserviert, als Kriegsbeute geschickt.

Leben und Tod des blutrünstigen Fürsten der Walachei boten Bram Stoker genügend Stoff für seinen Roman. Er machte aus Vlad, verknüpft mit verschiedenen Legenden, einen blutsaugenden Grafen aus Transsilvanien. Und als echter Untoter geistert dieser Unglückliche noch heute durch unsere Phantasie und über die Leinwand.

AUF EINEM HOLZSCHNITT VON 1499 (OBEN LINKS) LÄSST SICH VLAD VÖLLIG UNGERÜHRT SEIN ESSEN INMITTEN SEINER GEPFÄHLTEN FEINDE SCHMECKEN. DIE BURG BRAN (UNTEN) WAR SEIN TRANSSILVANISCHES HAUPTQUARTIER.

Der Tod der Johanna von Orléans

JEANNE D'ARC ODER JOHANNA VON ORLÉANS WIRD HEUTE IN FRANKREICH ALS NATIONALHELDIN VEREHRT. SIE VERMOCHTE KÖNIG KARL VII. DAVON ZU ÜBERZEUGEN, DASS SIE VON GOTT ZUR RETTUNG FRANKREICHS ENTSANDT SEI. DAS KLEINE BILDNIS VON JOHANNA (UNTEN) FINDET SICH IM REGISTER DES FRANZÖSISCHEN PARLAMENTSRATS.

Ein berühmter Historiker bemerkte einmal, dass wir über Johanna von Orléans mehr wissen als über Jesus, Platon oder Alexander den Großen. Dass sie nicht im Dunkel der Geschichte verschwand, ist den Abschriften ihres Inquisitionsprozesses zu verdanken, in dem sie der Ketzerei und Hexerei für schuldig befunden wurde. Bereits 25 Jahre nach ihrer Hinrichtung, im Jahr 1456, widerrief die katholische Kirche das Urteil in einem Aufhebungsverfahren. Die Gerichtsakten dieses Verfahrens, die in den 1840er-Jahren in der französischen Nationalbibliothek wiederentdeckt wurden, zeichnen das Bild einer jungen Frau voller Widersprüche, zu denen nicht zuletzt gehörte, dass sie ihr Haar kurz trug und sich wie ein Mann kleidete. Bis zum Ende ließ sie sich von den scharfsinnigen Fragen ihrer Ankläger nicht beeindrucken, doch schüchterte sie der äußere Glanz des Gerichts ein; und so todesmutig sie im Kampf war, hatte sie nach ihrer Gefangennahme große Angst vor dem Sterben.

Mit 17 Jahren führte sie Frankreich zum Sieg gegen die Engländer. Nur zwei Jahre später brannte sie auf dem Scheiterhaufen.

Geboren wurde Johanna 1412 in dem ostfranzösischen Dorf Domrémy während des Hundertjährigen Krieges. Damals kämpften die englischen Plantagenets gegen das französische Haus Valois um die Kontrolle über Frankreich. Die Valois unter dem Dauphin Karl VII., der 1422 zwar zum König proklamiert wurde, aber noch nicht gekrönt war, hielten den Großteil des Landes südlich der Loire, während die mit den Burgundern verbündeten Engländer das Land nördlich des Flusses kontrollierten. Als Kind führte Johanna ein einfaches bäuerliches Leben. Doch mit 13 Jahren, so sagte sie im Prozess aus, hörte sie zum ersten Mal Stimmen von Heiligen – „schöne, sanfte und demütige, die die Sprache Frankreichs sprachen". 1429, im Alter von etwa 17 Jahren, riefen diese Stimmen sie auf, den Valois zur Hilfe zu eilen.

Zu der Zeit sah es so aus, als ob die Engländer die Oberhand gewinnen würden. Nach der Einnahme von Paris waren sie nach Orléans, einer strategisch wichtigen Stadt an der Grenze zwischen Nord und Süd gezogen; von dort aus hätten sie die Loire überqueren und auf das Gebiet der Valois vordringen können.

Mit einem Heer von 4000 Mann, zu denen rund 1500 Burgunder kamen, umzingelten die Engländer die Stadt, durchbrachen die äußere Verteidigungslinie und begannen die Belagerung. Da hießen die Stimmen Johanna, zur Verteidigung der Stadt zu eilen. Sie sollte die Belagerer besiegen und dann den Dauphin nach Reims, das tief in englischem Territorium lag, führen, damit er endlich gekrönt würde. Und als frommes Kind tat sie, was ihr befohlen wurde.

DER FUNKE SPRINGT ÜBER

Das Mädchen in Männerkleidern brauchte nur ein paar Minuten, um den durch den jahrelangen Kampf entmutigten König von ihrer Sendung zu überzeugen und ihn zu bewegen, ihr den Befehl über eine Entsatztruppe zu geben. Freilich hatte sie sich bis dahin nie weit von ihrem Dorf entfernt und verfügte über keinerlei militärische Ausbildung. Trotzdem geschah das beinah Unmögliche: Die Engländer wurden nach heftigem Kampf am 8. Mai von französischen Truppen aus Orléans vertrieben – ihr Führer war ein junges Bauernmädchen in weißer Rüstung, das trotz schwerer Verwundung weiterkämpfte. Ihre Entschlossenheit und ihr Mut beflügelten die Männer, und die Befreiung von Orléans bewies, dass die Engländer nicht unbesiegbar waren. Stadt um Stadt fiel danach in die Hände der vordringenden Franzosen. Johannas größter Triumph aber sollte die Krönung Karls VII. am 16. Juli 1429 in Reims sein, die sie an seiner Seite stehend miterlebte.

DAS BLATT WENDET SICH

Danach überließ der König Johanna ihrem Schicksal; er brauchte sie nun nicht mehr. Johanna führte den ganzen Winter über weiter ihre Feldzüge, doch im Mai 1430 wurde sie in Compiègne von den mit den Engländern verbündeten Burgundern gefangen genommen. Für die Auslieferung an das englische Heer erhielten die Burgunder rund 10 000 Goldkronen. Die Engländer übergaben die junge Frau ihrerseits an das Inquisitionsgericht von Rouen, dem englischen Verwaltungssitz in Frankreich. Anfang 1431 wurde sie der Ketzerei und Hexerei angeklagt und überführt. Die inneren Stimmen, so ihre Ankläger, kämen nicht von Gott, sondern von Satan; dass sie sich als Frau wie ein Mann kleide, verstoße gegen das Gesetz des Alten Testaments; und ihre übernatürlichen Kräfte könnten nur auf Hexerei beruhen.

Das Ergebnis des Prozesses, der 4 Monate dauerte, stand wohl nie in Frage. Johannas Richter, über 50 an der Zahl, wollten an ihr ein Exempel statuieren. Die junge Frau selbst schien ihr unausweichliches Schicksal nicht recht zu begreifen und bat um ihre Freilassung. Im Gefängnis schrieb sie, die Stimmen hätten ihr gesagt, sie werde erlöst werden – ob damit allerdings himmlische oder irdische Erlösung gemeint war, vermochte sie nicht zu sagen.

GLAUBE UND VERZWEIFLUNG

Die letzten Tage der Johanna von Orléans waren geprägt vom Konflikt zwischen einem starken Glauben und einer ebenso großen Angst vor dem irdischen Schicksal. Wenige Tage vor ihrer Hinrichtung ließ Johannas Glaube sie im Stich. In einem Moment der Verzweiflung unterschrieb sie eine Erklärung, in der sie ihre göttliche Sendung widerrief, und willigte ein, künftig Frauenkleider zu tragen. Darauf wurde sie zu lebenslanger Haft verurteilt. Kurz darauf jedoch zog sie den Widerruf zurück, und damit war ihr Schicksal besiegelt. 2 Tage später, im Alter von nur 19 Jahren, wurde Johanna am 30. Mai 1431 auf den Marktplatz von Rouen gebracht und als Ketzerin auf dem Scheiterhaufen verbrannt. Den Quellen zufolge waren ihre verzweifelten Bitten an Jesus über den prasselnden Flammen kaum zu hören.

Karl VII. kam ihr in der schweren Zeit des Prozesses nicht zu Hilfe. Stattdessen veranlasste er 1456 ein Rehabilitationsverfahren, das zur Revision des Urteils führte. Für Johanna, die so viel für Frankreich und seinen König getan hatte, kam es zu spät.

IN LOCHES VERKÜNDET JOHANNA DEM DAUPHIN DIE BEFREIUNG VON ORLÉANS (OBEN). JOHANNA ENDETE ALS KETZERIN AUF DEM SCHEITERHAUFEN IN ROUEN (LINKS UNTEN). ERST 1920 SPRACH PAPST BENEDIKT XV. SIE HEILIG.

Wer erfand den Buchdruck?

Johannes Gutenberg gilt als der Erfinder des Buchdrucks mit beweglichen Lettern. Die Druckkunst selbst ist freilich viel älter.

BEVOR JOHANNES GUTENBERG SEINE DRUCKERPRESSE ERFAND (RECHTS), KONNTE MAN BÜCHER NUR VERVIELFÄLTIGEN, INDEM MAN SIE MÜHSAM VON HAND ABSCHRIEB ODER MITHILFE VON HOLZSCHNITTEN AUF PAPIER STEMPELTE.

ALS EINES DER ERSTEN BÜCHER DRUCKTE GUTENBERG 1452–55 DIE BIBEL, EIN ZWEIBÄNDIGES WERK MIT 1282 SEITEN.

DER LATEINISCHE TEXT WURDE IN GOTISCHER SCHRIFT GEDRUCKT, DIE FARBIGEN VERZIERUNGEN ABER VON HAND VORGENOMMEN.

ALS EINE DER WICHTIGSTEN UND FOLGENREICHSTEN Erfindungen des letzten Jahrtausends gilt die Druckerpresse, die die Grundlagen für die Massenproduktion von gedruckten Erzeugnissen legte und damit den Weg zur Informationsgesellschaft ebnete. Der Buchdruck veränderte die Welt grundlegend, denn auf einmal wurden neue religiöse und politische Vorstellungen tausenden Menschen in ganz Europa zugänglich, und Lesen und Schreiben, bislang Privileg einer gebildeten Elite, begannen sich in breiteren Volksschichten auszubreiten. So wäre die Reformation ohne die „schwarze Kunst" undenkbar.

FRÜHE WURZELN IM MORGENLAND

Der Mainzer Johannes Gutenberg erfand seine Druckerpresse im 15. Jh., doch die Wurzeln der Druckkunst reichen viel weiter zurück. Bereits die alten Kulturen in Mesopotamien stellten Stempelsteine zusammen, befeuchteten sie mit gefärbtem Lehm, pressten sie auf Ton und erhielten so einfache Abdrücke. Bilder auf Stoff zu drucken war schon im 1. Jh. in ganz Asien und Europa üblich. Texte konnten die Griechen und Römer auf ihrem Papyrus aber nicht stempeln, da dieser zu dünn und zart dazu war. So ließen sie ihre Texte von gebildeten, der Schreibkunst mächtigen Sklaven zu hunderten kopieren.

Das Drucken von Text ist eine Errungenschaft Asiens. Die Chinesen schnitten schon im 2. Jh. Schriftzeichen in Steinplatten und stellten daraus Kopien in Form von Abklatschen her. Ab dem 7. Jh. schnitzten sie sie in Holzblöcke und vervielfältigten damit heilige Texte und Gebete. Im Unterschied zu den Europäern besaßen die Chinesen Papier, das stärker war als Papyrus und dem Druck der Holzblöcke standhielt. Um 1040 stellte ein Chinese namens Bi Sheng die ersten beweglichen Lettern aus Keramik her. Das Druckverfahren wurde jedoch wieder aufgegeben, da es sich für die komplexe chinesische Sprache mit ihren abertausenden Schriftzeichen als unpraktisch erwies. Bewegliche Lettern aus Metallgussformen kamen im frühen 15. Jh. in Korea auf, noch bevor Gutenberg in Deutschland sein Drucksystem für die Handpresse entwickelte. Von den asiatischen Druckversuchen wusste er aber mit ziemlicher Sicherheit nichts.

EUROPÄISCHER ERFINDERGEIST

In Europa schuf vor dem 15. Jh. nur die Kirche Bücher, die mittels Holzschnitten hergestellt wurden. Dazu wurde der Text einer Seite vollständig in das Holz geschnitzt. Einfacher müsste es jedoch sein, so dachte sich Johannes Gutenberg, wenn man einzelne, bewegliche Druckbuchstaben hätte, mit denen man den Text ganzer Buchseiten beliebig zusammensetzen und die man immer wieder verwenden könnte. Dass die europäischen Sprachen nur eine sehr überschaubare Menge Buchstaben und Hilfszeichen besitzen, kam ihm da entgegen. Er entwickelte ein Handgießinstrument, in dem die Lettern in beliebiger Menge gegossen werden konnten; als Gussmetall verwendete er eine Legierung aus Blei und Zinn. Die Metalllettern hatten gegenüber den verschleißanfälligen Holzblöcken den Vorteil, dass sie viel länger haltbar waren. Gutenberg baute eine traditionelle Weinpresse in eine Druckerpresse um; damit konnte die von ihm hergestellte Druckerschwärze gleichmäßig über die ganze Buchseite verteilt werden. Die einzelnen Buchstaben waren in Setzkästen einsortiert; dort holten sie die Setzer heraus und passten sie mithilfe eines Winkelhakens genau in die Druckform der Presse ein.

Dass Gutenberg der Erfinder der neuartigen Presse war, gilt als sicher, doch gibt es keine Urkunde, die dies belegt. So erheben auch Franzosen und Niederländer Anspruch auf die Urheberschaft; doch Gutenbergs Unterschrift auf einem Lehrbuch von 1450 ist älter als alle anderen. Die Druckerpresse setzte sich auf Anhieb durch und breitete sich in Windeseile in ganz Europa aus. Religiöse Flugschriften, intellektuelle und literarische Werke konnten in Serie und preiswerter als zuvor produziert werden. Eines der ersten Bücher aus Gutenbergs Presse war die 42-zeilige Bibel – ein handwerkliches Meisterstück, das heute noch als Höhepunkt der Buchdruckerkunst gilt.

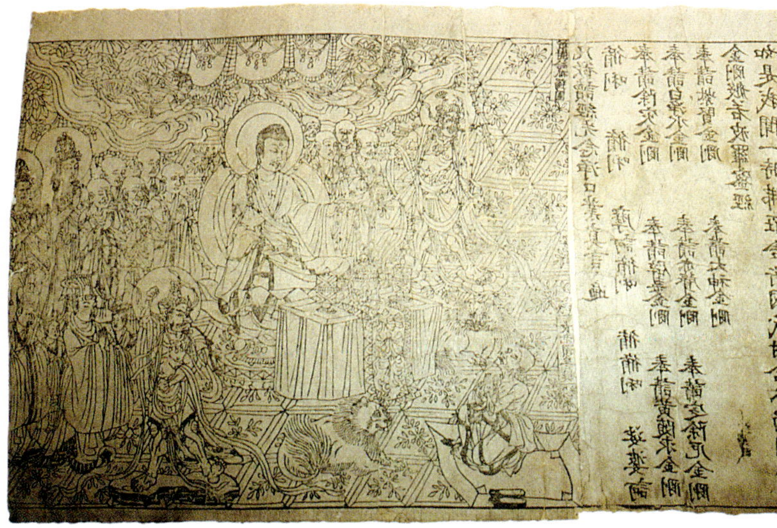

***DAS DIAMANTEN-SUTRA* (OBEN) VON 868 GILT ALS DAS ERSTE GEDRUCKTE BUCH DER WELT. DER TEXT WURDE DAZU IN HOLZBLÖCKE GERITZT. IM 11. JH. KAMEN IN CHINA BEWEGLICHE LETTERN AUF. UNTEN: DER TONSTEMPEL VON 2280 V. CHR. WURDE FÜR INSCHRIFTEN AUF ZIEGELN BENUTZT.**

WER WAR DER ERSTE?

FAKT ODER NICHT?

Wie bei jeder großen Erfindung entbrannte auch über den wahren Urheber des Buchdrucks ein Streit, denn Gutenberg war nicht der Einzige, der sich damit beschäftigte. So wurde bis ins 18. Jh. hinein ein Niederländer aus Haarlem als Erfinder der „schwarzen Kunst" angesehen. Laurens Janszoon Coster war ein herausragender Drucker seiner Zeit und sein Entwurf von geschnitzten, wiederverwendbaren Letternblöcken spielte für die Entwicklung der neuartigen Presse eine bedeutende Rolle. Auch wenn sein Name heute vergessen ist, sollte man Costers Rolle bei der Entstehung der Druckkunst nicht übersehen.

TEIL 4

DIE FRÜHE NEUZEIT

Wenn wir unsere Aufmerksamkeit auf die Zeit ab dem 16. Jh. richten, dann stellt man erstaunt fest, wie vielen Rätseln man begegnet. Manche haben sich in der Rückschau aufgelöst, andere wiederum sind bis heute nicht geklärt. Gab es den Doktor Faust, den Goethe in der Literatur unsterblich gemacht hat, wirklich? Und was für ein Geheimnis verbirgt sich hinter dem Namen Kaspar Hauser? 1791 wurde Wolfgang Amadeus Mozart tot in seiner Wiener Wohnung aufgefunden. Starb der Komponist eines natürlichen Todes oder wurde er von seinem Rivalen am Hof ermordet? Etwa um dieselbe Zeit begann Napoleon damit, Europa seiner Herrschaft zu unterwerfen. Aber warum zerfiel sein Reich so schnell? Fast ein Jahrhundert später schockierte eine Mordwelle die Bürger Londons und stürzte die Stadt in Angst und Schrecken. Wer war der Serienmörder, der als Jack the Ripper bekannt ist?

Wer entdeckte Nordamerika?

Christoph Kolumbus gilt gemeinhin als der Entdecker der Neuen Welt. In Wahrheit aber waren andere schon lange vor ihm da, doch blieben ihre Reisen folgenlos.

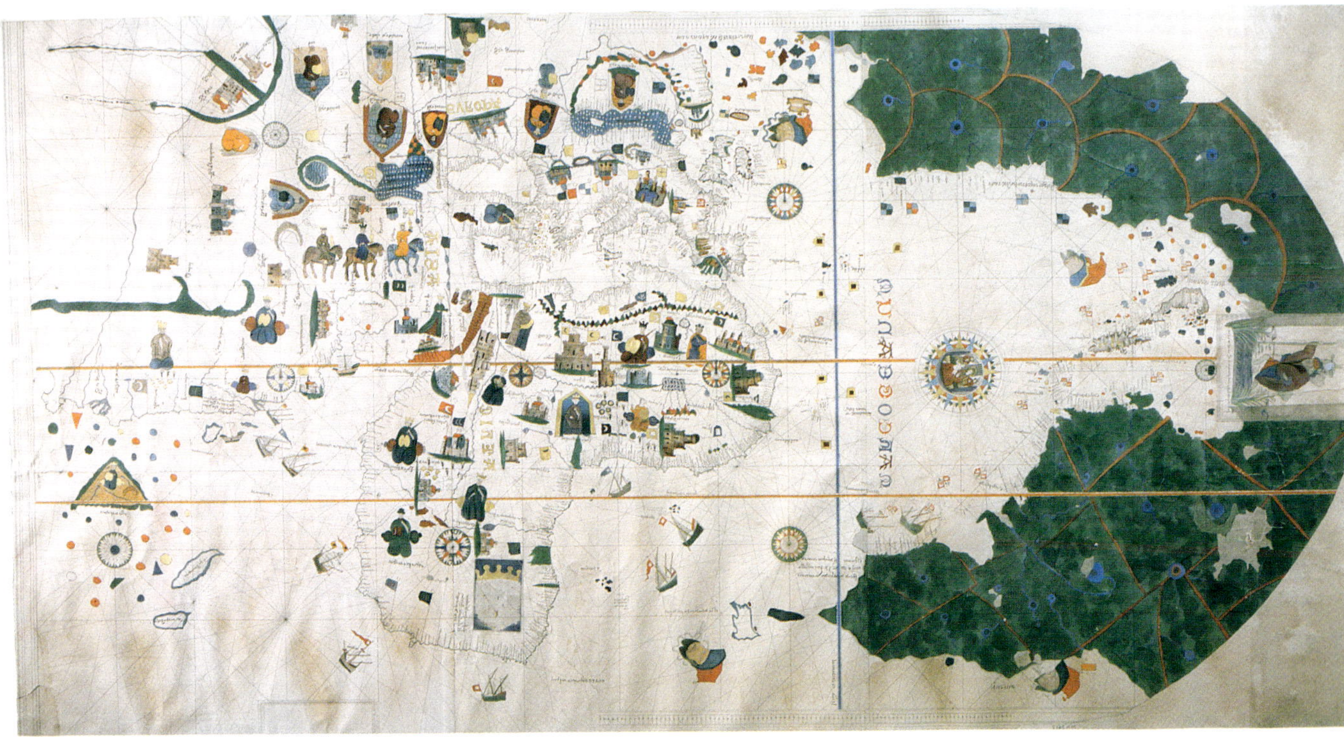

AUF DEM HOLZSCHNITT VON 1493 (GANZ OBEN) IST ERSTMALS DIE VON KOLUMBUS (OBEN) ENTDECKTE NEUE WELT DARGESTELLT. 500 JAHRE VOR IHM SEGELTEN ABER SCHON WIKINGER NACH AMERIKA. RECHTS EIN NACHGEBAUTES WIKINGERSCHIFF.

Seit Jahrzehnten tragen die Historiker Beweise dafür zusammen, dass der amerikanische Kontinent schon Jahrhunderte vor Kolumbus entdeckt wurde. Der Norweger Leif Eriksson soll die Reise schon 500 Jahre vor dem Genueser gemacht haben, und manche Forscher glauben, dass es vielleicht noch frühere Amerikafahrer gab. Sie verweisen auf die anthropologischen Ähnlichkeiten zwischen verschiedenen Völkern des Mittelmeerraums und Mittelamerikas; so errichteten die Olmeken und Maya wie die Ägypter pyramidenartige Bauten und verwendeten Hieroglyphen. Auch botanische Verbindungen zwischen Mittelamerika und Nordafrika fielen den Forschern auf. So könnte die Vielfalt der Gesellschaften, die sich in Mexiko, Yucatán und Peru entwickelten, auf frühe Besuche von anderen Kontinenten zurückzuführen sein.

BEGEGNUNGEN DER SAGENHAFTEN ART

Aufgrund ihrer überragenden navigatorischen Fähigkeiten könnte man die alten Phöniker für die ersten Besucher halten. 600 v. Chr. wurden sie von Pharao Necho II. beauftragt, Afrika zu umsegeln – eine Aufgabe, die sie nach eigenen Angaben auch bewältigten. Außerdem befuhren die Phöniker mit ihren Schiffen den Atlantik und erreichten Iberien und die Kanarischen Inseln. Der Ansicht mancher Historiker zufolge kamen sie bis zu den Azoren, wo man im 18. Jh. einen Goldschatz fand, den viele für phönikischen Ursprungs halten. Ob sie freilich noch weiter segelten und dabei auf Amerika stießen, kann heute niemand nachweisen.

In Mittelamerika gibt es viele Legenden von Begegnungen mit göttergleichen Fremden, während mehrere östliche Kulturen Sagen von Rei-

DIE WIKINGER WAREN HERVORRAGENDE SCHIFFSBAUER UND NUTZTEN DIE SEEFAHRT ZUR AUSDEHNUNG IHRES MACHTBEREICHS. DAS GEMÄLDE VON CHRISTIAN KROHG (OBEN) ZEIGT LEIF ERIKSSON BEIM ERSTEN BLICK AUF NORDAMERIKA.

sen in ein Land jenseits des östlichen Ozeans kennen. Die Chinesen nannten es Fu-Sang und berichten von fünf buddhistischen Priestern, die 458 auf der Suche nach einem irdischen Paradies ostwärts reisten. Das Land, das sie entdeckten, hat Ähnlichkeit mit der alten Metropole Teotihuacán in Zentralmexiko: Das Volk besaß ein Schriftsystem, nicht ummauerte Städte und baute eine Frucht an, deren Beschreibung auf die in der Region heimische Agave passt.

Möglich ist auch, dass irische Mönche auf der Suche nach kontemplativer Abgeschiedenheit, die sie sich auf entlegenen Inseln erhofften, den Nordatlantik in kleinen Booten, so genannten *curraghs,* überquert haben. Diese Boote waren aus einem mit Häuten bespannten Holzrahmen gebaut und wurden mit Rudern und einem quadratischen Segel angetrieben. Der Schriftsteller und Forscher Timothy Severin wies die Seetüchtigkeit dieser Boote nach, als er 1976 mit einem nachgebauten *curragh* von Irland nach Neufundland segelte. Sein Boot war nach dem heiligen Brendan benannt, der der Legende nach im 6. Jh. den Nordatlantik erkundete. Abhandlungen von 825 belegen, dass die Iren tatsächlich viel über entlegenere Teile des Atlantiks wussten.

BEI AUSGRABUNGEN HAT MAN AN MEHREREN ORTEN SCHIFFSGRÄBER DER WIKINGER GEFUNDEN, SO AUCH AUF DEN ORKNEY-INSELN (LINKS). DABEI WURDEN UM DAS GRAB HERUM STEINE IN FORM EINES SCHIFFES GESETZT BZW. HOCHRANGIGE TOTE IN SEETÜCHTIGEN SCHIFFEN BEIGESETZT.

DIE WIKINGER KOMMEN

Ein Besuch der Neuen Welt vor Kolumbus ist indessen allein für die frühen Norweger nachzuweisen, die im späten 10. Jh. mit der Besiedlung Islands begannen. 982 segelte der Wikinger Erik der Rote, der für 3 Jahre verbannt war, nach Westen und landete in einem Land mit satten Wiesen und funkelnden Fjorden, das er Grönland, grünes Land nannte. Er kehrte nach Island zurück und brach 986 mit 500 Männern, Frauen und Kindern erneut dorthin auf.

Im Kielwasser Eriks des Roten folgte der Kaufmann Bjarni Herjolfsson. Auf dem Weg nach Grönland wurde er vom Kurs abgetrieben und sah nach eigenen Angaben waldreiches Land westlich von Grönland. Eriks zweiter Sohn Leif segelte um das Jahr 1000 mit 35 Mann an Bord nach Südwesten, um dieses Land zu suchen. Bald erreichten sie eine raue Küste, die sie Helluland nannten, und segelten von dort aus weiter nach Süden, um schließlich an einem vom Festland vorspringenden Kap anzulegen. Die Männer ließen sich an einem Binnensee nieder, wo sie den milden Winter verbrachten und sich von Lachs und Weintrauben ernährten. Im Frühjahr beluden sie ihre Schiffe mit Trauben und Bauholz und verließen das Land, das sie Vinland, Weinland nannten.

In den folgenden Jahrzehnten reisten andere Wikinger nach Vinland, darunter Leifs Bruder Thorwald und der isländische Kaufmann Thorfinn Karlsefni. Dessen Sohn Snorri gilt als der erste Europäer, der in Nordamerika zur Welt kam. Auf mehreren weiteren Expeditionen setzten die Wikinger ihre Erkundungen entlang der Küste fort und trieben Handel mit den eingeborenen Indianern, die sie Skrälinger nannten, eine norwegische Bezeichnung für Barbaren oder Zwerge. Die Beziehungen zwischen den beiden Völkern verschlechterten sich jedoch, und nach mehreren gewaltsamen Auseinandersetzungen zogen sich die Wikinger wieder nach Grönland zurück. Der letzte Kolonisationsversuch endete abrupt im Jahr 1014, als die Erkundungsgruppe sich in inneren Rivalitäten aufrieb und zahlreiche Männer und Frauen ermordet wurden. Danach unternahmen die Europäer keine weiteren Versuche mehr, Vinland zu besiedeln.

BEWEIS ERBRACHT

Die Vinland-Geschichte wurde mündlich weitergegeben und rund 200 Jahre später als Grönlandsaga und *Eriks Saga* aufgeschrieben. Archäologen können heute die wichtigsten erwähnten Landeplätze zuordnen: Helluland ist Baffin Island und Vinland liegt an der Nordspitze Neufundlands. In Neufundland fand man in den 1960er-Jahren auch den Beweis für die Entdeckung Amerikas durch die Wikinger. Bei L'Anse-aux-Meadows wurden die Reste einer etwa auf das Jahr 1000 datierten Wikingersiedlung ausgegraben. Die sechs Häuser waren aus Grassoden und Holz gebaut und ähnelten den norwegischen Häusern, die in Grönland gefunden wurden. Das einzige Problem bei der Identifizierung Neufundlands als Vinland ist vielleicht, dass es dort keine Weintrauben gibt. Doch das kann schlicht auf einem Irrtum beruhen: Möglicherweise meinten die Wikinger in Wirklichkeit die Stachelbeeren und Cranberrys, die dort gedeihen.

Die Seetüchtigkeit der Wikingerschiffe wurde im Sommer 2000 erneut eindrucksvoll unter Beweis gestellt. Eine isländische Crew stach mit einem originalgetreu nachgebauten Wikingerschiff namens *Íslendingur* in See und erreichte nach einer dramatischen Atlantiküberquerung die ausgegrabene Wikingersiedlung in L'Anse-aux-Meadows. Der Kapitän des Schiffs war ein Nachfahre Eriks des Roten.

ECHT ODER GEFÄLSCHT?

DETEKTIV-ARBEIT

Auf einer Karte von Vinland, die vermutlich vor der Entdeckung Amerikas durch Kolumbus in Deutschland gezeichnet und heute im Besitz der Yale University ist, ist Westeuropa gut zu erkennen. Im Nordatlantik sind mehrere Inseln eingezeichnet, darunter Grönland und eine größere Insel, Vinland genannt, die Baffin Island, Labrador und Neufundland darstellen könnte.

Seitdem die wissenschaftliche Ausgabe der Karte im Jahr 1965 veröffentlicht wurde, ist sie Gegenstand eines heftigen Gelehrtenstreits. Wissenschaftler einer Chicagoer Firma, die in den 1960er-Jahren die Tinte analysierten, fanden darin Spuren von Titaniumoxid. Sie schlossen daraus, dass die Karte gefälscht sei, denn die Substanz sei als Bestandteil erst im 20. Jh. nachgewiesen. Doch Forscher an der University of California stellten vor kurzem fest, dass Titaniumoxid auch auf anderen Schriften und Karten des Mittelalters zu finden ist.

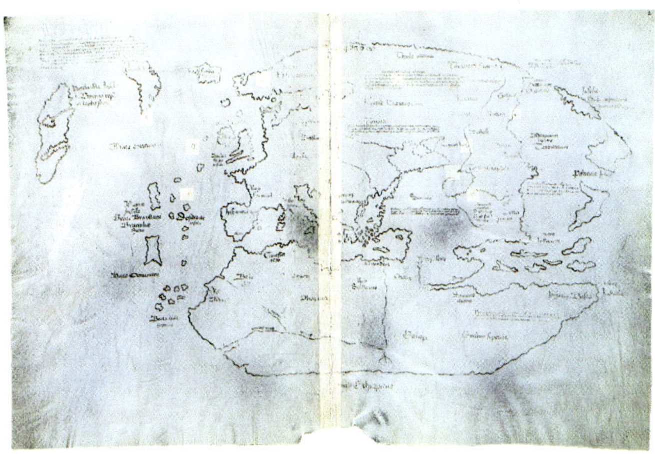

JAHRZEHNTELANG HABEN SICH DIE FORSCHER ÜBER DIE ECHTHEIT DER VINLAND-KARTE GESTRITTEN. HEUTE GLAUBEN DIE MEISTEN, DASS SIE VOR DER AMERIKAREISE VON KOLUMBUS GEZEICHNET WURDE, UND SEHEN DARIN EINEN WEITEREN BEWEIS DAFÜR, DASS NORDAMERIKA VON DEN WIKINGERN ENTDECKT WURDE.

Wer war Doktor Faust?

Einige hielten ihn für einen Universalgelehrten, andere für einen Scharlatan. Doch fast alle waren sich darin einig, dass er mit dem Teufel im Bunde stand.

DER HOLZSTICH VON 1881 ZEIGT FAUST AUF DEM KREUZWEG. ER STAMMT AUS EINEM SAGENBUCH FÜR JUGENDLICHE. BESONDERS AUF JUNGE MENSCHEN ÜBTE DIE GEHEIMNISVOLLE GESTALT DES MAGIERS FAUST IM 19. JH. GROSSE ANZIEHUNGSKRAFT AUS.

NAHEZU JEDERMANN KENNT HIERZULANDE DIE literarische Figur des Doktor Faust. Aber wie steht es mit der Vorlage? Gab es je einen Menschen aus Fleisch und Blut, der für den Faust des Puppenspiels oder Goethes berühmten *Faust* Pate stand?

So weit man weiß, gab es das Urbild des Faust tatsächlich. Aber die näheren Lebensumstände dieser Person liegen größtenteils im Dunkel, und für fast alle der angeblichen Fakten gibt es eine Gegenmeinung. Beispielsweise den Geburtsort: Die meisten Experten gehen davon aus, dass es in Knittlingen bei Bretten war, wo im April 1478 ein gewisser Faust – Johann oder Georg oder Johann Georg mit Vornamen – zur Welt kam. Als Beweis wird auf sein Geburtshaus verwiesen, in dem sich heute ein Museum befindet. Andere Faust-Forscher verlegen das freudige Ereignis jedoch nach Helmstedt bei Heidelberg, und es existiert keine Urkunde, die klären könnte, wer Recht hat. Ebenso unbewiesen ist, ob Faust als Kind in Knittlingen zur Schule ging, um die Grundlagen für seine erstaunlichen Kenntnisse zu legen.

FAHRENDER SCHOLAR

Auch über seine weiteren Lehr- und Lernjahre gibt es geteilte Meinungen. Für die meisten Fachleute steht fest, dass Faust nie eine Universität besuchte, dass er sein breit gefächertes Wissen als Autodidakt selbstständig erwarb. Andere Quellen hingegen sprechen von einem Theologiestudium in Heidelberg und/oder einem Studium der Magie in Krakau.

Irgendwann begann der junge Faust, als fahrender Scholar durch die Lande zu ziehen und sich dem Publikum auf den Marktplätzen als Mann mit bemerkenswerten Fähigkeiten zu präsentieren: Er verfügte über profunde Kenntnisse in den unterschiedlichsten Fachgebieten – Jura, Theologie, den schönen Künsten –, er vermochte die Zukunft vorherzusehen, er konnte Sterne deuten und Horoskope erstellen, er betätigte sich als Wunderheiler und Hypnotiseur. Die Menschen staunten und waren fasziniert, sein Ruf wuchs, man munkelte, dass er übernatürliche Kräfte besitze.

Faust selbst sah keinen Grund, gegen derlei Gerüchte vorzugehen; er war von seinen Fähigkeiten zutiefst überzeugt. Dem Publikum stellte er sich als Philosoph, Astrologe, Chiromant, Aeromant, Pyromant vor und wies – zu Unrecht – auf seine akademischen Titel hin.

MEISTER DER SCHWARZEN MAGIE

Zu seinen hauptsächlichen Betätigungsfeldern gehörten Magie und Alchemie. Die Magie galt damals allgemein als gefährliche Kunst, doch machte man die gewichtige Unterscheidung zwischen weißer und schwarzer Magie. Die Beschäftigung mit der weißen Magie war gestattet, sie stand im Einklang mit der Natur; die schwarze Magie hingegen war verbotenes Terrain, sie war verbunden mit bösen Dämonen und konnte das Seelenheil kosten. Und gerade ihr hatte sich Faust verschrieben – aus Drang nach Erkenntnis. Aus demselben Grund hatte er sich auch der Alchemie zugewandt. Er wollte den Stein der Weisen entdecken, mit dem man unedle Metalle veredeln konnte; aber er hatte sich überdies die Läuterung und Veredlung des Menschen zum Ziel gesetzt.

NEIDER UND GÖNNER

An den meisten Orten wurde Faust bejubelt, wenn er auftrat. Aber er hatte auch Neider und Feinde. Beispielsweise Johannes Trithemius, auch Johannes von Trittenheim genannt. Dieser hoch gebildete Benediktinerabt, der sich ebenfalls mit Alchemie und Magie befasste, beschimpfte Faust als „einen Landstreicher, leeren Schwätzer, betrügerischen Strolch". Oder der Arzt, Jurist, Philosoph und Theologe Heinrich Cornelius Agrippa von Nettesheim, ebenfalls ein Meister der Magie; er sah in Faust einen gefährlichen Konkurrenten.

Zu den Gönnern von Faust gehörten dagegen so einflussreiche Persönlichkeiten wie der Reichsritter Franz von Sickingen. Ihm erstellte Faust 1507 ein Horoskop und erhielt durch seine Fürsprache eine Stelle als Schulmeister in Kreuznach. Allerdings musste er sie bald wieder aufgeben – wie es hieß, hatte er sich an Schülern vergangen. Andere angesehene Klienten von Faust waren der Weltreisende Philipp von Hutten, dem er das Scheitern seiner Südamerika-Expedition voraussagte, sowie der Bamberger Bischof Georg III., der ihn für ein Horoskop fürstlich entlohnte und ihm gestattete, sich fortan als „Fürstbischöflicher Hofastrologe" zu bezeichnen.

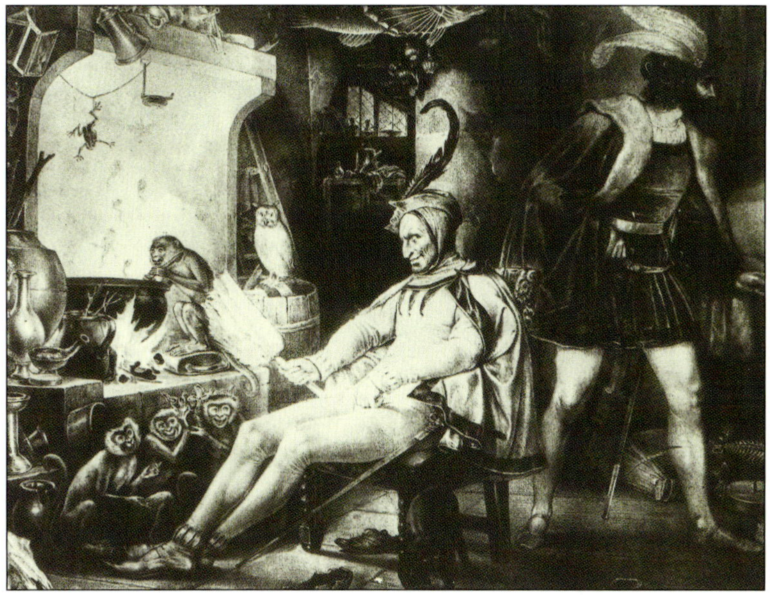

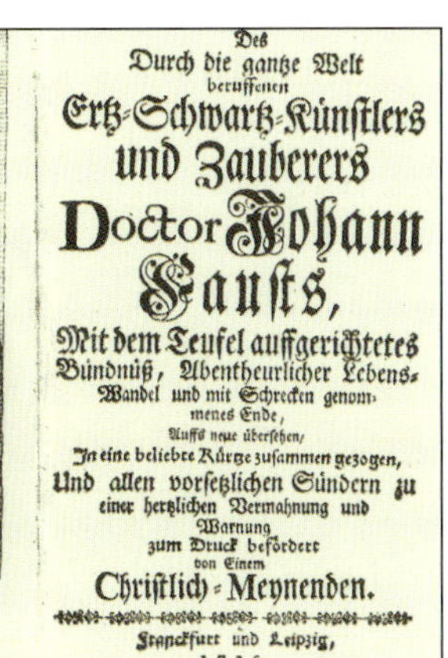

Des
Durch die gantze Welt
beruffenen
Ertz-Schwartz-Künstlers
und Zauberers
Doctor Johann
Fausts,
Mit dem Teufel auffgerichtetes
Bündnüß, Abentheurlicher Lebens-
Wandel und mit Schrecken genom-
menes Ende,
Auffs neue übersehen,
In eine beliebte Kürtze zusammen gezogen,
Und allen vorsetzlichen Sündern zu
einer hertzlichen Vermahnung und
Warnung
zum Druck befördert
von Einem
Christlich-Meynenden.
Franckfurt und Leipzig,
1725.

OBEN: FAUST UND MEPHISTO AUF EINER ILLUSTRATION AUS DEM 19. JH. ZU GOETHES FAUST. LINKS UNTEN: DAS PORTRÄT VON FAUST UND DAS TITELBLATT STAMMEN AUS EINEM BUCH VON 1725. DER KLEINE LEDERBEUTEL (MITTE) GEHÖRTE ANGEBLICH DEM HISTORISCHEN JOHANN GEORG FAUST. DARIN HATTE ER EINEN ZETTEL MIT ALCHEMISTISCHEN REZEPTEN AUFBEWAHRT.

ENDE UND ERNEUTER ANFANG

Im Alter von 60 Jahren starb Faust in Staufen im Breisgau im Gasthaus zum Löwen, wo er logierte. Der Wirt fand ihn in seinem Zimmer tot neben dem Bett, verstümmelt und entstellt. Die Ursache schien vielen damals offensichtlich. Noch heute steht an der Hauswand geschrieben: „Der obersten Teufel einer habe ihm, nachdem der Pakt abgelaufen war, das Genick gebrochen und seine arme Seele der ewigen Verdammnis überantwortet." Wahrscheinlich jedoch hatte Faust mit Chemikalien hantiert und war bei einer Explosion getötet worden.

Die faszinierende Gestalt des Faust, der „Faust-Stoff", lebte jedoch weiter. Schon bald nach seinem Tod erzählte man sich Geschichten über seine wundersamen Taten, später erschienen Bücher, die ihn verteufelten oder priesen, auf Volks- und Wanderbühnen wurde Fausts Leben nachgespielt. Auch große Dichter griffen das Thema vom Menschen, der um Erkenntnis ringt und dabei seine Grenzen sprengt, auf: In England schrieb Christopher Marlowe im 16. Jh. ein Faust-Drama, in Deutschland Johann Wolfgang von Goethe seinen *Faust*. Die Tragödie in zwei Teilen wurde 1829 in Braunschweig bzw. 1854 in Hamburg uraufgeführt.

El Dorado und die sieben Städte von Cibola

WER GOLD BESITZT, KANN ALLES AUF DER WELT erwerben, was er begehrt – sogar den Eintritt seiner Seele ins Paradies." Was Christoph Kolumbus vor über 500 Jahren aussprach, müssen nach ihm dutzende spanischer Entdecker gefühlt haben, die ausgesandt waren, die Neue Welt zu kolonisieren. In der Tat war die Suche nach dem sagenhaften El Dorado eine Haupttriebfeder der Konquistadoren, und um Gold ging es auch bei der Suche nach den sieben Städten von Cibola.

Als die Spanier unter dem Konquistador Jiménez de Quesada in den 30er-Jahren des 16. Jh. die Muisca-Indianer im heutigen Kolumbien besiegten, erbeuteten sie dort und bei den Nachbarstämmen riesige Mengen Gold. Monatelang zogen sie plündernd von Siedlung zu Siedlung und raubten sogar Tempel aus. Als die Goldfunde mit der Zeit spärlicher wurden, scheuten sie auch vor Folter nicht zurück, um den Indianern das Geheimnis weiterer Schätze zu entreißen. So erzählte ihnen schließlich ein alter Mann die Geschichte von El Dorado, dem Vergoldeten. Demnach mussten sich neu ernannte indianische Häuptlinge bei ihrer Amtseinsetzung einem Ritual unterziehen, bei dem sie Gold und Edelsteine in einen See im kolumbianischen Hochland nahe der heutigen Hauptstadt Bogotá warfen.

DER LOCKRUF DES GOLDES

In ihrer Gier nach Gold machten die Spanier vor keiner Gräueltat Halt. Sie unterwarfen die Indianer, töteten tausende und zerstörten ihre alte Kultur. Viele Abenteurer fanden dabei selbst den Tod – nicht selten dadurch, dass sie im Sumpf versanken, weil sie sich zu schwer mit Beute beladen hatten. Eine Goldmine fanden sie jedoch nicht.

Auch Versuche, die Opfergaben El Dorados im Guatavitasee zu bergen – dem See, von dem der alte Indianer berichtet hatte –, brachten keinen durchschlagenden Erfolg. Bei ihren Trockenlegungsversuchen fielen den Eroberern zwar einige Schmuckstücke und Edelsteine in die Hände, an den Großteil des riesigen Goldschatzes aber, den sie auf dem Grund vermuteten, kamen sie nicht heran.

Nach dem Untergang der Muisca wurde aus der Geschichte von El Dorado der Mythos eines sagenhaften goldenen Landes, in dem ganze Paläste aus Gold gebaut waren. Geschichten von diesem sagenhaften Goldland, das irgendwo liegen musste, wo noch kein Europäer war, lockten immer mehr Abenteurer, darunter auch den Engländer Sir Walter Raleigh, nach Südamerika. Das Land fanden sie nicht, dafür entdeckten sie auf ihren Streifzügen den ganzen südamerikanischen Kontinent. Der Traum von der Hebung des Schatzes vom Guatavitasee war übrigens erst 1965 ausgeträumt, als die kolumbianische Regierung den See als nationales Kulturerbe unter Schutz stellte.

SUCHE NACH VERLORENEN STÄDTEN

Die sieben Städte von Cibola sind hierzulande weniger bekannt als El Dorado, das mittlerweile für jeden Ort steht, an dem schnell großer Reichtum zu gewinnen ist. Die Geschichte der verlorenen Städte ging von dem spanischen Entdecker Alvar Nuñez Cabeza de Vaca aus, der 1527 aufgebrochen war, um Florida zu erobern. Nach manchem Missgeschick zog Cabeza mit drei Gefährten durch Texas, New Mexico, Arizona und das nördliche

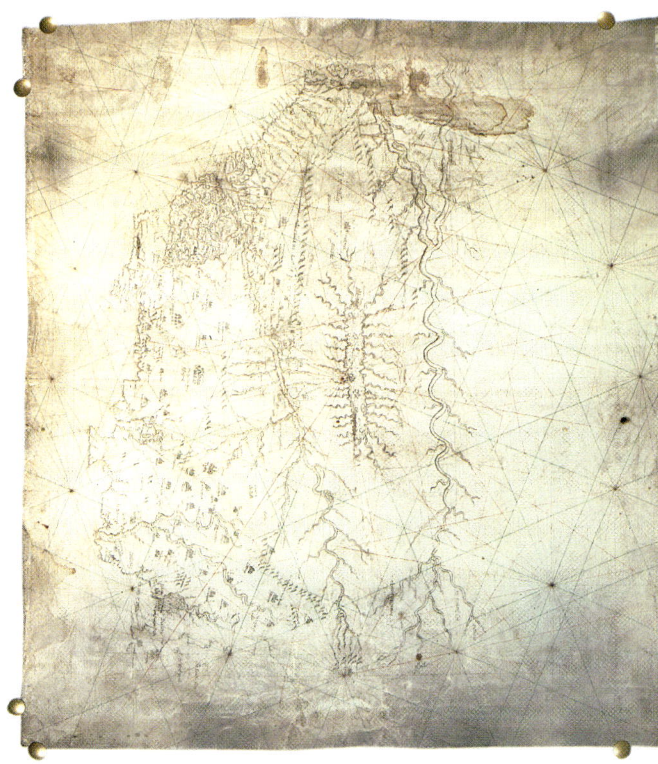

DER ENTDECKER SIR WALTER RALEIGH (OBEN) ZEICHNETE 1600 EINE KARTE MIT DER VERMUTETEN LAGE EL DORADOS (RECHTS).

CORONADO MARSCHIERTE AUF DER SUCHE NACH DEN VERLORENEN STÄDTEN DURCH ARIZONA, MUSSTE SICH ABER MIT DER ENTDECKUNG DES GRAND CANYON ZUFRIEDEN GEBEN.

Mexiko, wo sie angeblich die sieben Städte von Cibola entdeckten, die sagenhafte Reichtümer besitzen sollten.

Als Cabeza de Vaca 1536 nach Mexiko-Stadt kam, weckte seine Geschichte amtliches Interesse und 4 Jahre später schickte der Vizekönig von Neu-Spanien eine Erkundungsexpedition unter Fray Marcos de Niza aus, der ebenfalls behauptete, die sieben Goldstädte flüchtig erblickt zu haben. Francisco Vasquez de Coronado, der Gouverneur der Provinz Nueva Galicia, sollte de Nizas Expedition militärische Unterstützung leisten. Coronado und ein kleiner Trupp marschierten von Mexiko nordwärts nach Arizona, bis sie 1540 eine der legendären Städte erreichten: eine indianische Pueblo-Siedlung mit Lehmziegelhütten, doch weit und breit keine Goldpaläste. Unbeirrt sandte Coronado eine Gruppe von Männern aus, nach den anderen Städten zu suchen. Auch sie fanden keine Reichtümer, dafür aber einen Schatz der Natur, den noch kein Europäer zuvor gesehen hatte: den Grand Canyon.

EINE ZEITLOSE VERSUCHUNG

Viele Abenteurer vernahmen den Lockruf des Goldes und machten sich auf die beschwerliche Reise durch einen fremden Kontinent – obwohl sie wussten, dass schon ihre Vorgänger gescheitert waren. Keiner hat das sagenhafte El Dorado und die Schätze der sieben Städte von Cibola gefunden. Eine Faszination üben die beiden geheimnisumwobenen Namen gleichwohl heute noch aus.

EIN GOLDENER SEE

STOFF FÜR LEGENDEN

El Dorado (oben) hat seinen Namen von dem religiösen Ritual, das ein neuer Herrscher vollziehen musste. Sein nackter Körper wurde mit Goldstaub bedeckt; danach warf er von einem Floß aus als Opfergaben Gold und Schmuck in den Guatavitasee. Anschließend tauchte er in den See ein und wusch den Goldstaub ab. Die ins Wasser geworfenen Schätze sollen noch immer auf dem Grund des Sees liegen.

Das Geheimnis von Rose und Kreuz

Rätsel um die Rosenkreuzer: Handelt es sich um einen mysteriösen Geheimbund oder sind sie Hüter des westlichen Einweihungswegs. Wer ist Christian Rosenkreuz? Und wer schrieb die Traktate?

JOHANNES VALENTIN ANDREAE WURDE 1586 IN HERRENBERG GEBOREN UND STARB ALS EVANGELISCHER ABT IM JAHR 1654 IN ADELSBERG BEI GÖPPINGEN.

DER BEGINN DES 17. JH. erregt die Gemüter der Menschen. Man wähnt sich vor einer Zeitenwende. Ein angekündigter Komet ist Anlass zu den abenteuerlichsten Vermutungen, darüber hinaus kursieren irritierende Prophezeiungen und Ängste. Vor allem Misstrauen gegen die Kalenderreform, die Papst Gregor XIII. 1582 unternommen hat, macht sich breit. Auf fruchtbaren Boden fallen die Weissagungen des Paracelsus über eine neue Zeit, die er zwischen 1599 und 1603 ansetzt. Auch die Hoffnung auf die Ankunft eines neuen Erlösers wird geschürt. Alles dies bereitet die begierige Aufnahme der drei Traktate vor, die kurz vor Ausbruch des Dreißigjährigen Krieges gedruckt werden.

DIE SCHRIFTEN

Fama Fraternitatis, *Confessio Fraternitatis* und *Chymische Hochzeit Christiani Rosenkreuz* manifestieren die Idee des Rosenkreuzertums. Da die Schriften anonym erscheinen, gibt es viele Spekulationen über den Autor. Immer wieder wird Johann Valentin Andreae genannt, ein protestantischer Geistlicher. Seine Autorenschaft an der *Chymischen Hochzeit* bekennt er in seiner Biografie, die aber erst im 18. Jh. veröffentlicht wird. Die ersten beiden Traktate – so vermutet man heute – stammen wahrscheinlich von einem Tübinger Freundeskreis, zu dem Andreae gehört.

Schon Anfang des 16. Jh. kursieren handschriftliche Exemplare der Schriften. Mit dem gedruckten Erscheinen in den Jahren 1614 bis 1616 tritt die Gemeinschaft zum ersten Mal an das Licht einer größeren Öffentlichkeit. *Fama* und *Confessio* sind in Wir-Form geschrieben und erzählen von einem verborgenen Orden und seiner Zielsetzung. Alle Wohlmeinenden werden darin aufgefordert, an der Verbesserung der Welt mitzuarbeiten.

Die *Chymische Hochzeit*, in Ich-Form verfasst, ist eine allegorische Dichtung. Sie schildert einen Einweihungsweg, der durch Prüfungen, Gefährdungen und wundersame Errettungen zu spiritueller Erfahrung führt. Bis heute gibt es keine einhellige Interpretation. Andreae selbst stellt das Ganze als satirische Utopie in die Nähe der Posse.

In den Traktaten wird Christian Rosenkreuz als Urbild eines Suchers am Beginn der Neuzeit dargestellt. Er erscheint als der fiktive Gründer der Rosenkreuzerbewegung, deren Ideale in Wahrheit sehr alt sind. Doch der Begriff taucht im 16. Jh. zum ersten Mal auf.

Die als „echte Rosenkreuzer-Schriften" bezeichneten ersten beiden Texte leben von den Einflüssen älterer Traditionen wie Neuplatonismus, Kabbala und Alchemie. Die zeitgenössischen Geistesströmungen, die Lehren des Paracelsus und ein protestantisches Christentum aus dem Geist der Mystik sind ebenfalls enthalten.

ROSE UND KREUZ

In der christlichen Symbolik steht das Kreuz für Leiden und Tod Christi und die Rose versinnbildlicht ein neues, dem Tod abgerungenes Leben. Das Wappen Andreaes zieren ein Andreaskreuz und vier Rosen, Martin Luthers Wappen trägt ebenfalls Kreuz und Rose.

Beide Symbole sind jedoch wesentlich älter als das Christentum. Für die Rosenkreuzer ist das Bild des Kreuzes auch ein Gleichnis für die Wiedergeburt, die Vereinigung von Getrenntem sowie für den Körper des Menschen. Der Längsbalken deutet auf die Verbindung von Himmel und Erde, während der Querbalken die materielle Welt darstellt.

Die Rose ist eine Allegorie der Seele, des spirituellen Lebens. Eine rote Rose verkörpert die erwachende Seelenpersönlichkeit des Menschen. Die rote Farbe weist auf das Blut als Träger des Lebens, der Instinkte und Gefühle. Rot ist die Farbe des Mars, sie signalisiert Macht, Energie und Kraft. Die rote Rose ist Symbol der Liebe, da sie schon die Griechen der Venus zugeordnet haben. Dort wo Längs- und Querbalken des Kreuzes aufeinander treffen, schneidet die Rose das Kreuz.

Im Durchleben vieler Inkarnationen kann der Mensch – so der Glaube der Rosenkreuzer – die letzte Stufe der Vollkommenheit erreichen. Dann wird sich sinnbildlich die Rose vom Kreuz trennen und das Bewusstsein des Menschen wird in Ewigkeit mit dem Göttlichen vereint.

WER IST ROSENKREUZER?

Damals wie heute handelt es sich um Menschen, die sich bemühen, ihr Selbst und die Welt in einem tieferen Sinn zu erfahren. Zweck des Rosenkreuzerwegs ist Erkenntnis und Erleuchtung, die wiederum die Verbindung mit dem Absoluten oder Göttlichen bewirken. Das Rosenkreuzer-Ideal birgt eine ganze Weltanschauung. Philosophische Elemente, Rituale, alchemistische und wissenschaftliche Erkenntnisse ergeben Vorstellungen über das Leben und den Tod, die Wiedergeburt und den Weg zur Erleuchtung. Alles zusammen ist das „Rosenkreuzertum". Durch seinen Körper und seine Seele ist der Mensch im Geistigen und im Materiellen gleichermaßen zu Hause. Diese beiden Welten bestimmen seine Sinnsuche. Dabei geht es nicht um eine Religion, sondern um eine Lebensphilosophie.

OBEN: DIESER ROSENKREUZER-SCHMUCK STAMMT AUS DEM 19. JH. LINKS: DIE ROSENKREUZER VERFÜGEN ÜBER EINE REICHHALTIGE SYMBOLIK UND ALLEGORIK. DER HOLZSCHNITT VON 1785 ZEIGT DEN BAUM DER ERKENNTNIS: „GUTES UND BÖSES, MIT DEN FRÜCHTEN DES LEBENS UND DES TODES, DER LIEBE UND DES ZORNS, DES LICHTES UND DER FINSTERNIS."

AUSWIRKUNGEN

Der Mythos der Rosenkreuzer wirkt bis in die Moderne weiter. Im 18. Jh. beeinflusst das Ideal der Rosenkreuzer die Freimaurerei. Dem jungen Goethe wird es zum Ausgangspunkt für seine eigenen religiösen Anschauungen. Im 20. Jh. bilden sich Gesellschaften, die den Mythos neu beleben. Er gilt in der westlichen Welt als Alternative zur östlichen esoterischen Tradition.

Die Entdeckung Australiens

Niederländische Seefahrer entdeckten als erste Europäer den fernen Kontinent. Aber vielleicht waren andere schon vor ihnen da.

DIE CHINESISCHEN SEEFAHRER (OBEN) ORIENTIERTEN SICH WOHL MIT ASTROLABIEN AN DEN STERNEN. 1773 LIESS KAPITÄN COOK DIE LECKGESCHLAGENE *ENDEAVOUR* AN EINEM FLUSS AN DER OSTKÜSTE WIEDER INSTAND SETZEN (UNTEN).

IM ZEITALTER DER ENTDECKUNGEN ÖFFNETEN SICH Konquistadoren, Missionaren und Händlern in Amerika, Afrika und dem Fernen Osten ausgedehnte Länder. Doch im Süden lag eine gigantische Landmasse, die noch unerforscht war. Auf Landkarten als *Terra Australis Nondum Cognita* – das noch nicht bekannte südliche Land – bezeichnet, schien sie Platz für künftige Siedlungen zu verheißen, und Sagen von phantastischen Wesen weckten die Neugier der Europäer.

DAS GROSSE SÜDLAND

Viele Menschen halten den britischen Kapitän James Cook für den Entdecker Australiens, was aber so nicht stimmt. Höchstwahrscheinlich erkundeten die Chinesen schon im frühen 15. Jh. den Kontinent, als die Ming-Dynastie eine große Flotte in die südlichen Gewässer aussandte. Eine vage Kenntnis von dem Land im Süden hatten die Chinesen sogar schon über 100 Jahre früher, als Marco Polo China bereiste. Als er nach seiner Rückkehr nach Venedig von einem südlichen Kontinent sprach, begann das unbekannte Land auf Karten aufzutauchen. Auch die Expeditionen des Portugiesen Magalhães (Magellan) berichteten Anfang des 16. Jh. von einem Land am Boden der Welt, das sich endlos auszudehnen schien.

Im frühen 17. Jh. wurden Flotten zu dem Land geschickt, das man sich als einen südlichen Garten Eden vorstellte. Die Spanier verfehlten es mehrmals knapp und sahen nur die Insel, die später Neuguinea genannt wurde. Der erste Europäer, der seinen Fuß auf den Kontinent setzte, war ein Niederländer. 1606 wurde der Seefahrer Willem Jansz von der Ostindischen Kompanie beauftragt, in Neuguinea nach Gold und Gewürzen Ausschau zu halten. Nachdem er an

der Küste Neuguineas entlanggefahren war, wandte Jansz sein Schiff nach Süden und landete an einem Kap, das heute Cape York heißt und die nördlichste Spitze des Staates Queensland bildet.

Spätere niederländische Entdecker berichteten nichts Gutes über das Gelände, das sie sahen. Sie hielten es für ein unfruchtbares Land, in dem es obendrein weder Gold noch Silber oder andere Handelswaren gab. Für die nächsten 150 Jahre blieb es von Kolonisierung verschont. Das änderte sich 1770. Ein Auftrag zur Erkundung noch nicht kartierter Meere ließ den britischen Seefahrer James Cook mit der *Endeavour* von Neuseeland nach Westen segeln. Nach 3 Wochen entdeckte er, was den anderen Europäern vor ihm entgangen war: Australiens fruchtbare Ostküste. Eine Woche lang segelte er die Küste entlang nach Norden, bis er in einer Bucht vor Anker ging, die er wegen der Fülle an neuen Pflanzenarten Botany Bay nannte. Cook kartierte die ganze Ostküste; danach beanspruchte er sie für Großbritannien und nannte sie New South Wales. Nur 17 Jahre später wurde der Kontinent von den ersten Europäern besiedelt.

STRAFKOLONIE

Die kamen allerdings nicht freiwillig. Großbritannien hatte den Krieg gegen die amerikanischen Kolonien verloren und die britischen Gefängnisse platzten aus allen Nähten, weil Verbrecher nun nicht mehr über den Atlantik transportiert werden konnten. Da kamen Cooks Entdeckungen gerade recht.

1787 stachen zwei Kriegsschiffe und neun Frachtschiffe mit 649 Mann Besatzung, Kaufleuten, Soldaten mit Familien sowie 750 Sträflingen unter dem Kommando von Kapitän Arthur Phillip in Portsmouth in See. Nach 8 Monaten erreichten sie Botany Bay, die Phillip jedoch für ungeeignet hielt. Er segelte weiter die Küste hinauf und entdeckte „den schönsten Hafen der Welt", wie er sich ausdrückte. Bei Sonnenuntergang am 26. Januar 1788 hisste er an einer sandigen Bucht die britische Flagge und nannte den Ort nach dem Innenminister Lord Sydney.

Im Lauf der nächsten 80 Jahre deportierte Großbritannien nicht weniger als 162 000 Sträflinge ans andere Ende der Welt. Mit der Zeit bekamen Soldaten und entlassene Häftlinge Land zugewiesen und Sydney blühte auf. Zunehmend kamen auch freie Siedler. Aus der einstigen Strafkolonie wurde allmählich ein begehrtes Einwandererland.

OBWOHL ER DIE EINFAHRT SAH, VERSÄUMTE ES JAMES COOK (LINKS), DEN HAFEN VON SYDNEY ZU ERKUNDEN. WEIL KAPITÄN PHILLIP BOTANY BAY ZU UNWIRTLICH FAND, SEGELTE ER 15 KILOMETER WEITER NACH NORDEN UND LEGTE IN SYDNEY COVE AN (OBEN). AUS DER STELLE, AN DER DIE SCHIFFE ANKERTEN, IST DER HEUTIGE CIRCULAR QUAY GEWORDEN, DER VOM OPERNHAUS UND DER HAFENBRÜCKE FLANKIERT WIRD.

Wie tugendhaft waren die Puritaner?

Die weit verbreitete Ansicht, dass die amerikanischen Puritaner fromme Kirchgänger waren, entspricht wohl nicht ganz den Tatsachen.

1620 HATTEN DIE ERSTEN PURITANER ENGLAND AUF DER SUCHE NACH RELIGIÖSER FREIHEIT VERLASSEN. IHRERSEITS LIESSEN SIE TOLERANZ ABER VERMISSEN, UND MITGLIEDER ANDERER RELIGIÖSER GRUPPEN BEKAMEN IHRE GEWALT UND HÄRTE ZU SPÜREN. DER HOLZSCHNITT AUS DEM 19. JH. ZEIGT DIE AUSPEITSCHUNG VON QUÄKERN IN MASSACHUSETTS 1677.

Die puritanische Gesellschaft im Neuengland des 17. und 18. Jh. stand fest auf den Grundpfeilern Bibel und Kirche, und ihre Mitglieder hielten sich für Auserwählte Gottes. Das bedeutete aber nicht, dass sie freundlich zu ihren Mitmenschen waren – besonders wenn diese einer anderen Religion angehörten. Sie waren aus England geflohen, um ihre religiöse Freiheit zu schützen, in Amerika aber gingen sie mit Andersgläubigen selbst nicht zimperlich um.

So erließ das oberste Gericht von Massachusetts 1656 ein Gesetz, nach dem Quäkern für ihre ersten beiden Vergehen je ein Ohr abgehackt werden, für das dritte aber die Zunge mit einem glühenden Eisen durchbohrt werden sollte. Überführte Quäkerinnen band man an Pferdekarren fest und führte sie durch mehrere Städte, wobei sie auf der ganzen Strecke ausgepeitscht wurden.

Das 17. Jh. war zerrüttet von religiösem Zwist; in ganz Europa und den amerikanischen Kolonien kämpften Sekten und Konfessionen um die Vorherrschaft im christlichen Glauben, oft mit blutigen Folgen. Die Angst der Puritaner angesichts konkurrierender Religionen war in gewisser Weise typisch für die Zeit. Sie lebten nach außergewöhnlich strengen sittlichen Grundsätzen – und verfolgten mit ebenso außergewöhnlicher Inbrunst vermeintliche Ketzer.

DIE HEXEN VON SALEM

Das berühmteste Beispiel für den übermäßigen Eifer der Puritaner, das „Böse“ aufzudecken, sind die Salemer Hexenprozesse, die 1957 auch verfilmt wurden. Anfang 1692 brach in Salem eine Krankheit aus, für deren Ursache man Hexerei hielt. Nicht weniger als 150 Personen wurden der Hexerei bezichtigt und verhaftet. 19

Männer und Frauen wurden ab Juni gehängt, ein Mann zu Tode getrampelt. Noch mehr hätten den Tod am Galgen gefunden, wäre das Hexengericht nicht im Oktober gestoppt worden. Aber Salem war nur einer von vielen Orten, in denen der Hexenwahn grassierte. Schon zuvor hatte es in ganz Neuengland rund 200 ähnliche Vorfälle gegeben, die zur Hinrichtung von über 25 Personen führten.

Der Hexenwahn gedieh im puritanischen Neuengland in einem Umfeld, in dem Mystik, schwarze Magie und alles Okkulte eine große Faszination auf die Menschen ausübte. Es war üblich, dass Städte Astrologen und Wahrsager beschäftigten, die die Zukunft prophezeiten. Auch die Almanache, in denen die Menschen regelmäßig Rat suchten, verbreiteten angeblich mystisches Wissen, und viele Menschen trafen wichtige Entscheidungen aufgrund der Vorhersagen, die sie darin gelesen hatten. Für eine Gesellschaft, die angeblich von christlicher spiritueller Frömmigkeit durchdrungen war, fühlten sich die Puritaner ungewöhnlich stark zu dieser heidnischen Volksmagie hingezogen.

GESELLSCHAFTLICHE ZWÄNGE

Aber vielleicht war es mit der christlichen Frömmigkeit gar nicht so weit her. Zwar waren die Puritaner zu täglicher Bibellektüre und tugendhafter Lebensführung angehalten und waren Vergnügungen jeder Art verpönt, doch belegen historische Dokumente, dass tatsächlich ausgesprochen wenige Bürger puritanischer Städte regelmäßig den Gottesdienst besuchten. Die erste Generation der puritanischen Siedler, die der Pilgerväter, war in der Tat noch sehr fromm gewesen, mit der Zeit aber schwand der direkte Einfluss der örtlichen Kirchen. Steuerlisten belegen, dass um die Mitte des 17. Jh. weniger als die Hälfte der erwachsenen Männer in Boston Kirchenmitglieder waren; in den entlegeneren Städten waren es noch weniger. Puritanischen Dokumenten zufolge ließ gegen Ende des Jahrhunderts die religiöse Bindung so sehr nach, dass die Maßstäbe für die Kirchenmitgliedschaft gelockert werden mussten, um nicht noch mehr Mitglieder zu verlieren.

Besonders in den frühen Jahren legte die puritanische Gesellschaft in Neuengland hohe Maßstäbe an ein christliches Leben an. Die Menschen müssen unter einem beträchtlichen gesellschaftlichen Druck gestanden haben, diesem Maßstab gerecht zu werden. Die psychologischen Auswirkungen dieses Drucks sind aus heutiger Sicht schwer auszuloten. Die sexuelle und emotionale Unterdrückung, ein repressives moralisches Regelwerk und ein nicht vorhandenes Ventil für nichtreligiöse Gefühle – das alles trug gewiss zu Gewalt, Intoleranz und Aberglauben bei, die das puritanische Leben kennzeichneten.

Der Hexenwahn war ein Weg, aufgestauten Aggressionen Bahn zu brechen, die Volksmagie bot die Möglichkeit, die biblischen Gebote zu umgehen, und das Interesse an heidnischen Praktiken lag vielleicht in der Angst vor ewiger Verdammnis begründet. Wie auch immer – mit ihrem Hang zu Scheinheiligkeit, Intoleranz und Gewalt erfüllte die puritanische Gesellschaft schwerlich die heute gängigen Maßstäbe einer christlichen Ethik.

H STEHT FÜR HÄRESIE

AUGEN-ZEUGEN

Die Bestrafung von Anhängern religiöser Überzeugungen, die in den Augen der Puritaner ketzerisch waren, fand oft in aller Öffentlichkeit auf den Marktplätzen statt. Wie der Hexenwahn verschaffte auch das Spektakel der Bestrafung von Ketzern den Puritanern Gelegenheit, ihren aufgestauten Aggressionen freien Lauf zu lassen. Häufig wurden die Opfer so bestraft, dass eine bleibende Entstellung zurückblieb, an der man später noch die Sünde, derer sie sich schuldig gemacht hatten, erkennen konnte.

Nathaniel Hawthorne beschreibt 1850 in dem Roman *Der scharlachrote Buchstabe,* wie eine puritanische Gemeinde eine wegen Ehebruchs verurteilte Frau zwingt, ein rotes A für *adultery* (Ehebruch) zu tragen. Vielleicht kannte der Autor folgenden Augenzeugenbericht aus dem 16. Jh. über die Bestrafung eines Quäkers namens Norton: „Norton wurde geholt und bis zur Taille entblößt. Vor den Augen seiner Richter erhielt er 36 grausame Hiebe mit einem geknoteten Strick. Er bekam die Hände in den Stock gebunden, in den sie vorher seinen Körper gelegt hatten, und ein H für Häresie mit einem rot glühenden Eisen eingebrannt."

Wer schrieb Shakespeares Werke?

Die Komödien und Dramen des Dichters stammen offensichtlich aus der Feder eines Meisters des Wortes. War Shakespeare aber wirklich der Autor?

EINE GOUACHE DES KÜNSTLERS ERIC FRASER ZEIGT DEN DICHTER, DARÜBER DAS DATUM SEINER GEBURT UND EIGENTÜMLICHERWEISE AUCH DEN HEILIGEN GEORG. WILLIAM SHAKESPEARE TRAT OFT IN SEINEN EIGENEN INSZENIERUNGEN AUF (RECHTE SEITE).

WILLIAM SHAKESPEARE KAM 1564 IN dem kleinen Ort Stratford-upon-Avon zur Welt und starb dort 1616. Er war der Sohn eines Handschuhmachers und seine Schullaufbahn beschränkte sich auf den Besuch der Lateinschule. Aus diesen Lebensumständen heraus, die durch Geburt, Besitz und Bildung beschränkt waren, schuf William Shakespeare ein Werk, das sich durch Belesenheit und Gelehrtheit auszeichnet und auf eine sehr genaue Kenntnis der Hofpolitik, der Rechtswissenschaft und der Kriegsführung schließen lässt. Seine Dichtkunst zählt bis heute zu den Werken der Weltliteratur.

DER MANN AUS STRATFORD

Ist es überhaupt möglich, dass ein Theatermacher aus der Provinz die Werke verfasste, die der Nachwelt als William Shakespeares Dramen bekannt sind? Seit über 200 Jahren werden die Stücke und Sonette wie auch die Annalen des elisabethanischen England nach Hinweisen auf andere Verfasser durchkämmt; über den Mann aus Stratford sind bisher so gut wie keine biografischen Informationen gefunden worden. Die ersten Zweifel an der Urheberschaft regten sich etwa 150 Jahre nach dem Tod des großen Dichters. James Wilmot, ein Wissenschaftler im Ruhestand, suchte Ende des 18. Jh. in Stratford und Umgebung nach Anhaltspunkten über das Leben von Shakespeare, um dessen Biografie zu schreiben. Zu seiner Überraschung konnte er keine Verbindung zwischen dem Mann aus Stratford und dem meisterhaften Werk herstellen. Die Ergebnisse seiner Recherche beschränkten sich auf wenige amtliche Dokumente, auf denen die einzigen erhaltenen Signaturen Shakespeares belegt waren. Die Handschrift des Unterzeichners war unsicher und kaum leserlich. Nichts wies darauf hin, dass er jemals irgendein Gedicht zu Papier gebracht, geschweige denn *Hamlet* oder *König Lear* geschrieben hätte. In der Folgezeit glaubten verschiedene Gelehrte und Journalisten immer wieder, den „wahren" Shakespeare entdeckt zu haben. Dabei kreiste die damalige Forschung insbesondere um zwei Namen: den Lyriker und Dramatiker Christopher Marlowe, der 1593 kurz vor der Entstehung der bedeutendsten Shakespeare'schen Werke unter geheimnisvollen Umständen ermordet wurde oder zumindest von der Bildfläche verschwand, und Francis Bacon (1561–1626), den großen englischen Gelehrten, Philosophen und Naturwissenschaftler. Beide Ansätze sind heute jedoch eindeutig widerlegt.

EIN EARL ALS DICHTER

Im 20. Jh. konzentrierte sich die Suche nach dem Verfasser auf Edward de Vere, den 17. Earl of Oxford und Zeitgenossen William Shakespeares. Die Anhänger dieser Theorie, die so genannten Oxfordianer, haben zahlreiche Beweise zusammengetragen. Mehrere Sonette deuten an, dass sich der wirkliche Name des Urhebers hinter einem Pseudonym verbirgt. Sie sind einem gewissen W. H. gewidmet: die umgekehrten Initialen des jungen Henry Wriothesley, Earl of Southampton. Die Sonette enthalten sowohl Hinweise auf die Bisexualität

DIE MEISTEN DER SHAKESPEARE-STÜCKE WURDEN IM LONDONER *GLOBE THEATRE* AUFGEFÜHRT.

ZEICHEN UND SYMBOLE

DETEKTIV-ARBEIT

Manche Beweise, wonach der Earl of Oxford unter dem Pseudonym Shakespeare die berühmten Werke geschrieben haben soll, mögen zufällig erscheinen. Vollkommen abwegig ist dagegen die Theorie, der Philosoph Francis Bacon (hier im Bild) sei der Autor gewesen. Zur Untermauerung dieser These haben Anhänger nach verschollenen Manuskripten und Dokumenten gesucht und auch das literarische Werk nach versteckten Codes, Chiffren und Anagrammen durchforstet. So glauben manche Forscher, das Nonsenswort *honorificabilitudinitatibus* aus der Shakespeare-Komödie *Verlorene Liebesmüh* entschlüsselt zu haben. Es soll folgenden lateinischen Satz enthalten: *hi ludi F. Bacon nati tuiti orbi.* Übersetzt bedeutet das etwa so viel wie: „Diese Spiele geboren von F. Bacon sind für die Welt bewahrt."

des Autors als auch auf einen öffentlichen Skandal. Und in der Tat war de Vere der Päderastie beschuldigt worden. Die Bibel des Earl of Oxford weist zudem Unterstreichungen an den Stellen auf, die in Shakespeares Stücken angesprochen werden. Als der Earl 1604 starb, erschienen eine Zeit lang keine neuen Werke mehr. 12 Jahre später, anlässlich des Todes von William Shakespeare, gab es weder in London noch in Stratford eine Gedenkfeier – eine ungewöhnliche Unterlassung angesichts des Ruhms des Dramatikers.

Die Oxfordianer glauben, dass der Earl ein Pseudonym wählte, weil es im elisabethanischen England als unschicklich galt, wenn Adlige Dramen schrieben. Die Namenswahl hat ihrer Ansicht nach nichts mit dem Mann aus Stratford-upon-Avon zu tun; sie beziehe sich vielmehr auf den Speer (englisch *speare*) der Pallas Athene, der Schutzgöttin der Künstler aus der griechischen Mythologie. Nicht zuletzt gäbe es Parallelen zwischen dem Leben des Earls und Stücken Shakespeares, etwa in der Figur des Polonius in *Hamlet*, der an Lord Burghley, den Stiefvater des Earl of Oxford, erinnere.

EINSPRUCH DER SHAKESPEARE-ANHÄNGER

Zwar gab und gibt es noch heute Anhänger der Oxford-Theorie; auch der berühmte Psychoanalytiker Sigmund Freud gehörte zu ihnen. Aber nur wenige Fachleute folgen dieser Meinung. Zu viele Argumente fußen auf Vermutungen und Zufällen: Nur weil der Earl öffentlich in Ungnade gefallen sein mag oder *Hamlet* so interpretiert werden kann, dass sich Parallelen zu Verwandten ergeben, muss dieser nicht zwingend die Sonette geschrieben haben. Den Beweisen der Oxfordianer stehen ebenso viele Gegenbeweise der Stratfordianer gegenüber, jener Anhänger, die den Mann aus Stratford-upon-Avon für den Autor halten. Ihr überzeugendes Argument ist, dass Shakespeare als Autor der Stücke in den Tagebüchern Ben Jonsons genannt wird, eines zeitgenössischen Dramatikers und Freundes des Dichters. Auch Jonson hatte einen geringen Bildungsstand und schrieb gelehrte Werke.

Doch es bleiben auch heute noch einige Zweifel bestehen. Die verfügbaren historischen Dokumente sind aber keinesfalls überzeugend genug, um William Shakespeare den Ruhm an seinem Werk abzusprechen. Das schlagende Argument gegen die Theorie der Oxfordianer ist

DER ERSTE BAND MIT WERKEN VON SHAKESPEARE WURDE 1623 VON J. HEMINGE UND H. CONDELL HERAUSGEGEBEN. DAS HEUTIGE SAMMLERSTÜCK GEHÖRT SELBST NACH DEM NIEDRIGEN ELISABETHANISCHEN STANDARD NICHT ZU DEN HERAUSRAGENDSTEN BEISPIELEN DES BUCHDRUCKS: DIE TEXTE WEISEN AUSLASSUNGEN UND FEHLERHAFTE ZEICHENSETZUNG AUF UND PROSA WIRD OFT MIT VERSEN VERWECHSELT. DER ABGEBILDETE TITELSTICH IST EINES DER WENIGEN BEKANNTEN PORTRÄTS VON SHAKESPEARE. ABER AUCH HIER GIBT ES UNGENAUIGKEITEN: DER KOPF IST IM VERGLEICH ZUM KÖRPER ZU KLEIN, DIE KLEIDUNG REICHER VERZIERT, ALS SIE IN WIRKLICHKEIT WOHL GEWESEN WAR.

sicher, dass nach dem Tod des Earl of Oxford noch weitere zwölf Werke unter dem Namen William Shakespeare erschienen. Es bleibt bemerkenswert, dass sich der einfache Mann aus der Provinz, der Schauspieler und Theatermacher, trotz seiner geringen Bildung zu einem Universalgenie der Weltliteratur entwickelt und die bedeutendsten Dramen der englischen Sprache geschrieben hat. Vorstellbar und nachvollziehbar ist es. Auch zukünftig wird es Zweifler geben, aber solange es keine stichhaltigen Beweise dagegen gibt, kann man alle Theorien in das Reich der Mythen und Legenden verbannen.

Newton und die Geburt der Physik

RECHTS: DAS GEBURTSHAUS IN WOOLSTHORPE IST HEUTE EIN MUSEUM ÜBER LEBEN UND WERK NEWTONS. UNTEN DAS TITELBLATT DES EINFLUSSREICHSTEN NATURWISSENSCHAFTLICHEN WERKES VON SIR ISAAC NEWTON, DIE *PRINCIPIA*. ES MARKIERTE DIE GEBURT DER MODERNEN PHYSIK.

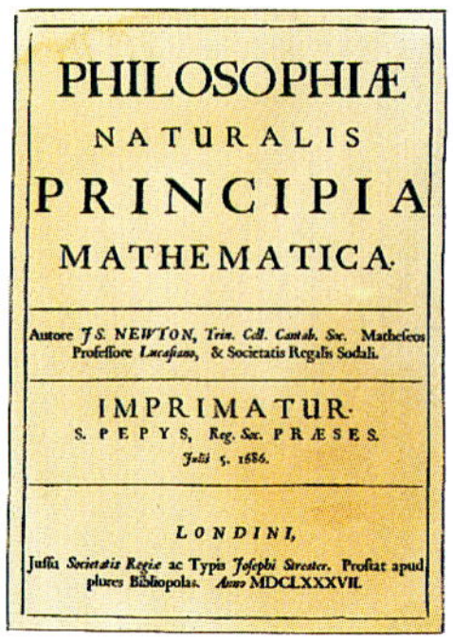

PHILOSOPHIÆ
NATURALIS
PRINCIPIA
MATHEMATICA.

Autore JS. NEWTON, Trin. Coll. Cantab. Soc. Matheseos Professore Lucasiano, & Societatis Regalis Sodali.

IMPRIMATUR.
S. PEPYS, Reg. Soc. PRÆSES.
Julii 5. 1686.

LONDINI,
Jussu Societatis Regiæ ac Typis Josephi Streater. Prostat apud plures Bibliopolas. Anno MDCLXXXVII.

Wie viel Ehre gebührt dem Apfel an der Entdeckung des Gravitationsgesetzes?

NEWTON UND DER APFEL: DIESES BILD hat seinen festen Platz in der Geschichte gefunden. Demnach soll der 23-jährige Newton (1643–1727) in seinem Garten im englischen Woolsthorpe gesessen haben, als er einen Apfel auf den Boden fallen sah. Dieses Ereignis soll ihn inspiriert haben, das Gesetz der allgemeinen Schwerkraft zu postulieren.

Isaac Newton selbst hielt diese Geschichte nicht schriftlich fest, er erzählte sie allerdings 1726 William Stukeley, seinem Freund und Biografen. Noch zwei weitere Biografen von Sir Isaac, sein Arzt Henry Pemberton und der Mathematiker William Whiston, befragten Newton ausführlich nach den Ursprüngen seiner Gravitationstheorie. Keiner von beiden erwähnte den Apfel.

Die Geschichte zitiert auch der französische Philosoph Voltaire in seiner Schrift *Eléments de la philosophie de Newton*. Als Quelle gibt er Newtons Nichte, Catherine Conduitt, an, die dem Physiker den Haushalt führte. Historiker vermuten, Catherine habe das Beispiel, mit dem ihr Onkel ihr die Schwerkraft erklärte, fälschlich für ein tatsächliches Ereignis gehalten. Carl Friedrich Gauß, der große Mathematiker des 19. Jh., tat jedenfalls die Geschichte als Beleidigung des Newton'schen Genius ab.

Ob wahr oder nicht – die Apfel-Geschichte vermittelt den Eindruck, Newton habe das Gesetz zufällig formuliert. Das war keineswegs der Fall. Das Gravitationsgesetz entstand auf dem Hintergrund seiner langjährigen Untersuchungen über die Bewegung der Planeten, ein Thema, das auch seine Zeitgenossen beschäftigte. Schon während des Studiums hatte sich Newton mit der Lehre von der Mechanik befasst und grundlegende Ideen über die universelle Schwerkraft entwickelt. Er beschäftigte sich mit Licht und Optik und formulierte die Infinitesimalrechnung. Im Verlauf seiner Karriere musste der erfolgreiche und weithin geachtete Wissenschaftler zu seinem Leidwesen mehr als einmal mit Kollegen Kontroversen darüber führen, wer welche wissenschaftliche Theorie zuerst aufgestellt hatte.

Der Philosoph und Physiker Robert Hooke war einer dieser Rivalen Newtons. Hooke ahnte einige der bedeutendsten Erfindungen seiner Zeit voraus, war aber nicht in der Lage, seine Gedanken zu Ende zu führen. Daher schrieb er 1677 Newton einen Brief und schlug vor, über physikalische Themen, insbesondere das der Planetenbewegung, zu korrespondieren. Newton nahm die Einladung an, ohne zu ahnen, dass dies der Auftakt zu einem heftigen Diskurs werden würde.

ALLES KREIST UM DIE PLANETEN

Bereits seit 1675 erörterte Newton auch mit dem Astronomen und Mathematiker Edmond Halley das Problem der Bewegung der Planeten. Sie standen damit in einer wissenschaftlichen Tradition: Nikolaus Kopernikus, der in der ersten Hälfte des 16. Jh. das heliozentrische Weltbild begründete, hatte entdeckt, dass nicht die Erde, sondern die Sonne das Zentrum unseres Planetensystems ist. Kopernikus' weitere Annahmen, dass sich alle Himmelskörper uniform kreisförmig bewegen und aus einem nichtirdischen Material bestünden, wurden allerdings in den folgenden Jahrhunderten widerlegt. Anfang des 17. Jh. hatte Johannes Kepler drei Gesetze über die Bewegung der Planeten formuliert. Diese Gesetze bilden heute die Grundlagen der Astrophysik, zu Newtons Zeiten waren sie noch nicht allgemein akzeptiert.

Newton jedoch glaubte an die Kepler'schen Gesetze, ebenso sein Kollege Halley. Es schien aber unlösbar zu sein, eine mathematische Formel zu finden, die sich in Keplers Welt einordnen ließ. Im Jahr 1684 behauptete Robert Hooke im Beisein von Edmond Halley und dessen Kollegen Christopher Wren, er könne die Planetenbewegung auf eine mathematische Grundlage stellen. Den Beweis blieb er aber schuldig.

Halley beschloss, sich in dieser Frage erneut an Newton zu wenden. Dieser hatte seine früheren Berechnungen über die Mondbahn wieder aufgenommen und mittlerweile präzisiert. Und so gab Newton die Antwort, er habe bereits ausgerechnet, dass die Bahnkurve eines Planeten eine Ellipse sei. Diese Antwort wird in der Forschung als die Geburtsstunde der klassischen theoretischen Physik bezeichnet. Auf Drängen Halleys begann Newton 1685 mit der Niederschrift seiner Gedanken.

DIESES PORTRÄT ZEIGT DEN NATURWISSENSCHAFTLER ISAAC NEWTON. DER ALS EXZENTRIKER BEKANNTE NEWTON BESCHÄFTIGTE SICH AUCH MIT MYSTIK, ALCHEMIE UND THEOLOGIE.

EINE FORMEL VERÄNDERT DIE WELT

In den folgenden 2 Jahren entstanden die *Philosophiae naturalis principia mathematica*, Newtons Meisterwerk. Er formulierte darin die drei Bewegungssätze, die er auf die Kepler'schen Gesetze der Bahnbewegung der Planeten anwendete, und leitete das Gesetz der universellen Gravitation ab. Die Entdeckung der universellen Gravitation, nach der alle Körper im Weltraum unter der Wirkung einer Kraft, der so genannten Schwerkraft, stehen, brachte Newton größten Ruhm ein.

Bei der Veröffentlichung der *Principia* behauptete Hooke, er habe die zentrale Idee des Buches vor Newton entwickelt und dieser sei nur aufgrund des Briefwechsels darauf gestoßen. Die *Principia* jedoch bewiesen, dass Newton die Erklärung und Berechnung der Planetenbewegungen weiter vorangebracht hatte als jeder andere.

Zurück zu der Geschichte mit dem Apfel: Es ist durchaus möglich, dass Newton zufällig beobachtete, wie ein Apfel unter Einwirkung seines Gewichts vom Baum fiel und dem Wissenschaftler so der Gedanke kam, dass die Bewegung des Mondes um die Erde durch die Wirkung einer ähnlichen Kraft zu erklären sei. Seine jahrelangen Forschungen aber waren vorausgegangen.

Der Mann, der den Schlüssel zu den Geheimnissen des Himmels lieferte, starb am 31. März 1727 im Alter von 84 Jahren. Newton wurde unter großen Feierlichkeiten in Westminster Abbey beigesetzt.

Ein König für den Müller

Friedrich der Große hebt ein Gerichtsurteil auf und lässt die Richter gefangen nehmen. Handelt es sich dabei um einen typischen Fall von Kabinettsjustiz?

DER KUPFERSTICH VON 1780 ZEIGT EIN PORTRÄT DES MÜLLERS JOHANN ARNOLD AUS POMMERZIG, DER DEM PREUSSISCHEN KÖNIG WICHTIG GENUG IST, SEINE GANZE MACHT GEGEN DIE EIGENE JUSTIZ IN DIE WAAGSCHALE ZU WERFEN.

„Ich habe mich entschlossen, niemals in den Lauf des gerichtlichen Verfahrens einzugreifen; denn in den Gerichtshöfen sollen die Gesetze sprechen und der Herrscher soll schweigen." Diesen hehren Entschluss lässt Friedrich der Große im Jahr 1752 in seinem politischen Testament verlauten. In einer späteren Neufassung macht er seinen Grundsatz sogar noch deutlicher: „Der Herrscher darf in das Rechtsverfahren nicht eingreifen. Allein die Gesetze sollen Herrscher sein." Der Monarch sei aber verpflichtet, diese Gesetze zu schützen.

Die passende Legende zu diesen Aussagen liefert uns die Historie gleich mit. So soll das Klappern der Windmühle von Sanssouci als Störung empfunden werden, worauf Friedrich sie abreißen lassen will. Doch der Müller beruft sich auf sein Recht mit dem Satz: „Ja, wenn es das Kammergericht nicht gäbe." Der König hat in dieser populären Erzählung also keine Chance gegen die Gerichte – allerdings ist dies frei erfunden. In Wahrheit nämlich will Friedrich gar nicht auf den Ausblick auf die Mühle verzichten und bezahlt sogar dafür, dass sie nicht abgerissen wird.

DER ARNOLD'SCHE PROZESS

Dann aber passiert im Jahr 1779 die wahre Mühlengeschichte. Der Wassermüller Johann Arnold aus Pommerzig in der Neumark beschließt, an seinen Erbpachtherrn, den Grafen von Schmettau, keine Pacht mehr zu zahlen. Sein Vorwurf lautet, er habe es zugelassen, dass der Landrat von Gersdorff der Arnold'schen Wassermühle das Wasser abgräbt, damit er einen neuen Karpfenteich anlegen konnte.

Das Gericht gibt dem Pachtherrn Recht und verurteilt den Müller, woraufhin dieser ein Bittgesuch an den König richtet. Friedrich verlangt neue Ermittlungen in dem Fall durch die zuständige Behörde in Küstrin. Dann ordnet er ein Revisionsverfahren beim Kammergericht an. Als die Richter das Urteil bestätigen, ist Friedrich empört. Er vermutet hinter der ganzen Sache eine Verschwörung der Höhergestellten gegen den Müller. Ein Justizskandal im Namen des Königs! Das kann und will er nicht dulden! Von jetzt an wütet der Monarch: Despotisch greift er in das Geschehen ein. Er entlässt den Regierungspräsidenten von Küstrin und den Großkanzler Fürst in einer Weise, die als „Hinauswurf" bezeichnet werden muss. Auf der Stelle sollen sie ihre Ämter räumen.

Aber der Spuk geht weiter: Friedrich hebt das Urteil gegen Arnold auf und setzt die Richter gefangen. Sie werden obendrein zu Schadenersatzleistungen an den Müller verurteilt. Dieser erhält seine Wassermühle wieder und der Karpfenteich des Landrats wird zerstört.

EIN AKT VON KABINETTSJUSTIZ?

An diesem Rechtsstreit entzünden sich die Gemüter. Natürlich reagieren die Stände gegensätzlich. Die Handlungsweise des Königs hat Polaritäten geschaffen. Die Spitzen der preußischen Gesellschaft fahren mit ihren Kutschen demonstrativ an der Residenz des abgesetzten Großkanzlers Fürst vor, ergreifen Partei für den gestürzten Regierungspräsidenten und für die direkt Betroffenen, den Landrat Gersdorff und den Grafen Schmettau. Man ist sich einig mit den Richtern, beruft sich auf ein einwandfreies Verfahren und hält das Urteil für absolut rechtens. Das Eingreifen des Königs wird scharf kritisiert. Auf der anderen Seite feiern die einfachen Bürger und Bauern die Entscheidung

FRIEDRICH DER GROSSE BESTRAFT DIE RICHTER, DIE AN DEM URTEIL GEGEN DEN MÜLLER BETEILIGT SIND (LINKS). UNTEN: DER WASSERMÜLLER ERHOFFT SICH GERECHTIGKEIT, INDEM ER DEM PREUSSISCHEN KÖNIG SEIN ANLIEGEN VORTRÄGT.

ihres Königs. Diese Tat macht Friedrich auch im Ausland berühmt. Viele Menschen verehren ihn, weil er dem unteren Stand gegen eine Übermacht zu Hilfe kommt.

Der Fall wird von Experten immer wieder neu untersucht. Die Meinungen gehen bis heute auseinander und der Streit wird nie eindeutig entschieden. Allerdings überwiegt die Meinung, der König habe willkürlich gehandelt und gegen geltendes Recht verstoßen. Das Wort von der „Kabinettsjustiz" wird geprägt. Man konzidiert Friedrich aber, in bester Absicht gehandelt zu haben. Doch es gibt auch die andere Ansicht, in der betont wird, dass Friedrichs Verhalten richtig ist.

FRIEDRICHS VERMÄCHTNIS

Der Arnold'sche Prozess hat eine ganz entscheidende und weit tragende Wirkung, denn der König beauftragt seinen neuen Großkanzler Johann von Carmer damit, ein umfangreiches Gesetzeswerk zu konzipieren. Gemeinsam mit seinem Mitarbeiter Carl Gottlieb Svarez gestaltet Carmer in den folgenden Jahren das „Allgemeine Landrecht für die Preußischen Staaten".

Es beruht auf römisch-gemeinem Recht und baut dies nach naturrechtlichen Vorstellungen weiter aus. Die unveräußerlichen Rechte des Einzelnen stehen im Mittelpunkt, in die nur Eingriffe des Staates gestattet sind, wenn das Gemeinwohl gefährdet ist. Die ständische Gesellschaftsordnung wird nicht in Frage gestellt, aber sie erhält einen gesetzlichen Rahmen. Dieses Werk gilt ab 1794 in den altpreußischen Provinzen bis zum Jahr 1900, als das BGB in Kraft tritt. Einige Bestimmungen werden übernommen und im Kirchenrecht ist es zum Teil heute noch gültig.

Friedrich der Große stirbt 1786. Und so sehen Historiker in dieser Schrift den Abschluss der friderizianischen Zeit. Sie gilt als Vermächtnis des absolutistischen Staates an die Zukunft. Nach Friedrichs Tod wird dann doch der Arnold'sche Wassermühlenprozess wieder aufgenommen und die Richter freigesprochen.

Der Tod der letzten Hexe

Ist die Magd Anna Göldin aus dem schweizerischen Sax eine Verderberin der Jugend und Hexe? Oder wird sie ein Opfer von den Vorurteilen ihrer Mitmenschen und zum Verbrecher gestempelt?

DER STICH IST DIE EINZIGE DARSTELLUNG VON ANNA GÖLDIN. ANGEKETTET WARTET SIE IN DER ZELLE AUF IHREN PROZESS, DESSEN AUSGANG VORHER BEREITS FESTSTEHT.

DASS DIE ARME ÜBELTÄTERIN als eine Vergifterin zu verdienter Bestrafung dem Scharfrichter übergeben, auf die gewohnte Richtstatt geführt durch das Schwert vom Leben zum Tod hingerichtet, und ihr Körper soll unter dem Galgen vergraben werden ...“ Dies ist das Ende von Anna Göldin, geboren 1734 in Sax bei Zürich. Sie hat bei mancher Herrschaft gute Arbeit geleistet. Doch letztlich wird ihr Liebebedürftigkeit und naive Gutgläubigkeit zum Verhängnis.

ANNAS VORGESCHICHTE

Es sickert durch, Anna habe ein Kind gehabt und es getötet. Doch ihre Geschichte ist ungleich tragischer: Zweimal ist sie geschwängert worden. Beim ersten Mal gebiert sie ihr Kind allein in ihrer Kammer. Sie schläft nach den Anstrengungen der Geburt ein und das Neugeborene erstickt. Weil ihre Herrschaft für sie eintritt, bleibt die Strafe mild. Ein zweites Mal glaubt sie an Liebe und vertraut auf schöne Worte.

IM HAUS DER TSCHUDIS

Im September 1780 tritt sie ihre letzte Stelle an bei dem Arzt und Richter Tschudi in Glarus. Das Haus der Tschudis gefällt ihr und die Eheleute Tschudi sind angetan von ihrer stattlichen Person, die weiß, worauf es im Haushalt ankommt. Man wird sich schnell einig. Anna meistert ihre Aufgabe gut, auch mit den Kindern kommt sie zurecht, besonders das zweitälteste, Anna Maria, hält sich an sie. Doch das Kind ist ein kleiner Despot. Sie verlangt, dass Anna die Haut auf der Milch abnimmt, stiehlt sich heimlich in die Kammer der Magd, durchsucht ihre Sachen und will bei ihr schlafen.

Die Hausfrau beneidet Anna um ihre Freiheit. Sie selbst hat mit Ende 20 schon neun Schwangerschaften hinter sich, fünf Kinder leben.

BEGINN DER HEXENJAGD

Bei den Tschudis ist Anna nun ein Jahr. Sie glaubt schon an eine Lebensstellung. Da wird durch einen kleinen Streit der Stein ins Rollen gebracht, der sie aufs Schafott führt.

Anna Maria kommt in die Küche und zerrt ihr die Haube vom Kopf; Susanne, die Ältere, geht zur Mutter und erzählt ihr davon, woraufhin sie geschlagen wird. Anna versucht Frau Tschudi zu überzeugen, dass sie die unschuldige Susanne nicht züchtigen dürfe. Die Herrin jedoch droht ihr mit Entlassung und Anna muss den Mund halten. Einige Tage später findet Anna Maria in ihrer Frühstücksmilch zum ersten Mal eine Stecknadel.

Als in den darauf folgenden Tagen immer wieder Stecknadeln in der Milch sind, stellen die Tschudis sie zur Rede. Anna lacht. Woher sollen die Nadeln kommen? Sie ist sich keiner Schuld bewusst. Nun geht es Schlag auf Schlag. Auch Susanne findet Nadeln in der Milch oder in den eingebrockten Brotstücken. Nach einer Woche wird Anna von den Tschudis entlassen. Die Jagd auf die „Verderberin" ist eröffnet. Annas Odyssee beginnt. 18 Tage nachdem die Magd aufgebrochen ist, beginnen bei der kleinen Anna Maria gewisse „Anfälle", sie erbricht wieder Stecknadeln, wird immer schwächer, muss das Bett hüten, kann nicht mehr mit den anderen Kindern spielen. Außerdem hat sie ein lahmes, verkrümmtes Bein. Der Ort hat nur noch ein Thema: Die Göldin hat dem Tschudi-Kind etwas angetan. Verzerrt und verdreht wird ihre ganze Vergangenheit beleuchtet.

IN DEN FÄNGEN DER ANKLÄGER

Am 16. November wird eine Klage verfasst. Das Kind in Glarus leidet und schließlich ist die Gesellschaft so weit, den Tod der Magd zu fordern. Anna wird in ihrem Versteck aufgefunden, zurück nach Glarus gebracht und eingesperrt. In den Köpfen der Menschen ist sie zu einer gefährlichen Zauberin geworden. Der evangelische Rat muss ihr den Prozess machen. Vorher soll sie jedoch das Kind heilen.

Schließlich beginnen die Verhöre. Anna merkt, dass sie nicht gegen die Vorurteile ankommt. Sie gesteht. Will die Nadeln in die Milch und auch in das „Leckerli" getan haben. Wer hat es ihr gegeben? „Ich habs vom Teufel." Die gütlichen Verhöre werden durch verbale Einschüchterungen unterstützt. Dann beginnt die schreckliche Folter. Ihr Körper wird aufgezogen, dann hängt man Steine an die zusammengebundenen Füße und peinigt sie mit glühenden Zangen.

TOD DURCH DAS SCHWERT

Nach all der Qual und Marter, nach all der üblen Verleumdung, nach all der Feigheit der Bürger erfolgt das Todesurteil: 30 von 32 stimmen im Rat für ihren Tod. Es wird bestimmt, dass sie durch das Schwert sterben soll wie ein Verbrecher und nicht durch das Feuer wie eine Hexe. Doch in den Köpfen der Menschen ist Anna Göldin genau das, eine Hexe – und was hier geschieht, ist eindeutig eine Hexenjagd. Es ist der letzte Hexenprozess in Europa.

BEVOR DER SCHEITERHAUFEN ANGEZÜNDET WIRD, MÜSSEN DIE HEXEN DEM TEUFEL ABSCHWÖREN. DANACH ERWÜRGT DER HENKER DIE DELINQUENTEN. MANCHMAL VERSUCHT EIN PRIESTER DIE VERURTEILTE NOCH AUF DEM SCHEITERHAUFEN ZU BEKEHREN.

HEXENJAGD

IM SPIEGEL DER ZEIT

Im 14. Jh. beginnt die Hetze. Glaubensgemeinschaften wie Katharer, Waldenser u. a., die sich mit der Kirche entzweit haben, werden verdächtigt, mit dem Bösen zu paktieren. Das italienische Wort für Katharer, „gazzari", wird zum deutschen Begriff „Ketzer". Papst Gregor IX. verkündet 1231, dass sie im Feuer sterben müssen, um ihre Seele zu retten. Von diesem Zeitpunkt an verfolgt die Inquisition jede Ketzerei und wacht über die Reinheit des Glaubens. Papst Innozenz IV. erlaubt 1252 die Folter zum Erpressen von Geständnissen.

Im *Hexenhammer* der Kölner Dominikaner Heinrich Institoris und Jakob Sprenger finden sich genaue Anleitungen für den perfekten Hexenjäger. Der „gütlichen Befragung" folgt das Vorzeigen der Folterinstrumente. Dann beginnt die „peinliche Befragung": Mit Daumenschrauben und spanischen Stiefeln werden Hände und Beine zerquetscht, der Körper wird aufgezogen und mit Gewichten gestreckt, die Gelenke ausgerenkt. Man reißt Finger- und Fußnägel heraus und schnallt den Leib auf eisernen glühend gemachten Stühlen fest.

Viele Proteste verklingen ungehört. Schließlich schreibt 1631 der Jesuit Friedrich Spee von Langenfeld die *Cautio Criminalis*. Seine vorsichtige Mahnung rettet vielen das Leben.

Casanovas Verführungskünste

Literat oder Wüstling? Schmückte Casanova, der Inbegriff von Eitelkeit und Dekadenz im 18. Jh., die Geschichten über die zahllosen Eroberungen in seinen Memoiren nur aus?

Glaubt man seiner Autobiografie *Geschichte meines Lebens*, aß Giovanni Giacomo Casanova (1725–98) regelmäßig 50 Austern zum Frühstück; er schlief mit den schönsten Frauen und bezauberte die europäischen Herrscher seiner Zeit. Die Memoiren, rund 1,5 Mio. Wörter auf fast 4000 Seiten, enden mit seinem 49. Lebensjahr. Der Freigeist und Abenteurer rechtfertigte seinen Lebensstil mit der Maxime: „Ein Mann erhöht seine Lebensqualität, wenn er das Talent besitzt, seine Freuden zu vervielfachen, gleich, welcher Natur diese sein mögen." Diese Äußerung hat Wissenschaftler zu der Frage veranlasst, ob Casanovas Memoiren nicht vielleicht selbst eine literarische „Vervielfachung" sein könnten, eine Erhöhung der Freuden durch phantasievolle Erfindungen.

SCHRIFTSTELLER ODER WÜSTLING?

Tatsächlich hat sich eine neue wissenschaftliche Diskussion um den wahren Casanova entfacht. Man versucht, die schillernde Persönlichkeit vom Dunst der Prahlerei zu befreien und weniger den Verführer als den Philosophen und Schriftsteller hervorzuholen. Wie selten ein Romancier hat es Casanova verstanden, den vergänglichen Ruhm des eigenen Lebens wiederzugeben. Demnach ist der ungewöhnlich offene Bericht über seine sexuellen Ausschweifungen nach Meinung einiger Literaturwissenschaftler als eine Art Ablenkungsmanöver zu verstehen. Die Beschreibungen der raffinierten Verführungen und heimlichen Treffen rücken den gottesgläubigen Diplomaten und vortrefflichen Beobachter seiner Zeit in den Hintergrund. Die Zahl der erotischen Abenteuer, die in den Memoiren geschildert werden, beläuft sich auf insgesamt 132 – das lässt nicht gerade auf einen großen Liebhaber schließen. Hingegen schrieb Casanova virtuose philosophische Traktate und übersetzte die *Ilias* ins Venezianische. Er war ein Freund Voltaires und der russischen Zarin Katharina der Großen. Bekannt wurde er in ganz Europa 1756 durch seine spektakuläre Flucht aus den damals als ausbruchsicher geltenden Bleikammern Venedigs, wo er wegen Okkultismus eine Haftstrafe verbüßte. In Paris erfand er in den darauf folgenden Jahren die staatliche Lotterie.

Diesem faszinierenden Bild einer vielschichtigen Persönlichkeit können nicht alle Wissenschaftler folgen. Kritiker betonen die dunklen Seiten Casanovas, den Dämon und Wüstling. Zwar seien die Ausschweifungen nicht so verwerflich gewesen wie die des berüchtigten Marquis de Sade, aber der große Liebhaber habe sich auch an Minderjährigen vergangen, ohne sich viel dabei zu denken. In einem Fall richtete Casanova seine Aufmerksamkeit erst auf die Mutter, dann auf ihre Tochter; in einem anderen verführte er ein 11-jähriges Mädchen. Auch wenn seine Schmeicheleien oft die gewünschte Wirkung erzielten – notfalls nahm er eine Frau mit Gewalt, wenn er sein Ziel nicht anders erreichen konnte.

Historiker und Psychologen, die dieser Ansicht folgen, haben den lüsternen Casanova als Ausbeuter der Frauen, sogar als Frauenhasser bezeichnet. Sie führen sein Verhalten auf eine traumatische Kindheit zurück. Giacomo Casanova war das älteste Kind venezianischer Komödianten und wurde in jungen Jahren der Obhut Fremder überlassen, weil seine Mutter als erfolgreiche Schauspielerin wenig Zeit für ihren Sohn hatte. Die Annahme liegt daher nahe, dass Casanova sein Leben lang unter dem doppelten Stigma der niederen Herkunft und der Vernachlässigung gelitten haben soll. Die

LINKE SEITE: EINE FEDERZEICHNUNG ZEIGT CASANOVA IN DER POSE EINES VERFÜHRUNGSKÜNSTLERS. ANDERE PORTRÄTS STELLEN IHN ALS MEMOIRENSCHREIBER (LINKS) ODER ALS GELEHRTEN (GANZ OBEN) DAR. OBEN: DER GRAF VON WALDSTEIN, DER ES CASANOVA ERMÖGLICHTE, SEINE AUTOBIOGRAFIE ZU SCHREIBEN.

Faszination, die Frauen zeitlebens auf ihn ausübten, ist nach dieser Theorie nicht anders zu interpretieren als verzweifelter Versuch, die fehlende Mutter zu ersetzen.

EIN STILLER LEBENSABEND

Erstaunlich ruhig und – man wagt es kaum zu sagen – höchst ehrbar verbrachte Casanova die letzten Jahre seines Lebens. Anfang 60, mittellos und wahrscheinlich impotent, nahm er die Stelle eines Bibliothekars in der nordböhmischen Stadt Dux (Duchcov) an. In der Schlossbibliothek des Grafen von Waldstein, umgeben von tausenden von Büchern, schrieb der Abenteurer und Galan seine Autobiografie.

Casanova starb im Jahr 1798 im Alter von 73 Jahren vermutlich an Krebs; es gibt aber auch Stimmen, die – um ausgleichende Gerechtigkeit bemüht – eine Geschlechtskrankheit als Todesursache vermuten. Seine letzten Worte sollen gewesen sein: „Ich habe als Philosoph gelebt und sterbe als Christ."

Allerdings: Noch 2 Jahre vor seinem Tod wurde der alternde Lebemann beschuldigt, die Tochter des Schlosspförtners geschwängert zu haben. Obwohl das Mädchen die Identität des richtigen Vaters offen legte, unternahm der legendäre Liebhaber selbst wenig gegen die Gerüchte. Er soll auf den kleinen Skandal sogar stolz gewesen sein.

Der wahre George Washington

War der Präsident wirklich so perfekt, wie er in der Geschichte dargestellt wird?

RECHTS: DAS FRÜHESTE BEKANNTE PORTRÄT VON WASHINGTON STAMMT VON C. W. PEALE AUS DEM JAHR 1772. ES ZEIGT DEN ERSTEN AMERIKANISCHEN PRÄSIDENTEN MENSCHLICHER ALS DIE MEISTEN DARSTELLUNGEN, ETWA DIE HULDIGUNG EINES UNBEKANNTEN KÜNSTLERS DES FRÜHEN 19. JH. (RECHTE SEITE). DAS PORTRÄT SEINER FRAU MARTHA (KLEINES BILD) TRUG WASHINGTON WÄHREND DES UNABHÄNGIGKEITSKRIEGES IN EINEM GOLDENEN MEDAILLON UM DEN HALS.

Das bekannteste Bild des ersten amerikanischen Präsidenten ist das auf der Dollarnote. Der Maler G. Stuart, der noch weitere Porträts schuf, erklärte dazu, dass es fast unmöglich sei, Washingtons Wesen auf der Leinwand wiederzugeben. Mehr als zwei Jahrhunderte später können ihm die Historiker nur beipflichten. Obwohl George Washington schon Gegenstand unzähliger Biografien und Dokumentationen war, wird er von vielen Wissenschaftlern, die sich mit seiner Person beschäftigen, als unergründlich angesehen, eine verehrte Ikone, die auf dem gängigsten Geldschein der USA steif aus ihrem Rahmen lächelt.

Zum Teil ist Washington selbst für dieses Rätsel verantwortlich. Sorgsam kultivierte er seine öffentliche Person und gestattete nur wenigen, den Menschen hinter dieser Fassade kennen zu lernen. „Sei höflich zu allen, aber vertraut mit wenigen“, riet Washington seinem kleinen Neffen. Befangen vor allem wegen seiner mangelhaften Schulbildung, grub der frisch gewählte Präsident Briefe und Schulbücher aus seiner Jugend aus und korrigierte nachträglich die Rechtschreibfehler.

GESCHICHTE UND GESCHICHTEN

Erschwert wird eine Untersuchung über das Leben von Washington durch die früh einsetzende Mythologisierung seiner Person. Kurz nach seinem Tod 1799 erschien eine Biografie über ihn. Diese stellte ihn zwar menschlicher dar, erzählte aber auch abenteuerliche Geschichten, die von den wenigen historischen Quellen deutlich abwichen.

Eine weit verbreitete Auffassung war, dass Washington ein typischer Geist des aufgeklärten 18. Jh. gewesen sei, der wie Benjamin Franklin und Thomas Jefferson, zwei berühmte Staatsmänner der Zeit, an einen „höchsten Schöpfer des Universums“ geglaubt habe, einen Gott, der das tägliche Wirken der Welt nicht mehr beeinflusse. Washington aber war nicht sonderlich fromm. Als er in der Zeit seiner Präsidentschaft die Christ Church in Philadelphia besuchte, zog er es vor, das Abendmahl nicht zu nehmen. Da er aber auch als Präsident einer jungen Nation kein schlechtes Vorbild sein wollte, ging er schließlich überhaupt nicht mehr in die Kirche.

Obwohl seine Landsleute in ihm eine Art Heiligen sahen, war er in Wirklichkeit zutiefst menschlich. Er konnte zornig sein, machte Fehler, verliebte sich sogar in die Frau seines Freundes Fairfax. Wenigen Zeitgenossen, darunter Jefferson, gelang es, diesen Nebel aus Mythos und Berühmtheit zu durchschauen. Weniger bewunderungswürdig beurteilten ihn

GEORGE WASHINGTON UMARMT HENRY KNOX BEI SEINEM ABSCHIED IN DER NEW YORKER *FRAUNCES TAVERN*, DEM TREFFPUNKT DER REVOLUTIONSFÜHRER. EIN ZEITZEUGE BERICHTETE, ER HABE NIE ZUVOR „EINE VERGLEICHBARE SZENE DER TRAUER UND DER TRÄNEN ERLEBT. DER SCHLICHTE GEDANKE, SEIN GESICHT IN DIESER WELT NICHT MEHR ZU SEHEN, ERSCHIEN IHM GANZ UND GAR UNERTRÄGLICH.“ UNTEN: WASHINGTON IM KREIS SEINER FAMILIE

einige seiner Generale. Sie verschworen sich sogar, um ihn als Oberbefehlshaber abzusetzen, weil sie ihn nicht für fähig hielten, eine Armee zu führen. Für diesen Posten hatte der Kontinental-Kongress Washington einerseits wegen seiner militärischen Leistungen ausgewählt: Mit 21 Jahren hatte er als Kurier des Gouverneurs von Virginia gedient, dann als Oberst im Siebenjährigen Krieg und schließlich 1775 als Oberbefehlshaber gegen Großbritannien und dessen Verbündete. Der Kontinental-Kongress benötigte außerdem eine Autorität aus Virginia, die die Unterstützung der südlichen Kolonien garantierte. Washington selbst behauptete des Öfteren, nicht genügend militärische Erfahrung zu haben, um den Posten eines Oberbefehlshabers auszufüllen, und noch heute bezweifeln manche Historiker Washingtons taktisches Geschick. Sie führen an, dass er ein Neuling war, dessen Sieg über die Briten der noch größeren Inkompetenz der britischen Generale zu verdanken gewesen sei.

Dagegen hegt niemand Zweifel an Washingtons rhetorischem Potenzial und an seinen Führungsqualitäten. Er verstand es nach einer Niederlage, die Truppe zu ermutigen und die Kräfte für den weiteren Kampf zu bündeln. Teils verdankte er seine Wirkung der imposanten äußeren Erscheinung – er war etwa 1,90 m groß und trug Stiefel der Größe 47 –, teils seiner praktischen Menschenkenntnis. Er verließ sich nicht auf die edle Gesinnung seiner Männer. So bemerkte er einmal in einer Schlacht: „Wir müssen die Leidenschaften der Menschen nehmen, wie die Natur sie ihnen gegeben hat. Ich möchte die Idee des Patriotismus nicht völlig ausschließen. Ich weiß, dass er existiert, und ich weiß, was er im gegenwärtigen Kampf zuwege gebracht hat. Aber ich wage zu behaupten, dass ein großer und anhaltender Krieg nie allein von diesem Prinzip getragen werden kann.“ Er selbst hatte in jungen Jahren den Beweis angetreten. Trotz seiner Rechtschaffenheit und seines Rufes als ehrlicher Farmer verschaffte sich Washington in seiner Zeit als Gutsbesitzer in Virginia still und heimlich Land westlich der Alleghenies, das Siedler eigentlich nicht betreten durften. Auf diese Weise bereicherte er sich erheblich.

EIN PRÄSIDENT OHNE LÄCHELN

Es birgt also eine gewisse Ironie, dass George Washington auf zeitgenössischen Gemälden so prüde und steif dargestellt wurde. Dass er dennoch meist mit starrem Gesichtsausdruck zu sehen ist, führen Historiker nicht nur auf seinen angeblich stoischen Charakter zurück. Man vermutet, dass schlecht passender Zahnersatz ein Lächeln erschwert hat. Das Gebiss Washingtons soll aus Elfenbein bestanden haben und an einem einzigen Zahn befestigt gewesen sein – lächeln war ihm also unmöglich.

WASHINGTON ALS VATER?

STREIF-LICHTER

Man hat behauptet, der erste amerikanische Präsident habe einen unehelichen Sohn gehabt, einen Sklaven mit Namen West Ford, der auf der Farm des jüngeren Bruders von Washington gearbeitet haben soll. Auch seinem Amtsnachfolger Thomas Jefferson hat man später nachgesagt, mit einer Sklavin ein Kind gezeugt zu haben. Anders als in Jeffersons Fall ist diese Behauptung bei Washington unwahrscheinlich. Es gibt weder einen Beweis dafür, dass sich Washington und Fords Mutter jemals begegneten, noch dass sich Washington in dieser Zeit bei seinem Bruder aufhielt. Wahrscheinlich hat der Landesvater überhaupt kein Kind gezeugt: Seine Frau Martha brachte vier Kinder aus einer früheren Ehe mit, gebar ihm jedoch keinen Stammhalter.

Die Legende vom Kirschbaum

Heutzutage durchforsten Journalisten wie selbstverständlich die Vergangenheit jedes US-Präsidenten. Aber kaum einer, der über Präsidenten schrieb, war einflussreicher – und historisch ungenauer – als ein Wanderbuchhändler des 19. Jh.

DIESE MODERNE ZEICHNUNG VERSPOTTET DIE GESCHICHTE VOM KIRSCHBAUM.

GEISTLICHE ERBAUUNG

Der 1759 geborene Mason Locke Weems war Pfarrer und zugleich ein begnadeter Prediger und begabter Erzähler. Unzufrieden mit dem geistlichen Amt, begann er für einen Verleger aus Philadelphia Bibeln an der Haustür zu verkaufen. Die Kinder liefen zu seiner mit Büchern voll gepackten Kutsche und hörten hingerissen zu, wenn er sich kunstvolle Geschichten ausdachte und auf der Geige spielte. Bald begann der Wanderbuchhändler selbst zu schreiben. Die Buchtitel klingen heute kurios, zu den phantasievollsten zählen *Der Philanthrop: Politisches Liebespulver im Wert von 25 Cent* und *Gottes Rache beim Glücksspiel*. Doch die Bücher fanden damals einen reißenden Absatz.

Weems berühmtestes Werk war *Das Leben von George Washington, mit merkwürdigen Anekdoten, gleichermaßen rühmlich für ihn und beispielhaft für seine jungen Landsleute*, eine 12-seitige Broschüre, die 1806 erschien. Sie erlebte rund 70 Auflagen und wurde mit jeder Auflage umfangreicher, da die junge Nation händeringend versuchte, ihren rätselhaften ersten Helden zu begreifen. Weems stellte seine Leser mit einer weitgehend erfundenen Schilderung der Jugend Washingtons zufrieden, indem er den späteren Präsidenten als einen Ausbund an Ehrlichkeit und Tugend darstellte. Die berühmteste und am häufigsten zitierte Erfindung ist die Geschichte vom Kirschbaum, obwohl diese erst in der 7. Auflage erschien:

„George“, sagte sein Vater eines Tages zu ihm, „weißt du, wer diesen schönen kleinen Kirschbaum drüben im Garten gefällt hat?“ Die Frage war George unangenehm, er schwankte einen Moment, fing sich aber schnell wieder. Er sah seinen Vater mit treuherzigem Augenaufschlag an und rief aus: „Ich kann nicht lügen, Papa, du weißt, dass ich nicht lügen kann. Ich selbst fällte den Baum mit meinem Beil.“

STOFF FÜR LEGENDEN

Es gibt bis heute keinen Beweis dafür, dass diese Geschichte auf historischen Tatsachen beruht. Pastor Weems berief sich auf eine betagte Dame, die eine entfernte Verwandte von Washington war und als Mädchen viel Zeit bei der Familie verbracht hatte.

Aber auch der Mangel an Beweisen verhinderte nicht, dass diese Legende sich verselbstständigte und ausbreitete. So liegt auf der Farm am Rappahannock River, auf der George Washington seine Kindheit verbrachte, heute neben einem Baum eine Bronzetafel mit der Inschrift: „Neben diesem Stein stand der Kirschbaum, den George Washington nach der Überlieferung als Junge fällte. Der heutige Baum wurde am 22. Februar 1935 von der Handelskammer Fredericksburg gepflanzt.“

Wurde Mozart ermordet?

Auf dem Höhepunkt seiner Karriere starb Mozart an einer unbekannten Krankheit – oder gewaltsam durch die Hand eines Rivalen.

MOZART SOLL SEINE LETZTE KOMPOSITION, DAS *REQUIEM D-MOLL*, FÜR SEIN EIGENES BEGRÄBNIS GESCHRIEBEN HABEN. EIN AUSSCHNITT AUS DEM UNVOLLENDETEN WERK (OBEN) ZEIGT DIE CHORPARTIE *REQUIEM AETERNAM DONA EIS, DOMINE* („EWIGE RUHE SCHENKE IHNEN, HERR“).

Die wunderbare Musik des Komponisten Wolfgang Amadeus Mozart wird bis heute in den Konzerthäusern der Welt mit Begeisterung gespielt und gehört, ihm selbst war dagegen nur ein allzu kurzes Leben vergönnt. Als er am 5. Dezember 1791 nach schwerem Fieberkampf starb, war er erst 35 Jahre alt.

Ganz Europa feierte damals den jungen Mozart als das erstaunlichste Wunderkind der Musikgeschichte. Bereits mit 5 Jahren komponierte er Menuette, und vor Vollendung seines zehnten Lebensjahres beherrschte er virtuos mehrere Instrumente. Er schrieb Opern und Sinfonien und wurde von Wien bis London gefeiert. Dieser frühe Erfolg bewahrte Mozart später nicht vor Geldnot und beruflichem Überlebenskampf.

Obwohl er der vielleicht begnadetste Komponist seiner Zeit war, fand der erwachsene Mozart bei seinem Publikum weniger leicht Zuspruch. Seine Triumphe wurden von Enttäuschungen und Fehlschlägen überschattet. Andere, oft populärere Komponisten intrigierten neidvoll gegen den einstigen Wunderknaben und die Habsburger Herrscher erwiesen sich als äußerst launenhaft. Manchen Auftrag vollendete Mozart buchstäblich fieberhaft, damit er seine ausstehenden Rechnungen bezahlen konnte. Als er starb, gab das amtliche Sterberegister in Wien als Todesursache „akuter Typhus“ an. Schon bald kursierte jedoch das Gerücht, Mozart sei heimtückisch ermordet worden.

DIE MORD-THEORIE

Bereits wenige Wochen nach Mozarts Beisetzung veröffentlichte eine Berliner Zeitung einen Artikel mit der Behauptung, dass „manche Leute sogar glaubten, er sei vergiftet worden, weil sein Körper nach dem Tod anschwoll“. Leichen werden gewöhnlich innerhalb kürzester Zeit kalt und steif, die des berühmten Komponisten aber, so erinnerte sich sein Sohn, schwoll an und blieb weich – ein charakteristisches Anzeichen für eine Vergiftung. Die

ANTONIO SALIERI, DER MUSIKALISCHE RIVALE MOZARTS, BAT DEN SCHÜLER IGNAZ MOSCHELES KURZ VOR SEINEM TOD, DER ÖFFENTLICHKEIT MITZUTEILEN: „ES IST NICHTS WAHRES AN DEM GERÜCHT, DASS ICH MOZART VERGIFTET HABEN SOLL.“

Leiche wurde wegen des Gestanks, der von ihr ausging, in aller Eile bestattet – ohne Autopsie. Aufschlussreich ist, dass Mozart selbst wenige Wochen vor seinem Tod zu seiner Ehefrau Konstanze gesagt haben soll: „Jemand hat mir *Acqua toffana* gegeben und den genauen Zeitpunkt meines Todes berechnet.“ *Acqua toffana*, ein langsam wirkendes arsenhaltiges Gift, wurde in zahlreichen Mordfällen des 17. und 18. Jh. nachgewiesen.

Der Komponist hatte zweifellos genügend Feinde. An vorderster Front stand der ehrgeizige Hofkomponist Kaiser Josephs II., Antonio Salieri. Zu seiner Zeit war er der beliebteste Komponist in Wien, seine Musik wurde vom Adel und am Hof hoch geschätzt. Aber Salieri selbst konnte nicht verkennen, dass ihm der – unter den Zeitgenossen weniger beliebte – Mozart künstlerisch weit überlegen war. Salieri besuchte zwar eine Aufführung der *Zauberflöte* und zählte auch zu den wenigen Anwesenden bei Mozarts Aussegnung, die Genialität seines Konkurrenten verwandt er jedoch nie.

Mehr als 30 Jahre nach Mozarts Tod sprach Antonio Salieri selbst erneut von dem Fall. Am Ende seines Lebens war er zunehmend davon überzeugt, dass er Mozarts Mörder gewesen sei. Allerdings hat diese Selbstanklage weniger die Zeitgenossen als vielmehr erst die wissenschaftliche Nachwelt beschäftigt. Die einst so populäre Musik des kaiserlichen Hofkomponisten war längst verstummt, als Salieri im Jahr 1825 in völliger Umnachtung und als gebrochener Mann starb.

MOZART SCHUF WERKE VOLLER LEICHTIGKEIT. DAS HAT MANCHE DAZU VERANLASST, IHN ALS MÜSSIGGÄNGER UND BONVIVANT ZU SEHEN. ALS ER 1791 STARB, GLAUBTEN JEDOCH VIELE DER ENGEN FREUNDE UND FAMILIENANGEHÖRIGEN, DASS SICH DER GROSSE KOMPONIST REGELRECHT TOTGEARBEITET HAT.

EIN NÜCHTERNES ENDE

Noch ein weiterer Mann hätte ein Motiv gehabt, Mozart zu ermorden: Franz Hofdemel. Dessen schöne Frau Magdalena nahm bei Mozart Klavierunterricht und der Ehemann vermutete eine Affäre mit dem Komponisten. Nur wenige Tage nach Mozarts Tod griff Franz Hofdemel seine Frau mit einem Messer an, anschließend tötete er sich selbst. Magdalena, die zu dieser Zeit schwanger war, überlebte. Übrigens schien auch Beethoven an diese Version zu glauben. Noch Jahre später weigerte er sich, in Anwesenheit von Frau Hofdemel zu spielen.

Historiker und Biografen schenken den verschiedenen Mordtheorien wenig Glauben. Medizinische Recherchen machen es heute wahrscheinlich, dass der große Musiker entweder an rheumatischem Fieber, an Nierenversagen oder an Lungenentzündung starb. Mozarts eigene Wahnvorstellung, er werde vergiftet, könnte eine Nebenwirkung des Nierenversagens gewesen sein. Auch Salieris Schuldgefühle liegen höchstwahrscheinlich in einem paranoiden Geisteszustand kurz vor seinem Tod begründet. Was Franz Hofdemel angeht, so liegt bisher weder ein ernst zu nehmender Beweis dafür vor, dass er Mozart ermordet hat, noch dass der Komponist seiner Frau Konstanze jemals untreu war.

Da Mozart nach dem Brauch der Zeit in einem Massengrab und ohne Grabstein beigesetzt wurde, werden wir nie mit Sicherheit erfahren, was letztlich den Tod des großen Komponisten herbeiführte.

Napoleons Untergang

NAPOLEON I. PRÄGTE EINE TYPISCHE POSE: DIE RECHTE HAND IN DIE WESTE GESTECKT (OBEN). EINES DER BELIEBTESTEN MOTIVE IST DAS DES TRIUMPHIERENDEN FELDHERRN ZU PFERD, DER SEINE ARMEE SIEGREICH IN DIE SCHLACHT FÜHRT (RECHTE SEITE).

Lag es am kalten Winter im Russlandfeldzug oder an Napoleons falscher Einschätzung der britischen Strategie, dass sein Imperium zerfiel?

DER AUFSTIEG UND FALL NAPOLEONS I. hinterließ in Frankreich zahlreiche Spuren. Seine Person umgibt ein legendärer Glanz. Der majestätische Arc de Triomphe in Paris, der Napoleons zahllose Siege im Feld feiert, ist noch heute ein beredtes Zeugnis seiner Größe. Dabei nahm Napoleon Bonaparte seine eigene Glorifizierung weitgehend selbst in die Hand. Er verpflichtete die besten Künstler in Frankreich und ganz Europa, seine Taten zu verherrlichen. Er inszenierte pompöse Zeremonien zur Feier seiner Herrschaft und sah sich als den Architekten, der Frankreich zu höchster Macht und Blüte verhalf.

Napoleon verkündete, die Errungenschaften der Französischen Revolution in alle Länder tragen zu wollen. Sein Ziel sei ein europäischer Staat, ein Bund freier Völker. Was auch immer Wahres dahinter gesteckt haben mag: Napoleon Bonaparte wurde Frankreichs größter Held und Märtyrer im Namen der Revolution. Seine Selbstüberhebung sollte jedoch eine der wesentlichen Ursachen für den Untergang seiner Herrschaft werden.

Der Wunsch, die Welt zu beherrschen, ist nach verbreiteter Ansicht auf den geringen Wuchs des gebürtigen Korsen zurückzuführen. Der Ausdruck „Napoleonkomplex" ist nicht nur in die französische Sprache eingegangen. Doch an den Maßstäben seiner Zeit gemessen war Napoleon gar nicht so klein. Nach der Autopsie wurde die Größe mit 157,5 cm nach dem alten französischen Maßsystem *pieds de roi* angegeben. Auf unser heutiges System umgerechnet war der Kaiser der Franzosen also tatsächlich knapp 168 cm groß. Andere Quellen sprechen allerdings von höchstens 149 cm. Die charakteristische Pose – die rechte Hand elegant in die Weste gesteckt – hat ganze Historiker-Generationen zu Spekulationen veranlasst. Über die Bedeutung dieser Geste wurden abenteuerliche psychologische Theorien aufgestellt. Der wahre Grund für diese Haltung ist sehr einfach: Zeit seines Lebens litt der Nationalheld unter akuten Magenschmerzen und die Hand auf dem Leib linderte ein wenig sein unangenehmes Leiden.

DER WEG ZUR KAISERKRONE

Napoleons Aufstieg zur Macht und zu seiner fast zwei Jahrzehnte währenden Vorherrschaft in Europa verlief rasant. Als Kind besuchte Napoleon die königliche Militärschule von Brienne, später die Ecoles Militaires in Paris. Mit 16 Jahren bestand er das Offiziersexamen und trat in die französische Artillerie ein.

1789 brach die Revolution aus. Mehr zufällig wurde Napoleon 2 Jahre darauf im Rang eines Hauptmanns beauftragt, die von den Briten unterstützten Royalistenaufstände im südfranzösischen Toulon niederzuschlagen. Als Hafenstadt war Toulon ein wichtiger Stützpunkt für die französische Flotte. Und Napoleon war siegreich. Er vertrieb die britischen Schiffe aus dem Hafen und belagerte erfolgreich die Stadt. In Anerkennung seiner Verdienste befördert man Napoleon im Alter von 24 Jahren zum Brigadegeneral. Als im Jahr 1795 die Revolutionsregierung in Paris durch die aufständischen Royalisten in arge Bedrängnis geriet, tat sich der junge republikanische General erneut positiv hervor.

1796 heiratete Napoleon Joséphine de Beauharnais, die Witwe eines unter der Guillotine hingerichteten Aristokraten. Diese Heirat ist als eine der größten Liebesgeschichten der Welt bezeichnet worden. Auch wenn Napoleon Joséphine mit der Zeit wirklich lieben lernte, so

BONAPARTE
KAROLUS

NAPOLEON BESIEGTE DAS BRITISCHE EXPEDITIONSHEER IN ÄGYPTEN. ANSCHLIESSEND NAHM ER ALEXANDRIA EIN, MARSCHIERTE AUF KAIRO UND SCHLUG DIE MAMELUCKEN BEI DEN PYRAMIDEN, WIE DIESES GEMÄLDE VON JEAN-ANTOINE WATTEAU EINDRUCKSVOLL ZEIGT.

heiratete er sie vermutlich doch wegen ihrer gesellschaftlichen Beziehungen.

Im gleichen Jahr wurde „der kleine Korporal“ Befehlshaber der französischen Armee in Oberitalien. In Folge schlug er vier österreichische Generale, obwohl die gegnerischen Truppen zahlenmäßig überlegen waren. Österreich und seine Verbündeten mussten den Friedensschluss annehmen. Im Anschluss erhielt Napoleon den Oberbefehl im Kampf gegen das mächtige Großbritannien, das im Mittelmeer getroffen werden sollte. Napoleons Ägyptenfeldzug 1798/99 hatte das Ziel, den britischen Osthandel zu unterbinden. Napoleon siegte auch dort. Der britische Admiral Nelson hatte jedoch in der Zwischenzeit die französische Flotte zerstört, und so saß Napoleon mit seinem siegreichen Landheer in Ägypten fest – und Großbritannien blieb weiterhin führende Seemacht. Während seines Aufenthalts in Ägypten nutzte Napoleon die Zeit, das Regierungs- und Rechtssystem zu reformieren. Die französischen Gelehrten, die die Expedition des Feldherrn begleiteten, studierten derweil vor Ort die altägyptische Geschichte. Der Vorstoß, Syrien zu erobern, misslang 1799; dafür aber erreichte Napoleon bei Abukir einen glänzenden Sieg über die Türken.

Das expandierende und revolutionäre Ideen verbreitende Frankreich sah sich zunehmend einer reaktionären Koalition von Österreich, Russland und Großbritannien gegenüber. Aber auch in Frankreich selbst war die Lage angespannt. Napoleon beschloss, seine Armee zurückzulassen und so rasch wie möglich nach Paris zurückzukehren, um seine innenpolitischen Gegner unschädlich zu machen. Im November 1799 riss er mit militärischer Hilfe die Macht an sich. Er und seine Mitstreiter errichteten eine neue Regierung, das Konsulat. Nach der neuen Verfassung besaß Napoleon als Erster Konsul nahezu diktatorische Vollmachten. Eine

Verfassungsänderung 1802 bestimmte ihn zum Konsul auf Lebenszeit und 1804 erfolgte die Krönung zum „Kaiser der Franzosen“. Die enormen innen- und außenpolitischen Erfolge hatten zu einer großen Popularität Napoleons in Frankreich geführt.

Großbritannien allerdings war weniger leicht zu besiegen. Im April 1803 nahm es den Seekrieg gegen Frankreich wieder auf; 2 Jahre später schloss es mit Russland und Österreich eine neue Koalition. Napoleon gab den Plan einer Invasion Großbritanniens auf und wandte seine Armeen gegen die österreichisch-russischen Streitkräfte, die er am 2. Dezember 1805 bei Austerlitz glänzend besiegte.

Im folgenden Jahr eroberte Napoleon das Königreich Neapel. Mit der Ernennung seines ältesten Bruders Joseph zum König von Neapel begründete Napoleon eine eigene Dynastie. Kurz darauf wandelte er die Batavische Republik – der nördliche Teil der Niederlande – in das Königreich Holland um und erhob seinen Bruder Louis zum König. 1806 initiierte er dann die Gründung des Rheinbunds unter dem Protektorat Frankreichs. Dieser offene Reichsverrat der west- und süddeutschen Staaten trieb Preußen an die Seite Russlands und zu einem Angriff auf den Rheinbund. Napoleon vernichtete die preußische Armee bei Jena und Auerstedt und besiegte die Russen bei Friedland.

Im Frieden zu Tilsit im Juli 1807 entging Preußen nur dank der Fürsprache Zar Alexanders I. der Auflösung. In den verloren gegangenen preußischen Gebieten gründete Napoleon neue Staaten, so das Königreich Westfalen (unter seinem Bruder Jérôme) und das Großherzogtum Warschau.

DAS ERSTE ANZEICHEN

Bereits 1806 hatte Napoleon die Kontinentalsperre gegen Großbritannien verfügt. Dies war der erste Stolperstein für das napoleonische Reich, denn die Strategie erwies sich als Bumerang. Der Wirtschaftskrieg gegen Großbritannien sollte nach den Vorstellungen des kleinen Korsen die britische Handelsmacht in die Knie zwingen und zu einem Friedensschluss zu Frankreichs Bedingungen führen. Der Plan scheiterte aber aus mehreren Gründen. Einer davon war, dass Großbritannien während des gesamten Krieges die Seeherrschaft zu bewahren und die wirtschaftlich wichtigen Seewege zu sichern verstand. Die Blockade französischer Häfen durch Großbritannien 1807 seinerseits erwies sich als wirksame Gegenmaßnahme zu Napoleons Kontinentalsperre. Während das Kaiserreich den Handel mühsam über Land organisierte, erschlossen die Briten erfolgreich neue Märkte in Südamerika.

Das unübersichtliche System der Binnenzölle war ein weiterer Grund für das Scheitern der Kontinentalsperre. Europas zersplitterte und isolierte Wirtschaftszonen schotteten sich gegenseitig durch Zölle ab. Produktion und Handel wurden dadurch nachhaltig gelähmt, die Arbeitslosigkeit stieg und damit auch der Unmut in der Bevölkerung. Es kam zu Erhebungen in Spanien und Österreich. 1809 schlug Napoleon die Österreicher bei Wagram und im

TRÜGERISCHE ERINNERUNG

DETEKTIV-ARBEIT

Bei der Niederschrift seines Lebens auf der unwirtlichen Atlantikinsel St. Helena redete sich Napoleon in einem wahnhaften Zustand ein, er habe die Schlacht bei Waterloo gewonnen. Der ehemals erfolgreiche Feldherr und Beherrscher Europas beendete die verworrene Beschreibung der Schlacht mit einem Ausdruck des Mitgefühls für die Menschen in London, „wo sie von der Katastrophe erfuhren, die ihrer Armee widerfahren war“.

VON DEN BRITEN AUF DIE INSEL ST. HELENA VERBANNT, LEBTE NAPOLEON IN LONGWOOD-HOUSE (OBEN). NACH SEINEM TOD AM 5. MAI 1821 WANDELTE SICH IM KOLLEKTIVEN GEDÄCHTNIS DAS BILD VON NAPOLEON ALS DEM TYRANNEN EUROPAS IN DAS EINES MÄRTYRERS, DER GEGEN DIE REAKTIONÄREN KRÄFTE EUROPAS GEKÄMPFT HATTE.

ZEITGENÖSSISCHE KARRIKATURISTEN LIESSEN KEINE GELEGENHEIT AUS DIE SELBSTÜBERSCHÄTZUNG NAPOLEONS ZU VERSPOTTEN (LINKS).

darauf folgenden Jahr heiratete er die Tochter des österreichischen Kaisers Franz I., Marie Louise. Joséphine hatte ihm bisher keinen Erben geschenkt, die neue Heirat erschien daher vorteilhaft. Mit der Annexion von Teilen Norddeutschlands sowie des Königreichs Holland hatte das Kaiserreich 1812 schließlich seine größte Ausdehnung erreicht.

Im Zug der französischen Fremdherrschaft wurde überall der *Code Napoléon* als verbindliches Recht eingeführt. Feudalismus und Leibeigenschaft – Relikte aus dem Mittelalter – wurden abgeschafft und die Religionsfreiheit garantiert. Jeder Staat erhielt eine Verfassung, nach der das allgemeine Wahlrecht für Männer und ein mit Grundrechten ausgestattetes Parlament eingeführt werden sollten. Auch ein Verwaltungs- und Rechtssystem nach französischem Vorbild wurde eingerichtet. Öffentliche Schulen und höhere Bildung sollten ungeachtet des Standes oder der Religion für alle offen stehen. Erst nach Napoleons Sturz wussten die Menschen in Europa zu schätzen, was er geschaffen hatte.

War die gewaltige Armee aus Franzosen und Verbündeten zu groß für einen Sieg?

NAPOLEONS FEHLENTSCHEIDUNG

Nach dem Bruch des Bündnisses mit Zar Alexander I. begann 1812 die französische Invasion Russlands, die in einem katastrophalen Rückzug der napoleonischen Revolutionsarmee aus Moskau endete. Diese legendäre Niederlage der „Großen Armee" wurde oft mit der Härte des russischen Winters erklärt. Allerdings fragen sich viele Historiker, warum Napoleon überhaupt eine so groß angelegte Invasion gewagt hatte und warum er zu einem derart ungünstigen Zeitpunkt aufbrach.

Objektiv gesehen war der Winter 1812 ungewöhnlich mild. Napoleons Armee verließ Moskau am 19. Oktober, der erste strenge Frost trat Ende Oktober ein. Erst Mitte November fiel die Temperatur für kurze Zeit unter –10 °C. Im späten November stellte sich Tauwetter ein. Der berühmte Übergang über die Beresina am 26. November wurde deshalb zur Katastrophe, weil die Eisdecke des Flusses geschmolzen war und die französischen Truppen festsaßen, bis die Temperatur Anfang Dezember unter –20 °C fiel und eine Brücke gebaut werden konnte. Napoleon selbst gab dem russischen Winter die Schuld an dem Desaster, um die eigene Verantwortung an dem Misserfolg zu mindern. Die Armee aber hatte lange vor dem Winter ihre Schlagkraft verloren. Fast 100 000 Soldaten verließen Moskau, Mitte November waren es nur noch 30 000. Neben der bitteren Kälte brachten Hunger und Krankheit den Soldaten den Tod. Ungeduld und Ehrgeiz, die Eigenschaften, die Napoleon zu einem großen Feldherrn gemacht hatten, trugen nun zu seinem Untergang bei.

Manche Historiker haben auch die Theorie aufgestellt, dass die über eine halbe Million starke „Große Armee" – der ganze Stolz Napoleons – allein durch ihre Größe dem Untergang geweiht war. Es sei, so argumentieren sie, nahezu unmöglich gewesen, eine Operation dieser Größe militärisch und logistisch kontrolliert durchzuführen.

DIE SCHLACHT BEI WATERLOO FÜHRTE ZUM ENDGÜLTIGEN STURZ NAPOLEONS. DEN GESCHLAGENEN KAISER HAT DER MALER DELAROCHE NACH SEINER ABDANKUNG DARGESTELLT (LINKE SEITE). ZU SEINEN BEZWINGERN GEHÖRTE AUCH DER HERZOG VON WELLINGTON (OBEN).

WATERLOO – DER TODESSTOSS

Den endgültigen Untergang Napoleons besiegelte seine Niederlage in der Schlacht bei Waterloo. Die Geschichtsforschung ist sich einig, dass dies den Endpunkt seiner Karriere markiert. Uneinigkeit herrscht jedoch darüber, wer für den Sieg in dieser Schlacht verantwortlich war. Die britische Forschung geht von einem Sieg der britischen Truppen unter Führung des Herzogs von Wellington aus. Das preußische Heer unter dem Oberbefehl Blüchers wurde in der Tat zunächst von den Franzosen geschlagen, verstärkte danach aber rechtzeitig die britische Armee. Gemeinsam schlugen sie Napoleons Truppen dann vernichtend. Napoleon selbst schließlich war noch kurz vor seinem Tod überzeugt, dass er bei Waterloo gewonnen habe.

Warum nun also verlor Napoleon am Ende? Vincent Cronin schreibt in seiner Biografie *Napoleon. Stratege und Staatsmann*, der große Feldherr habe die Schlacht bei Waterloo verloren, weil er den Morgen vor der Schlacht mit der Inspektion der Verwundeten verbrachte. Auch habe er die Briten unterschätzt, die seine gewohnte Taktik analysiert und zu neutralisieren verstanden hatten. Schließlich sei der zu Größenwahn neigende Korse zu optimistisch gewesen und habe seine Schlachten und Kriegszüge mit der Vorstellung geführt, das Schlimmste werde schon nicht eintreten. Aber in diesem Fall trat es ein. Großbritannien und Preußen gingen als Sieger hervor und setzten der Vorherrschaft Napoleons in Europa ein Ende.

Kaspar Hauser: Findelkind oder Fürstensohn?

Im Mai 1828 tauchte in Nürnberg ein Jüngling auf, der keine Auskunft über seine Person geben konnte. 5 Jahre später wurde er ermordet.

Ein bis heute unaufgeklärter Mord beendete ein junges Leben, das von einem dunklen Geheimnis überschattet war. Die Bluttat geschah am 14. Dezember 1833 im Hofgarten in Ansbach. Das Opfer, ein junger Mann, floh schwer verletzt vom Ort des Geschehens, stammelte etwas von „Mann, Messer, Beutel gegeben". 3 Tage später war er tot.

Bei dem Ermordeten handelte es sich um einen gewissen Kaspar Hauser; er wohnte in Ansbach bei dem Lehrer Johann Georg Meyer. Doch warum war er getötet worden, und wer war der Mörder? Zwar fand man am Tatort den erwähnten Beutel und eine 30 cm lange Stichwaffe – aber sonst gab es keinerlei Hinweise auf den Hergang des Verbrechens. Es war so mysteriös wie die Person des Ermordeten, der erst 5 Jahre zuvor scheinbar aus dem Nichts aufgetaucht war.

SÄCKCHEN, IN DEM KASPAR HAUSER SEINE TASCHENUHR AUFBEWAHRTE. IN DER MITTE EIN VON IHM SELBST ANGEFERTIGTES ZETTELKÄSTCHEN.

EIN EIGENARTIGER FREMDER

Das erste Erscheinen des Kaspar Hauser ist durch zwei Zeugen belegt. Sie begegneten am Pfingstmontag des Jahres 1828 auf dem Unschlittplatz in Nürnberg einem fremden jungen Mann in grauer Jacke, zerschlissener Hose, Hemd, Stiefeln und mit einer Art Kreissäge auf dem Kopf. Er wirkte sehr unsicher und hatte einen auffallend ungelenken Gang. Neugierig sprachen die zwei ihn an, aber er antwortete nur mit unverständlichen Worten. Dann hielt er ihnen einen Brief entgegen, der an den Rittmeister der vierten Schwadron beim sechsten Regiment der leichten Kavallerie in Nürnberg gerichtet war. Wie man aufgrund weiterer Zeugenaussagen weiß, kam der Unbekannte kurz darauf beim Haus des Offiziers an und übergab das Schreiben einem Diener. Man bot ihm zu essen und trinken an, doch er lehnte alles bis auf Wasser und Brot ab. Der Rittmeister versuchte den Fremden nach näheren Einzelheiten zu befragen, aber der konnte weder über sich noch über den Absender des Briefes Auskunft geben, sondern wimmerte nur vor sich hin. Ratlos ließ der Offizier den jungen Mann zur Polizeiwache bringen.

ANONYME BRIEFE

Wie aus den Polizeiakten hervorgeht, blieb das Verhör zunächst ohne Erfolg – bis ein Polizist auf die Idee kam, den Unbekannten seinen Namen aufschreiben zu lassen. Und tatsächlich kritzelte der mit einer Feder „Kaspar Hauser" aufs Papier. Weitere Fragen konnte er jedoch auch schriftlich nicht beantworten, und man inhaftierte ihn zunächst vorsorglich auf der Burg.

Die Niederschrift des Namens legte man ebenso wie den Brief, den Kaspar bei sich getragen hatte, zu den Akten. Der Absender war anonym; nach seiner eigenen Aussage handelte es sich um einen Tagelöhner. Er schrieb, dass er am 7. Oktober 1812 ein Findelkind – eben jenen Kaspar – bei sich aufgenommen und großgezogen habe. Aus Angst vor Entdeckung sei es im Geheimen geschehen.

Dem Brief lag ein ebenfalls nicht unterzeichneter Zettel bei, der angeblich von der Mutter des Jungen stammte. Sie habe, schrieb sie, das Kind am 30. April 1812 geboren und auf den Namen Kaspar taufen lassen. Sie bitte darum, den Knaben später einmal zum sechsten Reiterregiment nach Nürnberg zu schicken, sein Vater sei auch bei der Kavallerie gewesen.

Sowohl der Brief als auch der Zettel wurden

gründlich untersucht. Es fiel sofort auf, dass beide Schreiben auf demselben Papier und mit derselben Tinte verfasst worden waren. Offensichtlich waren sie zur gleichen Zeit entstanden. Außerdem: 1812 befand sich das Reiterregiment noch nicht in Nürnberg; woher konnte die Frau wissen, wo die Truppe 16 Jahre später stationiert sein würde? Und warum hatte der Tagelöhner den Jungen im Geheimen aufgezogen? Es war doch keine Schande, sich eines Findelkindes anzunehmen. Man kam zu dem Schluss, dass die Polizei getäuscht werden sollte und die Geschichte von Kaspars Herkunft und Kindheit erfunden war.

MORDANSCHLAG

Kurze Zeit nach seiner Inhaftierung auf der Nürnberger Burg ließ man den jungen Mann frei. Der Gefängniswärter Andreas Hiltel, der Kaspar inzwischen gut kannte, war überzeugt, dass dieser nicht geistig behindert war, sondern nur keine Möglichkeit zum Lernen erhalten hatte. Er nahm den Sonderling in seine Familie auf, und man brachte ihm wie einem kleinen Kind elementare Fertigkeiten bei. Der Junge lernte eifrig und mit Erfolg, doch seinen Widerwillen gegen andere Speisen als Wasser und Brot konnte er nicht ablegen. Kaspar blieb einige Zeit bei der Familie Hiltel, dann nahmen die Besuche Neugieriger, die das „wilde Kind" auf der Burg bestaunen wollten, überhand, und man gab ihn in die Obhut des Lehrers Georg Friedrich Daumer. Der zeigte viel Verständnis für seinen Schützling und sorgte dafür, dass dieser sich ungestört weiterentwickeln konnte.

Am 17. Oktober 1829 geschah dann etwas Entsetzliches: Ein unbekannter Mann versuchte den Jüngling mit einem beilähnlichen Instrument zu ermorden. Zwar gelang ihm dies nicht, aber Kaspar behielt eine deutlich sichtbare Narbe auf der Stirn zurück. Wegen dieses Vorfalls wurde die Öffentlichkeit erneut auf das Findelkind aufmerksam. Und wieder wurde die Frage gestellt: Wer ist dieser junge Mann?

Besonders interessiert an diesem Thema war ein gewisser Anselm Ritter von Feuerbach, Jurist und Rechtsphilosoph. Er hatte den sonderbaren Jüngling schon kurz nach seinem ersten Auftritt in Nürnberg kennen gelernt und systematisch nach den Umständen seiner Geburt und seiner Kindheit geforscht. Jahre später war er überzeugt, das Rätsel gelöst zu haben: „Ich entdeckte Kaspar Hausers wahrscheinliche Herkunft", notierte er in seinem Tagebuch. Seiner Meinung nach war der junge Mann „eine Person hoher Geburt, fürstlichen Standes, an deren Tod sich große Interessen knüpfen".

EINE „POSSIERLICHE UND PUDELNÄRRISCHE" GESTALT – SO BESCHRIEBEN ZWEI PASSANTEN DEN JUNGEN KASPAR HAUSER, ALS ER ERSTMALS IN NÜRNBERG AUFTAUCHTE.

FÜRSTLICHE INTRIGE?

Mehrere Gründe führten Anselm von Feuerbach zu dieser Ansicht. Da war einmal der

Umstand, dass der Junge offensichtlich jahrelang versteckt gehalten worden war und dass man ihn jetzt, wo er in der Öffentlichkeit auftauchte, beseitigen wollte. Vielleicht, so mutmaßte Feuerbach, war er einer hoch gestellten, einflussreichen Persönlichkeit im Wege. Außerdem hatte Kaspar Hauser sich häufig über seine Träume geäußert, und nicht selten war darin der Schauplatz ein Schloss. Möglicherweise ein weiterer Beweis für eine fürstliche Herkunft.

Jedenfalls vertrat Feuerbach diese Meinung, und er glaubte auch zu wissen, aus welcher Familie der Junge stammte: Er sei der Sohn des Großherzogs Karl von Baden und seiner Gemahlin Stephanie de Beauharnais, einer Adoptivtochter Napoleons I. Deren Kind war am 29. September 1812 geboren worden und gemäß offiziellen Angaben am 16. Oktober verstorben. Feuerbach war überzeugt, dass das Baby nicht tot, sondern vertauscht worden war, und zwar von der Reichsgräfin von Hochberg, einer nicht ebenbürtigen Gattin des Vorgängers von Karl auf dem badischen Thron. Vielleicht versprach sie sich von der Beseitigung des Erbprinzen, dass ihre eigenen Kinder Aussichten auf die Thronfolge in Baden hätten.

Dieses Motiv war reine Spekulation, doch gab es einige Hinweise darauf, dass am 16. Oktober 1812 tatsächlich zwei Kinder vertauscht worden waren – der kleine Erbprinz und ein todgeweihter Säugling namens Johann Ernst Jakob Blochmann, Sohn eines Arbeiters. Laut Taufregister der Stadt Karlsruhe war dieser Junge am 4. Oktober 1812 getauft worden und am 27. November 1833 in München gestorben – wobei der Eintrag über den Tod unter dem Namen Kaspar Ernst erfolgte.

RECHTS EIN VON KASPAR HAUSER GEZEICHNETER KOPF. AUFFÄLLIG SIND DIE AUSDRUCKSVOLLEN AUGEN. UNTEN IST DIE SZENE DARGESTELLT, IN DER EIN UNBEKANNTER 1829 VERSUCHT, KASPAR HAUSER UMZUBRINGEN. DER MANN, DESSEN GESICHT MIT EINEM SCHWARZEN TUCH VERHÜLLT IST, ÜBERFÄLLT DEN JÜNGLING UND FÜGT IHM MIT EINEM BEILÄHNLICHEN INSTRUMENT EINE SCHWERE VERWUNDUNG AN DER STIRN ZU.

DER GEDENKSTEIN LINKS STEHT IN ANSBACH UND IST KASPAR HAUSER GEWIDMET. ER ERINNERT AN DEN TOD DES GEHEIMNISVOLLEN JUNGEN MANNES, DER IM HOFGARTEN 1833 MIT EINER STICHWAFFE SO SCHWER VERWUNDET WURDE, DASS ER 3 TAGE SPÄTER SEINEN VERLETZUNGEN ERLAG.

Auffallend daran ist die zeitliche Übereinstimmung der Lebensdaten sowie die Ähnlichkeit der Rufnamen. Dazu kommt noch der in den Akten vermerkte Umstand, dass man am 16. Oktober, dem angeblichen Todestag des Erbprinzen, Mutter und Amme vom Kinderzimmer fern hielt.

EINGEKERKERT

Auch der weitere Lebensweg des kleinen Kaspar Hauser kann nur vage nachgezeichnet werden. Vermutlich wurde das Kind erst von dem Ehepaar Blochmann versorgt, kam dann aber nach Beuggen, einem Schloss der Reichsgräfin von Hochberg am Oberrhein. Ein möglicher Beweis dafür ist eine lateinisch geschriebene Flaschenpost, die 1816 aus dem Rhein gefischt wurde. Sie lautete: „Ich werde in einem Kerker bei Laufenburg gefangen gehalten. Der jetzt meinen Thron innehat, kennt nicht den Ort meiner Einkerkerung." Die Unterschrift bestand aus mehreren Großbuchstaben, die neu geordnet „Sein Sohn Caspar" ergaben.

Der nächste Aufenthaltsort Kaspars war Schloss Pilsach in der Nähe von Nürnberg, wo der Junge in einem Gelass zwischen Parterre und erstem Stock gefangen gehalten wurde. Seinen Essgewohnheiten nach zu schließen, gab man ihm dort nur Wasser und Brot. Später erinnerte er sich an einige räumliche Merkmale des Kerkers und an ein Holzpferdchen, mit dem er sich damals beschäftigt habe. Tatsächlich fand man 1982 bei Renovierungsarbeiten in Pilsach ein derartiges Spielzeug.

Näheres ist über den jungen Kaspar Hauser nicht bekannt; seine Existenz wurde erst wieder dokumentiert, nachdem er 1828 in Nürnberg aufgetaucht war. 5 Jahre lang sollte sein Leben in Freiheit noch dauern.

GEHEIMNISVOLLE BUCHSTABEN

Am 14. Dezember 1833 wurde Kaspar Hauser von einem unbekannten Mann in den Ansbacher Hofgarten bestellt. Arglos ging er zu dem Treffen, das seinem jungen Leben ein Ende setzen sollte. Bevor er niedergestochen wurde, gab ihm der Mörder einen kleinen Beutel. Darin befand sich ein Zettel mit den Worten: „Ich will euch sagen, woher ich komme … Ich komme von der baierischen Grenze … Ich will euch auch sogar noch den Namen sagen: M.L.Ö."

Wer sich hinter den Initialen verbarg und wer ein Interesse am Tod Kaspar Hausers hatte, ist bis heute nicht geklärt. Vielleicht war es ein Nachfahre der 1820 verstorbenen Reichsgräfin von Hochberg, die wohl an dem Kindestausch beteiligt war. Vielleicht aber hat sogar die hohe Politik eine Rolle gespielt. Immerhin war der junge Mann ein (Adoptiv-)Enkel Napoleons. Der war zwar 1821 im Exil auf Sankt Helena verstorben, und seinen Sohn hatte man in Wien unter Aufsicht gestellt, aber möglicherweise wollten bestimmte Kreise in Großbritannien oder Frankreich nicht riskieren, dass sich ein Enkel des Kaisers zu einer politisch einflussreichen Persönlichkeit entwickelte. Der Fall Kaspar Hauser ist also bis heute ungeklärt. Vielleicht findet sich irgendwann einmal eine zufällige Spur, die das Geheimnis um Herkunft und Tod des „wilden Kindes" klärt.

Louis Pasteur und seine Ankläger

Haben Neider und Moralisten dem französischen Wissenschaftler zu Recht verantwortungslose Praktiken vorgeworfen?

PROTOKOLLE DER FRANZÖSISCHEN AKADEMIE DER WISSENSCHAFTEN BELEGEN, DASS LOUIS PASTEUR (OBEN) SEINE EXPERIMENTE EBENSO MEISTERHAFT DURCHFÜHRTE, WIE ER SIE IN DER ÖFFENTLICHKEIT VERKAUFTE. SO FEIERTEN DIE FRANZÖSISCHEN WEINBAUERN PASTEUR, WEIL ER EIN NEUES VERFAHREN – DAS PASTEURISIEREN – ENTWICKELT HATTE, MIT DER WEIN HALTBAR GEMACHT WERDEN KONNTE (RECHTS). AUF DER RECHTEN SEITE UNTEN DREI EINDRÜCKE ÜBER PASTEUR: EIN FILMPLAKAT VON 1936 UND ZWEI KARIKATUREN – DER FORSCHER, DER SICH SELBST IMPFT, UND EINE ZEICHNUNG VON 1886 MIT DEM TITEL „DER ENGEL DER IMPFUNG“.

Der Mikrobiologe und Chemiker Louis Pasteur schuf nicht nur die Grundlagen des Pasteurisierens und entwickelte Schutzimpfungen gegen drei tödliche Krankheiten seiner Zeit: Tollwut, Milzbrand und Hühnercholera. Anerkennung fand der französische Patriot auch für seine Arbeit auf dem Gebiet der Stereochemie, der komplexen räumlichen Anordnung von Atomen und Gruppen in Molekülen.

1822 wurde Pasteur im französischen Dôle geboren. Er ist als ein Wissenschaftler gefeiert worden, der sein Talent auf die Lösung der Probleme seines Landes konzentrierte. Pasteur entwickelte u. a. ein Verfahren zur Konservierung von Lebensmitteln durch Wärmebehandlung. Er entdeckte die Erreger einer Seidenraupenepidemie, die Frankreichs Textilindustrie bedrohte. Entsetzt über die Zahl der Frauen, die an Kindbettfieber starben, wies Pasteur einen Zusammenhang zwischen dem Fieber und den mangelhaften hygienischen Verhältnissen der damaligen Zeit nach: Die Ärzte übertrugen Keime auf die Gebärenden, weil sie sich vor der Entbindung nicht die Hände wuschen.

DIE ANKLAGE

Pasteurs Arbeiten führten zur Gründung des Institut Pasteur in Paris, das bis heute ein bedeutendes Zentrum für die Erforschung ansteckender Krankheiten ist. Doch der Nationalheld ist von Kollegen bereits zu Lebzeiten beschuldigt worden, ethisch nicht vertretbare Experimente durchgeführt und fremde Erkenntnisse unter seinem Namen veröffentlicht zu haben. Was ist dran an den Vorwürfen?

Zeitgenössische Protokolle der französischen Akademie der Wissenschaften dokumentieren Behauptungen aus dem Umkreis des Biologen Antoine Bechamp, dass dieser schon vor Pasteur eine Theorie über Krankheitskeime veröffentlicht habe und Pasteur diese Schriften gelesen haben muss. Auch die legendäre britische Krankenschwester Florence Nightingale hat bei ihrer Arbeit im Lazarett während des Krimkrieges die Bedeutung der Hygiene erkannt und das britische Sanitätswesen reformiert, lange bevor Pasteur seine Abhandlungen zu dieser Theorie veröffentlichte.

Der Kampf über das Kindbettfieber wurde Pasteur hoch angerechnet, obwohl der deutsche Wissenschaftler Robert Koch auf diesem Gebiet ebenfalls größte Fortschritte erzielt hatte. Dennoch pries die französische Presse Louis Pasteur als großen Patrioten, der unzähligen Französinnen das Leben gerettet hatte.

Vor wenigen Jahren entstand erneut eine Diskussion, als Wissenschaftlern die Notizbücher Pasteurs zugänglich wurden. Man entdeckte ernst zu nehmende Unstimmigkeiten zwischen Pasteurs veröffentlichten Berichten und den Eintragungen in seinen Notizbüchern und stieß dabei auch auf merkwürdige Vorfälle. Es entstand der Verdacht, dass sich Pasteur persönliche Vorteile verschafft haben könnte, als er erkannte, dass sich mit der Lizenz zur Herstellung des erfolgreichen Tollwutimpfstoffs viel Geld verdienen ließ.

MENSCHENVERSUCHE ODER HILFE?

Einige Forscher glauben auch, dass Pasteur Kinder als Versuchspersonen missbrauchte. Es hält sich hartnäckig das Gerücht, dass er zwei Jungen von tollwütigen Hunden beißen ließ, um sie dann mit seinen Impfstoffen, die er bereits an Tieren erprobt hatte, zu heilen. Die beiden Jungen überlebten, aber aus Pasteurs Notizbuch scheint hervorzugehen, dass es vorher gar keinen Beweis für eine tatsächliche Tollwuterkrankung der Jungen gegeben hatte. In einem anderen Fall wird behauptet, Pasteur habe zwei Patienten, die sich in einem fortgeschrittenen Stadium der Erkrankung befanden, ebenfalls mit seinem unerprobten Tollwutimpfstoff behandelt.

Etwas spricht allerdings gegen diese Anklagen: Louis Pasteur selbst setzte sich entschieden für Tierversuche vor Menschenversuchen ein. Er hätte somit gegen seine eigenen Prinzipien gehandelt, was wenig überzeugend ist. Vielleicht ist ja folgende Version dieser Geschichten wahr: 1885 kam eine Mutter mit ihrem kleinen Sohn in Pasteurs Labor; der Junge war von einem tollwütigen Hund gebissen worden. Pasteur hatte keine andere Wahl, als das Kind mit seiner noch unerprobten Methode zu behandeln: Das Kind blieb gesund. Man kann sich auf den Standpunkt stellen, dass der bedeutende Mikrobiologe gegen die Regeln der Wissenschaft verstieß. Aber er rettete seine Landsleute vor einer der meistgefürchteten Krankheiten der Zeit: der Tollwut.

LOUIS PASTEURS LABOR LAG DIREKT NEBEN SEINEM HAUS. DAS HEUTIGE INSTITUT PASTEUR IN PARIS DIENT ALS VORBILD FÜR FORSCHUNGSLABORS IN ALLER WELT.

Die Schlacht von Alamo

Um diese Schlacht im Texanischen Unabhängigkeitskrieg ranken sich Legenden. Aber was geschah an jenem verhängnisvollen 6. März 1836 wirklich?

DAS GEMÄLDE VON 1905 ZEIGT DAS GRAUSAME GEMETZEL UM DAS BELAGERTE FORT 1836. DIE TEXANER UNTER DEM KOMMANDO VON WILLIAM B. TRAVIS UNTERLAGEN DER ZAHLENMÄSSIG WEIT ÜBERLEGENEN MEXIKANISCHEN ARMEE UNTER GENERAL SANTA ANNA.

ANTONIO LÓPEZ DE SANTA ANNA

DIE VERTEIDIGUNG VON ALAMO WAR EINE der wichtigsten Schlachten im Texanischen Unabhängigkeitskrieg gegen Mexiko. Ihre Legende wurde ausgeschmückt und in zahlreichen Werken nacherzählt. Sie ist tief in der amerikanischen Geschichte verwurzelt. Den genauen Hergang zu rekonstruieren ist jedoch eine schwierige Aufgabe für Historiker, denn es gab nur einen Überlebenden auf amerikanischer Seite.

DER AUFSTAND DER SIEDLER

Die Geschichte von Alamo beginnt in den 20er-Jahren des 19. Jh. In Mexiko machten aufständische Indianer der Regierung das Leben schwer. Es fiel der Beschluss, den Norden des Landes für texanische Pioniere als potenziell stabilisierende Kraft zu öffnen. Obwohl Treue zum mexikanischen Recht eine Bedingung für die Ansiedlung war, machte sich unter den hereinströmenden Amerikanern bald Unmut über Mexikos Steuererhebung, über Prozesse ohne Geschworene und die Abschaffung der Sklaverei breit. 1835 schließlich rebellierten die amerikanischen Siedler gegen die Regierung von Mexiko. Fest entschlossen, den Aufstand mit allen notwendigen Mitteln zu ersticken, verlegte der mexikanische General und spätere Präsident Antonio López de Santa Anna Truppen in die Region.

Nach mehreren Gefechten konzentrierte sich General Santa Anna auf eine Gruppe von Texanern, die seit Dezember 1835 die befestigte Missionsstation Alamo in der Stadt San Antonio besetzt hielten. Sam Houston, der Kommandeur der texanischen Rebellen, befahl wegen der aussichtslosen Lage, das Fort aufzugeben; aber unter Führung von William B. Travis, James Bowie und Davy Crockett beschlossen die Männer die weitere Verteidigung.

Für General Santa Anna war diese Stadt unentbehrlich für die Beherrschung der Region. Im Januar 1836 traf er deswegen mit einer ansehnlichen Armee beim Fort ein. Am 23. Februar 1836 begann die regelrechte Be-

WILLIAM B. TRAVIS

JAMES BOWIE

lagerung mit 2400 gut ausgebildeten Soldaten. Ihnen standen gerade einmal 155 texanische Siedler gegenüber; die Zahl erhöhte sich auf 187, als 8 Tage später Verstärkung eintraf. Am 3. März schließlich musste Travis seinen Männern mitteilen, dass ihre Lage äußerst ernst sei. Er bot allen die Möglichkeit an, das Fort zu verlassen und den Versuch zu wagen, durch die feindlichen Linien zu schlüpfen. Nach der Legende zog Travis eine Linie in den Sand und forderte jeden, der mit ihm zu sterben bereit war, auf, darüber zu treten. Nur ein Mann blieb hinter der Linie stehen – er sollte als Einziger überleben. Wenn die Geschichte den historischen Tatsachen entspricht, kann sie nur dieser einzige Überlebende weitergegeben haben.

Die amerikanische Forschung hat Travis immer wieder für den Entschluss auszuharren gelobt, möglicherweise aber hatten den Anführer rein taktische Gründe zu diesem Schritt bewogen. Denn die Texaner wären bei einem Kampf auf offenem Gelände dem sicheren Untergang geweiht gewesen. Travis hoffte, dass er und seine Männer hinter den Mauern des Forts eine bessere Position haben würden.

DAVY CROCKETT

DER DRITTE ANGRIFF DER MEXIKANER

Doch auch Travis wusste, dass wenig Hoffnung bestand. Nach der Legende schickte er eine Frau zu General Santa Anna mit der Botschaft, die Amerikaner würden sich ergeben, wenn man ihnen garantierte, ihr Leben zu schonen. Falls die Geschichte wahr ist, wies der General das Angebot zurück, denn in der Nacht zum 6. März begann der massive Angriff der mexikanischen Soldaten.

In dieser Nacht konnten die Rebellen im Fort die Mexikaner noch zurückschlagen, aber angesichts der gegnerischen Überzahl war ein längeres Durchhalten unrealistisch. Auch noch der Angriff am nächsten Morgen konnte abgewehrt werden. Der dritte Ansturm der Mexikaner jedoch brachte die Wende: Um 21 Uhr war der Kampf vorbei. Rund 200 Mexikaner waren tot und weitere 400 verwundet. Die genaue Anzahl der Toten auf mexikanischer Seite ist unsicher, denn der Bericht von General Santa Anna verschleierte die eigenen Verluste. Einige Historiker gehen sogar von bis zu 1600 gefallenen Mexikanern aus, was übertrieben scheint. Santa Anna ließ vermutlich keinen texanischen Rebellen in der Festung Alamo am Leben. Allerdings gehen neuere Untersuchungen davon aus, dass mehrere Texaner den Angriff überlebten, unter ihnen Davy Crockett.

Die Alamo-Verteidigung wurde zu einem Symbol für den amerikanischen Freiheitswillen. Nur wenige Monate nach der Schlacht besiegten die Texaner unter Sam Houston die mexikanische Armee und Texas erlangte seine Unabhängigkeit.

ERINNERUNG AN ALAMO

FAKT ODER NICHT?

Wir kennen die Einzelheiten der Schlacht um Alamo entweder aus den Erinnerungen von überlebenden Zivilisten, die General Santa Anna verschonte, oder von den beteiligten mexikanischen Soldaten. Ihr Bericht war verständlicherweise weniger heldenhaft für die Texaner formuliert. Demnach nämlich sollen die meisten Texaner zur Zeit des Angriffs betrunken gewesen sein.

Auch auf amerikanischer Seite gibt es Berichte über die legendäre Schlacht. Als die beiden zuverlässigsten Quellen gelten der schwarze Sklave von Oberst Travis sowie der Sohn eines texanischen Soldaten. Darüber hinaus hielten sich im Fort viele Frauen versteckt, darunter die Frau eines Artillerieoffiziers. Sie wurde allerdings erst 30 Jahre nach der Schlacht befragt. Für die zahlreichen Legenden sind die phantasiereichen Erzählungen der Männer verantwortlich, die behaupteten, die einzigen Überlebenden auf texanischer Seite gewesen zu sein.

AUF EINER US-KARIKATUR (OBEN) KRIECHEN GENERAL SANTA ANNA UND SEIN ADJUTANT VOR DEM US-KOMMANDEUR HOUSTON ZU KREUZE, NACHDEM TEXAS DIE UNABHÄNGIGKEIT VON MEXIKO ERLANGT HATTE. JAMES BOWIE UND DAVY CROCKETT SIND ALS HELDEN IN DIE GESCHICHTE EINGEGANGEN.

Schlacht am Little Bighorn

War George Armstrong Custer ein Märtyrer in der Schlacht gegen die Indianer oder ein ruhmsüchtiger und rücksichtsloser Soldat?

DAS MASSAKER AM LITTLE BIGHORN RIVER WAR IM SPÄTEN 19. JH. EIN BELIEBTES MOTIV DER AMERIKANISCHEN HISTORIENMALER (OBEN). GENERAL CUSTER (RECHTE SEITE) WURDE VON DEN INDIANERN WEGEN SEINER HAARPRACHT „LANGHAAR" GENANNT.

Der Unterschied zwischen einem Helden und einem Verlierer hängt mitunter nur davon ab, wie die Geschichte erzählt wird. George Armstrong Custer, jüngster General der US-Unionsarmee, zählt zu den berühmten Männern Amerikas. Sein letztes Gefecht gegen Krieger der Sioux und Cheyenne ist als Heldentum angesichts der überwältigenden Übermacht der Indianer in die Geschichte eingegangen. Wenn man die Schlacht allerdings mit einem Abstand von über 100 Jahren betrachtet, erscheint Custers letztes Gefecht eher ein verwegenes Glücksspiel gewesen zu sein.

G. A. Custer war bereits ein Bürgerkriegsheld, als er 1874 in die Black Hills nach South Dakota geschickt wurde. Seine offizielle Mission lautete, einen neuen Militärposten einzurichten, der Indianer vor Übergriffen weißer Siedler schützen sollte. Gemäß dem Vertrag von Laramie 1868 hatte die Regierung der Vereinigten Staaten nämlich den ansässigen Dakota-Indianern ein Reservationsgebiet zugesprochen, das Weiße nicht besiedeln durften. Der wahre Auftrag Custers jedoch war, den vermuteten Goldreichtum des Dakota-Gebiets zu erkunden. Als Custer tatsächlich meldete, es gebe „Gold zwischen den Graswurzeln", strömten noch mehr Siedler in die Region.

Die Indianer versuchten erfolglos mit der Regierung zu reden. Dann zogen sie aus ihrem Reservat in die Hügel im südöstlichen Montana. Die Regierung antwortete mit einem Ultimatum, nach dem jeder Indianer, der nach dem 31. Januar 1876 auf „nicht abgetretenem Gelände" angetroffen würde, ein Feind sei. Die Sioux, angeführt von ihren Häuptlingen Crazy Horse und Sitting Bull, verbündeten sich mit den Cheyenne und schlugen ein gemeinsames Lager in einem Tal am Little Bighorn River auf. Dort wollten die Krieger notfalls bis zum Tod um ihr Land kämpfen.

DIE SCHLACHT BEGINNT

Anfang des Jahres 1876 schickte die amerikanische Armee drei Heereskolonnen, um das Lager zu umzingeln und die Indianer in das Reservat zurückzudrängen. Custer führte die gut 600 Mann starke 7. Kavallerie aus General Terrys Kolonne an. Am 22. Juni erhielt er den Befehl, vorzurücken und die Position der Indianer auszukundschaften. Dann sollte er die Ankunft weiterer Truppen am 27. Juni abwarten. Aber Custers persönlicher Ehrgeiz trieb ihn zum Handeln an. Er führte seine Soldaten zum Flusstal des Little Bighorn und bis nahe an das Indianerlager heran.

Was dann geschah, ist noch immer nicht eindeutig geklärt. Custer kannte nur die ungefähre Stärke des Gegners; sein indianischer Späher warnte ihn, dass es mehr Krieger gebe als Kugeln in den Gurten der weißen Männer. Aber Custer glaubte, von den Sioux bereits entdeckt worden zu sein und sofort handeln zu müssen. Er schickte Soldaten aus, um die genaue Stellung der Indianer auszumachen, und Major

EINE ZEICHNUNG DER SIOUX VON DER SCHLACHT AM LITTLE BIGHORN ZEIGT INDIANER BEI DER VERTEIDIGUNG IHRES LAGERS. DIE AUSGABE DES *NEW YORK HERALD* VOM 6. JULI 1876 (UNTEN) BERICHTETE AUSFÜHRLICH ÜBER DIE SCHLACHT, DIE 10 TAGE ZUVOR STATTGEFUNDEN HATTE.

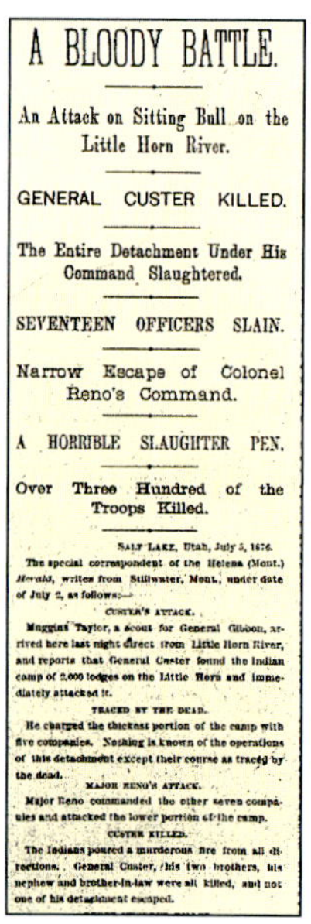

A BLOODY BATTLE.

An Attack on Sitting Bull on the Little Horn River.

GENERAL CUSTER KILLED.

The Entire Detachment Under His Command Slaughtered.

SEVENTEEN OFFICERS SLAIN.

Narrow Escape of Colonel Reno's Command.

A HORRIBLE SLAUGHTER PEN.

Over Three Hundred of the Troops Killed.

SALT LAKE, Utah, July 5, 1876.

The special correspondent of the Helena (Mont.) *Herald*, writes from Stillwater, Mont., under date of July 2, as follows:—

CUSTER'S ATTACK.

Muggins Taylor, a scout for General Gibbon, arrived here last night direct from Little Horn River, and reports that General Custer found the Indian camp of 2,000 lodges on the Little Horn and immediately attacked it.

TRACED BY THE DEAD.

He charged the thickest portion of the camp with five companies. Nothing is known of the operations of this detachment except their course as traced by the dead.

MAJOR RENO'S ATTACK.

Major Reno commanded the other seven companies and attacked the lower portion of the camp.

CUSTER KILLED.

The Indians poured a murderous fire from all directions. General Custer, his two brothers, his nephew and brother-in-law were all killed, and not one of his detachment escaped.

Reno sollte sich mit weiteren Männern dem Lager von Süden her nähern. Custer selbst wollte den Fluss unterhalb des Lagers durchqueren und den Hauptstoß führen.

Renos Angriff misslang völlig. Die Indianer schlichen sich in die Stellungen ein. Eingekreist und zahlenmäßig unterlegen gerieten Renos Männer in Panik. Einigen gelang die Flucht, viele aber starben, als sie den Fluss durchqueren und einen Hügel hinaufstürmen wollten.

MUTIG ODER ÜBEREIFRIG?

Die archäologischen Überreste und Berichte indianischer Krieger zeichnen ein recht unheroisches Bild von Custers Ende. Dieser wollte gerade mit seiner Truppe den Fluss durchqueren, als er in eine Falle geriet und die Indianer ihm den Weg versperrten. Ihr Angriff begann sofort. Custer versuchte auf die höchste Erhebung der Hügelkette auszuweichen, aber Häuptling Crazy Horse stürzte sich in diesem Augenblick mit mehr als 1000 Kriegern von der Anhöhe herunter. Binnen weniger Minuten waren Custer und seine Soldaten tot. Reno und die anderen Offiziere hörten zwar die Schüsse, konnten sich aber erst nach eineinhalb Tagen aus dem Kampf befreien und nur noch das Blutbad mit eigenen Augen sehen.

Mehrere Faktoren trugen dazu bei, Custers Ruf trotz der Niederlage zu retten. Hoch gestellte Persönlichkeiten schätzten den Soldaten sehr und hielten trotz seiner unbedachten Handlung stets die Hand über ihn. Noch heute glauben manche Militärhistoriker, Custers Entscheidung sei in der Lage, in die er sich allerdings selbst gebracht hatte, die einzig mögliche gewesen. Die Erfahrung habe Custer gelehrt, dass amerikanische Soldaten auch bei zahlenmäßiger Unterlegenheit Indianer besiegen konnten, und da er sich entdeckt glaubte, sei ein Angriff zwingend gewesen, bevor die Indianer sich neu formieren konnten.

Nach der Niederlage am Little Bighorn River sträubte sich auch die Armeeführung, Custer Schuld zuzuweisen. Stattdessen versuchte ein Untersuchungsausschuss, Major Reno zum Sündenbock zu machen. Ihre Anstrengungen führten jedoch nicht zum Erfolg und Reno wurde schließlich entlastet.

Der Lack auf George Armstrong Custers Name blieb jahrzehntelang ohne Kratzer. Bis zu ihrem Tod 1933 reiste Custers Frau, Elizabeth Bacon Custer, durch das Land und wirkte an seiner Legende mit. Entscheidend für Custers Aufwertung war nach Ansicht mancher Wissenschaftler auch der Zeitpunkt seines letzten Gefechts. Im Jahr der Schlacht feierte die Nation ihr 100-jähriges Bestehen. Die Nachricht von der Niederlage trübte die Feierlichkeiten, es war dennoch eine Zeit des überschwänglichen Patriotismus. Die Mächtigen des Landes hüteten sich, die Emotionen der Bevölkerung zu dämpfen und einen großen Bürgerkriegshelden von seinem Sockel zu holen.

DIE WAHREN VERLIERER

Unverzüglich nach Custers Tod und der Niederlage handelte die Armee, weil sie sah, dass auch ihr Ruf auf dem Spiel stand. Sie gab den Indianern keine Gelegenheit, über den Sieg zu jubeln. Im Frühjahr 1877 ergaben sich bereits alle Cheyenne. Den ganzen Herbst und Winter hindurch verfolgte die Armee gnadenlos die an der Schlacht am Little Bighorn River beteiligten Indianer. Diese stellten sich oder wurden getötet. Sitting Bull führte seine Anhänger nach Kanada; Crazy Horse stimmte schließlich zu, den Siouxstamm der Oglala in ein Reservat zu führen. Er wurde jedoch der Anstiftung zum Aufstand beschuldigt und erschossen – angeblich weil er sich der Festnahme widersetzte.

UM 1870 BESCHÜTZTE GENERAL CUSTER (SITZEND) DIE BAUTRUPPS DER NORTHERN PACIFIC RAILROAD AUF DEM GEBIET VON MONTANA. DER HINTER CUSTER STEHENDE MANN IST CURLY, CUSTERS BEWÄHRTER KUNDSCHAFTER UND EINZIGER ÜBERLEBENDER DER SCHLACHT AM LITTLE BIGHORN. DAS PORTRÄT DES SIOUXHÄUPTLINGS SITTING BULL (UNTEN) ENTSTAND NACH DER KAPITULATION DER SIOUX UND CHEYENNE IM JAHR 1881.

Schießerei am OK Corral

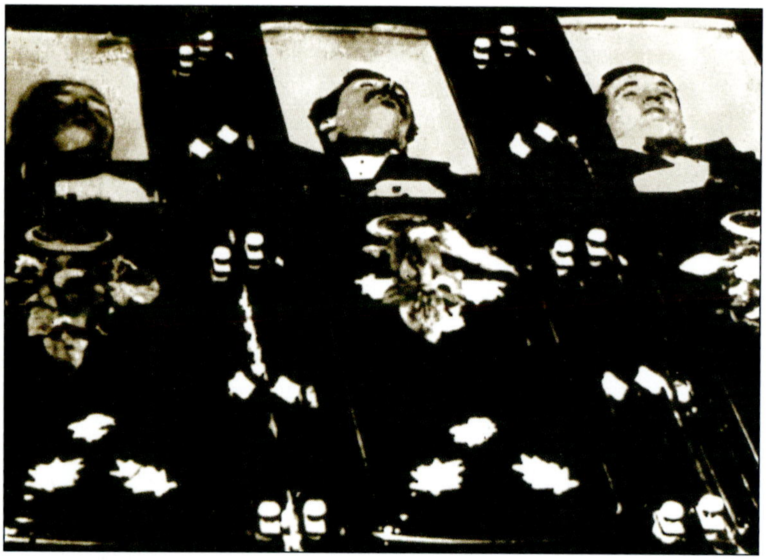

NACH DER AUSEINANDERSETZUNG WERDEN DIE DREI OPFER IN IHREN SÄRGEN IM SCHAUFENSTER EINES EISENWARENLADENS IN TOMBSTONE AUFGEBAHRT (VON LINKS: BILLY CLANTON, FRANK UND TOM MCLAURY).

Wie kam es zu dem legendären Schusswechsel zwischen den Brüdern Earp und dem Clanton-Clan, der in die Geschichte des Wilden Westens einging?

TOMBSTONE IN ARIZONA GEHÖRTE ZU JENEN berüchtigten Städten im amerikanischen Westen, wo es keine Grenze zwischen Gesetz und Gesetzlosigkeit gab und Morde keine Seltenheit waren. Der Name dieser Kleinstadt ist untrennbar mit einer Schießerei verbunden, die sich hier am 26. Oktober 1881 ereignete und in zahlreiche Wildwestfilme Eingang fand. Gegenüber standen sich die Brüder Earp sowie ihr Freund Doc Holliday und die Clantons mit ihren Verbündeten, den Brüdern McLaury.

Die Schießerei selbst ereignete sich eigentlich nicht in einem Korral, also einem Viehpferch, sondern in einer Seitengasse in der Nähe. Sie war auch alles andere als ein bühnenreifes Stück der Schießkunst, vielmehr eine kurze brutale Ballerei, die nicht länger als eine halbe Minute dauerte. Als sich der Rauch verzogen hatte, lagen Billy Clanton und die beiden McLaurys tot im Staub.

DIE VORGESCHICHTE

Was war passiert? Die Vorfälle, die zu der Schießerei führten, sind in unzähligen Versionen geschildert worden. Die Beteiligten erzählten unterschiedliche Geschichten, teils um die Morde zu rechtfertigen, teils um sich als Helden darzustellen. Nach dem, was man später hörte, sahen die meisten Menschen in der Stadt den Kampf kommen. Mehrere Tage lang waren die Clantons durch die Stadt gezogen und hatten Drohungen gegen die Earps und Doc Holliday ausgestoßen.

Die Stadt Tombstone gab es erst seit zehn Monaten, als Wyatt Earp und seine Brüder im Dezember 1879 ankamen. Ihr Ruf als Revolverhelden war ihnen bereits vorausgeeilt. Und eins war klar: Wer die Kontrolle über diese Stadt haben wollte, musste Einfluss gewinnen. Die Feindseligkeiten zwischen den Earps und den Clantons brauten sich zusammen. Als im März 1881 eine Postkutsche überfallen wurde, fiel der Verdacht auf die Earps. Wegen seiner Bewerbung auf den Bürgermeisterposten der Stadt wollte Wyatt Earp die Angelegenheit auf die schnelle Art klären. Er bekam heraus, dass sich die Räuber auf dem Land der Clantons versteckten, und bot Ike Clanton 1000 Dollar an, um ihnen eine Falle stellen zu können. Doch das Geschäft ging schief und die Räuber wurden erschossen, bevor sie gefasst werden konnten. Viele im Ort glaubten, dass die Morde auf das Konto der Earps gingen.

Jedenfalls spitzte sich die Auseinandersetzung allmählich zu. Wyatt sah sich gezwungen, seinen Handel mit Ike aufzudecken. Das trug ihm den Hass des gesamten Clanton-Clans ein. Als auch noch der alte Clanton beim Rinderdiebstahl in Mexiko erschossen wurde und man die Schuld daran den Earps in die Schuhe schob, nahm die verhängnisvolle Geschichte ihren Lauf.

DER ZUSAMMENSTOSS

Die Clantons ritten am 25. Oktober 1881 in die Stadt und stießen überall ihre höhnischen Drohungen aus. Die Brüder Earp und ihr Freund Doc Holliday hatten allen Grund, diese ernst zu nehmen. Der Sheriff sprach die Clantons auf die Sache an, aber sie behaupteten, keinen Streit zu suchen. Dennoch weigerten sie sich, ihre Waffen abzugeben. Virgil Earp jedoch wollte kein Risiko eingehen und ernannte auf der Stelle in seiner Funktion als Marshal der Stadt Wyatt und Doc zu Hilfssheriffs. Er nahm sich vor, die Clantons festzunehmen – ein Verbrechen hätte er allerdings nicht zu benennen gewusst.

Die Clantons hatten ihre Pferde im OK Corral gelassen. Bereits am Abend des 25. Oktober war es in einem Saloon zu einem Wortgefecht zwischen den beiden Parteien gekommen. Am nächsten Morgen war die Spannung auf dem Höhepunkt. Manche behaupteten später, die Clantons hätten Doc Holliday und die Earps aus dem Hinterhalt überfallen wollen. Andere glaubten, dass die Clantons dabei waren, die Stadt zu verlassen, als sich beide Seiten in der Gasse beim Korral begegneten.

Die Schießerei war schnell vorbei – vielleicht weil vor allem die Earps geschossen hatten. Eine Fassung der Geschichte lautet, die Clantons hätten die Hände gehoben und beteuert, unbewaffnet zu sein. Nach dem Schusswechsel lagen auf jeden Fall Billy Clanton und die beiden McLaurys tot am Boden. Auf der anderen Seite wurden Virgil und Morgan Earp wie auch Doc Holliday verwundet, Wyatt Earp blieb als Einziger unverletzt.

LEGENDE VON WYATT EARP

Anders als andere Pistolenhelden feierte man Wyatt zu Lebzeiten nicht über Gebühr. In den 1920er-Jahren entdeckte man ihn dann als Prototyp des Wilden Westens wieder; der Westernfilm *Tombstone* von 1946 mit Henry Fonda in der Rolle des Wyatt Earp war ein großer Erfolg. Bei näherer Betrachtung nimmt sich Wyatts Leben vor und nach der Schießerei jedoch um einiges weniger heroisch aus.

Wyatt Earp war eines von sieben Kindern einer Familie, die ständig unterwegs war. Er sollte diese Rastlosigkeit erben. Nach vielen Ortswechseln ließ er sich schließlich in Wichita, Kansas, nieder, wo sein Bruder James einen Saloon und ein Bordell betrieb. Wyatt geriet wiederholt mit dem Gesetz in Konflikt und wurde wegen Pferdediebstahl festgenommen. Nach bester Cowboy-Manier entkam er vor der Gerichtsverhandlung. Darauf zog Wyatt nach Dodge City, wo er sich mit Doc Holliday anfreundete.

Gemeinsam mit Virgil und Morgan Earp zogen sie nach Tombstone weiter. Sie kauften einen der größten Saloons der Stadt und verdienten den Großteil ihres Geldes mit Glücksspiel. Nach der berüchtigten Schießerei machte sich Wyatt, rastlos wie eh und je, im Goldfieber nach Alaska auf. Später zog er nach San Francisco und heiratete eine Varietéschauspielerin. Er versuchte sich als Ringrichter und ließ sich bei einem Boxkampf bestechen.

Wyatt Earp verbrachte seine letzten Lebensjahre in Los Angeles, wo er seine Legende aufpolierte wie ein Sheriff seinen Stern. 1929 starb er im Alter von 80 Jahren.

IN DEM FILM *ZWEI RECHNEN AB* VON 1957 (OBEN) SPIELT BURT LANCASTER WYATT EARP UND KIRK DOUGLAS DOC HOLLIDAY. DIE SCHIESSEREI TRUG WESENTLICH ZUM MYTHOS DES WILDEN WESTENS BEI. DER VORFALL WURDE ABER AUCH DESHALB SO BERÜHMT, WEIL ER AUFZEIGT, WIE SICH ALLMÄHLICH DAS GESETZ IM WILDEN WESTEN DURCHSETZTE. DAS BILD LINKS ZEIGT DEN REVOLVERHELDEN WYATT EARP.

Mysteriöser Tod von Ludwig II.

Mit 40 Jahren wird der bayerische Märchenkönig ohne ärztliche Untersuchung für verrückt erklärt und entmündigt. Wenige Tage danach findet er unter merkwürdigen Umständen im Starnberger See den Tod.

LINKS: EIN MÄRCHENSCHLOSS FÜR EINEN MÄRCHENKÖNIG: NEUSCHWANSTEIN BEI FÜSSEN. LUDWIG II. VON BAYERN LIESS ES 1869–1886 ERRICHTEN. DER HOLZSTICH (OBEN) ZEIGT DEN FUND DER LEICHEN DES KÖNIGS UND SEINES ARZTES IM STARNBERGER SEE.

PFINGSTSONNTAG, 13. JUNI 1886, 20 UHR. DOKTOR Müller, einer der Ärzte des bayerischen Königs Ludwig II., schaut unruhig aus dem Fenster von Schloss Berg am Starnberger See. Er ist in Sorge um den jungen König, der noch nicht von seinem Spaziergang zurückgekehrt ist. Vor Stunden waren Ludwig und sein Nervenarzt Bernhard von Gudden zu einem Ausflug hinunter zum See aufgebrochen.

Müller beauftragt einen Polizisten, nach dem Vermissten Ausschau zu halten, während das Schlosspersonal den Park absucht. Vergeblich. Schlimme Ahnungen beschleichen Müller.

RECHTS: LUDWIG II. IM ORNAT DES GROSSMEISTERS DES HAUSRITTERORDENS VOM HEILIGEN GEORG. DER VOM VOLK VEREHRTE BAYERISCHE KÖNIG WAR EINE IMPOSANTE ERSCHEINUNG: HOCH GEWACHSEN, MIT EBENMÄSSIGEN GESICHTSZÜGEN UND DUNKLEN LOCKEN. DER HOHEITSVOLLE BLICK, DIE WERTVOLLE KLEIDUNG, DAS BLITZENDE SCHWERT UNTERSTREICHEN AUF DEM GEMÄLDE NOCH DEN MYTHOS VOM MÄRCHENKÖNIG.

Gegen 22.30 Uhr vernimmt man aufgeregte Stimmen im Schlosshof. Bedienstete haben am Seeufer die Hüte von Ludwig und von Gudden sowie den Überrock des Königs gefunden. Kurz darauf entdeckt man im Wasser zwei leblose Körper: den König und seinen Arzt. Was war passiert an jenem Abend? Welche Tragödie hatte sich im See abgespielt?

HERR DER SCHLÖSSER

Eigentlich passte ein so entsetzliches und frühes Ende gar nicht zu dem Bild, das sich die Menschen von Ludwig II. machten. Sie sahen ihn als strahlenden Prinzen, als Märchenkönig. Als er 1864 nach dem Tod seines Vaters den Thron bestieg, war er zwar völlig unvorbereitet auf das hohe Amt, aber er machte sich mit tiefem Ernst an seine Aufgabe, und die Herzen der Untertanen flogen ihm zu.

Doch schon bald zeigte sich, dass Politik nicht Ludwigs Sache war; seine ganze Liebe gehörte der Musik und der Baukunst. Er ließ aufwändige Schlösser in eigenwilligem Stil errichten: Herrenchiemsee, Neuschwanstein, Linderhof. Sie wurden prachtvoll wie Theaterkulissen ausgeschmückt, in die sich der zunehmend menschenscheu und wirklichkeitsfern gewordene König flüchtete.

Heute gehören Ludwigs Schlösser zu den größten Touristenattraktionen Bayerns, damals ruinierten sie die Finanzen des Königs und stürzten das Land in hohe Schulden. Die

DER MONARCH UND DER KOMPONIST

STREIFLICHTER

Kurz nach seiner Thronbesteigung lud König Ludwig II. von Bayern den Komponisten Richard Wagner nach München ein. Seit er mit 15 Jahren zum ersten Mal den *Lohengrin* gehört hatte, schwärmte er für die Musik Wagners, und es war sein größter Wunsch, den Meister in seiner Nähe zu haben.

Am 4. Mai 1864 traf Wagner in München ein – und war überwältigt von der Großzügigkeit, die ihm der junge König entgegenbrachte.

Wagner erhielt eine Villa in München und eine bei Schloss Berg, er durfte die Innenausstattung der Häuser so luxuriös gestalten wie er wollte und konnte die königlichen Kutschen benutzen.

Bei seiner künstlerischen Arbeit genoss Wagner die volle Unterstützung des Königs. Die Inszenierungen des *Fliegenden Holländers* sowie von *Tristan und Isolde* waren große Erfolge, München feierte den Komponisten, der bald weltberühmt wurde.

Persönlich entwickelte sich zwischen den beiden seelenverwandten Männern, deren Altersunterschied rund 30 Jahre betrug, ein enges Verhältnis. Sie trafen sich oft, tauschten Gedanken aus, lauschten gemeinsam der Musik des Komponisten, schwelgten in phantastischen Visionen.

Probleme gab es erst, als der revolutionär eingestellte Wagner sich zu politischen Fragen äußerte und die bayerische Regierung angriff. Daraufhin verlangte das Ministerium vom König die Trennung von Wagner und stellte ihm ein entsprechendes Ultimatum. Ludwig gab schweren Herzens nach, und nach anderthalb Jahren Aufenthalt verließ Wagner die bayerische Hauptstadt.

Ludwig unterstützte den Komponisten jedoch weiterhin: Er finanzierte den Bau des Festspielhauses in Bayreuth, er sorgte dafür, dass der *Ring des Nibelungen* in München aufgeführt wurde, er ließ Wagner nach dessen Tod in Bayreuth bestatten.

Regierung sah sich in Zugzwang: Der König musste abgesetzt werden. Man fand auch eine Begründung: Geisteskrankheit. Zum Gutachter bestimmten die Minister den Psychiater Bernhard von Gudden, Chef der oberbayerischen Kreisirrenanstalt. Der stellte, ohne den König je untersucht zu haben, unheilbare Paranoia fest. Und das bedeutete: Ludwig musste in Gewahrsam genommen werden.

FESTSETZUNG EINES KÖNIGS

Eine Kommission, zu der auch von Gudden und sein Assistent Müller gehörten, sollte sich in Neuschwanstein des Königs bemächtigen. Der ahnte das Unheil; zu seinem Diener sagte er: „Dass man mich für irrsinnig erklärt hat, überlebe ich nicht." Er wehrte sich jedoch kaum gegen seine Festsetzung am 12. Juni 1886, wirkte nur sehr verstört. Noch in derselben Nacht schaffte man ihn nach Schloss Berg, wo inzwischen die Fenster der königlichen Gemächer mit Gittern und die Türen mit Gucklöchern versehen worden waren.

Der König begehrte gegen seine „Haftbedingungen" nicht auf, er fügte sich, zumindest dem äußeren Anschein nach, in sein Schicksal.

Am nächsten Morgen machten der Patient und seine Ärzte einen Spaziergang am See – alles, wie es schien, in bestem Einvernehmen. Von Gudden atmete auf – offenbar war die heikle Aktion problemlos verlaufen. Doch noch in derselben Nacht fand man die beiden Leichen im Wasser.

TRAGISCHES ENDE

Es ist oft darüber gerätselt worden, was sich in den letzten Lebensminuten des Königs unten am See abgespielt haben mag. Bei der Leichenschau wurde festgestellt, dass Ludwig unverletzt war, während der Arzt Kratzspuren im Gesicht und Würgemale am Hals aufwies. Vielleicht hatte Ludwig fliehen oder sich selbst töten wollen, und von Gudden war eingeschritten. Auf jeden Fall sind beide in dem an dieser Stelle nicht sehr tiefen See ertrunken.

Die Erinnerung an Ludwig II. ist bis auf den heutigen Tag nicht verblasst. Mit seiner Schönheit, seinem schwermütigen Blick und seiner Entrücktheit stellt er die Verkörperung eines Märchenkönigs dar, und Märchen sind unvergänglich …

DER KOLORIERTE HOLZSTICH ZEIGT LUDWIG II. BEI EINER KAHNFAHRT IN DER VENUSGROTTE. DER KÖNIG LIESS IN SCHLOSS LINDERHOF DIE HÖHLE AUS DER TANNHÄUSER-OPER NACHBAUEN UND LIEBTE ES, SICH IN EINEM GOLDENEN NACHEN ÜBER DEN KÜNSTLICH ANGELEGTEN SEE RUDERN ZU LASSEN. RAFFINIERTE ILLUMINATIONEN SCHUFEN DABEI IN DER GROTTE WECHSELNDE LICHTEFFEKTE.

Robert E. Lee und die Schlacht von Gettysburg

Hat der Held des amerikanischen Bürgerkriegs das einhellige Lob verdient oder beruht Lees guter Ruf auf einem historischen Missverständnis?

Geschichte, so sagt man, wird von Siegern geschrieben. Wären einige Kriege der Weltgeschichte anders ausgegangen, würde man heute auch andere Helden feiern: Pompeius statt Julius Caesar, Widukind statt Karl den Großen. Diese Neigung zur Verherrlichung der Sieger zieht sich durch die ganze Überlieferung. Doch es gibt Ausnahmen. Zu diesen zählt der Fall Robert E. Lee, General im amerikanischen Sezessionskrieg 1861–65.

Obwohl Lee während der blutigsten Auseinandersetzung auf amerikanischem Boden die Verliererseite befehligte, gedenkt man heute seiner direkt nach dem Sieger Abraham Lincoln. Lee ging als eine der meistverehrten und bewunderten Gestalten aus dem Bürgerkrieg hervor, ein sanftmütiger Mann, freundlich, durch und durch Patriot und Pazifist, seiner Heimat Virginia und der gesamten Konföderation gegenüber zutiefst zugetan.

Er war ein außerordentlich überzeugender Anführer seiner Truppen, seine Armee von Nord-Virginia brachte ihm weit mehr Loyalität entgegen als die Unionstruppen ihren Generalen. Vor der vernichtenden Niederlage der Konföderierten bei Gettysburg 1863 führte Lee seine an Zahl weit unterlegene Armee von Sieg zu Sieg. Sein Status als Nationalheld jedoch wurde erst nach seinem Tod 1870 gefestigt, 5 Jahre nach Kriegsende. Den politischen Köpfen des geschlagenen Südens war es ein wichtiges Anliegen, Robert E. Lee zum Helden aufzubauen – es gab ihrer verlorenen Sache eine gewisse historische Legitimation, die sie so dringend benötigten.

WER IST DER SÜNDENBOCK?

Als sich um 1870 herauskristallisierte, dass die dreitägige Schlacht von Gettysburg mit rund 28 000 Toten auf konföderierter Seite den Wendepunkt des amerikanischen Bürgerkriegs markierte, wurde es zunehmend wichtig, Lee nicht für die Niederlage der Konföderierten verantwortlich zu machen. Stattdessen beschuldigte man einige andere Generale, darunter Leutnant James Longstreet, Lees rechte Hand. In einer öffentlichen Rede schob der ehemalige konföderierte General Jubal Early die Schuld an dem Desaster Leutnant Longstreet in die Schuhe. Dieser nämlich habe, behauptete Early, auf dem irrwitzigen Angriff der Armee der Konföderierten am dritten Tag der Gettysburg-Schlacht bestanden, und Longstreet habe die Befehle Lees bei der Ausführung des eigenen Angriffs missachtet. Leutnant Longstreet seinerseits warf in Aufzeichnungen und Gesprächen General Lee mangelnde Entschlossenheit bei Gettysburg vor.

Nach Earlys Rede schlug eine Welle der Kritik über Longstreet zusammen; er und nicht Lee sei verantwortlich für das Scheitern des Gettysburg-Feldzugs und somit für den verlorenen Bürgerkrieg. Diese Überzeugung hielt sich über Generationen, vor allem im Süden.

LONGSTREETS ENTLASTUNG

Gewiss spielten ganz andere Motive eine Rolle, als die breite Öffentlichkeit Leutnant Longstreet die Schuld an dem verlorenen Krieg gab. In den Jahren nach dem Krieg war er Republikaner geworden, ein Schritt, der im leidenschaftlich demokratischen Süden einem politischen Selbstmord gleichkam. Für Lee dagegen sprachen die zahlreichen Siege vor der Schlacht bei Gettysburg. Auch lässt sich die schlichte Würde kaum leugnen, die seinen Charakter ausmachte und immer wieder in Biografien hervorgehoben wurde. Aber bei Gettysburg, räumen die Historiker mittlerweile ein, mag es Lee durchaus an Entschlossenheit gefehlt haben, wie Longstreet ihm vorwarf.

Longstreet hingegen konnte dauerhaft kein Fehlverhalten nachgewiesen werden. General Earlys Behauptung, Longstreet sei für die folgenschwere Entscheidung, die größere Streitmacht der Union anzugreifen, verantwortlich, ist falsch. Alle Quellen weisen darauf hin, dass Longstreet für eine besonnenere Verteidigungshaltung eintrat. Seine Auffassungen von einer defensiven Kriegsführung waren ihrer Zeit weit voraus und es lässt sich nicht sagen, welche Geschichte geschrieben worden wäre, wenn man seine Taktik befolgt hätte.

Der zweite Vorwurf, Longstreet habe seinen eigenen Angriff schlecht und zu spät durchgeführt, ist ebenso unhaltbar. Longstreet konnte nicht vor dem späten Nachmittag des zweiten und entscheidenden Tages der Schlacht angreifen. Aber nicht daran scheiterte der Vorstoß. Tatsächlich war Leutnant Longstreet gezwungen, auf das verspätete Eintreffen einer seiner Brigaden zu warten. Hätte er früher losgeschlagen, wäre dies mit einer noch kleineren Streitmacht geschehen.

Es war Lee, der zum Angriff gedrängt hatte, obwohl eine defensive Haltung vernünftiger gewesen wäre. Robert E. Lee hatte in den Schlachten des Bürgerkriegs oft auf Risiko gesetzt und gewonnen – bis zur Schlacht von Gettysburg. Nach der Schlacht räumte Lee selbst ein: „Es ist alles meine Schuld. Meine Männer wären unbesiegbar gewesen.“

AUCH WENN ROBERT E. LEE (LINKE SEITE) UNBESTRITTEN EIN GROSSER GENERAL WAR, TRÄGT ER UND NICHT LEUTNANT JAMES LONGSTREET (OBEN) DIE SCHULD AN DER NIEDERLAGE DER KONFÖDERIERTEN BEI GETTYSBURG. UNTEN: DIE ERBITTERT GEFÜHRTE SCHLACHT KOSTETE VIELE TAUSEND MENSCHEN DAS LEBEN.

Wer war Jack the Ripper?

Der berüchtigte Londoner Serienmörder gab dem Entsetzen eine völlig neue Dimension.

Jahre nach den entsetzlichen Ereignissen, die sich in London Ende des 19. Jh. ereignet hatten, schrieb Sir Melville Macnaghten, Leiter der Londoner Kriminalpolizei: „Heute noch erinnere ich mich der nebligen Abende und habe die heiseren Stimmen der Zeitungsverkäufer im Ohr: ‚Wieder ein schrecklicher Mord – Verstümmelung, Whitechapel.' So stark wirkten ihre grässlichen Rufe nach. Und nach dem Doppelmord vom 30. September glaubte sich kein Dienstmädchen mehr seines Lebens sicher, wenn es sich nach zehn Uhr abends hinauswagte, um einen Brief zur Post zu bringen." Diese Erinnerungen bezogen sich auf Jack the Ripper, den Serienmörder, der 1888 das Armenviertel Whitechapel im Londoner East End in Angst und Schrecken versetzte.

DIE GRAUSAMEN MORDE

Als erster Serienmörder, der eine Metropole wie London in Atem hielt, weidete sich Jack the Ripper an der Angst der Stadt. Sein Name beschwört die unheimliche, düstere Atmosphäre der viktorianischen Straßen herauf. Der ungelöste Fall Jack the Ripper ist Inspirationsquelle für Kriminalromane wie Sherlock Holmes und zahlreiche Musicals geworden. Der Begriff „Ripper" hat den Weg selbst ins deutsche Wörterbuch gefunden und steht für „Aufreißer, Aufschlitzer". Wenn jemand behauptet, die Ripper-Morde seien Kultstoff geworden, untertreibt er. Dieser außergewöhnliche Kriminalfall ist nach über 100 Jahren noch mit so vielen Gerüchten und Mutmaßungen verwässert, dass die eigentliche Wahrheit immer schwerer zu finden sein wird.

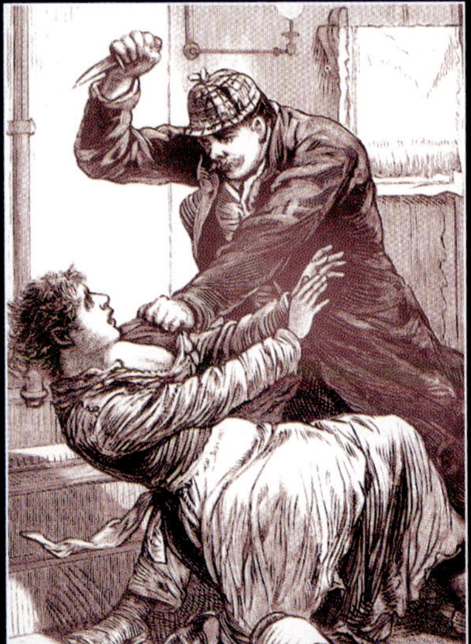

EINE ZEICHNUNG AUS DEM POLIZEIBLATT (RECHTS) ZEIGT JACK THE RIPPER BEI EINER SEINER UNTATEN. DER NEBEL IN DEN STRASSEN LONDONS ERZEUGTE EINE DERART UNHEIMLICHE ATMOSPHÄRE, DASS SELBST DER BRIEFTRÄGER BEDROHLICH ERSCHIEN (RECHTE SEITE).

Was hat sich nun genau zwischen August und November 1888 ereignet? Sechs Opfer, allesamt Prostituierte, wurden auf grauenhafte Weise ermordet und regelrecht ausgeweidet, von dem Täter aber fehlte jede Spur. Der erste Mord, den man Jack the Ripper zuschreibt, geschah am 6. August eine Viertelstunde vor Mitternacht. Die Leiche der 35-jährigen Martha Turner wurde mit aufgeschlitztem Unterleib von einem Streifenpolizisten in Whitechapel gefunden. Am 31. August ereilte Mary Ann Nichols das gleiche Schicksal. Eine Woche später, am 8. September, fand man Annie Chapman auf der Hanbury Street. Die Frauenmorde setzten eine hektische Jagd nach dem Täter in Gang.

Der Ripper verhielt sich eine Zeit lang ruhig. Am 30. September löste dann ein Doppelmord in einer einzigen Nacht allgemeine Panik aus. Man fand Elizabeth Stride auf der Straße mit durchschnittener Kehle, aber ohne Verstümmelungen. Man vermutete später, dass der Mörder gestört wurde, ehe er sein übliches Werk beginnen konnte. Da sein Durst nicht gestillt war, floh er in einen anderen Teil von Whitechapel und überfiel das zweite Opfer der Nacht, Catherine Eddowes. Nachdem er ihr brutal die Eingeweide herausgerissen hatte, machte er sich mit einer Niere davon.

Der letzte Mord, der nach dem bekannten Muster ausgeführt wurde und den man daher Jack anlastete, geschah am 10. November. Er stellte den Höhepunkt des Grauens dar. Mary Jane Kelly wurde buchstäblich seziert: Die inneren Organe waren aus dem Körper entfernt und neben der Leiche niedergelegt.

EIN FLUGBLATT SCHILDERT DETAILLIERT EINEN DER MORDE, DIE MAN JACK THE RIPPER ZUSCHREIBT. ES MELDET AUCH VERFRÜHT DIE FESTNAHME VON „LEATHER APRON“ (LEDERSCHÜRZE), DER FÜR DEN RIPPER GEHALTEN WURDE. RECHTE SEITE: ENDE DES 19. JH. LEITETE MAN MITHILFE VON FACKELN DEN VERKEHR DURCH DIE NEBLIGEN STRASSEN VON LONDON.

GHASTLY
MURDER
IN THE EAST-END.
DREADFUL MUTILATION OF A WOMAN.

Capture of Leather Apron

Another murder of a character even more diabolical than that perpetrated in Buck's Row, on Friday week, was discovered in the same neighbourhood, on Saturday morning. At about six o'clock a woman was found lying in a back yard at the foot of a passage leading to a lodging-house in a Old Brown's Lane, Spitalfields. The house is occupied by a Mrs. Richardson, who lets it out to lodgers, and the door which admits to this passage, at the foot of which lies the yard where the body was found, is always open for the convenience of lodgers. A lodger named Davis was going down to work at the time mentioned and found the woman lying on her back close to the flight of steps leading into the yard. Her throat was cut in a fearful manner. The woman's body had been completely ripped open, and the heart and other organs laying about the place, and portions of the entrails round the victim's neck. An excited crowd gathered in front of Mrs. Richardson's house and also round the mortuary in old Montague Street, whither the body was quickly conveyed. As the body lies in the rough coffin in which it has been placed in the mortuary —the same coffin in which the unfortunate Mrs. Nicholls was first placed—it presents a fearful sight. The body is that of a woman about 45 years of age. The height is exactly five feet. The complexion is fair, with wavy dark brown hair; the eyes are blue, and two lower teeth have been knocked out. The nose is rather large and prominent.

Während der Ripper sich in Luft aufgelöst zu haben schien, schossen die Spekulationen über seine Identität in Schwindel erregende Höhe. Scotland Yard ermittelte nie den richtigen Namen. Man verwendete daher den Decknamen aus einem der anonymen Briefe, die der Mörder angeblich nach seinen Gräueltaten schrieb, vermutlich aber Fälschungen waren:

Lieber Boss,
ich höre immerzu, die Polizei habe mich gefangen, aber sie wird mich noch nicht stellen. Ich habe gelacht, als sie sich so schlau stellten und davon redeten, auf der richtigen Spur zu sein … Ich habe es auf Huren abgesehen und ich werde nicht aufhören, sie aufzuschlitzen, bis ich tatsächlich geschnappt bin … Mein Messer ist so schön und scharf, dass ich mich sofort ans Werk machen will, wenn sich die Gelegenheit bietet.
Hochachtungsvoll,
Jack the Ripper
Nehmen Sie es mir nicht übel, wenn ich meinen Markennamen angebe.

DIE PRESSE MACHT JAGD

Einer der Gründe, warum der Fall noch immer Aufmerksamkeit auf sich zieht, liegt in der erschöpfenden Berichterstattung der Presse. In gewisser Hinsicht waren diese Morde – wenn man von ihrer Brutalität absieht – gar nicht so ungewöhnlich. Whitechapel war ein Slum mit schmutzigen Gassen und verfallenen Häusern. Die Morde des Rippers fesselten die Öffentlichkeit aus zwei Gründen: erstens wegen ihrer Grausamkeit und zweitens, weil sie durch die sensationsgierige Presse aufgebauscht wurden. Diese beiden Faktoren ergänzten sich perfekt. Die Zeitungen hatten sich allmählich zu einem gesellschaftsbestimmenden Medium entwickelt; sie lenkten die Aufmerksamkeit auf die unwürdigen Bedingungen, unter denen fast 500 000 Menschen aus der Londoner Unterschicht leben mussten. Mit ihren marktschreierischen Berichten griffen die Zeitungen die städtischen Behörden einschließlich Polizei an. Die Attacken der Boulevardpresse erreichten schließlich auch den Rücktritt des Polizeichefs Sir Charles Warren.

EIN MANN, DER RÄTSEL AUFGIBT

Wer war dieser schwer fassbare Jack the Ripper? Die Liste der Verdächtigen ist lang. Einer der Hauptverdächtigen war damals der Hochstapler Michael Ostrog, der viele Decknamen benutzte. Er wurde jedoch nie angeklagt. Die Suche nach der wahren Identität des legendären Mörders geht bis heute weiter. Man hat Jack the Ripper die verschiedensten Rollen zugewiesen, vom Kannibalen bis zum wahnsinnigen Sozialreformer.

Es wurde sogar behauptet, der kaltblütige Mörder sei Edward, Herzog von Clarence, gewesen, ein Enkel von Königin Viktoria. Aber diese Behauptung hat man eindeutig widerlegt. Auch die Theorie, der Mörder sei der Erzieher des Herzogs gewesen, ein Cambridge-Absolvent namens J. K. Stephan, ein Dichter und offenkundiger Frauenhasser, wurde sorgfältig geprüft. Die Belastungen gegen Stephan waren nicht haltbar.

Die Wahrheit über das Phantom Jack the Ripper könnte in noch unentdeckten Dokumenten oder versteckten Tagebüchern liegen. Der Täter verfügte zweifelsohne über medizinische Kenntnisse und chirurgische Fähigkeiten. Das Tatwerkzeug könnte aber ebenso ein Seziermesser wie auch ein Fleischermesser gewesen sein. Der berühmte Mörder hat sein Geheimnis über mehr als ein Jahrhundert gewahrt.

IN NEUERER ZEIT WURDE DER HERZOG VON CLARENCE (RECHTS), ENKEL VON KÖNIGIN VIKTORIA, HINTER JACK THE RIPPER VERMUTET. ER FÜHRTE EIN ZÜGELLOSES LEBEN.

VIELE VERDÄCHTIGE – ABER KEINE BEWEISE

OFFENE FRAGEN

Zahllose Amateurdetektive und professionelle Kriminologen haben geradezu besessen nach der Identität von Jack the Ripper geforscht. Wir wissen jedoch bis heute nicht, wer der Mörder war.

Aus unbekannten Gründen erklärte die Polizei den Fall 3 Wochen nach dem letzten Mord an Mary Jane Kelly im November 1888 für abgeschlossen. Einige Berichte meldeten, Jack sei kurz nach dem Mord an Kelly in der Themse ertrunken. Eine Anfang Dezember ans Ufer gespülte Leiche wurde als Montague John Druitt identifiziert, der als einer der Hauptverdächtigen genannt worden war. Die polizeilichen Auskünfte über den Mann, den sie für Druitt hielten, waren allerdings falsch, denn sie führten ein anderes Alter und einen anderen Beruf an. Weitere Verdächtige waren ein Metzger, eine Hebamme und ein geistesgestörter Professor. Verdächtigt wurde auch Aaron Kosminski, ein jüdischer Bader, der 1890 in eine Anstalt eingewiesen wurde. Ein weiterer Verdächtiger war Francis Tumblety. Der amerikanische Quacksalber lebte zur Zeit der Morde in London. Nachdem ihn die Polizei wegen homosexueller Betätigung verhaftet hatte, floh er in die USA.

Gegen keinen der Verdächtigen konnten trotz intensiver Bemühungen stichfeste Beweise vorgelegt werden.

TEIL 5

AUFBRUCH IN DIE MODERNE ZEIT

Die Jahre zwischen Mitte des 19. und 20. Jh. waren von erheblichen Verbesserungen im Verkehrswesen geprägt. Um 1900 kreuzten große, leistungsfähige Schiffe auf den Meeren, Automobile fuhren auf den Straßen und Eisenbahnen durchquerten Europa, Nordamerika und Asien in alle Richtungen. Gewaltige Fortschritte waren auch auf dem Gebiet der Kommunikation zu verzeichnen: Telegraf und Telefon ermöglichten die sekundenschnelle Übermittlung von Informationen auch über große Entfernungen. Diese großartige Entwicklung eröffnete auch ganz neue Perspektiven für die Menschen. So stellte sich für viele die Frage, wie es die Brüder Wright erreichten zu fliegen. Wem haben wir die Fotografie zu verdanken? Und wer erklomm als erster den höchsten Berg der Erde, den Mount Everest? Aber die technische Entwicklung hatte auch ihre Grenzen, wie der Untergang der scheinbar unsinkbaren *Titanic* beweist.

Die Erfindung der Fotografie

Das Aufkommen der Fotografie Anfang des 19. Jh. war ein bahnbrechender Schritt auf dem Weg zu weiteren weltbewegenden technischen Neuerungen.

LINKS: DIE ERSTE AUSSENAUFNAHME VON NIÉPCE VON 1826. OBEN: EINE DAGUERRE-KAMERA. UNTEN: WILLIAM H. F. TALBOTS ERSTES PAPIERFOTO (1835). ES ZEIGT EIN FENSTER DER LACOCK ABBEY IN GROSSBRITANNIEN.

GEHT MAN DER GESCHICHTE EINER ERFINDUNG nach, ist es schwer, einen bestimmten Augenblick als den Moment der Entdeckung festzulegen. Erfindungen haben oft einen langen Weg hinter sich und sind selten das Werk Einzelner.

Nicht anders war es auch mit der Fotografie. Ihre Entwicklung verdanken wir im Wesentlichen vier Männern: Thomas Wedgwood und William Henry Fox Talbot in England sowie Joseph Nicéphore Niépce und Louis-Jacques-Mandé Daguerre in Frankreich.

Die ersten Schritte der Fotografie liegen lange zurück. Das Prinzip der Camera obscura (zu deutsch: dunkler Raum) wurde bereits bei Aristoteles im 4. Jh. v. Chr. erwähnt und ist auch aus mittelalterlichen Quellen hinreichend bekannt. Dieser Vorläufer der Kamera bestand aus einem verdunkelten Raum mit einer kleinen Öffnung, die man später durch eine Linse ersetzte. Durch die Öffnung fiel die umgekehrte Abbildung einer Szene im Tageslicht auf die gegenüberliegende Wand. Künstler verwendeten tragbare Geräte dieser Art als Zeichenhilfe für wirklichkeitsgetreue Perspektiven und lebensnahe Porträts.

Die Erforschung von chemischen Prozessen spielte in der Entwicklung der Fotografie eine wichtige Rolle. 1727 stellte der deutsche Physiker J. H. Schulze fest, dass Silberchlorid unter Lichteinwirkung schwarz wird, und 1777 bewies der schwedische Chemiker C. W. Scheele, dass lichtgeschwärztes Silberchlorid in Ammoniak nicht mehr ganz löslich ist und fein verteiltes schwarzes Silber hinterlässt. Dies wies den Weg zur Fixierung von Fotografien.

DIESE KALOTYPIE VON 1845 ZEIGT DIE ARBEIT IN LACOCK ABBEY, WO TALBOT WOHNTE UND SEINE FOTOGRAFISCHEN VERSUCHE DURCHFÜHRTE.

WEDGWOODS LICHTPAUSE

Der erste bekannte Versuch, ein fotografisches Bild zu erzeugen und zu fixieren, geht auf den Fabrikanten Thomas Wedgwood zurück. Er versuchte mithilfe lichtempfindlicher Substanzen Muster auf Porzellan zu erzeugen. 1802 gelang es ihm, Bilder auf Silbernitratpapier erscheinen zu lassen. Er hielt ein Schnittmuster vor eine beschichtete Oberfläche und setzte diese dann dem Sonnenlicht aus, bis eine Silhouette entstand. Doch konnte er diese Lichtpause nicht haltbar machen. Eine Londoner Zeitung nahm Notiz von Wedgwoods Experiment und berichtete ausführlich darüber. Der Weg für die Entwicklung einer neuen Kunst war damit bereitet.

Um 1815 begann der Franzose Joseph Nicéphore Niépce mit Experimenten, in denen er lichtempfindliche Substanzen mit Lithografie kombinierte. Dazu benutzte er Asphalt, den er in Petroleum auflöste. Diese Lösung trug er dünn auf eine Metallplatte auf. Der belichtete

DIESE DAGUERREOTYPIE VON 1839 ZEIGT EINEN BOULEVARD IN PARIS. EIN SCHUHPUTZER UND SEIN KUNDE (IM VORDERGRUND) SIND DIE ERSTEN MENSCHEN, VON DENEN EIN FOTO EXISTIERT. DER SCHNELLE STRASSENVERKEHR WURDE NICHT AUF DEM BILD ERFASST.

Asphalt wurde hart, während sich der unbelichtete entfernen ließ. Auf diese Weise entstand ein Bild, das er als Vorlage benutzte. Zunächst erzeugte er nur Negativbilder, die er wie der Brite Wedgwood nicht fixieren konnte. 1826 gelang es Niépce dann aber mit diesem Verfahren, von der Aussicht seines Arbeitszimmers ein Bild anzufertigen. Trotz der Belichtungszeit von acht Stunden handelte es sich um das erste erfolgreiche Experiment einer Aufnahme nach der Natur.

DAGUERREOTYPIE UND KALOTYPIE

1829 schloss sich Niépce mit Louis-Jacques-Mandé Daguerre zusammen, einem Theatermaler, der sich auf Kulissen für Pariser Bühnen spezialisiert hatte. Die Arbeit mit der Theaterbeleuchtung hatte bei ihm das Interesse an fotografischen Experimenten geweckt. Niépce starb jedoch, bevor die beiden wirkliche Fortschritte in ihrer Arbeit erzielen konnten.

1835 entdeckte Daguerre dann die Grundlagen der Bildentwicklung, als es ihm gelang, das auf einer Silberjodidplatte erzeugte latente Bild mit Quecksilberdampf hervortreten zu lassen. Das verkürzte die Belichtungszeit auf eine halbe Stunde. Leider war das produzierte Bild nicht beständig. Zwei Jahre später jedoch fand dann Daguerre heraus, dass sich das Bild mit einer einfachen Kochsalzlösung fixieren ließ. Diesem Verfahren gab Daguerre seinen Namen. 1839 verkaufte er die Rechte an seiner Erfindung an die französische Regierung und erhielt dafür als Gegenleistung eine lebenslange Rente, die ihm sein Auskommen sicherte.

Um 1830 arbeitete der britische Wissenschaftler William Henry Fox Talbot mit einer Camera obscura, um Bilder aufzunehmen, die er mit dem Zeichenstift nicht zu Papier bringen konnte. Um 1835 hatte er die ersten Erfolge zu verzeichnen. Er weichte Papier in Kaliumjodid- und Silbernitratlösung ein. Dabei bildete sich in den Papierfasern Silberjodid. Durch die Belichtung des Papiers wurde das Silberjodid geschwärzt, und es entstand ein Negativ. Talbot fand heraus, dass er eine beliebige Anzahl von Abzügen machen konnte, wenn er ein frisch präpariertes Papier auf das Negativ legte und belichtete. Als Fixiermittel verwendete Talbot Natriumthiosulfat, das der Wissenschaftler Sir John Herschel zeitgleich entwickelte. Das Negativ-Positiv-Verfahren wird nach seinem Erfinder Talbotypie oder auch Kalotypie genannt.

In den darauf folgenden Jahren wurden schärfere Linsen und schnellere Belichtungszeiten entwickelt. Die Fotografie wurde erschwinglicher und in der Öffentlichkeit stieg die Nachfrage nach Porträts. Trotzdem war die Daguerreotypie zum Scheitern verurteilt, weil sie nur schwer reproduzierbar war. Das Verfahren wandte man eine Zeit lang parallel zur Kalotypie an. Beide Erfindungen ermöglichten es jedenfalls, vergängliche Bilder aus der Welt des Lichts festzuhalten.

REISENDE DAGUERREOTYPISTEN

STOFF FÜR LEGENDEN

Verbesserungen im Daguerreotypie-Verfahren, vor allem die Entwicklungen von József Petzval und Friedrich Voigtländer, verkürzten die Belichtungszeit auf weniger als 30 Sekunden. Diese Fortschritte machten die Daguerreotypie zu einem beliebten neuen Gewerbe. Schon 1850 gab es in fast allen Städten Daguerre-Fotografen. Reisende Daguerreotypisten fuhren mit ihren rätselhaften Gerätschaften durch das ganze Land.

Die Nachfrage nach den Diensten der reisenden Fotografen war beachtlich. Bei ihrer Ankunft in den Städten wurden sie meist von zahlreichen Menschen in ihren besten Kleidern erwartet. Man übte Posen, die bald für immer festgehalten werden sollten.

Ideenreiche Kinematographie

EDISON BETRACHTET IN SEINEM STUDIO IN WEST ORANGE EINE FILMROLLE (1912).

Die Entwicklung der Fotografie war gleichzeitig ein Meilenstein für die Geschichte des Films. Mitte des 19. Jh. entdeckte M. Faraday den stroboskopischen Effekt. Dieser beruht auf der Tatsache, dass das menschliche Auge bei einer schnellen Abfolge von Bildern keine Einzelbilder mehr wahrnimmt, sondern diese zu einer kontinuierlichen Folge zusammensetzt. Die biologische Tatsache, dass unser Auge träge ist, ist die Voraussetzung dafür, dass für den Betrachter ein „Film" sichtbar wird.

1899 entwickelte Thomas A. Edison in Amerika mit dem Kinematographen den ersten brauchbaren Filmaufnahmeapparat. Er erfand 1896 auch das Vitaskop (Abb. rechts unten), den ersten Laufbildprojektor. Zu Beginn des 20. Jh. steckte die Filmindustrie noch in ihren Kinderschuhen, erfreute sich aber großer Beliebtheit.

DIE „SCHWARZE MARIA"

Thomas A. Edisons Bestreben, bewegte Bilder zu schaffen, war entstanden, weil er sich zunehmend für die Entwicklung einer Maschine zum Aufnehmen von Bildern bewegter Gegenstände interessierte. Unterlegen wollte er diese Bilder anschließend mit den Geräuschen und Stimmen des Phonographen, ebenfalls eine seiner Erfindungen. Realisierbar wurde diese Idee allerdings erst mit der Erfindung des Zelluloidfilms.

Edison versuchte die Verwendungsmöglichkeiten des Kinematographen auszuloten. Auf dem Gelände seines Studios in West Orange, New Jersey, errichteten er und sein Team das erste Filmstudio der Welt, die „Black Maria" (deutsch: „Schwarze Maria"), einen mit schwarzer Teerpappe bedeckten Schuppen. Die meisten seiner frühen Filme befassten sich mit populären Themen, wie z. B. mit Buffalo Bill, Balletttänzerinnen, Boxkämpfen oder einem Zahnarztpatienten und seiner Reaktion auf Lachgas.

Nun war es zwar einfach, eine Schau in das Filmstudio zu verlegen, wie aber sollte Edison dem Wunsch des Publikums nachkommen, aktuelle Ereignisse, etwa den Krieg zwischen Buren und Briten im fernen Südafrika, zu zeigen? Er verfiel auf die Idee, Szenen im Hinterhof seines Studios in großem Maßstab mit Soldaten der Nationalgarde von New Jersey nachzustellen. Innerhalb weniger Tage wurden einige der blutigsten Schlachten des Burenkriegs inszeniert. Obgleich die Fälschung offensichtlich war, akzeptierte das Publikum die Filme – und mit ihm die *special effects*, die bis heute untrennbar zum Film gehören.

IM DIENST DES BETRACHTERS

6 Jahre später stellte die Biograph Company Thomas Edisons auf Zelluloid gebannte Trugbilder in den Schatten, als sie nach dem Erdbeben von San Francisco im Jahr 1906 ein Modell der Stadt aus Pappe und Lehm anfertigte und die erste Wochenschau über das Erdbeben produzierte.

Eine andere Art des Filmschwindels entstand viele Jahre später auf dem Höhepunkt des Kalten Krieges. Im Zuge des Wettlaufs im Weltraum zwischen den USA und der Sowjetunion filmten die Sowjets 1965 einen Spaziergang im All – gedreht wurde in Wahrheit unter Wasser. Die UdSSR wollte mit dem Film ihre Behauptung untermauern, ein russischer Kosmonaut sei der erste Mensch gewesen, der einen Weltraumspaziergang unternommen habe.

Auch wenn diese kinematographischen Anekdoten uns heute wie Kuriositäten erscheinen, lassen sie doch ein Phänomen des Zeitalters der Unterhaltung bereits erahnen: Die Filmfassung eines Ereignisses wird oft als ebenso real betrachtet wie das historische Ereignis selbst …

Die Vision des Henri Dunant

Rotes Kreuz auf weißem Grund – dieses Symbol ist wohl das bekannteste auf der Welt. Die umgekehrte Schweizer Flagge wird als völkerrechtliches Schutzzeichen international anerkannt.

DER ZIVILCOURAGE VON HENRI DUNANT (RECHTS) WAR DIE GRÜNDUNG DES ROTEN KREUZES ZU VERDANKEN. AUSSCHLAGGEBEND WAREN SEINE ERFAHRUNG ALS SANITÄTER AUF DEM SCHLACHTFELD VON SOLFERINO (GROSSES BILD RECHTS), ALS ER VERWUNDETEN SOLDATEN OHNE ANSEHEN DER PERSON ERSTE HILFE LEISTETE. SO ENTSTAND DER GEDANKE WELTWEITER NEUTRALER HILFE.

DAS ROTE KREUZ – DIESE WELTWEITE UND SEGENSreiche Hilfsorganisation verdanken wir einem Mann: Henri Dunant. Der 1828 in Genf geborene Sohn reicher Kaufleute war eigentlich dazu ausersehen, „Geld zu machen". Seine Eltern hielten es mit der Devise, das Wichtigste im Leben sei Geldverdienen und Vermögen zu bilden. Auf der Schule gescheitert, wurde der junge Henri Bankkaufmann, doch er hatte anderes im Sinn als seine Eltern es sich träumen ließen.

DIE ALMOSENGESELLSCHAFT

Zusammen mit einigen Freunden wandte sich Dunant den Armen zu. Nach der Arbeit gingen sie abends in die Genfer Elendsviertel und halfen den Alten, Einsamen, Mittellosen, Kranken und Dahinsiechenden. Sie gaben ihr Geld für Wolldecken, Nahrungsmittel, Kleidung und Arzneimittel aus. Dieser bald „Almosengesellschaft" genannte Verein wuchs rasch und gewann immer neue Helfer. Die karitative Vereinigung erhielt später den Namen „Christlicher Verein junger Menschen". Der CVJM ist heute noch in vielen Ländern der Erde vertreten.

DER SCHOCK VON SOLFERINO

Die Bank, bei der Henri beschäftigt war, kaufte Ländereien in der französischen Kolonie Algerien und schickte ihn dorthin, um nach dem Rechten zu sehen. Doch er machte sich selbstständig und baute ein eigenes Unternehmen auf. Nach 5 Jahren stand er allerdings vor dem Ruin. Seine Aktiengesellschaft benötigte dringend Konzessionen für Mühlen und Anbaupläne in Algier, die ihr aber verweigert wurden. Niemand konnte oder wollte ihm helfen, und so kam Dunant 1859 die Idee, sich direkt mit einem Bittgesuch an den französischen Kaiser Napoleon III. zu wenden.

In jenem Jahr führten Frankreich und Sardinien Krieg gegen Österreich und der französische Kaiser hielt sich gerade in Solferino in Norditalien bei der kämpfenden Truppe auf. Dunant reiste dorthin und kam am 25. Juni in dem kleinen Städtchen südlich des Gardasees an. Dort hatte tags zuvor eine blutige Schlacht getobt. Dieser Tag war nicht nur ein Wendepunkt in seinem eigenen Leben, sondern auch der Tag, an dem die Idee einer großen Hilfsorganisation für Verwundete entstand. Was er auf dem Schlachtfeld sah, war so grauenvoll, dass er es kaum in Worte zu fassen vermochte. Die Schlacht hatte 15 Stunden gedauert, die Österreicher waren geschlagen und neben den tausenden von Toten lagen 40 000 Verwundete auf der Walstatt: Viele waren ohnmächtig vor Schmerzen und wer noch die Kraft hatte, schrie verzweifelt um Hilfe.

Helfer gab es viele – doch die meisten waren so unerfahren, dass sie den Betroffenen eher

IM OKTOBER 1863 TRAFEN SICH DIE VERTRETER VON 16 STAATEN ZUR GRÜNDUNGSSITZUNG DES ROTEN KREUZES IN GENF. DUNANT IST ZWAR SCHRIFTFÜHRER, ABER ZU SCHÜCHTERN, UM SICH ZU WORT ZU MELDEN. BEI DER ZWEITEN SITZUNG IN GENF 1864 (OBEN) DARF SICH DUNANT (LINKS STEHEND) NUR NOCH UM DAS RAHMENPROGRAMM KÜMMERN.

noch mehr Schmerzen zufügten, als deren Leiden zu lindern. Dunant war entsetzt über das große Elend und versuchte, so gut es ging zu helfen. Dabei kam ihm zugute, dass er in seiner Jugend bereits Menschen geholfen hatte.

Vor allem tat er etwas, das es bisher noch nie gegeben hatte: Er machte keinen Unterschied zwischen den Soldaten der beiden feindlichen Lager, sondern er half gleichermaßen allen Verwundeten. Vor allem gelang es ihm, die Frauen aus den umliegenden Dörfern sowie andere Reisende dazu zu bewegen, ihm tatkräftig beizustehen und den verwundeten Soldaten erste Hilfe zu leisten: Man folgte seinen Weisungen und befreite die Verletzten von Ungeziefer, holte Wasser, um den Durst zu stillen, verband die Wunden und spendete Trost und Zuspruch. Außerdem erreichte er, dass die siegreichen Franzosen die unverletzten Gefangenen freiließen, sodass sie sich um die verletzten Kameraden kümmern konnten.

EINE IDEE ZIEHT KREISE

Mitte Juli 1859 kehrte Dunant nach Genf zurück, um sich um seine Geschäfte zu kümmern. Doch alles, was ihm vorher wichtig gewesen war, wurde nun von den grauenvollen Bildern und erschütternden Szenen von Solferino verdrängt. Die Vorstellung, dass tausende von Soldaten sterben mussten, weil es keine professionelle Hilfe gab, war ihm unerträglich.

1862 erschien sein Buch *Eine Erinnerung an Solferino*. Ohne Übertreibung und Pathos beschrieb er darin, was in Solferino geschehen war. Dabei stellte er seine eigenen Taten ganz in den Hintergrund. Vorsichtig formulierte er auf den letzten Seiten sein Resümee aus dem Erlebten. Hier war bereits alles enthalten, was zur Idee des Roten Kreuzes zählte. Er führte in Grundzügen die Organisation vor, das einheitliche Emblem und sein wichtigstes Anliegen, die Neutralität der Helfer. Ärzte, Schwestern und Pfleger sollten allen Verwundeten ohne Ansehen der Gesinnung und der Nationalität helfen. Über die Kriegseinsätze hinaus sprach er auch schon von der Möglichkeit von Einsätzen bei Naturkatastrophen.

Dunant ließ 1600 Exemplare des Buchs auf eigene Rechnung drucken und verteilte sie an Leute, die seine Idee unterstützten. Das Bändchen wurde ein Weltbestseller! Es fand Eingang in die Büros der Kriegsministerien und in die Redaktionen der bekannten Zeitungen Europas und wurde von Staatsmännern und Königen gelesen.

Wesentliche Triebfeder bei der Gründung des Roten Kreuzes war der Anwalt Gustave Moynier, den Dunant schon vorher kannte. Er bemerkte schnell, dass Dunant noch keine Vorstellung hatte, wie seine weltbewegende Idee in die Tat umgesetzt werden sollte. Er war auch derjenige, der mit einer von ihm berufenen fünfköpfigen Kommission schließlich zur ersten internationalen Konferenz des Roten Kreuzes (IKRK) 1863 nach Genf einlud. Während der kommenden 46 Jahre blieb Moynier Präsident des Internationalen Roten Kreuzes.

Am Ende dieser Konferenz wurde 1864 die erste Genfer Konvention formuliert. Bei den Genfer Konventionen handelt es sich um internationale Abkommen zum Schutz von Verwundeten, Kriegsgefangenen und der Zivilbevölkerung. Das IKRK hat das Mandat, unter internationalem Recht diese Konventionen durchzusetzen, d. h. die Vollmacht, Kriegsgefangene zu besuchen und zu registrieren, Gefangenenaustausche zu überwachen und Fragen des Kriegsrechts zu entscheiden. Das erste Abkommen wurde bis in die Gegenwart hinein ergänzt und erweitert. Zusatzprotokolle tragen inzwischen einer veränderten Kriegführung Rechnung.

Zwei Beispiele aus jüngster Zeit zeigen, dass die Genfer Konventionen immer noch von Bedeutung sind: Im Golfkrieg richteten die USA ihre Kampfeinsätze nach den Vorschriften der Genfer Konvention und auch bei Beendigung des Krieges galten deren Regeln. Die Kriegsgefangenen wurden in Saudi-Arabien interniert, unter dem Schutz des IKRK registriert und später entlassen. Auch im Antiterror-Krieg nach dem 11. September 2001 überwachen Mitarbeiter des IKRK die Behandlung und Unterbringung der gefangenen Taliban.

DUNANTS TRAURIGES SCHICKSAL

Zwar saß Dunant mit im Internationalen Komitee des Roten Kreuzes, doch schon bald kam es zu Querelen. Vielen Mitarbeitern waren seine Ansprüche zu rigoros und seine missionarischen Ambitionen zu groß. Hinzu kamen seine größer werdenden finanziellen Schwierigkeiten. Seine Kritiker erreichten, dass er aus den Annalen des Roten Kreuzes gestrichen wurde. Verbittert zog er sich nach Heiden zurück, wo er die letzten 23 Jahre seines Lebens verbrachte. Nur der Friedensnobelpreis, der ihm 1901 verliehen wurde, erinnerte die Welt noch einmal an ihn. 1910 starb er 82-jährig. 16 Jahre später erhielt auch das IKRK den Friedensnobelpreis.

DIE WELTBEWEGUNG

STREIF-LICHTER

Das 1863 gegründete Internationale Komitee des Roten Kreuzes (IKRK) ist ein neutrales Organ, das die Genfer Konvention gestaltet. Die 1919 gegründete Liga der RK-Gesellschaften fungiert als interne Vertretung aller einzelnen nationalen RK-Gesellschaften.

Inzwischen gibt es innerhalb der Bewegung unterschiedliche Symbole. So agiert in der Türkei der Rote Halbmond, im Iran der Rote Löwe bzw. die Rote Sonne. Die Israeli führen jedoch mit ihrem religiösen Symbol, dem Roten Davidstern, ein Emblem, das die Genfer Konvention nicht vorsieht. Deshalb sind sie offiziell bis heute nicht als Mitglied der Bewegung anerkannt. Das Deutsche Rote Kreuz (DRK) wurde 1921 ins Leben gerufen. Während der NS-Zeit kontrollierte die SS das DRK, das bei Kriegsende von den Alliierten verboten wurde. Erst seit 1952 gibt es wieder ein DRK.

Immer umfangreichere Aufgaben sind zu erfüllen. Dabei leisten auch viele ehrenamtliche Helfer bedeutende Beiträge im Rettungsdienst, bei Sozialaufgaben, bei Berg- und Wasserwacht und den Vermisstensuchdiensten.

HELFER DES ROTEN KREUZES VERTEILEN WASSER IN EINEM FLÜCHTLINGSLAGER.

Der Traum vom Fliegen

Zwei Amerikaner gewannen den Wettlauf um den ersten Flug.

Im ausgehenden 19. Jh. gab es selbst unter Fachleuten keine einhellige Meinung darüber, ob der Mensch es jemals schaffen würde, seinen ewigen Traum vom Fliegen zu verwirklichen. Sicherlich war die Vorstellung unter damaligen Umständen schwierig, dennoch hielten es manche nur für eine Frage der Zeit, wann die technischen Entwicklungen so weit sein würden und die Menschen sich in die Lüfte erheben. Die Technologie der lenkbaren Luftfahrzeuge hatte beiderseits des Atlantiks große Fortschritte gemacht, und die Zeitungen berichteten regelmäßig über die Heldentaten der Gleiterpiloten.

Diese Flut von Berichten erreichte auch zwei Brüder in den USA. Wilbur und Orville Wright aus Dayton, Ohio, betrieben eine kleine Druckerei sowie eine Zeitung und hatten sich auch schon an der Herstellung von mechanischem Spielzeug versucht. Einen höheren Schulabschluss hatten sie beide nicht, aber sie waren wissbegierig und geschickte Tüftler. In ihrer Zeitung veröffentlichten sie Artikel über die kühnen Taten des deutschen Ingenieurs Otto Lilienthal. Der Flugpionier war mit der Konstruktion seiner Hängegleiter bis an die Grenzen des Möglichen gegangen. Man vermutete, dass Lilienthal kurz davor war, seinen Hänge-

gleiter mit einem Motor auszurüsten. Nach über 2000 Flügen bis zu 300 m Länge kam Otto Lilienthal jedoch 1896 bei einem Testflug ums Leben.

AM ANFANG STAND DAS FAHRRAD

Die Brüder Wright galten schon seit ihrer Kindheit als bemerkenswertes Paar. Es schien eine unsichtbare Verbindung zwischen ihnen zu geben; sie waren ständig zusammen. Beide vereinten zielsichere Entschlossenheit und eine pragmatische Lebenseinstellung. Auf ihrem Weg zum Fliegen kamen ihnen diese Eigenschaften zugute.

Ende der 1890er-Jahre hatte die Erfindung und Herstellung eines ungewöhnlich erfolgreichen Fahrrads, des *Flyer*, den Brüdern Wright finanzielle Unabhängigkeit beschert. So konnten sie zunächst theoretische Flugstudien, später dann die entsprechenden Flugversuche durchführen.

LINKS: BEREITS IM JAHR 1896 ERHOB SICH OTTO LILIENTHAL MIT SEINEM HÄNGEGLEITER IN DIE LUFT. LILIENTHAL WAR GERADE DABEI, SEINEN FLUGAPPARAT MIT EINEM MOTOR ZU VERSEHEN, ALS ER BEI EINEM FLUGVERSUCH UMS LEBEN KAM.

RECHTS: WILBUR WRIGHT BEDIENT 1902 DEN SELBST KONSTRUIERTEN GLEITER, EINEN KOMPLIZIERTEN APPARAT, MIT DEM DIE BRÜDER RUND 1000 TESTFLÜGE ABSOLVIERTEN.

GROSSES BILD: DER FLUGPIONIER A. M. HERRING FÜHRT 1896 AM MICHIGANSEE TESTFLÜGE MIT EINEM GLEITER DURCH. DIE KONSTRUKTION STAMMTE VON OCTAVE CHANUTE, DER SEINE ERFAHRUNGEN ALS INGENIEUR FÜR DEN BAU ROBUSTER, ABER LEICHTER GLEITERRAHMEN NUTZTE.

IN DER FAHRRADWERKSTATT IN DAYTON BAUTEN DIE GEBRÜDER WRIGHT NICHT NUR IHRE BELIEBTEN FAHRRÄDER, SONDERN FÜHRTEN IM HINTERZIMMER AUCH IHRE BAHNBRECHENDEN VERSUCHE MIT VERSCHIEDENEN FLÜGELKONSTRUKTIONEN IM WINDKANAL DURCH.

Ihre Vorgehensweise war außerordentlich gründlich und systematisch. Sie lasen alles, was über die Fliegerei veröffentlicht wurde, und korrespondierten mit allen bekannten Forschern. Beim amerikanischen Wetteramt erkundigten sie sich nach den besten Windverhältnissen für ihre Experimente. Im Dezember 1900 testeten die Gebrüder Wright dann ihr eigenes Gleitflugzeug in den Sanddünen der Kill Devil Hills bei Kitty Hawk in North Carolina, einem kargen Küstenstrich am Atlantik.

Die Fahrten dorthin waren bereits mit erheblichem Aufwand verbunden – eine Menge Ausrüstungsteile mussten per Eisenbahn und Maultier befördert werden. In den Sommern der Jahre 1901, 1902 und 1903 lebten die Brüder Wright in den windigen Dünen nur für ihren gemeinsamen Traum; sie arbeiteten praktisch rund um die Uhr. Im Winter verbesserten sie dann die Gleitflugzeuge in ihrer Fahrradwerkstatt in Dayton.

Mit dem Wissen aus den Versuchen anderer Flugforscher wie Octave Chanute und Samuel Langley entwickelten sie eine besondere Flügelkonstruktion. Bei ihren Testflügen im Sommer 1902 allerdings erzielten die Brüder nicht das erhoffte Ergebnis. Sie hatten den ganzen Winter hindurch sorgfältig berechnet, welchen Auftrieb ihre Flügelkonstruktion bei einem bestimmten Wind erreichen würde. Doch zu ihrer Enttäuschung mussten sie feststellen, dass der Auftrieb 30 % geringer war als erwartet.

AUSDAUER ZAHLT SICH AUS

Also fuhren sie nach Dayton zurück und bauten in ihrer Werkstatt einen Windkanal. Sie durchforsteten die gesamte Literatur, testeten jede Theorie und experimentierten sorgfältig mit allen verfügbaren Zahlen.

Über 200 verschiedene Konstruktionen testeten die Brüder in diesem Winter in ihrem 1,8 m langen Windkanal, eine gewaltige Datenmenge war das Resultat ihrer Arbeit. Es stellte

sich tatsächlich heraus, dass die im Vorfeld angenommenen aeronautischen Daten fehlerhaft gewesen waren. Die Wrights konstruierten ihren Flieger um und benannten das neue Modell nach ihrem erfolgreichen Fahrradmodell *Flyer*. In Kitty Hawk funktionierte das Flugzeug wie berechnet. Nun stand der nächste Schritt an: ein Motor und Propeller für den Antrieb des Gleiters.

Normalerweise wären die Wrights nach Dayton zurückgefahren und hätten ihren Motor im Winter getestet. Ausgiebige Versuche mit der Propellerkonstruktion hatten sie bereits hinter sich. Auf diesem Gebiet der Luftfahrtforschung waren die Wrights mit Abstand die Besten. Doch inzwischen war der Wettlauf um den ersten motorisierten Flug eines Menschen in die heiße Phase eingetreten. Der Konkurrent, der ihnen am meisten zu schaffen machte, war Samuel Langley. Dieser hatte Versuche mit maßstabsgetreuen Modellen von Flugzeugen mit Benzinmotor durchgeführt und im Herbst 1903 eine große Version gebaut.

Am 7. Oktober 1903 versagte Langleys Flieger auf spektakuläre Weise, das zweite Mal scheiterte er am 8. Dezember. Während die Presse Langleys Versuche belächelte, befürchteten die Wrights einen erneuten – und erfolgreichen – Anlauf Langleys. Sie bauten ein 337 kg schweres Flugzeug mit einem provisorischen Verbrennungsmotor, der zwölf PS leistete und den ihr Maschinist Charles Taylor gebaut hatte. Am 17. Dezember 1903 unternahmen die Brüder Wright den ersten gelenkten Flug eines Flugzeugs!

Der Erfolg der Wrights in den Kill Devil Hills wurde in den USA als heldenhafte Pioniertat gefeiert. Die ersten Schritte ihrer Fliegerei jedoch hatten sie in den arbeitsreichen Stunden getan, als sie unermüdlich die Leistung der einzelnen Flügel getestet und aufgezeichnet und den berechneten Auftrieb mit ihren Beobachtungen durch das Glasfenster des Windkanals verglichen hatten.

LINKS: LANGLEYS FLUGGERÄT WAR AUF EINEM HAUSBOOT INSTALLIERT. DIE GROSSE ABBILDUNG IST DAS WOHL BERÜHMTESTE FOTO IN DER GESCHICHTE DER FLIEGEREI. ES ZEIGT DEN AUGENBLICK, ALS ORVILLE WRIGHT 1903 ZUM ERSTEN ERFOLGREICHEN FLUG ABHEBT, WÄHREND WILBUR WRIGHT NEBENHER LÄUFT, UM NOTTFALLS DIE TRAGFLÄCHE AUSZUBALANCIEREN.

Sexaffäre im Kaiserreich

Ein Skandal schlägt Wellen: Der Publizist Maximilian Harden bezichtigt Philipp Fürst zu Eulenburg und Hertefeld der Homosexualität. Wird damit der Einfluss der Hofkamarilla gebrochen, die den Kaiser umgibt?

DIE EULENBURG-AFFÄRE WAR EIN GEFUNDENES FRESSEN FÜR DIE ZEITGENÖSSISCHEN KARIKATURISTEN: „EINE MÜNCHHAUSIADE" TITELTE DIE ZEITSCHRIFT *DER WAHRE JAKOB* 1908.

Ende des Jahres 1897 sorgen einige Prozesse gegen enge Vertraute Kaiser Wilhelms II. für Aufsehen in Deutschland. Dass Reichskanzler Bernhard Fürst von Bülow einen Beleidigungsprozess gegen den Schriftsteller Adolf Brand führt, weil dieser ihn der Homosexualität bezichtigt, ist nur eine der Begleiterscheinungen einer ausgewachsenen Staatsaffäre. In diesem Fall erhält der Kanzler Recht. Doch die spektakuläre, öffentlich geführte Diskussion um die aristokratische Gesellschaft in der Nähe des Hofes fügen dem Kaiser und der gesamten Monarchie enormen Schaden zu.

GERÜCHTE UM DIE HOFKAMARILLA

Die deutsche Verfassung legt die bedeutsame Stellung des Monarchen fest. Die Persönlichkeit Kaiser Wilhelms II. ist dabei von entscheidender, aber auch verhängnisvoller Bedeutung. Seine vielfältigen Talente – brillante Rhetorik und rasche Auffassungsgabe – stehen einer großen Sprunghaftigkeit und charakterlichen Schwäche gegenüber.

Preußisch-deutsche Tugenden wie Gehorsam, Treue und Pflichtgefühl bestimmen sein Denken. Von Minderwertigkeitskomplexen und Unsicherheit geplagt, schafft er sich seit Beginn seiner Regierungszeit ein so genanntes persönliches Regiment von einflussreichen Beratern, das an der Reichsregierung vorbei aktiv Politik betreibt. Vor allem sein Freundeskreis, eine Clique von Schmeichlern und leichtfertigen Ratgebern, hat großen Einfluss auf seine Entscheidungen. Im Mittelpunkt steht Wilhelms engster Freund Philipp Fürst zu Eulenburg und Hertefeld. Der Diplomat gilt als der wichtigste Berater des Kaisers. In der „Liebenberger Tafelrunde" – benannt nach Eulenburgs Geburtsort Liebenberg in der Uckermark – fühlt Wilhelm sich am wohlsten. In diesem Umfeld hat es Reichskanzler von Bülow schwer, sich durchzusetzen und diplomatische Entgleisungen des Kaisers zu verhindern.

Eulenburg erweist sich als ein Meister des Intrigenspiels und Ränkeschmiedens. Als kompromissloser Verfechter des persönlichen Regiments kann er sich Autorität und Geltung verschaffen. Der blendende Taktiker umgibt Wilhelm mit willfährigen und loyalen Personen, die die Visionen des Kaisers – das Streben nach Weltgeltung, Aufbau einer Flotte – umsetzen und rückhaltlosen Opportunismus praktizieren.

DER SKANDAL KOMMT ANS LICHT

Der Publizist und Schauspieler Maximilian Harden gründet 1892 die politisch konserva-

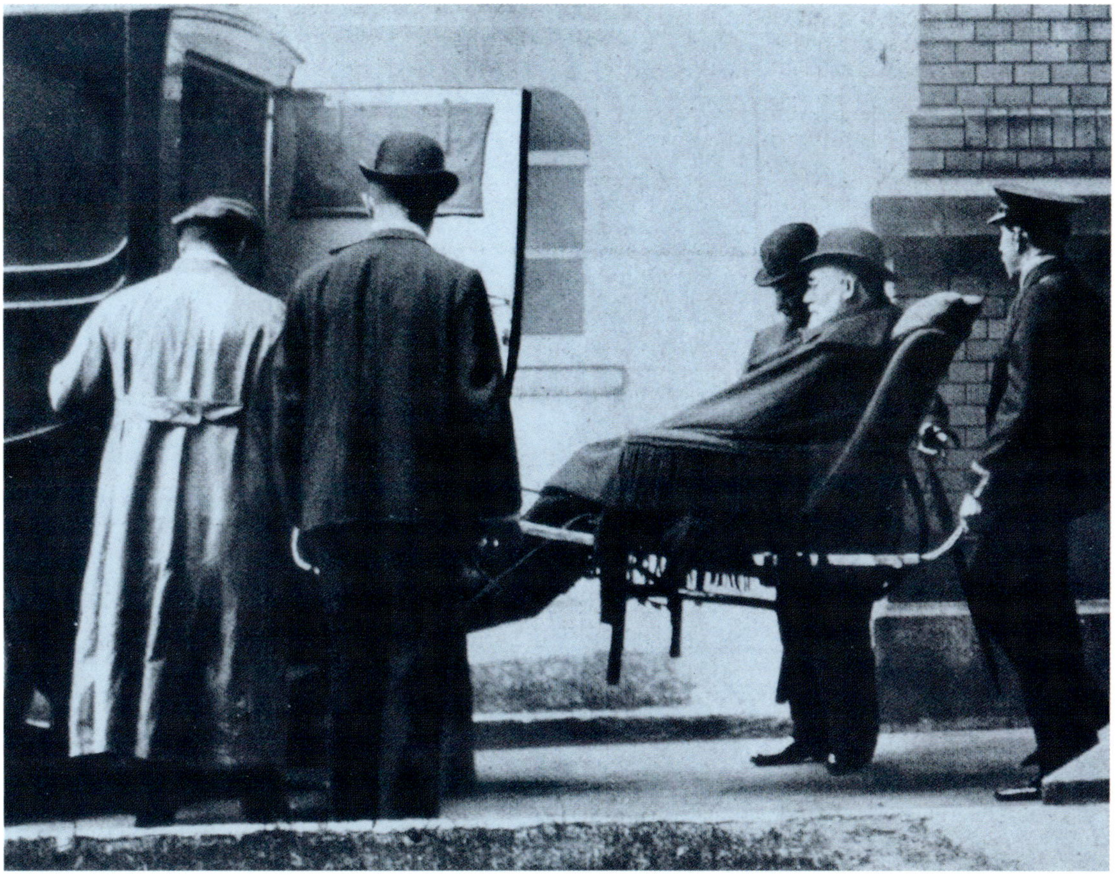

LINKS: FÜRST EULENBURG, VON KRANKHEIT GEZEICHNET, WIRD NACH SEINEM PROZESS IN EINER SÄNFTE VOM SCHWURGERICHT IN DIE BERLINER CHARITÉ GEBRACHT. UNTEN: MAXIMILIAN HARDEN – HIER IN FREIZEITKLEIDUNG – WAR WEGEN SEINER SPITZEN FEDER EIN GEFÜRCHTETER JOURNALIST IM KAISERREICH.

tive Wochenzeitschrift *Die Zukunft*. Damit schafft er sich ein Forum, in dem er gegen den Kaiser sowie die gesamte Hofkamarilla zu Felde zieht. Von intimen Kennern des Lebens bei Hofe informiert, verfügt Harden über weit reichende Kenntnisse.

Am 27. Oktober 1906 veröffentlicht Harden in seiner Zeitschrift einen Artikel über die „Liebenberger Tafelrunde", in dem er einen entscheidenden Schritt weitergeht als in seinen bisherigen Artikeln: Er bezichtigt Eulenburg und andere Mitglieder des Kreises, so auch den Flügeladjutanten des Kaisers, Kuno Graf von Moltke, konkret homosexueller Beziehungen. Harden, dem seit langem belastendes Material zugespielt wird, macht nun Gebrauch davon und kann seine Anschuldigungen mit Beweisen untermauern. Der Skandal ist perfekt.

Homosexualität gilt im kaiserlichen Deutschland als schwere Verfehlung und wird nach Paragraph 175 des Strafgesetzbuchs strafrechtlich verfolgt.

Der Fall Eulenburg ist für die Öffentlichkeit eine echte Sensation. Harden tritt nach eigenem Bekunden an, um den Kaiser von der negativen Beeinflussung der „Liebenberger Tafelrunde" zu befreien und Schaden vom kaiserlichen Hof und vor allem auch Deutschland abzuwenden. Er versteht sich als Bewahrer alter preußischer Gesinnung und als Verfechter einer Politik im Sinne des ersten Reichskanzlers Otto von Bismarck, den Wilhelm II. kurz nach der Thronbesteigung entlassen hatte.

ENDE EINER KARRIERE

Nach Hardens pikanten Enthüllungen kommt es zu einer Reihe von Prozessen; und die Presse lässt keine Gelegenheit aus, schlüpfrige Details, Gerüchte und Verleumdungen in allen Einzelheiten in der Öffentlichkeit genüsslich auszubreiten. Es wird derart viel „schmutzige Wäsche gewaschen" über die sexuellen Gepflogenheiten der aristokratischen Oberschicht, dass sowohl die gesamte Hofgesellschaft als auch Kaiser Wilhelm II. schweren Schaden nehmen. Obwohl seine homosexuellen Neigungen letztlich nicht bewiesen werden können, wird Eulenburg, der leugnet, solche Beziehungen zu unterhalten, wegen Meineids der Prozess gemacht. Gesellschaftlich und politisch vernichtet, zieht sich Eulenburg nach Liebenberg zurück, wo er 1921 verbittert stirbt.

Was geschah 1908 in Sibirien?

Verursachte ein Meteorit aus dem Weltraum die gewaltige Explosion oder machte eine Atombombe das riesige Gebiet in Sibirien dem Erdboden gleich?

IN ARIZONA LIEGT DER METEORITENKRATER GREAT BARRINGER, DESSEN URSPRUNG EINDEUTIG GEKLÄRT IST. DIE EXPLOSION, DIE DAS SIBIRISCHE WALDGEBIET ZERSTÖRTE, HINTERLIESS DAGEGEN KEINEN KRATER. SIE WAR NOCH IN EINER ENTFERNUNG VON 800 KM ZU HÖREN.

Die gewaltigste Explosion seit Aufzeichnung der Geschichte erschütterte am 30. Juni 1908 die Tunguska-Region mitten in der Taiga Sibiriens. Im Umkreis von mehr als 30 km wurden tausende von Bäumen abgeknickt. Erdbebenwellen rasten um die Welt, in ganz Europa waren die folgenden Nächte ungewöhnlich hell. Überraschenderweise blieb diese Explosion in der Presse nahezu unerwähnt. Augenzeugen berichteten, sie hätten einen Feuerball gesehen, der über den Himmel schoss; noch im 400 km entfernten Kirensk war eine Feuersäule zu sehen und die Hitze zu spüren.

Die Beamten des zaristischen Russland schenkten dem Ereignis keine Beachtung. Nach der Russischen Revolution 1917 jedoch gab die neue sowjetische Regierung dem bekannten Mineralogen Leonid Kulik den Auftrag, Untersuchungen über das Ereignis anzustellen. Seine Nachforschungen standen am Anfang einer Suche nach Antworten auf ein bis heute ungeklärtes Phänomen.

Im Jahr 1927 brach Kulik zu seiner ersten Expedition auf. Er war davon überzeugt, dass ein riesiger Meteorit auf die Erde aufgeschlagen war und die Explosion verursacht hatte. Vor Ort erblickte Kulik entwurzelte Kiefern, so weit das Auge reichte. Entlang der Peripherie des verwüsteten Geländes zeigte sich, dass die Bäume um das vermutete Explosionszentrum herum strahlenförmig ausgerichtet lagen.

Bei weiteren Untersuchungen bemerkte Kulik dutzende großer Löcher in der Region. Er war überzeugt, Trümmer eines eingeschlagenen Meteoriten zu finden – er fand jedoch nichts. Kulik kam zu dem Schluss, dass der Meteorit wie eine Bombe explodiert sein musste, noch bevor er auf die Erdoberfläche auftraf. Andere Forscher gelangten später ebenfalls zu der Vermutung, dass das Objekt schon einige Kilometer über dem Waldgebiet explodiert sein musste. Das machte den Vorfall noch rätselhafter.

PARALLELEN ZU HIROSHIMA

Nach dem Abwurf der Atombombe auf Hiroshima im August 1945 stellte man gewisse Ähnlichkeiten zwischen dem noch ungeklärten Ereignis in Sibirien und einer Atomexplosion fest. An der Detonationsstelle in Hiroshima war die unmittelbare Umgebung erstaunlich wenig zerstört. Auch im Epizentrum in Sibirien waren Bäume stehen geblieben.

An beiden Orten erholten sich Pflanzen und Bäume ungewöhnlich schnell. Außerdem hatten Augenzeugen damals von einer riesigen, pilzförmigen Wolke nach der Detonation berichtet, die in gespenstischer Weise an einen Atompilz erinnerte. Darüber hinaus ließ in Sibirien nichts auf den Einschlag eines Meteoriten oder eines ähnlichen Gebildes in die Erde schließen. Die Explosion von 1908 hatte eine ähnliche Aufschlagstelle hinterlassen, wie sie bei einer Atomdetonation über dem Zielgebiet entsteht.

Könnte also 40 Jahre vor der Entwicklung der ersten Nuklearwaffen eine Atomexplosion in der Tunguska-Region stattgefunden haben? Es ist wenig wahrscheinlich. Atomdetonationen hinterlassen eine hohe Radioaktivität – eine solche Strahlung wurde in Sibirien nicht gemessen. Stattdessen fand man in Bodenproben der Umgebung Einlagerungen mikroskopisch kleiner Teilchen Silikat und Magnetit, die entstanden sein könnten, als der Meteor verdampfte. Eingehendere Untersuchungen ergaben, dass diese Partikel Merkmale außerirdischer Materie besaßen. Kam der Himmelskörper, der 1908 über Sibirien explodierte, also doch aus dem All?

RAUMSCHIFF ODER KOMET?

Die größte bekannte natürliche Explosion der Neuzeit scheint weder von einem Meteoriten noch von einem Vorläufer der Atombombe verursacht worden zu sein. Wenn der Körper aus dem All kam, könnte er vielleicht ein Raumschiff gewesen sein? Wissenschaftler auf der ganzen Welt spekulierten, die an der Aufschlagstelle gefundenen Silikat- und Magnetitpartikel könnten Überreste eines außerirdischen Raumschiffs sein, das beim Einschlagen in die Erde in winzigste Teilchen zerbarst. Diese Theorie versuchte man durch Augenzeugenberichte zu untermauern. Einige Menschen wollten ein zylindrisches Objekt am Himmel gesehen haben, das sich langsam auf die Erde zu bewegte, dann aber mitten im Flug seine Richtung änderte. Diese Aussagen scheinen darauf hinzudeuten, dass das unbekannte Objekt nicht von der Schwerkraft angezogen wurde, sondern dass es sich um einen intelligent gesteuerten Flugkörper gehandelt haben muss.

Wie auch immer die Wahrheit aussehen mag: Das Tunguska-Ereignis von 1908 hat die einen zu wissenschaftlichen Arbeiten, die anderen zu Science-Fiction-Phantasien angeregt. Die vorerst letzte Tunguska-Expedition unternahmen Forscher der Universität Bologna 1999.

Trotz dieser faszinierenden Theorien halten die meisten Experten die Explosion für die Folge der Kollision eines kleinen Kometen mit einem Luftloch gleicher Masse, die ein paar Kilometer über der Erdoberfläche erfolgte. Glücklicherweise war die unmittelbar darunter liegende Region praktisch unbewohnt. Wäre sie besiedelt gewesen, hätte dies eine unvorstellbare Katastrophe bedeutet.

Die meisten Kometen freilich werden entdeckt, bevor sie in Erdnähe auftauchen. Interessant ist, dass die Erde jedes Jahr um dieselbe Zeit den Beta-Tauriden-Meteorstrom durchquert, und zwar am 30. Juni, dem Tag, als die Explosion Sibirien erschütterte.

LEONID KULIK (OBEN) LEITETE IM JAHR 1927 EINE SOWJETISCHE EXPEDITION IN DAS TUNGUSKA-GEBIET, WO SICH 1908 DIE MYSTERIÖSE EXPLOSION EREIGNET HATTE. DER WALD (UNTEN) WURDE IN WEITEM UMKREIS VOLLSTÄNDIG ZERSTÖRT.

Wer war zuerst am Pol?

Die Frage, wer als erster Mensch das südlichste und das nördlichste Ende der Erde erreichte, gibt noch heute Anlass zu heftigen Kontroversen.

DORT, WO DIE LANDKARTE BEGINNT UND AUFHÖRT, ist buchstäblich das Ende der Welt. Die Pole, umgeben von Treibeis und Meeren, Bergen und Vulkanen, gehören zu den unzugänglichsten Orten der Erde. Mit durchschnittlichen Tagestemperaturen von –30 °C bis –60 °C herrscht ständig eine grimmige Kälte. Trotz aller Unwirtlichkeit war das Bestreben des Menschen, die Pole zu erreichen, viele Jahre lang ein Anliegen von weltumspannender Bedeutung. Nationen lieferten sich erbitterte Wettläufe und Forschungsreisende bezahlten das große Abenteuer mit ihrem Leben.

ROALD AMUNDSEN WAR DER ERSTE MENSCH AM SÜDPOL. ER ERREICHTE IM DEZEMBER 1911 MIT SEINER NORWEGISCHEN CREW DAS SÜDLICHE ENDE DER ERDE.

Die zwischen 1901 und 1912 unternommenen Polarexpeditionen legen Zeugnis ab von dem Einfallsreichtum, dem Mut und der Ausdauer des Menschen. Aber sie waren auch umstritten. In dem heulenden Wind und der trostlosen Einsamkeit der polaren Eiskappen ist die geschichtliche Wahrheit nur schwer zu ermitteln. Über den Wettlauf zum Südpol wissen wir heute sehr viel, weniger jedoch über die Frage, wer als erster Mensch den Nordpol erreichte.

AMUNDSEN AUF DEM WEG NACH SÜDEN

Der Südpol wurde erstmals von dem norwegischen Polarforscher Roald Amundsen und seiner Mannschaft erreicht. Am 14. Dezember 1911, nach einer fast zweimonatigen Expedition, kamen sie am südlichsten Punkt der Erde an. Eine vorausschauende Planung, eine gute Kenntnis der Bedingungen in dem Polargebiet und eine detaillierte Vorbereitung waren der Grund für den Erfolg der Norweger. Sie hatten im Voraus alle denkbaren Hindernisse einkalkuliert, insbesondere das der Vulkanberge um den Pol.

Unter einem weniger glücklichen Stern stand die Konkurrenzexpedition des britischen Polarteams unter der Leitung von Captain Robert Falcon Scott. Er und seine Begleiter waren vor Amundsen aufgebrochen, kamen aber erst mehr als einen Monat später am Südpol an. Die britische Mannschaft war wesentlich schlechter vorbereitet gewesen als die Norweger, sie hatte aber auch weniger Glück. Statt die Lasten von Schlittenhunden ziehen zu lassen, wie Amundsen es tat, machten sich die Briten mit schwerfälligen mongolischen Ponys auf den Weg. Um

WETTLAUF IN DEN TOD

AUGEN-ZEUGEN

Die Einzelheiten über die furchtbare Tragödie, die das britische Expeditionsteam um Robert Scott auf seiner Reise zum Südpol ereilte, sind in Scotts Tagebuch aufgezeichnet. Man fand es fast acht Monate nach seinem Tod neben seiner Leiche. Auf der ersten Reise in die Antarktis 1902 hatte Scott notiert: „Wir können nicht Halt machen, wir können nicht zurückgehen, und es gibt keine andere Möglichkeit, als uns zusammenzunehmen und weiterzumachen." Auf der zweiten Expedition 1911 schrieb er kurz nach dem Aufbruch: „Es ist immer ziemlich trübselig, wenn man über eine große verschneite Ebene geht und Himmel und Erdoberfläche wie ein weißes Leichentuch ineinander übergehen." Mit stoischer Gelassenheit nahm er es hin, seine Ausrüstung selbst zu ziehen, nachdem sie die Ponys getötet hatten. Als sich der Captain und seine vier Gefährten dem Pol näherten, mussten sie feststellen, dass Amundsens Zelt bereits dort stand. „Alle unsere Träume sind zunichte", schrieb Scott. „Es wird eine mühsame Rückkehr." Am nächsten Tag steigerte sich seine Verzweiflung. „Großer Gott! Das ist hier ein furchtbarer Ort. Und wie schrecklich für uns, dass wir uns mühsam dorthin geschleppt haben und nicht einmal die Genugtuung verspüren, die Ersten zu sein." Um den 14. Februar konnten sich die Briten kaum noch aufraffen, den Weg zu ihrem Schiff weiterzugehen. Zwei Kameraden starben. Im Schneesturm saß Scott mit den beiden anderen im Zelt fest, sie hatten Erfrierungen an den Füßen und konnten nicht mehr gehen. „Das Ende kann nicht mehr lange dauern", schrieb er. „Schade, aber ich glaube, ich kann nichts mehr aufschreiben." Die Aufzeichnungen enden am 29. März. Man fand die drei Leichen später in dem halb zugewehten Zelt.

VON IHRER ZWEITEN EXPEDITION ZUM SÜDPOL KAMEN DER BRITISCHE POLARFORSCHER ROBERT FALCON SCOTT (OBEN) UND SEINE GEFÄHRTEN NICHT ZURÜCK.

GANZ LINKS: SCOTT UND SEIN TEAM AM SÜDPOL VOR DER HEIMREISE. OBEN: DIE GRUPPE AUF DEM WEG ZUM POL. LINKS: SCOTTS GRABSTÄTTE.

ROBERT PEARY (GANZ OBEN) WIRD GEWÖHNLICH ALS ERSTER MENSCH AM NORDPOL BENANNT, OBWOHL FRAGEN ZU SEINER REISE UNBEANTWORTET BLIEBEN. OBEN: PEARYS ASSISTENT UND BEGLEITER MATTHEW A. HENSON

ihre Ernährung zu sichern, mussten sie die Ponys schließlich töten und die schwere Ausrüstung auf Skiern selbst ziehen. Scott und seine Begleiter bewiesen eine nahezu übermenschliche Ausdauer, als sie auf dem Rückweg zu ihrem Schiff knapp fünf Monate durch die Eiswüste zogen – und dann doch alle erfroren. Bei ihrem Tod befanden sie sich nur knapp16 km von einem Vorratslager entfernt, das sie auf der ersten Etappe ihrer Reise angelegt hatten.

DER WETTLAUF ZUM NORDPOL

Die Entdeckung des Südpols ist eindeutig belegt. Weniger leicht zu klären ist die Frage, wer als erster Mensch den Nordpol erreicht hat. Zwei Amerikaner nehmen die Pioniertat für sich in Anspruch. In der Regel wird sie Robert Peary zugeschrieben, einem Vermessungsingenieur, der Grönland erforschte und kartographierte. Er erklärte, den nördlichsten Punkt der Erde am 6. April 1909 erreicht zu haben. Sein früherer Expeditionsgefährte, Frederick Albert Cook, behauptete jedoch, er habe den Pol bereits ein Jahr zuvor, am 21. April 1908, entdeckt. Jahrelang wurden Cooks Behauptungen von der National Geographic Society und anderen bedeutenden Organisationen zurückgewiesen – sie hatten schließlich die Peary-Expedition finanziert …

Es bleibt vor allem umstritten, ob Robert Peary tatsächlich exakt den Nordpol erreichte. Seine Berichte über die Reise zum Mittelpunkt der Arktis, die er mit vier Inuit und seinem Assistenten Matthew A. Henson unternahm, sind nicht ganz glaubwürdig. Zweifelhaft ist etwa seine Angabe zum Reisetempo, das mehr als doppelt so hoch lag als alles, was zu Fuß denkbar gewesen wäre. Sein Tagebuch, das er angeblich monatelang unter schwierigen Bedingungen geschrieben hatte, war bei der Rückkehr in einem relativ guten Zustand, obwohl Pearys Hauptnahrungsmittel auf der Expedition aus einer extrem fettigen Mischung aus Fett und Beeren bestand und er sicher keine Möglichkeit gehabt hatte, sich vor den Eintragungen die Hände zu waschen. Keine der von

Peary geschilderten Landmarken gab es wirklich, und seine kartographischen Erfassungen wurden später als wertlos beurteilt. Cooks Behauptungen waren in vieler Hinsicht zunächst glaubwürdiger; er konnte sie aber nie dokumentarisch belegen. Wissenschaftler schenkten dem Forscher und Arzt Frederick A. Cook keinen Glauben. Aber er erhielt großen Zuspruch von den Zuhörern, die in seine Vorträge strömten.

Wer also gelangte nun als erster Mensch zum Nordpol? Die Behauptungen beider Männer werden noch immer diskutiert. Robert Peary machte insgesamt nur vage, wenig überzeugende und zum Teil sogar widersprüchliche Aussagen. Cook seinerseits gab die zweifelhafte Erklärung ab, er habe seine Reiseaufzeichnungen in Grönland zurückgelassen. Vielleicht erreichte keiner von beiden den Nordpol. Trotzdem sind schon die überprüfbaren Tatsachen ihrer Expeditionen als enorme Leistungen der Arktisforschung zu beurteilen. Fast alle Folgeexpeditionen nutzten Flugzeuge, statt mühsam zu Fuß zu gehen. Der eigentliche Entdecker des Nordpols könnte Richard E. Byrd gewesen sein, der das Gebiet 1926 überflogen haben will. Die erste Expedition, bei der es keinen Zweifel gibt, dass sie den Nordpol auf dem Landweg erreichte, unternahm im Jahr 1968 der Amerikaner Ralph Plaisted mit Schneemobilen.

MIT EINER GROSSEN PARADE IN NEW YORK WIRD DER MILITÄRPILOT RICHARD E. BYRD GEEHRT, DER 1926 MÖGLICHERWEISE ALS ERSTER ÜBER DEN NORDPOL FLOG.

FREDERICK COOK (UNTEN) BEHAUPTETE, BEREITS EIN JAHR VOR ROBERT PEARY – AM 21. APRIL 1908 – DEN NORDPOL ERREICHT ZU HABEN.

Der Untergang der Titanic

Nach der Kollision mit einem Eisberg versank der Luxusdampfer im Meer – und ging in die Annalen der Geschichte ein.

AM 12. APRIL 1912 LIEF DIE *TITANIC*, DER GIGANTISCHE LUXUSDAMPFER DER WHITE-STAR-LINIE, IM BRITISCHEN SOUTHAMPTON MIT FAHRTZIEL NEW YORK AUS. „NICHT EINMAL GOTT KÖNNTE DIESES SCHIFF VERSENKEN", PRAHLTE EIN BESATZUNGSMITGLIED AN BORD.

KEIN ANDERES SCHIFF UND KEINE ANDERE HAVARIE auf hoher See hat so bleibende Bilder weltweit heraufbeschworen wie die angeblich unsinkbare *Titanic*. Immer wieder wird das Thema in Dokumentarfilmen, Büchern und Spielfilmen aufgegriffen, und immer wieder untersuchen Forscher das Wrack des Dampfers auf dem Boden des Atlantiks. Was dem Schiff am 14. April 1912 zustieß, ist allgemein bekannt, die Ursachen des Untergangs freilich sind nicht völlig geklärt.

War es menschliche Überheblichkeit, die das schwimmende Statussymbol auf den Eisberg prallen ließ? Die Katastrophe, durch die in jener verhängnisvollen Nacht 1500 Menschen ihr Leben verloren, hatte vielfältige Ursachen. Bestimmte Faktoren zu einem bestimmten Zeitpunkt in einer bestimmten Reihenfolge stürzten das Schiff ins Verderben.

EIN KÖNIGREICH AUF DEM OZEAN

Die *Titanic* war gleichbedeutend mit Luxus und Überfluss, Fortschritt und Technik. Das Schiff war eine Insel des Reichtums. Mit einer Länge von 265 m und 46 000 BRT übertraf es alle anderen Liniendampfer auf dem Meer. Es war – bis auf die Kabinen im Unterdeck – von unvergleichlicher Extravaganz. Bemerkenswert bei dem tragischen Unglück war, dass ihm Passagiere aller Gesellschaftsschichten zum Opfer fielen, von Millionären und Angehörigen der oberen Gesellschaft bis hin zu den Auswanderern im Zwischendeck. Die Katastrophe versetzte dem Selbstbewusstsein der Menschen in ihre Leistungen einen gewaltigen Rückschlag. Nur wenige Tage, nachdem Kapitän E. J. Smith stolz von der Unsinkbarkeit des Schiffes gesprochen hatte, lag der Riesendampfer auf dem Boden des Atlantiks.

Die Geschehnisse der Nacht waren dem Gedächtnis der Überlebenden so unauslöschlich eingeprägt, dass Unterhaltungen später wörtlich niedergeschrieben wurden. Die Geschichten von Heldenmut und Feigheit waren die einzigen Besitztümer, die die Überlebenden an Land mitnahmen: z. B. die Geschichte von Ida Strauss, Ehefrau des Millionärs Isidor Strauss, die ihren Mann nicht zurücklassen

Erinnerung eines Überlebenden

ALS DIE *TITANIC* ZU SINKEN BEGANN, KÄMPFTE KAPITÄN E. J. SMITH (LINKS) MIT ALLER KRAFT DARUM, DAS PASSAGIERSCHIFF VOR DEM UNTERGANG ZU RETTEN. AM ENDE HIELT ER SICH AN DEN EHRENKODEX EINES KAPITÄNS UND GING MIT SEINEM SCHIFF UNTER. ALS SMITH WIEDERHOLT EISBERGWARNUNGEN ERHIELT, KONNTE ER SICH NICHT DAZU DURCHRINGEN, DIE GESCHWINDIGKEIT DES SCHIFFES ZU DROSSELN. NACH DER KATASTROPHE KRITISIERTE DIE LONDONER UNTERSUCHUNGSKOMMISSION DIE ENTSCHEIDUNG DES KAPITÄNS MIT NACHDRUCK.

UNTEN: EIN ÜBERLEBENDER ZEICHNETE DAS AUSEINANDERBRECHEN DES DAMPFERS. DIE BILDER ZEIGEN EINEN AUFGESTELLTEN SCHIFFSBUG. EINE COMPUTERSIMULATION MACHTE SPÄTER ALLERDINGS DEUTLICH, DASS SICH BEIM ZERBERSTEN DES SCHIFFSRUMPFS DAS HECK AUS DEM WASSER HOB.

DAS IMPOSANTE TREPPENHAUS VERMITTELT EINEN EINDRUCK VON DER PRÄCHTIGEN AUSSTATTUNG DER *TITANIC*. DAS SCHIFF BOT SEINEN GÄSTEN VERGNÜGUNGEN ALLER ART, ETWA EIN TRAINING MIT SPORTGERÄTEN (RECHTE SEITE OBEN). BEI DER HAVARIE WURDEN DIE PASSAGIERE, DIE AUF EINEM RETTUNGSBOOT PLATZ FANDEN, VON ANDEREN SCHIFFEN, DIE SICH IN DER NÄHE BEFANDEN, AN BORD GENOMMEN.

wollte, obwohl man ihr einen Platz im Rettungsboot angeboten hatte. Das Paar ging in die Kabine zurück und wartete gemeinsam auf den Tod. Oder die Geschichte von Benjamin Guggenheim, ebenfalls Millionär, der sich auf dem Deck aufstellte und erklärte: „Wir haben unsere beste Kleidung angezogen und sind bereit, wie Gentlemen unterzugehen." Oder diejenige von J. B. Ismay, Generaldirektor des Schiffes, der sich heimlich an Bord eines Rettungsboots schmuggelte und später weltweit als Feigling beschimpft wurde.

Das Bild des steil im Wasser aufragenden Schiffes hat traurige Berühmtheit erlangt. Eine unglückliche Verkettung von Umständen hatte wahrscheinlich zu der Tragödie geführt, darunter Konstruktionsmängel, menschliches Versagen und schlechte Wetterbedingungen. Das Schiff besaß 16 wasserdichte Abteilungen im unteren Teil des Rumpfes. Selbst bei vier voll gelaufenen Abteilungen hätte man es noch sicher manövrieren können; in dieser Nacht aber drang das Wasser in fünf Abteilungen ein. Hätte man die wasserdichten Schotten ein Deck höher gebaut, wäre das Schiff nicht voll gelaufen. Das Handelsministerium hatte es zudem versäumt, die Vorschriften für die Kapazität der Rettungsboote auf den neuesten Stand zu bringen. Die letzten Vorschriften stammten aus dem Jahr 1894 und bezogen sich auf Schiffe von unter 10 000 BRT – die *Titanic* war viermal so groß. Bei den späteren Untersuchungen stellte sich heraus, dass die Baupläne 32 weitere Rettungsboote vorgesehen hatten, man diese aber aus Leichtsinn oder Platzgründen aus der endgültigen Konstruktion gestrichen hatte.

Ein wesentlicher Grund für die Kollision war menschliches Versagen. Am 14. April waren auf der *Titanic* mehrere Funksprüche mit Warnungen vor Eisfeldern und Treibeis eingegangen. Von 9 bis 23 Uhr kamen sechs Eiswarnungen von fünf verschiedenen Schiffen. Sie wurden alle gar nicht oder erst sehr spät beachtet und so fuhr das Schiff mit einer Geschwindigkeit von 22 Knoten der Tragödie entgegen.

Erst kurz vor Mitternacht erkannte man die ganze Tragweite der Gefahr und ließ Boote zu Wasser. Die 16 Rettungs- und vier Faltboote

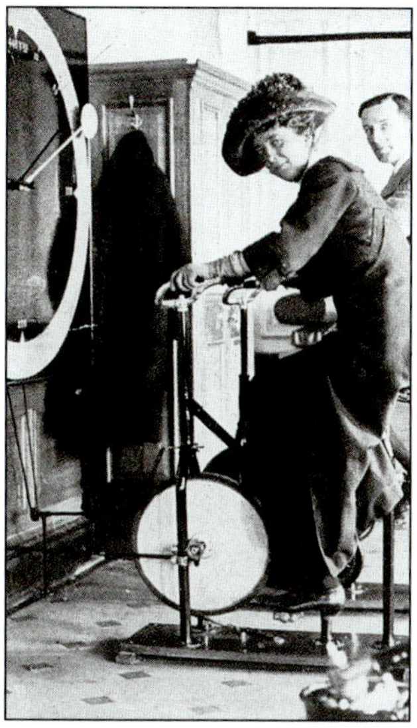

JACK PHILLIPS – HELD UND UNGLÜCKSRABE

Jack Phillips, einer der Funker auf der *Titanic*, gilt als Held, weil er an seinem Funkgerät blieb und bis zum bitteren Ende Notsignale sendete. Der einzige überlebende Funker war Harold Bride (Abbildung unten). Kritiker machten Phillips mitverantwortlich für den Zusammenstoß mit dem Eisberg. Er war kein Mitglied der White-Star-Besatzung, sondern Angestellter der Telegrafengesellschaft British Marconi Company. Obwohl Phillips an dem verhängnisvollen Tag der einzige diensthabende Funker war, sollte er nur für das Senden und Empfangen von Nachrichten für die wichtigen Passagiere an Bord zuständig sein. Nachdem bei Phillips fünf Eiswarnungen von der in der Nähe ankernden *Californian* eingegangen waren, reagierte er ungehalten. Er fuhr den Funker der *Californian* an, er solle endlich aufhören, ihn mit dem Eis zu nerven. Doch als die *Titanic* eine Stunde später SOS-Rufe sendete, konnte die nur 10 Meilen entfernt vor Anker liegende *Californian* das Signal nicht empfangen. Hatte der Funker vielleicht aus Ärger über Phillips das Funkgerät ausgeschaltet? Die *Californian* reagierte auch nicht auf die Signalraketen in der Ferne. Viele Menschen hätten gerettet werden können, wenn schneller Hilfe gekommen wäre.

gaben insgesamt weniger als 1100 Passagieren Platz. Nur vier Boote verließen das sinkende Schiff voll besetzt. Zwei Faltboote konnten mangels Zeit erst gar nicht mehr klar gemacht werden.

Den Ausschlag für den Untergang der *Titanic* gaben die trügerischen Wetterbedingungen des Abends. Die See war ruhig, es schien kein Mond, sodass der Eisberg, der dem Schiff zum Verhängnis werden sollte, perfekt getarnt war. Als die Mannschaft auf dem Ausguck die Warnung ausstieß und das Schiff hart nach links abdrehte, schrammte der Eisberg an der rechten Seite des Rumpfes entlang. Einige Passagiere spürten ein leichtes Beben, viele bemerkten gar nichts. „Als wäre ein Riesenfinger am Rumpf entlanggefahren", so schilderte es später eine Überlebende. Das Eis riss nur ein etwa 1 m² großes Leck, doch der Rumpf wurde auf einer Länge von 90 m aufgeschlitzt. Das reichte, um fünf abgeschottete Abteilungen zu fluten, das Deck zu überschwemmen und den Luxuskoloss mit mehr als 2200 Menschen an Bord im eiskalten Wasser versinken zu lassen.

Der Angriff auf die Lusitania

Noch immer liegt das Luxusschiff vor Irland auf dem Meeresgrund. Die Ursache seiner Zerstörung während des Ersten Weltkriegs ist weiterhin umstritten.

OBEN: EINE POSTKARTE MIT DER *LUSITANIA*, DIE IN NEW YORK MIT ZIEL LIVERPOOL IN SEE STICHT. DER UNTERGANG DES LUXUSLINERS LÖSTE WELTWEIT ENTRÜSTUNG AUS. DAS ZEIGTE SICH AUCH AN DER TITELSEITE DER *NEW YORK TIMES* VOM 8. MAI 1915 (UNTEN RECHTS).

Sie war noch luxuriöser ausgestattet als die *Titanic*, galt weithin als unsinkbar und als ein nautisches Wunder des frühen 20. Jh. Der Passagierdampfer *Lusitania* gehörte der britischen Cunard-Linie, er war der erste Luxusdampfer, der Turbinen als Antriebsmotoren benutzte. Es gab elektrische Aufzüge zwischen den Decks, Duschen und Badewannen in den Kabinen der ersten Klasse, einen Rumpf mit doppeltem Boden und wasserdichte Abteilungen.

Bei Ausbruch des Ersten Weltkriegs 1914 zog die britische Regierung andere Luxusdampfer für den Kriegsdienst ein. Die *Lusitania* jedoch leistete weiterhin ihren Dienst für Cunard, wenn auch mit verstärkten Sicherheitsmaßnahmen. Man war sicher, dass das Schiff mit seinem Höchstmaß an Technik notfalls alle Widrigkeiten überstehen würde und bei einer Geschwindigkeit von 21 Knoten leicht jedem feindlichen U-Boot davonfahren könnte. Als das Schiff zu seiner 202. Atlantiküberquerung von New York nach Liverpool mit 2700 Zivilpassagieren an Bord auslief, gab es für viele keinen Grund zu der Annahme, diese Routinefahrt könnte anders verlaufen als vorherige.

DAS TRAGISCHE EREIGNIS

Es kam alles ganz anders. Am 7. Mai 1915 sank die majestätische *Lusitania* knapp 12 Meilen vor der irischen Küste innerhalb von 18 Minuten. Ein Torpedo eines deutschen U-Boots hatte sie getroffen.

Erschütternd war die Zahl der Toten. 1200 Passagiere fielen der Katastrophe zum Opfer; darunter befanden sich auch amerikanische Staatsbürger. Die Weltöffentlichkeit reagierte mit Fassungslosigkeit auf die Versenkung des Schiffes. In den USA sprachen sich immer mehr Stimmen für einen Kriegseintritt gegen das Deutsche Kaiserreich aus. Die politische Spitze Amerikas protestierte aufs Schärfste gegen diese Art der Kriegsführung.

Mehr als 80 Jahre nach dem Unglück sind noch immer viele Fragen offen. Wie konnte ein Schiff, das widerstandsfähiger war als die legendäre *Titanic*, in knapp 20 Minuten sinken, während jene nach dem Zusammenstoß mit einem Eisberg erst nach 2 Stunden unterging?

Ein Schiff von der Konstruktion der *Lusitania* hätte es auch nach dem Einschlagen eines großen Torpedos bis zur Küste schaffen müssen, darin sind sich Ingenieure einig. Viele Zeugen an Bord des Luxusliners vertreten die Theorie, nicht der Einschlag des Torpedos habe den größten Knall verursacht, sondern eine zweite Explosion, deren Ursache bis heute heftig umstritten ist.

"All the News That's Fit to Print."

The New York Times.

EXTRA

LUSITANIA SUNK BY A SUBMARINE, PROBABLY 1,260 DEAD; TWICE TORPEDOED OFF IRISH COAST; SINKS IN 15 MINUTES; CAPT. TURNER SAVED, FROHMAN AND VANDERBILT MISSING; WASHINGTON BELIEVES THAT A GRAVE CRISIS IS AT HAND

SHOCKS THE PRESIDENT

Washington Deeply Stirred by the Loss of American Lives.

SOME DEAD TAKEN ASHORE

Several Hundred Survivors at Queenstown and Kinsale.

The Lost Cunard Steamship Lusitania

Canard Office Here Besieged for News; Fate of 1,918 on Lusitania Long in Doubt

List of Saved Includes Capt. Turner; Vanderbilt and Frohman Reported Lost

Saw the Submarine 100 Yards Off and Watched Torpedo as It Struck Ship

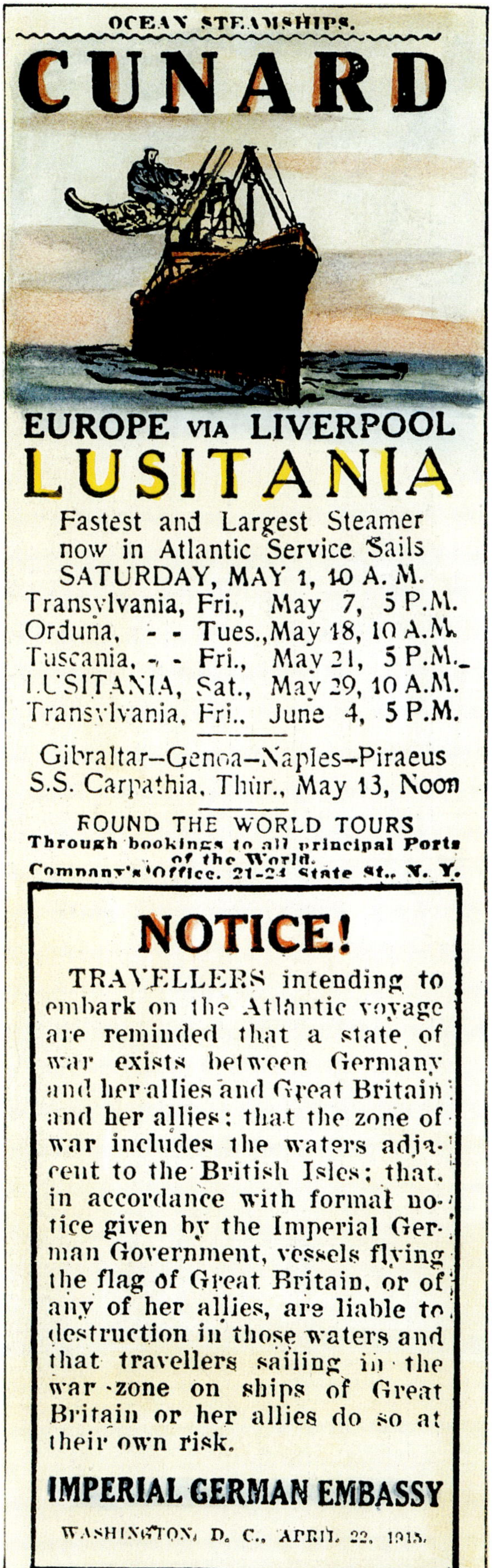

THEORIEN ÜBER THEORIEN

Die Spekulation, nach der das deutsche U-Boot vom Typ U-20 unter dem Kommando von Kapitänleutnant Schweiger nicht einen, sondern zwei Torpedos abgefeuert habe, erwies sich später als falsch. Provokant war die Theorie aus deutschen Kreisen, die Briten hätten kurz nach dem Treffer des Torpedos eine Bombe gezündet, damit das Schiff schnell unterging. Amerikanische Kongressabgeordnete wiederum behaupteten, die Briten hätten den Untergang der *Lusitania* inszeniert, um die USA aus der Isolation zu holen und zum Eingreifen in das Kriegsgeschehen zu bewegen.

Geschürt wurden die Verschwörungstheorien durch das Verhalten von William Turner, dem Kapitän der *Lusitania*. Trotz etlicher Funkwarnungen über U-Boote in unmittelbarer Nachbarschaft des Passagierdampfers unterließ er einfachste Sicherheitsmaßnahmen. Beim Einlaufen in die irischen Gewässer drosselte Turner die Geschwindigkeit der *Lusitania* von 21 auf 18 Knoten, obwohl die britische Admiralität die Anweisung gegeben hatte, Schiffe in Kriegsgebieten mit voller Kraft fahren zu lassen, um U-Booten die Verfolgung zu erschweren. Auch missachtete – oder missverstand – Turner die Weisung der Admiralität, einen Zickzack-Kurs zu fahren. Damit sollten sich nähernde U-Boote getäuscht werden. Kapitän Turner gab nach der Katastrophe an, er habe die Geschwindigkeit verlangsamt, weil das Schiff Liverpool mit der Flut anlaufen sollte.

Einige Fachleute spekulieren, dass Turner nach einem Geheimbefehl der britischen Admiralität oder sogar der deutschen Regierung handelte. Die *Lusitania* fuhr so langsam und auf einem so geradlinigen Kurs, gerade weil sie ein leichtes Angriffsziel für das deutsche U-Boot werden sollte.

AUF IMMER UNGEKLÄRT

Handfeste Beweise für diese oder jene Theorie gibt es bis heute nicht. Unterwasserforscher führen in neuerer Zeit die zweite und entscheidende Explosion auf Kohlenstaub zurück, der sich durch die Flammen des Torpedos entzündete. Andere vermuten, dass sich Munition im Bauch der *Lusitania* befand und diese durch die Explosion des Torpedos das Schiff in die Luft jagte. Noch heute liegt der 32 000-Tonner in den seichten Gewässern vor der irischen Küste und bewahrt sein Geheimnis.

IN DER ZEITUNG *NEW YORK HERALD* ERSCHIEN EINE ANZEIGE ÜBER DIE BEVORSTEHENDE – UND LETZTE – REISE DER *LUSITANIA* (LINKS). DARUNTER FINDET SICH EINE ERKLÄRUNG DER DEUTSCHEN BOTSCHAFT, DIE VOR DEN GEFAHREN EINER SCHIFFSREISE IM KRIEGSGEBIET WARNT. IM AMERIKANISCHEN PRÄSIDENTSCHAFTSWAHLKAMPF 1916 LAUTETE DER SLOGAN VON WOODROW WILSON (OBEN): „ER HIELT UNS AUS DEM KRIEG HERAUS.“ 1917 JEDOCH TRATEN DIE USA IN DEN KRIEG EIN.

Wer war Mata Hari?

Schön war sie und glamourös. Sie führte ein unkonventionelles Leben. Doch war Mata Hari wirklich eine Spionin?

ALS MATA HARI ERWEITERTE DIE NIEDERLÄNDERIN MARGARETHA ZELLE IHR VERFÜHRUNGS-REPERTOIRE UM EINEN INDISCHEN TEMPELTANZ. ALS SIE 1917 WEGEN SPIONAGE VOR GERICHT STAND, ERKLÄRTE DIE ANKLAGE, MAN HABE EINEN NOTENCODE ENTSCHLÜSSELT, DEN DIE TÄNZERIN BENUTZT HABE, UM GEHEIMNISSE AN DEN FEIND WEITERZUGEBEN.

MARGARETHA GEERTRUIDA ZELLE wurde am 7. August 1876 als Tochter einer wohlhabenden niederländischen Familie geboren. Margarethas Herkunft legte wahrlich nicht den Gedanken nahe, dass ihr Lebenslauf eines Tages Stoff für viele Romane und Filme bieten würde. 125 Jahre nach ihrer Geburt steht die junge Margaretha noch immer als Symbol für Geheimnis, Erotik, Schönheit und Intrige. Denn aus dem niederländischen Mädchen wurde Mata Hari, eine exotische Tänzerin und Prostituierte – und die bekannteste Spionin der Geschichte.

Es bezweifelt heute praktisch niemand mehr, dass Mata Hari im Ersten Weltkrieg tatsächlich als deutsche Spionin gearbeitet hat. Ihre Fähigkeiten und Leistungen auf diesem Gebiet werden allerdings unterschiedlich beurteilt. Die Franzosen glauben, viele tausend Kriegstote seien die Folge von Mata Haris Verrat gewesen; die Meisterspionin habe die Kunst, ihre weiblichen Reize einzusetzen, um Militärs Informationen zu entlocken, perfekt beherrscht. Auf britischer Seite wird eher das Bild einer schlampigen, unmoralischen Möchtegern-Agentin gezeichnet. Wie immer sie auch aus heutiger Sicht beurteilt wird: Mata Haris Bitten um Milde und ihre Unschuldsbeteuerungen fanden vor dem französischen Militärgericht kein Gehör. Nach dem Urteilsspruch wurde sie am 15. Oktober 1917 von einem Exekutionskommando erschossen.

VIELE TALENTE

Die Kunst der Verführung machte sich die junge Margaretha Zelle schon während ihrer ersten Ehe zu Eigen. Mit 18 Jahren heiratete sie Campbell MacLeod, einen niederländischen Offizier schottischer Abstammung. Sie nahm angesehene Männer der höheren Gesellschaft mit nach Hause und gab den Anstoß zum Liebesspiel. Kaum war das Schäferstündchen in Gang, platzte MacLeod in das Zimmer, fotografierte die kompromittierende Szene, um den Unglücklichen bis aufs Blut zu erpressen.

Das Paar zog nach Java um, wo die junge Frau die indischen Tänze kennen lernte. Die Ehe zerbrach und die schöne Margaretha kehrte nach Europa zurück, um sich 1903 in Paris niederzulassen. Sie hatte den Entschluss gefasst, als Tänzerin Karriere zu machen: Die Figur „Mata Hari" wurde geboren. Bald schon feierte die ebenso exotische wie erotische Tänzerin internationale Erfolge.

In dieser Zeit lernte Mata Hari auch den Berliner Polizeichef Traugott von Jagow kennen. Der verliebte sich in die attraktive Frau, und es begann ein Verhältnis zwischen ihnen. Obwohl von Jagow ihr den Hof machte, setzte Mata Hari ihre Affären fort. Der Deutsche schlug ihr vor, sie solle ihre Reize doch einsetzen, um bei hochrangigen Offizieren, Ministern und Diplomaten Staats- und Militärgeheimnisse auszuspionieren. Es begann die lukrative Laufbahn der deutschen Agentin H 21.

In ihrer neuen Rolle reiste Mata Hari durch Europa, sie nahm an exklusiven Partys teil und ließ sich von reichen und mächtigen Männern verführen. Dank ihrer Koketterie schaffte sie es tatsächlich, vertrauliche Informationen in Erfahrung zu bringen, die sie an die Deutschen weitergab.

Der Erste Weltkrieg brach aus und teilte Europa in Freund und Feind. Der französische Geheimdienst versuchte die einflussreiche Tänzerin für seine Zwecke zu gewinnen. Es gilt heute als sicher, dass Mata Hari um 1916 auch noch zum deutschen Geheimdienst Kontakt hatte. Als Doppelagentin entlockte sie französischen Offizieren Einzelheiten über eine geplante Offensive Frankreichs. Die Informationen gab sie an die deutschen Behörden weiter. Die handelten unverzüglich. Der französische Angriff wurde von einer deutschen Übermacht empfangen, weit über 100 000 französische Soldaten kamen ums Leben. Diese Niederlage führte die französische Regierung unmittelbar auf den Hochverrat Mata Haris zurück.

SCHULDIG IM SINNE DER ANKLAGE

Bald ging Mata Haris Glückssträhne zu Ende. Anfang 1917 verhaftete sie die französische Polizei. Als man ihr Beweise über ihre Liebesbeziehungen zu hochrangigen Persönlichkeiten vorlegte, bestätigte sie diese Verbindungen. Gleichzeitig weigerte sie sich aber zu gestehen, dass sie ihre Liebhaber zur Preisgabe vertraulicher Informationen veranlasst habe. Bis zum Tag ihres Todes beteuerte sie ihre Unschuld.

Das französische Militärgericht war von Mata Haris Schuld überzeugt. Es beriet sich nur kurz und fällte dann das Todesurteil. Am Morgen ihrer Hinrichtung bewahrte die von vielen Männern Europas begehrte Tänzerin eine bewunderungswürdige Haltung und bemerkte nur, sie wäre lieber nachmittags gestorben. Vor ihren Wächtern führte sie noch einen der Tänze auf, die ihr Markenzeichen geworden waren.

Als man Mata Hari an den Hinrichtungsort geführt hatte, bot ihr der befehlshabende Offizier eine Augenbinde an. Sie lehnte ab. Er versuchte, sie an einen Pfahl anzubinden, auch das lehnte sie ab. Dann legten die Soldaten des Exekutionskommandos die Gewehre an und drückten auf den Auslöser. Mehrere Schüsse erfüllten die Luft, und die einst weltbekannte Frau sank zu Boden.

Mata Hari war mit Sicherheit die schönste Spionin, die die Welt je gesehen hat. Ihr glamouröses Leben, ihre außerordentlichen Begabungen und ihr gewaltsamer Tod haben ihr einen festen Platz in der Geschichte und im Andenken der Menschen beschert.

DIE ZWEI GESICHTER DER MATA HARI. DAS LINKE BILD IST IN PARIS ENTSTANDEN UND ZEIGT DIE ELEGANTE SEITE DER LEBEDAME. IN DER UNTEREN ABBILDUNG IST SIE IN DER POSE DER VERFÜHRERISCHEN TÄNZERIN ZU SEHEN, DIE NICHT MIT IHREN WEIBLICHEN REIZEN GEIZT.

Überlebte eine Romanow das Massaker?

Der letzte Zar von Russland, Nikolaus II., und seine Familie wurden im Jahr 1918 von den Bolschewiken im Zuge der Russischen Revolution ermordet. Hat eines der Familienmitglieder möglicherweise den Anschlag überlebt?

EIN FOTO VON ANASTASIA IM ALTER VON NEUN ODER ZEHN JAHREN. DIE GROSSFÜRSTIN WURDE IM JAHR 1901 GEBOREN.

Ein geschichtliches Kapitel muss ein richtiges Ende haben und ein Leben muss mit einem nachweisbaren Tod abschließen. Ohne ein Bild, Datum oder Wort bleibt zu viel Raum für Mutmaßungen, Hoffnung und manchmal auch für Betrug.

Zu den spektakulärsten Fällen, die lange Zeit ungelöst waren, gehört die Geschichte von Anastasia Nikolajewna Romanowa, der jüngsten Tochter des letzten russischen Zaren Nikolaus II. Ihr Schicksal und Tod sind bis zum heutigen Tag aus Mangel an Beweisen ungeklärt.

Die Welle der Gewalt während der Russischen Revolution hatte am 15. März 1917 den Zar zur Abdankung gezwungen. Die Bolschewiken nahmen die Romanows gefangen und brachten sie nach Jekaterinburg in Sibirien. Nikolaus war kein beliebter Herrscher gewesen. Im Alter von 27 Jahren hatte er eher widerstrebend den Thron übernommen und die autokratische Regentschaft seiner Vorgänger fortgeführt. Zugeständnisse an das Volk lehnte er kategorisch ab.

Während seiner Regierungszeit hatte sich in breiten Kreisen der russischen Bevölkerung zunehmend Unzufriedenheit breit gemacht. Die Lebensmittel waren knapp, die Menschen mussten hart und unter schweren Bedingungen arbeiten. Die Wut und die Gewaltbereitschaft in der Arbeiterschaft wuchsen, als Russland die Niederlage des Ersten Weltkriegs hinnehmen musste, für die man vor allem Zar Nikolaus verantwortlich machte. Der Zar jedoch bemerkte nur, dass die russischen Bauern und Arbeiter offenbar „sinnlosen Träumen von Mitbestimmung bei der inneren Verwaltung“ nachhängen würden.

DIE NACHT DES 16. JULI 1917

Der Zorn über die mangelnde Fürsorge für das leidende Volk und der aufwändige Lebensstil der Zarenfamilie bahnte sich unkontrolliert seinen Weg, als die Revolution losbrach. Die Romanows wurden in ihrem Exil nicht sonderlich freundlich behandelt. Die Familie und ihre engsten Bediensteten wurden tagelang in einem Haus festgehalten, bis sie in der Nacht vom 16. auf den 17. Juli in den Keller geführt, in einer Reihe aufgestellt und dann erschossen wurden.

Nikolaus, seine Gemahlin Alexandra und ihr Sohn Alexej waren sofort tot, ebenso ihr Leibarzt und drei Bedienstete. Die Töchter lebten noch, sodass der Kommandant befahl, sie mit Bajonetten zu töten. Man übergoss die Gesich-

DAS FAMILIENBILD ZEIGT ZAR NIKOLAUS II. UND ZARIN ALEXANDRA MIT IHREN KINDERN. ANASTASIA SITZT ZUR LINKEN IHRES VATERS, DER ZAREWITSCH ALEXEJ VOR SEINEN ELTERN.

ter der Toten mit Säure, um sie unkenntlich zu machen, und versuchte erfolglos die Leichen zu verbrennen. Dann wurden die Toten in eine Grube geworfen, später in einem sumpfigen Waldgebiet in der Umgebung von Jekaterinburg verscharrt.

Die Vermutung, dass Anastasia nicht unter den Opfern des Massakers war, wurde schon bald nach der Tat geäußert. Hatte sie sich vielleicht in einer Ecke des Kellers verkrochen? War sie schon zu einem viel früheren Zeitpunkt aus dem Haus entkommen? Kurz nach der Mordnacht begannen zarentreue Truppen mit der Suche nach den Leichen. Erst 1979 machte ein Geologe die mutmaßliche Grabstelle aus, 1991 lieferte er nach Genanalysen den Beweis: Bei den gefundenen Leichen handelte es sich um die Zarenfamilie Romanow. Von Alexej und Anastasia aber fehlte jede Spur. Die jahrzehntelange Ungewissheit über das Schicksal der Zarentochter hat mehrere Menschen zu der Behauptung veranlasst, sie seien Anastasia.

EINE FOTOGRAFIE DES ZAREN MIT SEINEN KINDERN IM SIBIRISCHEN EXIL. ES IST ZEUGNIS IHRES TIEFEN FALLS. DIE ROMANOWS WAREN NICHT NUR IN UNGNADE GEFALLEN, SONDERN MUSSTEN AUCH AUF IHR LUXURIÖSES LEBEN VERZICHTEN. AM ENDE STAND IHRE ERMORDUNG.

ANNA ANDERSONS AUFTRITT

Die berühmteste und glaubwürdigste Kandidatin war eine Frau, die sich Anna Anderson nannte. Knapp drei Jahre nach der Exekution der Zarenfamilie tauchte sie in Berlin auf. Nachdem sie sich im Februar 1920 durch einen Sprung in den Landwehrkanal das Leben zu nehmen versucht hatte, wurde Anna Anderson in eine Nervenheilanstalt gebracht. Anfänglich schwieg sie beharrlich; schließlich behauptete sie, die Großfürstin Anastasia und letzte Überlebende der Romanows zu sein. Dass ihr Anspruch in manchen Kreisen durchaus ernst genommen wurde, belegt wohl die Bedeutung dieses ungeklärten Kapitels der Geschichte. Eine von Zarin Alexandras Hofdamen besuchte die Frau, die sich als Anastasia ausgab, und erklärte sie anschließend zur Betrügerin. Dennoch: Als Anna Anderson 1922 aus der Nervenheilanstalt entlassen wurde, hatte sie etliche Anhänger und eine bescheidene Geldsumme zur Verfügung, von der sie leben konnte.

Annas Version der Ereignisse lautete folgendermaßen: Schwer verletzt überlebte sie die Stiche mit dem Bajonett. Ein Soldat namens Tschaikowski rettete sie und brachte sie nach Rumänien, wo er kurz darauf bei einem Straßenkampf ums Leben kam. Sie machte sich auf den Weg zu ihrer Tante, Prinzessin Irene, die in Berlin wohnte. Aus Verzweiflung über ihr Schicksal und aus Angst, von der Tante nicht erkannt zu werden, wollte Anna sich das Leben nehmen.

Als Prinzessin Irene Anna schließlich empfing, musste diese die große Ähnlichkeit zu ihrer Nichte eingestehen, behauptete jedoch dann entschieden, diese Frau sei nicht Anastasia. Verwirrend war, dass Anna Anderson eine Fülle von Einzelheiten aus dem Leben der Zarenfamilie kannte. Prinzessin Irenes Sohn, ein Freund aus den Kindertagen Anastasias, schickte Anna Anderson eine Liste mit Fragen. Ihre Antworten überzeugten ihn, und er bestätigte, sie sei tatsächlich die verschollene Großfürstin. Der alte Hauslehrer, der sich mit Anna traf, nannte sie allerdings eine gute Schauspielerin.

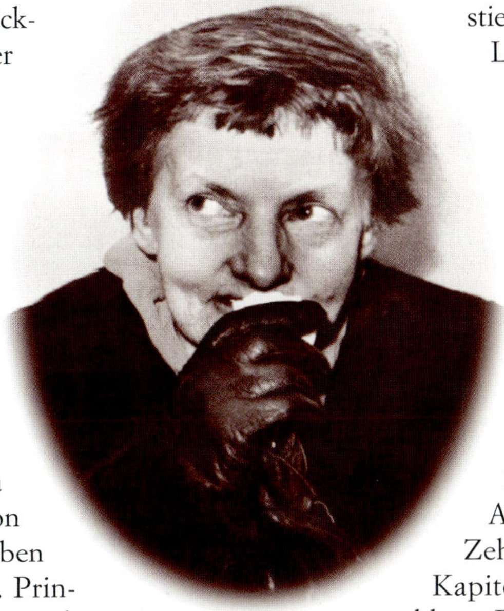

Trotz ihrer fantastischen Geschichte oder vielleicht gerade deswegen stieß Anna Anderson zeit ihres Lebens auf großes Interesse. Sie strengte einen offiziellen Prozess an, um ihre Identität und ihren Anspruch auf das Erbe der Romanows anerkennen zu lassen. Die Klage wurde nach Jahrzehnten vom Bundesgerichtshof aus Mangel an Beweisen abgewiesen.

ANNA ANDERSON (LINKS IM JAHR 1955) KÄMPFTE ÜBER 40 JAHRE UM IHRE ANERKENNUNG ALS ANASTASIA. EINE SPÄTERE DNA-ANALYSE UND DER VERGLEICH MIT GEWEBEPROBEN DER ROMANOWS LIEFERTEN DEN BEWEIS FÜR IHREN UNBERECHTIGTEN ANSPRUCH.

DIE WAHRE GESCHICHTE

Anna Anderson starb 1984. Zehn Jahre später fand das Kapitel „Anastasia“ seinen Abschluss: Eine DNA-Analyse der exhumierten Zarenfamilie wurden mit Gewebeproben von Anna Anderson verglichen: Sie war zweifelsfrei nicht die Großfürstin Anastasia. Deren Schicksal bleibt weiterhin ungelöst, Anna aber war eine polnische Fabrikarbeiterin und hieß eigentlich Franziska Schanzkowska.

ANASTASIA AUF DER LEINWAND

IM SPIEGEL DER ZEIT

Die Vermutung, dass Anastasia den Händen der Revolutionäre entronnen sein könnte, gab Anregung zu zahlreichen Büchern und Filmen. Eine ganze Generation identifizierte das Gesicht Ingrid Bergmans mit der erwachsenen Großfürstin. Für ihre Darstellung als Anastasia in dem gleichnamigen Film 1956, einem stark romantisch gefärbten Film über den Anspruch Anna Andersons auf den Rang als Großfürstin, erhielt Ingrid Bergman den Oskar. In dem 1928 in Paris spielenden Film behaupten im Exil lebende Weißrussen, die verschollene Zarentochter gefunden zu haben. Aber Anna entpuppt sich als Schwindlerin. Ihr Liebhaber, ein russischer General, hatte sie dazu angestiftet. Eine Version, die der Wahrheit näher kommt, erzählt ein Film von 1986 mit Amy Irving in der Titelrolle. Er entstand nach der Vorlage von Peter Kurth.

Der Film mit der freiesten Darstellung ist eine Zeichentrick- und Musicalversion aus dem Jahr 1997. Dieser Film befasst sich nur oberflächlich mit den Wirren der Russischen Revolution und richtet sein Augenmerk vor allem auf wahnsinnige Mönche, stürmische Meere, grüne Kobolde und eine junge Liebe. Anastasias Kindheit erlebt ein jähes Ende, als der böse Zauberer Rasputin die Zarenfamilie mit einem Fluch belegt und damit die Russische Revolution heraufbeschwört. Aus dem verwaisten Mädchen wird Anya, eine kesse junge Landstreicherin, die nur verschwommene Erinnerungen an ihre königliche Herkunft hat. Sie trifft auf Dimitri, einen früheren Palastdiener. Der sucht ein Mädchen, das sich als Prinzessin ausgibt, damit er die Belohnung der im Exil lebenden Großmutter erhält. Die Schauspielerin Meg Ryan hat Anastasia, alias Anya, in der amerikanischen Originalfilmversion ihre Stimme geliehen.

EINE SPIELUHR: ROMANTISCHES BEIWERK DER GESCHICHTE VON ANASTASIA, DIE IHR KÖNIGLICHES GEBURTSRECHT ZEIT IHRES LEBENS BETONTE.

Wer bezwang als Erster den Mount Everest?

Die Erstbesteigung des höchsten Berges der Welt wird Edmund Hillary zugeschrieben. Doch war er wirklich der erste Mensch auf dem Dach der Welt?

DER MOUNT EVEREST AUF EINER HÖHE VON KNAPP 7700 M (UNTEN). EIN FOTO DER BRITISCHEN EXPEDITION VON 1921 (OBEN) ZEIGT DEN MANN, DER MÖGLICHERWEISE DEN BERG ALS ERSTER BEZWUNGEN HAT: MALLORY (SITZEND, LINKS).

Der britische Geologe Noel Odell erblickte am 8. Juni 1924 gegen 13 Uhr auf einem Schneefeld unterhalb der vorletzten Stufe zum Gipfel des Mount Everest zwei winzige Punkte: den 38-jährigen George Leigh Mallory und seinen 21 Jahre alten Gefährten Andrew Irvine. Am Morgen des 6. Juni 1924 hatten sich Mallory und Irvine vom letzten Basislager aus allein auf den Weg zum Gipfel gemacht. Mallory hatte bereits zwei erfolglose Versuche der Gipfelbesteigung unternommen. Auf die Frage, warum er immer wieder den Mount Everest zu besteigen versuche, gab er die berühmte Antwort: „Weil es ihn gibt.“ Sein Partner Irvine hatte noch keine Erfahrung im Hochgebirge gesammelt, aber er war ein kräftiger junger Mann. Als Odell, der zu der Expeditionsmannschaft gehörte, am Mittag des 8. Juni die beiden Männer entdeckte, wie sie sich auf einem Teilstück des schwierigen Nordhangs nach oben arbeiteten, war er überzeugt, ihnen würde es als erste Menschen gelingen, den 8848 m hohen Gipfel zu erreichen. Bald verschwanden die beiden Männer in den Wolken – und wurden nie wieder lebend gesehen.

Mehr als ein Dreivierteljahrhundert nach dieser Expedition ist noch immer ungeklärt, ob es Mallory und Irvine damals gelungen ist, den höchsten Berg der Welt zu bezwingen. Sollte dies der Fall gewesen sein, hätten sie es 29 Jahre vor der offiziellen Erstbesteigung durch den Neuseeländer Edmund Hillary und den Sherpa Tenzing Norgay geschafft.

EINE HERAUSFORDERUNG

Als Odell Mallory und Irvine zum letzten Mal sah, versuchten die beiden gerade, einen Abschnitt zu überwinden, den man die Zweite Stufe nennt – eine schwierige Felswand in einer

Höhe von etwa 8500 m, rund 300 m unterhalb des Gipfels. Für Bergsteiger, die sich wie Mallory und Irvine dem Gipfel des Everest von der Nordseite nähern, gibt es keine andere Möglichkeit, zum Gipfel zu gelangen, als diese fast senkrechte Wand zu überwinden. Die beiden Männer trugen damals eine schwere Last, ihre Sauerstoffflaschen hatten ein Gewicht von fast 15 kg. Auch ihre Wollkleidung war erheblich schwerer und weniger bequem als die Ausrüstung heutiger Bergsteiger. Fachleute waren aus diesen Gründen immer der Meinung, Mallory und Irvine hätten den Felsvorsprung unmöglich aus eigener Kraft überwinden können.

SENSATIONELLE FUNDE

Schließlich gelang es 1975 einer chinesischen Gruppe, am Felsen der Zweiten Stufe eine Leiter anzubringen. Im selben Jahr schien ein Bergsteiger Licht in das Dunkel um die Mallory-Expedition von 1924 zu bringen. Der Mann berichtete, er haben am Rand des Nordgrats einen „englischen Toten" gefunden, dessen Kleidung bei der Berührung zerfiel. Am Hang unterhalb der Stufe hatte ein Bergsteiger bereits 1933 Irvines Eispickel gefunden, und man vermutete daher, es müsse sich bei dem Toten um Irvines Leiche handeln. Der Bergsteiger, der den Toten gefunden hatte, konnte die Stelle jedoch nicht genau angeben. Es dauerte noch 24 weitere Jahre, bis im April 1999 ein internationales Forschungsteam, die Mallory & Irvine Research Expedition, mit dem Aufstieg an der Nordseite des Everest begann. Das Team, dem auch der erfahrene Alpinist Conrad Anker angehörte, verfolgte zwei Ziele: Es wollte die Leiche Irvines finden und den Gipfel auf dieselbe Art erreichen wie Mallory seinerzeit. Und Conrad Anker schaffte es wirklich, die Zweite Stufe frei zu klettern.

Die Forschungsexpedition stieß auf mehrere Leichen, denn der Mount Everest hat bisher die traurige Zahl von 150 Menschenleben gefordert. Bekleidung und Ausrüstung dieser Leichen wiesen aber darauf hin, dass sie in jüngerer Zeit umgekommen sein mussten. Doch dann entdeckte Anker auf 8240 m Höhe „etwas Weißes … und ging dort hin. Fast sofort … wurde mir bewusst, dass die Leiche nicht erst seit kurzem, sondern schon eine ganze Weile dort gelegen haben musste." Zunächst glaubten die Expeditionsteilnehmer, Anker habe Irvines Leiche gefunden. Aber in der Kleidung des Mannes steckte ein Taschentuch mit dem Monogramm von – George Leigh Mallory.

Von Irvine fehlte jede Spur. Man begrub Mallorys Leichnam an der Stelle, wo er gefunden worden war. Nichts ließ erkennen, ob es die beiden Briten 1924 bis zum Gipfel geschafft hatten. Ihre Fotokamera war nicht aufzufinden. Selbst die Lage der Leiche konnte keinen Hinweis darauf geben, ob sich der verhängnisvolle Sturz beim Aufstieg oder beim Abstieg ereignet hatte. Die Besteigung von 1924 bleibt ungeklärt – ebenso die Frage, wer als erster Mensch das Dach der Welt erreichte.

EDMUND HILLARY MIT SEINEM FÜHRER, DEM SHERPA TENZING NORGAY, AM 29. MAI 1953. IST DIES WIRKLICH DAS ERSTE FOTO, DAS AUF DEM GIPFEL DES MOUNT EVEREST ENTSTAND?

Mallorys Ausrüstung wurde auf dem Everest gefunden

BERGSTEIGER, DIE 1999 NACH MALLORY UND IRVINE SUCHTEN, FANDEN MALLORYS LEICHE. IRVINE BLEIBT VERSCHOLLEN. DIE ABGEBILDETEN GEGENSTÄNDE STAMMEN VON DER EXPEDITION IM JAHR 1924. UM MALLORYS LEICHE LAGEN VERSTREUT EINE SAUERSTOFFFLASCHE, KLEIDUNG, SEILE, EINE UHR, EINE SCHUTZBRILLE, EIN STIEFEL UND PASTILLEN. NICHT GEFUNDEN WURDE SEINE KAMERA. WEITERE EXPEDITIONEN, DIE NACH IHR SUCHEN SOLLEN, SIND GEPLANT. VIELLEICHT HATTE IRVINE SIE IN DER TASCHE. FALLS DIE BEIDEN DEN GIPFEL ERREICHTEN, DÜRFTEN DIE FOTOS DIE BEWEISE DAFÜR LIEFERN.

Die Lindbergh Entführung

Der Sohn des berühmten Flugpioniers wurde entführt und ermordet. Hinweise führten zum mutmaßlichen Täter, dem deutschen Zimmermann Bruno Hauptmann.

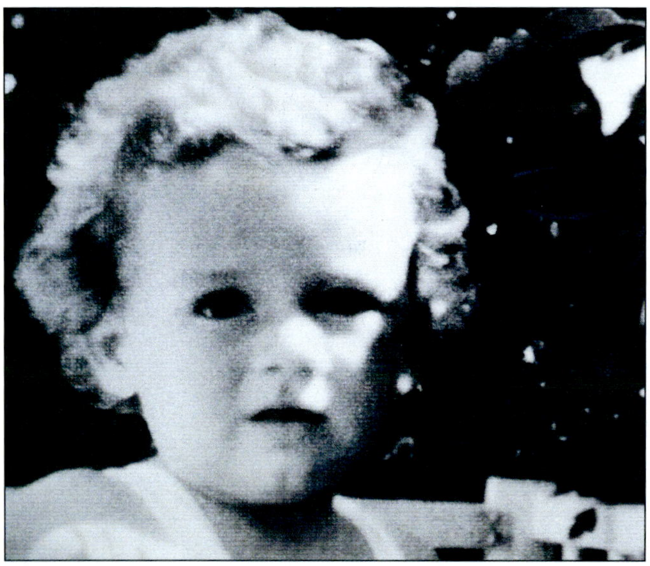

DER KLEINE CHARLES LINDBERGH SAH AUS WIE EIN ENGEL. DIESES FOTO VON 1932 ZEIGT IHN IM ALTER VON 20 MONATEN. DIE AUFNAHME VON DEN ELTERN, CHARLES UND ANNE LINDBERGH (RECHTE SEITE), ENTSTAND 1929, DEM JAHR IHRER HEIRAT.

ALS DER AMERIKANER CHARLES A. LINDBERGH AM 21. Mai 1927 um 22.24 Uhr aus der winzigen *Spirit of St. Louis* stieg und nach 33 Stunden Flug den Fuß auf die Landebahn in Paris setzte, war der 25-Jährige mit einem Schlag ein weltbekannter Mann. Als Erster hatte er den Atlantik von New York nach Paris in einem Nonstop-Alleinflug überquert. Der heldenhafte Charles Lindbergh wurde nach seiner Pioniertat von der Presse gejagt, von den Medien vergöttert, von der Öffentlichkeit gefeiert. Seine Privatsphäre wurde ein schützenswertes Gut, und dem berühmten Piloten missfiel bald das breite Interesse an seiner Person.

Als Lindbergh zwei Jahre nach seinem historischen Flug Anne Morrow, die Tochter eines amerikanischen Millionärs und Diplomaten, heiratete, entwarf er Pläne, um sich der Presse zu entziehen. Seine Frau wurde schwanger, und so begann er begeistert mit der Planung eines abgelegenen Sommerhauses in Hopewell, New Jersey. Das Anwesen war nur über einen gewundenen, unbefestigten Weg zu erreichen.

DER VERHÄNGNISVOLLE TAG

Die Monate vergingen, und das Haus stand kurz vor der Fertigstellung. Nur noch ein paar Kleinigkeiten waren in Ordnung zu bringen – u. a. ein verzogener Fensterladen im zweiten Stock. Die Lindberghs zogen sich bereits an den Wochenenden in ihr Domizil zurück. Am 1. März 1932, einem stürmischen Dienstag, hatten sich die Lindberghs kurzfristig zu einer Verlängerung ihres Aufenthalts entschlossen. Charles Jr., ihr 20 Monate alter Sohn, war ein wenig erkältet, und die Eltern wollten das Risiko nicht eingehen, dass sich sein Zustand durch die Fahrt bei dem ungemütlichen Wetter verschlechterte.

Um 22 Uhr ging die Kinderfrau nach oben in das Zimmer im zweiten Stock – dem Zimmer mit dem schadhaften Fenster –, um nach dem Kleinkind zu sehen. Beim Betreten des Zimmers fand sie zu ihrer Überraschung das Bettchen leer vor. Schnell alarmierte sie die Eltern. Neben dem leeren Kinderbett waren Fußabdrücke zu sehen. Das Fenster stand weit offen. Man hatte das Lindbergh-Baby entführt.

EIN KRIMINALBEAMTER UNTERSUCHT DAS KINDERZIMMERFENSTER IM SOMMERHAUS DER LINDBERGHS. WEGEN DES ÖFFENTLICHEN BEKANNTHEITSGRADES DES FLUGPIONIERS WURDE DIE ENTFÜHRUNG ZUR STAATSAFFÄRE.

SCHAULUSTIGE VERSAMMELTEN SICH AN DER ZUFAHRT ZU LINDBERGHS HAUS (LINKS). AM TAG NACH DER TAT MELDETE DIE *NEW YORK TIMES* (UNTEN) DIE UNVORSTELLBARE NACHRICHT.

"All the News That's Fit to Print."

The New York Times.

LATE CITY EDITION

VOL. LXXXI....No. 27,066. NEW YORK, WEDNESDAY, MARCH 2, 1932. TWO CENTS

LINDBERGH BABY KIDNAPPED FROM HOME OF PARENTS ON FARM NEAR PRINCETON; TAKEN FROM HIS CRIB; WIDE SEARCH ON

JAPANESE ROUTING CHINESE IN FIERCE SHANGHAI BATTLE; DEATH TOLL EXCEEDS 2,000

WHOLE CHINESE LINE FLEES

Pressure From North of Fresh Japanese Troops Forces Quick Move.

PURSUERS LEFT BEHIND

Kiachang, Miaoshin and Chapei Fall Before Advance Made Behind Smoke Screen.

TRUCE EXPECTED AT ONCE

Chinese Are Stunned by Sudden Blow—Say Retreat Meets Terms of Japanese.

Settlement Stores Reopen And Shoppers Flock to Them

JAPAN WILL OFFER NEW TRUCE TERMS

Accepts League Proposal for Armistice at Shanghai With Reservations.

CHINA AFFIRMS AGREEMENT

Plans for Special Assembly at Geneva Tomorrow Await Outcome of Negotiations.

145 in House Force Vote on Dry Law Test; Texan, Last Signer, Rolls Up in Wheelchair

SALES TAX ACCEPTED BY ADMINISTRATION, MILLS ANNOUNCES

Secretary Pledges Cooperation on New Bill Despite Changes in Treasury Plan.

$625,000,000 NOW IS GOAL

Basis for Manufacturers' Levy Is Widened as Subcommittee Completes Draft.

SENATE BODY ACTS FOR BROAD INQUIRY ON SHORT SELLING

Banking Committee Will Go Beyond Hoover Idea in Stock Exchange Investigation.

EFFECTS ON TRADE SOUGHT

Subcommittee Named to Go Into Long and Short Sales and Interstate Phase.

FOUR STATES JOIN HUNT

Wire Systems Flash Out Alarm on First Word of Kidnapping.

NEW YORK CAR IS SOUGHT

Roads Are Scoured for Pair Said to Have Inquired Way to the Lindbergh Home.

AUTOS STOPPED ON ROAD

Hunt Here Is Led by Mulrooney —Underworld Haunts Visited in Scores of Cities.

The Baby's Description.

CHILD STOLEN IN EVENING

At 10 P. M. Nurse Finds Boy, 20 Months Old, Gone, in Nightrobe.

FOOTPRINTS IN THE ROOM

Muddy Trail Leads to Ladder in Wood and Half Mile to Highway, Where Car Waited.

WOMAN BELIEVED INVOLVED

Parents, Distraught, Guarded in Home—Police Deny Report of Ransom Note.

KIDNAPPING OF BABY SPEEDS FEDERAL LAW

FATHER SEARCHES GROUNDS FOR CHILD

Sofort setzte sich Lindbergh mit der Polizei in Verbindung, die die Gegend gründlich durchsuchte. In der Nähe des Hauses stieß man auf eine wackelige, selbst gebaute Leiter mit einer abgebrochenen Sprosse. Unter dem Fenster fand man ein Stemmeisen, wie es von Zimmerleuten verwendet wird. Auf dem Fensterbrett im Kinderzimmer lag eine Notiz mit einer Lösegeldforderung. In fehlerhaftem Englisch wurden 50 000 US-Dollar für die Rückkehr von Charles Jr. verlangt.

LÖSEGELDFORDERUNGEN

Bald wimmelte es im ganzen Haus von FBI-Beamten, Polizisten durchkämmten alles auf der Suche nach Hinweisen. Schaulustige und Reporter strömten scharenweise herbei. Dass bei diesem Auflauf auch manches wichtige Indiz vernichtet wurde, ist möglich. Die Lindberghs selbst wurden mit Briefen und Hilfsangeboten überschüttet. Innerhalb einer Woche trafen zwei weitere Briefe des Entführers ein, die ebenfalls die markante Handschrift trugen. Seine Lösegeldforderung erhöhte er auf 70 000 US-Dollar, der Zustand des kleinen Kindes blieb jedoch unerwähnt.

Einen neuen Akzent erhielt der Fall, als sich der pensionierte Lehrer Dr. John Condon einschaltete. In einer Lokalzeitung veröffentlichte er eine Anzeige und bot dem Entführer weitere 1000 US-Dollar sowie seine Dienste als Vermittler an. Am nächsten Tag setzte sich tatsächlich der Kidnapper mit Condon in Verbindung, drei Abende später traf der Lehrer dann auf einem Friedhof einen Mann mit starkem Akzent, der sich John nannte.

Am 2. April nahm Condon Lindbergh zum nächsten Treffen mit. Lindbergh blieb im Wagen sitzen, während Condon „Friedhofs-John" 50 000 US-Dollar im Austausch gegen den Schlafanzug des Babys und einen Umschlag übergab, der das angebliche Versteck des Kindes auf einem kleinen Boot vor der Küste verriet. Am nächsten Tag überflog Lindbergh mit einem Wasserflugzeug das gesamte Gebiet.

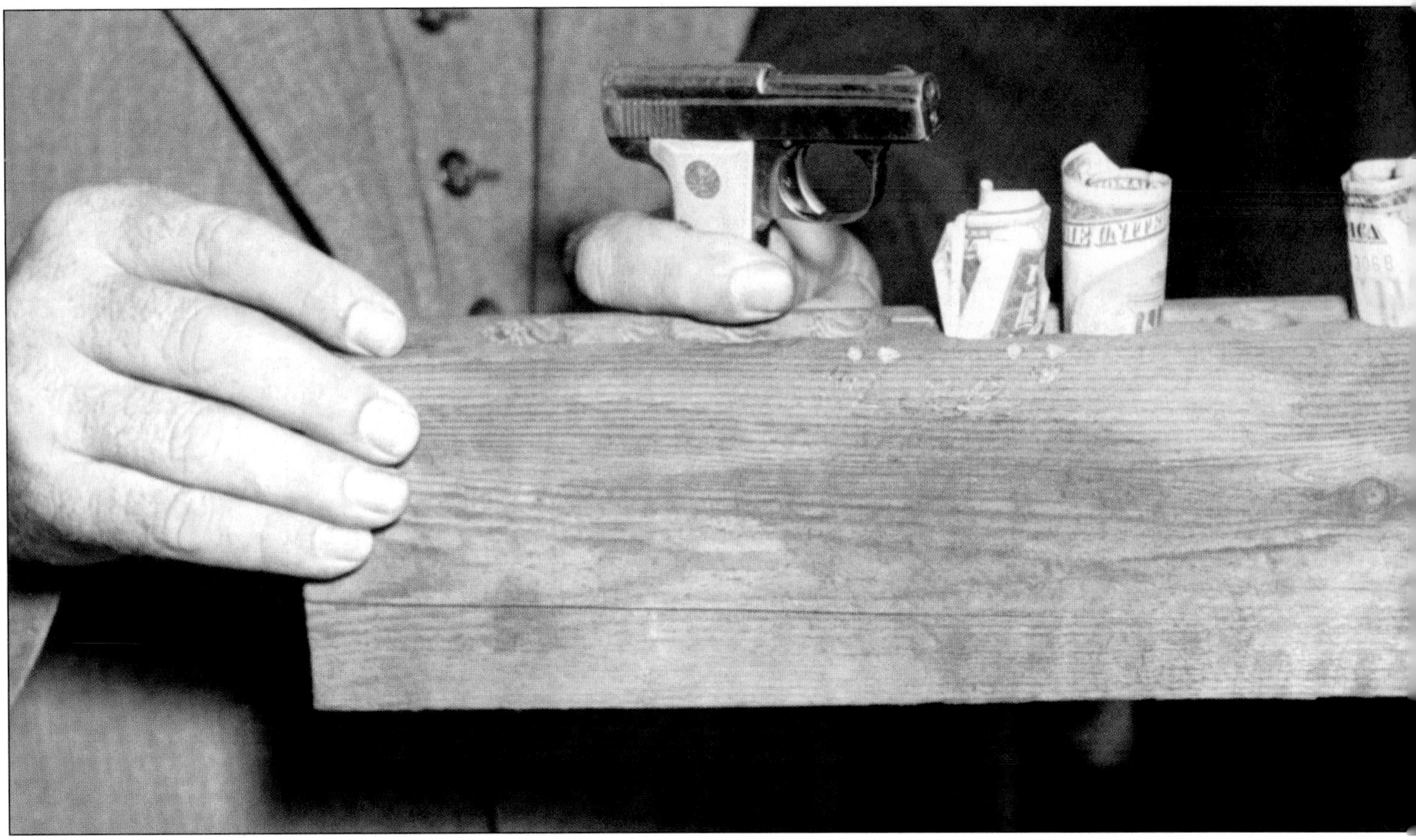

IN BRUNO HAUPTMANNS GARAGE IN NEW JERSEY STIESS DIE POLIZEI AUF EIN HOLZBRETT MIT LÖCHERN, IN DENEN DOLLARNOTEN AUS DEM LÖSEGELD STECKTEN. IN EINEM LOCH FAND MAN ZUSÄTZLICH EINE GELADENE PISTOLE.

Doch seine Hoffnungen schwanden bald. Der berühmte Flieger kreiste immer wieder über der Küste, aber es war kein Boot in Sicht. Die Angaben waren falsch gewesen.

Am 12. Mai kam die traurige Wahrheit ans Tageslicht, als ein Lastwagenfahrer die Leiche eines kleinen Kindes auf einer Straße in Sichtweite des Lindbergh'schen Hauses fand. Es war die Leiche des entführten Kindes.

Als sich die Nachricht von dem Mord verbreitete, wurden die Ermittlungen noch fieberhafter vorangetrieben. Zunächst glaubte die Polizei an einen Täter, der sich bei den Lindberghs auskannte. Wie sonst wäre es zu erklären gewesen, dass das Baby ausgerechnet an dem Abend entführt wurde, an dem sich die Lindberghs zu einem verlängerten Aufenthalt entschlossen hatten? Der Freund des Kindermädchens wurde verdächtigt, bald aber entlastet.

Die Banknoten aus dem Lösegeld waren registriert. Es tauchten einige Scheine in der Bronx auf, die Spur führte ins Leere. Dann kam die Wende im Fall Lindbergh. Am 15. September 1934 bezahlte ein Mann an einer Tankstelle mit einem Zehndollarschein. Der Tankwart war misstrauisch geworden und hatte die Autonummer notiert. Der Geldschein stammte tatsächlich aus dem Lösegeld. 5 Tage später hatte die Polizei das Fahrzeug gefunden und einen 35-jährigen deutschen Zimmermann mit langem Vorstrafenregister festgenommen. Der Name des Verdächtigen war Bruno Richard Hauptmann.

DER JAHRHUNDERTPROZESS

Der erste so genannte Jahrhundertprozess begann im Januar 1935 in der Stadt Flemington im US-Staat New Jersey. Die Stadt hatte kaum 2000 Einwohner, doch zur Eröffnung des Verfahrens strömten tausende von Zuschauern herbei. Auf dem Schwarzmarkt wurden Platzkarten für den Prozess für bis zu 500 US-Dollar verkauft. General-Staatsanwalt war David Wilentz, ein sehr eleganter, junger Anwalt mit politischen Ambitionen. Edward J. Reilly führte die Verteidigung an. Der Zeitungskonzern Hearst bezahlte ihn dafür fürstlich, weil man sich von einem dramatischen Prozess eine ansehnliche Erhöhung der Auflage versprach. Reilly sprach weniger als 40 Minuten mit seinem Klienten.

Die Indizien, die gegen Hauptmann sprachen, waren überwältigend. Drei Zeugen, einschließlich Lindbergh, identifizierten Hauptmanns Stimme als die Stimme des Mannes vom Friedhof. Schriftgutachten ergaben, dass seine

Der Prozess des Jahrhunderts begann im Januar 1935 in der Stadt Flemington. Die Beweise gegen den angeklagten Bruno Hauptmann schienen eindeutig.

OBEN: DER GUT GEKLEIDETE BRUNO HAUPTMANN HATTE WENIG ÄHNLICHKEIT MIT DEM BILD EINES ENTFÜHRERS UND KINDERMÖRDERS. DAS FOTO ENTSTAND WÄHREND DES PROZESSES IM JANUAR 1935.

Handschrift mit der Schrift der Erpresserbriefe übereinstimmte. Auf einer Wand in Hauptmanns Schrank war Condons Nummer notiert. Das Holz der in der Nähe des Tatorts gefundenen Leiter stammte von den Dachbodendielen in Hauptmanns Haus. Und in seiner Garage fand man 14 000 US-Dollar aus dem Lösegeld. In seinem Werkzeugkasten fehlte außerdem ein Stemmeisen.

Und doch erklärten ihn einige für unschuldig. Das anwesende Publikum war teilweise von dem tadellos gekleideten, gut aussehenden Deutschen eingenommen und ließ sich von seinen unaufhörlichen Unschuldsbeteuerungen überzeugen. Hauptmann betonte nachdrücklich, er habe das Geld von einem Freund bekommen, und behauptete, die Polizei habe ihm die anderen Indizien im Haus untergeschoben.

Während die Geschworenen berieten, versammelte sich eine Menschenmenge vor dem Gerichtsgebäude und rief in Sprechchören: „Tötet den Deutschen!“ Unter dem öffentlichen Druck und angesichts der erdrückenden Beweislast sprachen die Geschworenen Hauptmann schuldig. Obwohl er bis zuletzt seine Unschuld beteuerte, wurde er am 3. April 1936 auf dem elektrischen Stuhl hingerichtet.

ZWEIFEL BLEIBEN

Hat man den richtigen Mann verurteilt und hingerichtet? Waren die Indizien als Beweislast wirklich ausreichend? Bis heute gibt es Stimmen, die behaupten, Hauptmann sei zu Unrecht angeklagt worden. Seine Ehefrau Anna betonte bis zu ihrem Tod 1994, sie sei am Abend der Entführung mit Hauptmann zusammen gewesen. Manche Beobachter des Prozesses sind der Meinung, es hätte durchaus sein können, dass die Staatsanwaltschaft Beweise unterschlug, die Hauptmann hätten entlasten können.

Die Entführung des Lindbergh-Sohnes wird in gewisser Weise immer ein ungeklärter Fall bleiben. Die meisten Ermittler kamen zu dem Schluss, dass Hauptmann der Täter gewesen sein musste, dass sein Prozess aber sicher auch unter der weltweiten Berühmtheit Lindberghs litt. Seine Unschuldsbeteuerungen wurden von der ungeheuren Last der Indizien erstickt.

Krise in der Weltwirtschaft

Stürzten die riskanten Aktienspekulationen an der New Yorker Wall Street oder die wachsende Kluft zwischen Arm und Reich die USA und letztlich die gesamte westliche Welt jahrelang in wirtschaftliche Not?

Winston Churchill, der spätere britische Premierminister, machte im Oktober 1929 einen Spaziergang in der New Yorker Wall Street. Ein Fremder kam auf ihn zu und bot an, ihn auf die Galerie der New Yorker Börse zu begleiten. „Ich erwartete chaotische Zustände", schrieb Churchill in der britischen Zeitung *The Daily Telegraph*, „doch das Spektakel, das sich meinen Augen bot, war von erstaunlicher Ruhe und Ordnung geprägt. Die Herren dort sind strengsten Regeln unterworfen und dürfen weder schnell laufen noch ihre Stimmen ungebührlich erheben. Es wirkte wie in einem Zeitlupenfilm über einen aufgescheuchten Ameisenhaufen, wie sie gemessen hin und her schritten und einander gewaltige Wertpapierpakete zu einem Drittel ihres früheren Preises und der Hälfte ihres derzeitigen Wertes anboten."

Churchill beschrieb die gespenstische Ruhe vor dem Sturm – an diesem Donnerstag, dem 24. Oktober 1929, einen Tag vor dem so genannten Schwarzen Freitag. Ein gewaltiger Börsenkrach sollte die Vereinigten Staaten und mit ihr die ganze Welt wirtschaftlich in die Tiefe reißen. In den anschließenden Wochen kam es zu menschlichen Tragödien und zahlreichen Selbstmorden. Neben den USA kämpfte vor allem Deutschland ums Überleben.

NACH DEM BÖRSENKRACH VERSUCHT EIN MANN EINEN KÄUFER FÜR SEIN AUTOMOBIL ZU FINDEN (LINKS). IN PANIK GERATENE ANLEGER VERSAMMELN SICH EINEN TAG VOR DEM SO GENANNTEN SCHWARZEN FREITAG VOR DER NEW YORK STOCK EXCHANGE (OBEN).

Noch bis Anfang der 1930er-Jahre waren die Nachwehen des Börsenkrachs in praktisch allen Wirtschaftsbereichen zu spüren. Liquiditätsschwierigkeiten führten zur Kündigung von Krediten. Davon betroffen war insbesondere Deutschland, das sich durch die Reparationsforderungen nach dem verlorenen Ersten Weltkrieg im Ausland hoch verschuldet hatte. Wie in den USA kam es zu einer schweren Bankenkrise, zu zahlreichen Konkursen und zu Massenarbeitslosigkeit. 1932 waren in Deutschland rund sechs Millionen Menschen arbeitslos. Die hohen Arbeitslosenzahlen bedrohten auch die Stabilität der Vereinigten Staaten. Was war der Grund gewesen für eine Wirtschaftskrise dieser Größenordnung? Welchen Anteil hatte daran die Politik in den USA?

WELTWEITER NACHHALL

Man hält den Börsenkrach von 1929 allgemein für die Hauptursache der anschließenden Phase der Depression. Die Anfänge der Katastrophe

ANSTEHEN NACH ESSEN WIE IN DIESER NEW YORKER SUPPENKÜCHE (OBEN) WAR IN DEN 1930ER-JAHREN FÜR VIELE ALLTAG. RECHTS: ARME WARTEN VOR DEM STÄDTISCHEN OBDACHLOSENHEIM AUF EINE UNTERKUNFT FÜR DIE NACHT.

aber lagen weiter zurück. In den Jahren von 1924 bis 1929, die gern auch als die „Goldenen Zwanziger" bezeichnet werden, führten unbändiger Konjunkturoptimismus und der Glauben an eine anhaltende Prosperität in den USA zu umfangreichen Aktienspekulationen. Obwohl viele diese Jahre für eine Zeit des Wohlstands hielten, war der Reichtum doch sehr einseitig verteilt.

Calvin Coolidge, amerikanischer Präsident von 1923 bis 1929, trat für eine Laisser-faire-Einstellung gegenüber der Wirtschaft ein. Die Regierung führte während seiner Amtszeit unglaubliche Steuervergünstigungen für die Reichen ein. 1925 etwa wurde der Spitzensteuersatz um 25 % gesenkt. Als Folge davon verfügten 0,1 % der oberen Bevölkerungsschicht im Jahr 1929 zusammen über ein Einkommen, das dem der unteren 40 % entsprach.

Die weit verbreitete Illusion großen Wohlstands war begleitet von hektischen Spekulationen und einer wachsenden Abhängigkeit von Personalkrediten. Die Fabrikanten und Hersteller ermunterten die Menschen, weniger zu sparen und mehr Dinge zu kaufen, die sie eigentlich nicht brauchten. Die USA bauten ihre industrielle Produktion in großem Maßstab aus. Aber es gab auch einige deutliche Schwach-

stellen in der amerikanischen Wirtschaft, etwa den Bergbau, die Landwirtschaft und die Textilindustrie. Insbesondere die Landarbeiter verarmten.

Doch der Aufschwung in den anderen Wirtschaftszweigen verhalf der Börse zu ungeahnten Höhenflügen. An der Wall Street stieg der Dow-Jones-Index von 88 Punkten im Jahr 1924 auf 381 Punkte im September 1929. In dieser berauschenden, optimistischen Atmosphäre liehen sich selbst die weniger Betuchten Geld von den Banken und kauften Aktien. Sie setzten darauf, beim Verkauf ihrer Aktien das Darlehen zurückzahlen und ein hübsches Sümmchen dazuverdienen zu können. Das war ein äußerst gefährliches Geschäft, denn hinter den wild wuchernden Spekulationen steckte oft kein wirkliches Geld.

Trotzdem glaubten viele Anleger, es werde schon alles gut enden. „Jeder versucht sein Glück mit Aktien", bemerkte Churchill in *The Daily Telegraph*. „Millionen Männer und Frauen tummeln sich am Markt und wollen unbedingt den Lohn tatkräftiger Arbeit durch leicht verdientes Geld aufbessern." Amerikas Wirtschaft stand auf einem wackeligen Fundament, der Börsenkrach vom 25. Oktober 1929 löste dann den Zusammenbruch aus.

DAS LEBEN IN DEN STAUBSTÜRMEN DES MITTLEREN WESTENS WAR HART. DAS ZEIGEN DIE BEIDEN FOTOS AUS DEN 1930ER-JAHREN. VOR ALLEM DIE FARMER HATTEN UNTER DER WIRTSCHAFTSKRISE ZU LEIDEN.

GLÜCKLOSER PRÄSIDENT

Herbert C. Hoover gewann 1928 die Präsidentschaftswahlen mit einem geradezu erdrutschartigen Sieg. 4 Jahre später verlor er die Wahl ebenso haushoch an Franklin D. Roosevelt. Hoover unterlag, weil ihm die Wähler die Schuld an der Wirtschaftskrise nach dem Börsenkrach zuschrieben. Hoover war ein guter Politiker, der zum falschen Zeitpunkt Präsident geworden war. Vor der Wahl von 1928 hatte man ihn dafür bewundert, dass er durch eigener

DIE AMERIKANISCHEN PRÄSIDENTEN VON LINKS NACH RECHTS: CALVIN COOLIDGE (1923–1929), HERBERT C. HOOVER (1929–1933) UND DER VATER DES „NEW DEAL“, FRANKLIN DELANO ROOSEVELT (1933–1945)

Hände Arbeit in eine Führungsposition aufgestiegen war und sich auch sozial engagierte. Nur 8 Monate nach dem Amtsantritt Hoovers kam es zum Schwarzen Freitag. Wie die meisten Menschen seiner Zeit hatte er nicht durchschaut, was gespielt wurde. Auf einer Pressekonferenz im November 1929 sagte er: „Wir sind durch eine Börsenkrise gegangen, aber zum ersten Mal in der Geschichte hat sich die Krise allein auf den Aktienmarkt beschränkt.“

Der Selfmademan Hoover zögerte, der wachsenden Zahl von Arbeitslosen Unterstützung zu gewähren. Er war der Meinung, mit einer Ausgabenkürzung des Bundes und Steuererhöhungen lasse sich die wirtschaftliche Ordnung wiederherstellen. Diese Politik jedoch erreichte genau das Gegenteil. In den Großstädten bauten sich Arbeits- und Obdachlose Notunterkünfte aus Holzkisten und Metallschrott. Diese Slums nannte man spöttisch Hoovervilles.

AUFSCHWUNG UNTER ROOSEVELT

Am Ende seiner Amtszeit versuchte Hoover, verschiedene Hilfsprogramme der Regierung auf den Weg zu bringen, aber es war zu spät. Er hatte das Vertrauen des amerikanischen Volkes verloren. Im März 1933 gestand sein Amtsnachfolger Roosevelt in der Antrittsrede offen ein, dass die „Werte auf ein unerhörtes Tief gesunken sind, die Steuern sind gestiegen, unsere Zahlungsfähigkeit hat nachgelassen, überall liegen die welken Blätter des industriellen Unternehmertums verstreut, die Farmer finden keine Abnehmer für ihre Erzeugnisse, die in die Tausende gehenden Ersparnisse vieler Jahre sind verloren.“ Doch er hatte auch den Mut zu sagen: „Das Einzige, was wir fürchten müssen, ist die Furcht selbst.“

Unmittelbar nach seinem Amtsantritt berief Roosevelt den Kongress zu einer Krisensitzung ein. In den ersten 100 Tagen seiner Regierungszeit verabschiedete der Kongress ein beachtliches und umfassendes Gesetzgebungswerk. Es ging unter dem Namen „New Deal“ in die Geschichte des 20. Jh. ein. Einen Schwerpunkt stellte ein neues Arbeitsförderungsprogramm dar, für das die Nationale Arbeitsbeschaffungsbehörde (Works Progress Administration) zuständig war. Millionen Menschen fanden in diesem Programm eine Beschäftigung. Eine allmähliche Erholung der amerikanischen Wirtschaft setzte in den Folgejahren ein.

Auch in Europa wurde der Glaube an die Selbstheilungskräfte der Wirtschaft durch eine aktive staatliche Konjunkturpolitik ersetzt. In Deutschland nahm ein Mann namens Adolf Hitler die Arbeitsmarktpolitik in die Hand …

DURCH DAS ARBEITSBESCHAFFUNGSPROGRAMM DER REGIERUNG BEKAMEN AUCH VIELE KÜNSTLER ARBEIT. DAS RECHTS ABGEBILDETE PLAKAT WAR DAS ERGEBNIS EINER GRAFISCHEN ARBEIT.

„LIEBE MRS. ROOSEVELT“

AUGEN-
ZEUGEN

Wenige persönliche Dokumente über die schlechte Wirtschaftslage und das Elend sind so anschaulich wie die Briefe von Kindern an die damalige First Lady. Auf dem Höhepunkt der Depression trafen täglich zahllose Briefe bei Eleanor Roosevelt ein. Oft baten die Kinder im Namen ihrer Eltern um abgelegte Kleidung oder Lebensmittel. Als Antwort bekamen die Kinder einen Brief von Mrs. Roosevelts Sekretärin, Malvina T. Scheider. In den Antwortbriefen hieß es, Mrs. Roosevelt habe großes Mitgefühl mit dem Absender und bedauere, dass sie „wegen der vielen Briefe nicht in der Lage ist, den Bitten zu entsprechen, so gern sie auch allen helfen möchte, die sich an sie wenden“. Nachstehend ein Auszug aus einem dieser Briefe, den ein Kind am Neujahrstag 1936 schickte:

Liebe Mrs. Roosevelt,
ich habe mir schon lange gewünscht, Sie kennen zu lernen. Oder vielleicht einen Brief von Ihnen zu bekommen. Ich habe mir sehr gewünscht, Sie zu sehen, aber ich bin ein armes Mädchen und bin nie aus unserem Staat herausgekommen, deshalb ist das sicher nicht möglich. Mrs. Roosevelt, hoffentlich glauben Sie nicht, dass ich nur betteln will, aber das sieht sicher so aus. Aber es schadet ja auch nix, wenn man fragt. Haben Sie vielleicht alte Kleider, die Sie nicht mehr anziehen? Sie glauben nicht, wie ich mich fühlen würde, wenn ich Ihre Kleider tragen könnte. Einen Mantel habe ich überhaupt nicht. Vielleicht sind die Kleider ja zu groß, aber ich kann sie abschneiden, dann passen sie. Ich habe drei Brüder, die freuen sich über alte Kleider von Ihren Jungs oder Ihrem Mann. Ich höre jetzt auf, weil der Brief gleich zur Post muss. Ich freue mich auf Ihre Antwort.
Ihre Freundin M.I.

DIE FIRST LADY, ELEANOR ROOSEVELT, 1934 BEI EINER RADIOSENDUNG. IHR MANN VERLIESS SICH IN SOZIALEN FRAGEN AUF IHR URTEIL.

Der Fall Hanussen

Wer ist dieser Mann wirklich, der im Berlin der 1920-er und 1930-erJahre eine so schillernde, aber auch zwielichtige Rolle spielt? Hat er den Reichstagsbrand zu verantworten?

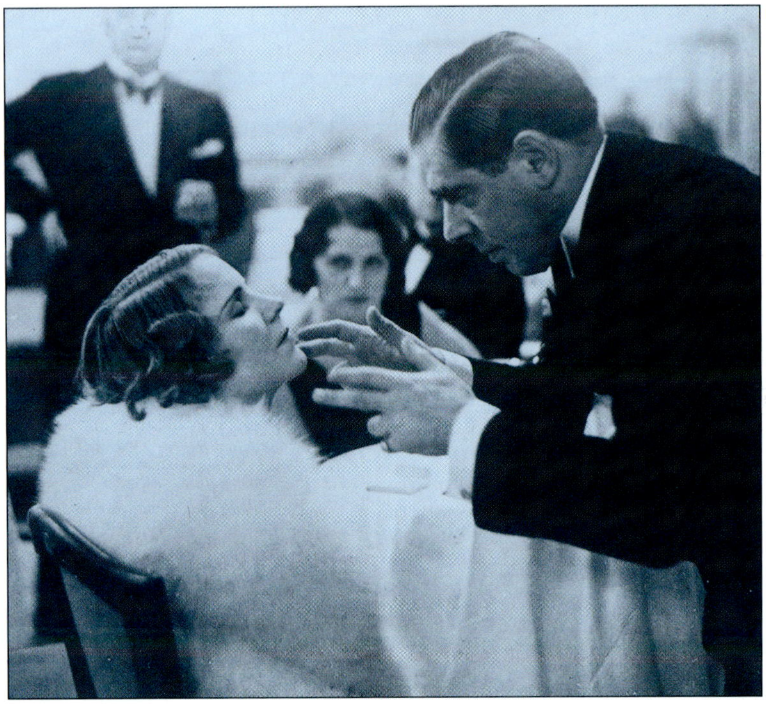

HANUSSEN HYPNOTISIERT AUF EINEM BALL DIE BELGISCHE SCHÖNHEITSKÖNIGIN GRACE CAMERON. DIE TÄNZERIN IM BERLINER PALAIS DE DANCE WIDERSTEHT ALLEN ANNÄHERUNGSVERSUCHEN DES MAGIERS UND HEIRATET SPÄTER SEINEN SEKRETÄR.

AM 7. APRIL 1933 MACHT EIN REVIERFÖRSTER IN einem Waldstück bei dem märkischen Dörfchen Baruth einen grausigen Fund: eine von mehreren Schüssen getroffene, von Tieren bereits angefressene und stark verweste Leiche. Keine Papiere oder persönlichen Gegenstände geben Aufschluss über die Person. Doch der dunkelblaue Frack offenbart schließlich ihre Identität: Es handelt sich um den berühmten Magier und Hellseher Erik Jan Hanussen.

HERSCHELS JUGEND

Hanussen, als Herschel oder Hermann Steinschneider am 2. Juni 1889 geboren, merkt recht früh, was es heißt, Jude zu sein, als er mit Schimpfwörtern wie „Judenbub" konfrontiert wird. In seiner Jugend entwickelt sich auch seine Leidenschaft für Feuer, die ihn Jahre später auf den Gedanken bringt, den Reichstag anzünden zu lassen. So zündelt er als Junge mit Kameraden und fliegt prompt von den Schule.

HERMANN UND DIE GLAMOURWELT

Als gelehriger Assistent des Magiers Mario Rubini findet er Gefallen an dieser glitzernden Illusionswelt. Auch seine ersten Experimente mit Hypnose sind erfolgreich. Der Erste Weltkrieg beschert Hermann eine weitere Gelegenheit, in die Glitzerwelt von Macht und Ansehen vorzudringen. Der „Vergnügungsoffizier" der Kompanie, ein gewisser Hauptmann Hanus, erkennt schnell das Talent des Soldaten, fördert dessen künstlerische Karriere und wird sein Namensgeber: Der „Däne" Jan-Erik Hanussen betritt die Weltbühne!

Wieder zu Hause, bietet sich ihm unerwartet eine große Chance: Er „findet" mehrere Kisten Tausendkronenscheine, die aus der Banknotendruckerei gestohlen wurden. Natürlich hatte er den Tipp von einem alten Kumpel, doch seine „telepathischen Fähigkeiten" machen Furore.

DER NAZIDIENER

Schließlich gelangt er in das lebensprühende Berlin der 1920er- und 1930er-Jahre. Bei einer groß angelegten Pressekonferenz und hellseherischen Vorführung sieht er noch 1930 voraus, Hitler werde „nie die gewünschte Führerstellung einnehmen". Einige Monate später schwenkt er total um, wird zum fanatischen Hitler-Anhänger. Durch mancherlei Taschenspielertricks gelingt es Hanussen in der Folgezeit, die Aufmerksamkeit des SA-Gruppenführers Wolf Heinrich Graf von Helldorf sowie anderer Nazigrößen im Umfeld Görings zu gewinnen.

Um sich bei den Nazis zunehmend unentbehrlich zu machen, gründet er eine Zeitschrift, in der er voller Enthusiasmus von Hitler als dem neuen Messias schwärmt. Hanussen glaubt sich über die heraufziehende Gefahr erhaben. Doch um auf Nummer sicher zu gehen, lässt er sich bescheinigen, als arisches Waisenkind von dem Juden Steinschneider adoptiert worden zu sein.

Außer seinen hellseherischen Tricks erprobt er auch immer wieder die Hypnose. Bei einem solchen Experiment lässt er einen Bauern eine „Scheune“ aus Zeitungspapier anzünden – die Zuschauer sind schockiert und begeistert.

DER LETZTE COUP

Langsam ziehen sich düstere Wolken über dem Kopf des strahlenden Magiers zusammen. Göring erhält Informationen, die den Juden Herschel Steinschneider alias Hanussen anschwärzen. Auch die Belustigungen in Hanussens Heim mit Orgien und Saufgelagen in Anwesenheit von SA-Männern werden angeprangert.

Indessen hat Hanussen einen „genialen“ Einfall: Was wäre, wenn man den Reichstag brennen ließe und die Kommunisten der Tat bezichtigte? Ein unschätzbarer Gefallen für die Nazis, sie wären Hanussen auf immer verpflichtet. Man findet ein passendes Medium, dem Hanussen per Hypnose die Brandstiftung eingeben kann: den niederländischen Tippelbruder Marinus van der Lubbe, der auch Mitglied der kommunistischen Partei ist. Zwar kann Hanussen ihn bei einem Geheimtreffen hypnotisieren, doch van der Lubbe entzieht sich seinem Einfluss.

Am 27. Februar 1933 wird auch Hanussen überrascht von den sich überschlagenden Ereignissen: „Der Reichstag brennt!“ Van der Lubbe hat im Alleingang und ohne Hypnose den Plan in die Tat umgesetzt! Er wird am Tatort gefasst und in einem Aufsehen erregenden Prozess zum Tode verurteilt.

Diese Entwicklung jedoch erlebt Hanussen nicht mehr. Inzwischen sind weitere Unklarheiten über seine Herkunft aufgetaucht. Am 24. März 1933 wird Jan-Erik Hanussen von zwei Männern in Zivil in einem Wagen abgeholt. Die beiden setzen ihn in einem Waldstück zwischen Zossen und Baruth ab. Hanussen versucht zu fliehen – doch da strecken ihn die tödlichen Schüsse von hinten nieder.

OBEN: DER BERLINER GAULEITER JOSEPH GOEBBELS AUF EINER DER ZAHLREICHEN NS-PROPAGANDA-VERANSTALTUNGEN. IN SEINEM UMFELD BEWEGTE SICH AUCH HANUSSEN. LINKS: DER REICHSTAGS-BRAND GAB HITLER DIE WILLKOMMENE MÖGLICHKEIT, GEGEN DIE KOMMUNISTEN VORZUGEHEN. AUCH WENN HANUSSEN BEHAUPTETE, VAN DER LUBBE MITTELS HYPNOSE ZUM BRAND ANGESTIFTET ZU HABEN, GING DIE TAT ALLEIN AUF VAN DER LUBBES' KONTO.

Die Hindenburg Katastrophe

War das heftige Unwetter die Ursache für den tragischen Absturz des deutschen Luftschiffs – oder handelte es sich etwa um einen Akt von Sabotage?

DIESES BERÜHMTE FOTO VON DER EXPLOSION DER *HINDENBURG* VERMITTELT DEN EINDRUCK, ALS OB DAS LUFTSCHIFF UNMITTELBAR ÜBER DEM LANDEPLATZ SCHWEBE. IN WIRKLICHKEIT ABER BEFAND ES SICH 100 METER VON DEM TURM ENTFERNT. DER ZEPPELIN HATTE BEREITS 20-MAL DEN ATLANTIK ÜBERQUERT, BEVOR ER IN FLAMMEN AUFGING.

Das grösste jemals im Einsatz befindliche Luftschiff, die *Hindenburg*, startete im Mai 1937 in Frankfurt am Main mit knapp 100 Passagieren an Bord. Ihr erster Atlantikflug des Jahres hatte das Ziel Lakehurst im US-Staat New Jersey. Das 245 m lange Luftschiff mit einem Durchmesser von 41 m an der umfangreichsten Stelle galt als Luxus-Luftschiff und hatte bereits 20-mal den Atlantik im Linienflug überquert. Auftrieb erhielt der gewaltige, von vier Dieselmotoren angetriebene Zeppelin durch eine Gasfüllung von rund 200 Mio. l Wasserstoff. Die Motoren brachten es auf eine Höchstgeschwindigkeit von etwa 120 km/h und während der dreitägigen Überfahrt hatten die Passagiere vielfältige Möglichkeiten, sich die Zeit zu vertreiben. Sie konnten in der Bibliothek stöbern, im Speisesaal dinieren oder sich in dem prachtvollen Salon entspannen.

Der Flug im Mai 1937 verlief reibungslos, bis der Zeppelin New Jersey erreichte, wo ein Unwetter die Landung verzögerte. Stundenlang kreiste die *Hindenburg* über dem Flugfeld, bis sich das Gewitter so weit legte, dass eine Landung möglich war. Während das Luftschiff über der Landestelle schwebte, ließen die Besatzungsmitglieder Leinen in die Tiefe fallen, mit denen die *Hindenburg* aus einer Höhe von 60 m geholt werden sollte. Die Passagiere sammelten ihr Reisegepäck zusammen und bereiteten sich auf den Ausstieg vor. Plötzlich gab es eine kleine Rauchwolke am Heck, Sekunden später erfolgte eine Explosion. Fast sofort ging der Zeppelin in Flammen auf. Die Passagiere versuchten mit einem Sprung aus großer Höhe dem Flammentod zu entgehen. Dann schlug die *Hindenburg* auf dem Flugfeld auf. Wie durch ein Wunder überlebten 62 Menschen die Katastrophe. Der Traum und die Hoffnung der deutschen Luftfahrt aber lag als glühendes Gerippe auf dem Flugfeld von Lakehurst.

Die *Hindenburg*-Tragödie war die erste live übertragene Katastrophe. Die Stimme des Radioreporters Herb Morrison überschlug sich vor Entsetzen. Umgehend suchte man nach den Ursachen für den tragischen Absturz. Erst hieß es, das Gewitter habe den Brand verursacht. Diese Meldung wurde von offizieller Seite berichtigt: Der Zeppelin habe ein Leck gehabt und der extrem leicht entzündliche Wasserstoff sei in Brand geraten. Damals wollte man weder auf deutscher noch auf amerikanischer Seite einer denkbaren anderen Theorie auf den

Grund gehen: Sabotage. In der angespannten politischen Lage herrschte allgemeine Furcht vor internationalen Zwischenfällen. Allerdings hegten viele den Verdacht, Sabotage könne tatsächlich im Spiel gewesen sein und die USA hätten in einem symbolischen Anschlag Nazi-Deutschland treffen wollen. Der Untersuchungsbericht über den Unglückshergang wurde ohne wirkliche Klärung der Umstände geschlossen.

EIN FLIEGENDES PULVERFASS

1997 stellten der amerikanische Wasserstoff-Experte Addison Bain und ein Forschungsteam der NASA die Behauptung auf, Wasserstoff sei nicht die Brandursache bei der Tragödie von 1937 gewesen. Die Flammen der *Hindenburg* waren kräftig rot, während Wasserstoff keine sichtbaren Flammen hervorruft. Außerdem war in keinem Bericht der Überlebenden von starkem Knoblauchgeruch die Rede, einem Geruchsstoff, den man bewusst dem Gas zugesetzt hatte, um Lecks leichter zu entdecken. Möglicherweise, so Bain, hatte das Gewitter doch etwas mit dem Brand zu tun. Die Außenhaut des Luftschiffes war durch die Blitze elektrisch aufgeladen gewesen. Die Lackschicht des Luftschiffes aber war nicht nur leicht entzündlich, sie besaß auch keine elektrische Leitfähigkeit. Als die Halteleinen herabgelassen wurden, konnte die Ladung nicht geerdet werden und ein kleiner Funke genügte, um die Katastrophe auszulösen.

Bain analysierte die letzten Stoff-Fetzen der *Hindenburg*. Sein Forschungsteam stellte Versuche unter vergleichbaren atmosphärischen Bedingungen an, denen der Zeppelin damals ausgesetzt war. Das Gewebe entzündete sich. Bei der *Hindenburg* fraßen sich die Flammen sekundenschnell über die Außenhaut, bis der Wasserstoff explodierte – und der Stolz der deutschen Luftfahrt in Flammen aufging.

DIE GESCHWINDIGKEIT, MIT DER DIE AUSSENHAUT DER *HINDENBURG* VERBRANNTE, WIRD AUF DEM FOTO OBEN DEUTLICH. DER DEUTSCHE INGENIEUR OTTO BEYERSDORF WAR ZU DEMSELBEN SCHLUSS GEKOMMEN WIE ADDISON BAIN 1997 – UND ZWAR KNAPP SECHS WOCHEN NACH DER KATASTROPHE. SEIN BERICHT WURDE JEDOCH UNTERSCHLAGEN.

Was geschah mit Amelia Earhart?

Die berühmte Pilotin wollte 1937 einmal um die Welt fliegen – und verschwand auf der schwierigsten Etappe über dem Pazifik. Ihr Schicksal gibt bis heute Rätsel auf.

IN VORBEREITUNG AUF DEN FLUG UM DIE ERDE IM JAHR 1937 STUDIERTEN AMELIA EARHART UND IHR EHEMANN GEORGE PUTNAM (OBEN) INTENSIV LANDKARTEN. DAS VERSCHWINDEN DER FLUGPIONIERIN MACHTE SCHLAGZEILEN, VIELE VERSUCHTEN ANHAND VON KARTEN DEN HERGANG ZU REKONSTRUIEREN (RECHTE SEITE). AMELIA EARHART IM MAI 1932 AUF DEM FLUGPLATZ VON LONDONDERRY – AM TAG NACH DEM LEGENDÄREN ALLEINFLUG ÜBER DEN ATLANTIK (RECHTS).

DER FRANZÖSISCHE SCHRIFTSTELLER und Aufklärungsflieger Antoine de Saint-Exupéry hat einmal gesagt: „Eines der Wunder des Flugzeugs ist, dass es den Menschen mitten ins Geheimnis stürzen lässt." Genau das geschah Amelia Earhart, als sie mit ihrer zweimotorigen Lockheed Electra auf der schwierigsten Etappe ihres historischen Fluges um die Erde spurlos verschwand.

Amelia Earhart war die erste Frau, die 1932 in einem Alleinflug den Atlantik überquerte, ihre Flüge hatten weltweit große Aufmerksamkeit erregt. Sie war in den 1930er-Jahren die führende Pilotin der Welt. Ihr Ehemann, der Verleger George Putnam, hatte zu ihrem Ruhm und zur Finanzierung der Fliegerei erheblich beigetragen. Er unterstützte Amelia darin, eine Kleider- und Reisegepäckkollektion auf den Markt zu bringen sowie Sponsoren zu finden, und organisierte Vortragsreisen und Pressekonferenzen. Amelia Earhart wurde ein begehrter Name auf der Gästeliste.

VERHÄNGNISVOLLE PAZIFIK-ETAPPE

Am 1. Juni 1937 starteten Amelia Earhart und ihr Navigator Fred Noonan zu ihrem Flug rund um den Erdball. Am 29. Juni erreichten sie Lae auf Neuguinea, von wo aus sie am 2. Juli 1937 zur schwierigsten Etappe ihres Fluges aufbrachen: die mehr als 4000 km lange Strecke über den Pazifik. Die amerikanische Küstenwache hatte einen Kutter, die *Itasca*, auf der winzigen Insel Howland stationiert, um als Funkrelaisstation die Pilotin bei der Navigation zu unterstützen. Doch weder Amelia Earhart noch Noon kannten sich mit Funknavigation

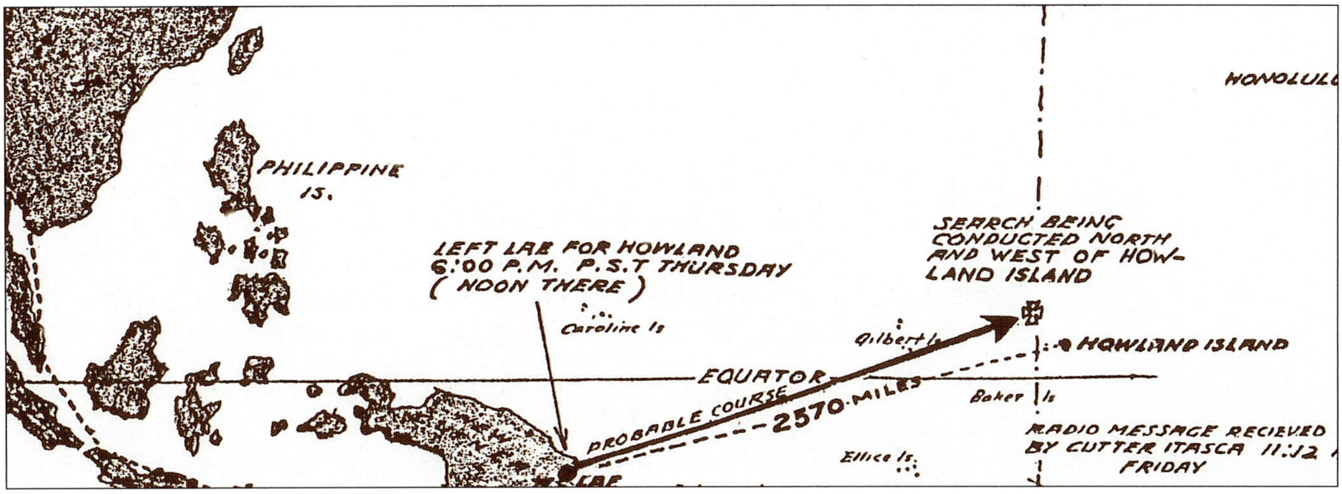

oder dem Morsecode gut aus. Die Kommunikation mit dem Kutter funktionierte mehr schlecht als recht. Verschiedene kurze, unvollständige Funksprüche wurden von der *Itasca* aufgefangen, doch wegen ihrer Kürze konnte man die Position der Lockheed Electra nicht ausmachen. Schließlich empfing der Kutter den Funkspruch, dass sich der Treibstoff dem Ende zuneige. Dann war nur noch Schweigen. Monatelang suchten die Küstenwache und die US-Marine im Pazifik nach dem vermissten Flugzeug, doch sie fanden nichts. 1939 wurde Amelia Earhart offiziell für tot erklärt.

Es dauerte nicht lange, bis alle möglichen Theorien in Umlauf kamen. Die Gerüchte, Amelia Earhart sei in geheimem Auftrag geflogen, entstanden auf dem Hintergrund der politischen Situation. 1943 flimmerte ein Kinofilm über die amerikanischen Leinwände, in dem die auf Amelia Earhart beruhende Hauptfigur in einer Spionagemission auf die fiktive Insel Gull fliegt und ihr Flugzeug absichtlich in den Ozean stürzen lässt. Auf diese Weise liefert sie der US-Marine einen Vorwand, das von Japan besetzte Gebiet zu durchsuchen.

GEHEIMNISVOLLE THEORIEN

DETEKTIV-ARBEIT

Wie alle ungelösten Rätsel rief auch das Verschwinden der Flugpionierin Amelia Earhart viele Theorien auf den Plan. Ein ehemaliger Angehöriger der US-Marine gab an, er habe Amelia Earhart nach dem Zweiten Weltkrieg in Japan gesehen. Sie habe dort als Prostituierte gearbeitet und nach den tragischen Ereignissen ihr Gedächtnis verloren.

Eine weitere Theorie besagte, Amelia Earhart habe sich absichtlich verflogen und sei auf der Insel Hull gelandet. Damit habe sie der USA unter dem Vorwand, sie zu suchen, die Möglichkeit verschafft, das japanisch besetzte Gebiet zu erkunden. Amelia sei verhaftet und bis Kriegsende in Japan gefangen gehalten worden. Dann habe man sie freigelassen; sie lebe unter dem falschen Namen Irene Bolam in New Jersey.

Das Schicksal der Frau, die um die Welt fliegen wollte und dann auf ungeklärte Weise verschwand, hat Stoff für viele Filme geliefert. Zuletzt wurde 1994 ein Streifen mit dem Titel *Der letzte Flug* gedreht. Nach dieser Geschichte hat Amelia den Auftrag, während ihres Fluges das japanische Festland auszuspionieren. Aufgrund eines Navigationsfehlers verfehlt sie den Stützpunkt, das Benzin wird knapp und sie verschwindet für immer.

WILDE SPEKULATIONEN

Die ersten, nicht politisch motivierten Versuche, eine Erklärung für Amelia Earharts Verschwinden zu finden, erfolgten in den 1960er-Jahren. Man vermutete, die Electra sei auf der japanischen Insel Saipan gelandet, wo Earhart und Noonan von den Japanern gefangen genommen worden seien. Man berief sich auf verschiedene Aussagen von Bewohnern der Insel, die sich an einen weißen Mann und eine weiße Frau erinnert haben wollten. Sie seien „vom Himmel gekommen" und von den japanischen Streitkräften, die auf der Insel stationiert waren, verhaftet worden.

Diese und ähnliche Vermutungen wurden häufig geäußert, Beweise ließen sich jedoch nicht finden. Inzwischen wird angenommen, dass der herumirrenden Maschine tatsächlich der Treibstoff ausging, sodass Amelia und Noonan eine Bruchlandung machten und starben. Es wird wohl niemals zu einer vollständigen Aufklärung des Schicksals der mutigen Amelia Earhart kommen.

Alliierter Sieg im Zweiten Weltkrieg

Führte Adolf Hitlers Größenwahn oder die Überlegenheit der Alliierten den Sieg herbei?

Der Sieg der Alliierten im Zweiten Weltkrieg war eine historische Zäsur mit großer Tragweite. Überwältigend war allein schon die zahlenmäßige Stärke von Großbritannien, den USA, der Sowjetunion, Frankreich, Kanada, Australien und weiteren Ländern, die sich Deutschland und seinen Verbündeten entgegenstellten. Meisterhaft war die Logistik dieser gigantischen Operation, die mit großem Selbstbewusstsein erfolgte und von den beteiligten Soldaten heldenhaften Mut forderte. Die Invasion der westlichen Alliierten in der Normandie im Juni 1944 gilt heute als Anfang vom Ende des Zweiten Weltkriegs. Und doch hätten die Alliierten

trotz ihrer hoch entwickelten Waffen und geschickten Kriegführung aus diesem Krieg als Verlierer hervorgehen können, wenn Hitler nicht militärische Kurzsichtigkeit an den Tag gelegt und das Potenzial der deutschen Truppen überschätzt hätte.

HITLERS FEHLER

Adolf Hitler war ein ausgesprochener Opportunist und nicht in der Lage, die Folgen seiner kriegerischen Unternehmungen zu ermessen. Er hatte – in militärischer Hinsicht – nur eine vage Vorstellung von seinen Zielen. Selten versuchte er, einen Schritt voraus zu sein oder alle Eventualitäten zu berücksichtigen. Hitler setzte stattdessen auf den Überraschungsschlag und sah sich dann an, was passierte.

Sein größter strategischer Fehler war mit Sicherheit, den Krieg überhaupt angezettelt zu haben. Die deutschen Streitkräfte waren gar nicht auf einen groß angelegten Konflikt vorbereitet. Die deutsche Luftwaffe hatte zu Kriegsbeginn Treibstoffvorräte für maximal sechs Monate. Es mangelte an erfahrenen Führungskräften. Und die Bombenbestände reichten gerade für ein dreiwöchiges Gefecht, nicht aber für einen jahrelangen Krieg gegen militärisch mächtige Nationen.

DIE ALLIIERTEN LANDEN AM 6. JUNI 1944, DEM D-DAY, ZWISCHEN CHERBOURG UND CAEN (UNTEN). HITLER WAR ÜBERZEUGT, DER ANGRIFF AUF DAS FESTLAND WERDE IN CALAIS ERFOLGEN, WO ER DIE 15. ARMEE STATIONIERT HATTE.

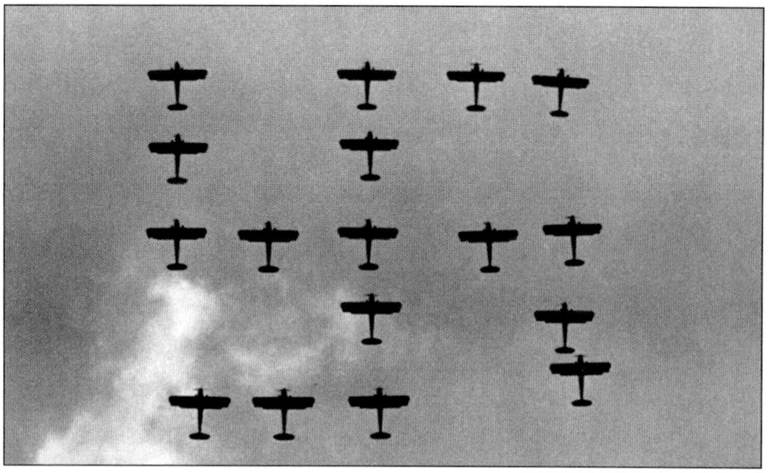

HITLER SETZTE GROSSE HOFFNUNG AUF DIE LUFTWAFFE (GANZ OBEN). AUCH DIE PANZERVERBÄNDE (OBEN) VERBREITETEN MIT IHREN SCHNELLEN VORSTÖSSEN IM FEINDESLAND ANGST UND SCHRECKEN.

Hitler glaubte offenbar, der Krieg lasse sich auf regionale Auseinandersetzungen beschränken und die anderen Großmächte würden seinen Expansionsbestrebungen tatenlos zusehen. Nach der „Erledigung der Rest-Tschechei" im März 1939 aber gaben sowohl Großbritannien als auch Frankreich eine Garantieerklärung für Polen ab. Die beiden Mächte drohten an, militärisch einzugreifen, wenn Deutschland die Unabhängigkeit Polens beschneiden würde. Hitler ließ die deutschen Truppen dennoch am 1. September 1939 in Polen einmarschieren – in der Überzeugung, dass die Briten und die Franzosen nicht reagieren würden. Er täuschte sich. 2 Tage später erklärten Großbritannien und Frankreich dem Deutschen Reich den Krieg. Deutschland ging mit schlecht vorbereiteten Streitkräften einem Krieg entgegen, der bald globale Dimensionen annahm.

DER ALLIIERTE ANGRIFF

Die Invasion der westlichen Alliierten auf dem europäischen Festland begann am 6. Juni 1944. Obwohl sich die Kämpfe in Europa noch bis zum Mai des darauf folgenden Jahres hinzogen, war der Ausgang des Krieges bereits wenige Tage nach der Landung der Alliierten abzusehen. Zeitpunkt und Ort der Invasion waren für Hitler so überraschend gewesen, dass sich die deutschen Heere von diesem massiven Angriff nicht mehr erholen sollten.

Der alliierten Offensive musste die Wehrmacht zwingend die Schlagkraft ihrer Panzerdivisionen entgegenwerfen. Hitler jedoch hatte den Befehl erteilt, Panzer nur mit seiner ausdrücklichen Genehmigung einzusetzen. Die im Angriffsgebiet stationierten Generale drängten Hitler zum Handeln, doch dieser zog es vor, abzuwarten und zu sehen, wie sich die Lage entwickelte. Aufgrund dieser schleppenden Verteidigungsstrategie traf die deutsche Verstärkung nur zögerlich ein. Die alliierten Streitkräfte drangen von der Küste aus immer weiter ins Landesinnere vor. Erst im Juli gab Hitler den Befehl zum Einsatz der Panzer.

Die Situation der deutschen Wehrmacht verschlechterte sich zusehends. Eine Reihe von Generalen an der Westfront, darunter Gerd von Rundstedt und Erwin Rommel, versuchten, dem Führer den Ernst der Lage klar zu machen. Rommel wies auf die Überlegenheit der Alliierten zu Lande, zu Wasser und in der Luft hin und meinte, wenn die deutsche Armee nicht sofort den Rückzug antrete und sich neu formiere, sei bald alles verloren.

Aber Hitler war zu stolz. Der große Führer gab sich Illusionen hin – ein wie auch immer gearteter Rückzug kam für ihn nicht infrage. Stattdessen befahl er die Fortsetzung der Verteidigung.

DER 20. JULI

Angesichts der aussichtslosen militärischen Situation im Sommer 1944 versuchten verschiedene deutsche Generale immer wieder, Hitler zu einem Sinneswandel zu bewegen. Sie fürchteten, die fehlgeleitete Strategie des Führers könne sich für das Vaterland als fatal erweisen. Schließlich entschlossen sich einige oppositionelle Militärs, Hitler zu beseitigen und damit weitere sinnlose Opfer zu vermeiden. Rommel gehörte zum Kreis der Verschwörer, auch wenn er persönlich gegen eine Ermordung Hitlers war. Eine Schlüsselrolle spielte bei dem geplanten Attentat Oberstleutnant Claus Graf Schenk von Stauffenberg, der die Aufgabe übernehmen wollte, Hitler zu töten.

VERFÜHRER DER MASSEN UND SINNBILD DES BÖSEN: DIE EINSCHÄTZUNG HITLERS IN DER GESCHICHTSFORSCHUNG SCHWANKT NACH WIE VOR. MANCHE SEHEN IN IHM EINEN WAHNSINNIGEN, MANCHE HALTEN IHN FÜR EINEN KALTBLÜTIGEN, BERECHNENDEN OPPORTUNISTEN. ANDEREN WIEDERUM ERSCHEINT ER ALS OPFER DES EIGENEN SYSTEMS, DAS SICH VERSELBSTSTÄNDIGTE.

Wie seine Mitverschwörer war Stauffenberg davon überzeugt, dass ein solches Attentat Deutschland zwar nicht davor bewahren würde, von einer Besatzungsarmee überrannt zu werden, wenigstens aber würde es dazu beitragen, den Krieg zu beenden, viele Menschenleben zu retten und nicht zuletzt der Welt zu beweisen, dass es noch andere Deutsche außer den Nationalsozialisten gab. So ließ Stauffenberg am 20. Juli 1944 bei einer Lagebesprechung im Führerhauptquartier eine Bombe explodieren. Aber Hitler überlebte den Anschlag leicht verletzt. Die Widerstandskämpfer wurden verfolgt und hingerichtet.

Im September 1944 standen die westlichen Alliierten bereits an der Reichsgrenze, sowjetische Truppen drangen im Oktober in Ostpreußen ein. Der Sieg der Alliierten war überzeugend und Hitlers eigener Größenwahn trug mit zu seinem Ende bei.

Waren die Rosenbergs Atomspione?

Das kommunistische Ehepaar wurde zu Beginn des Kalten Krieges in den USA zum Tod verurteilt und hingerichtet. Aber hatten die Rosenbergs wirklich Informationen über die Atombombe an die Sowjets verraten?

DAS EHEPAAR ROSENBERG NACH IHRER VERHAFTUNG 1950. VERSCHIEDENTLICH WURDE VERSUCHT, JULIUS ROSENBERG ZU EINEM SCHULDGESTÄNDNIS ZU BEWEGEN, UM SEINE FRAU ZU ENTLASTEN, DOCH DIESE LEHNTE DAS ANSINNEN AB.

IM SOMMER 1950 WURDEN JULIUS UND ETHEL Rosenberg, beide engagierte Kommunisten, in ihrer New Yorker Wohnung verhaftet. Ihnen wurde vorgeworfen, Atomgeheimnisse an die Sowjetunion verkauft zu haben.

Julius Rosenberg – wie seine Frau jüdischer Herkunft und Nachfahre osteuropäischer Einwanderer – hatte bereits im Zweiten Weltkrieg für die Sowjets spioniert, als er als Zivilangestellter bei der amerikanischen Fernmeldetruppe tätig war. Sein Schwager David Greenglass arbeitete als Armee-Angehöriger in dem US-Atombombenwerk in Los Alamos, New Mexico. Rosenberg überredete ihn, für die UdSSR Daten über die Bombe zu sammeln.

Um zukünftige Übermittlungen zu organisieren, erhielt Greenglass die Hälfte eines Puddingbecherdeckels und Rosenberg erklärte ihm, er solle die Informationen an einen Kurier übergeben, der die andere Hälfte des Deckels vorweise. Dieser Kurier hieß Harry Gold. Der gab seinerseits die Informationen an einen gewissen Alexander Feklisow – ein Offizier des KGB – weiter. Der Deckel diente später als Beweisstück für das „Jahrhundertverbrechen" der Rosenbergs, wie es J. E. Hoover, der damalige Direktor des FBI, formulierte.

Ende der 1940er-Jahre erfuhr das FBI durch abgefangene Geheimtelegramme von der Existenz eines sowjetischen Spionagerings in den Vereinigten Staaten. Im Frühjahr 1950 nahmen Ermittler des FBI Gold und Greenglass fest. Greenglass gestand, er habe sich von den Rosenbergs anwerben lassen. Und so wurde Julius am 17. Juli, seine Frau Ethel einen Monat später verhaftet. Anfang 1951 standen Gold, Greenglass, die Rosenbergs und weitere Angeklagte vor der Grand Jury, dem großen Geschworenengericht. Der Prozess begann am 6. März 1951 und endete am 29. März mit einem Schuldspruch. Am 5. April verkündete der Richter, Irving R. Kaufmann, das Todesurteil für das Ehepaar Rosenberg. Greenglass wurde als Kronzeuge nur zu einer Freiheitsstrafe von 15 Jahren verurteilt; Gold erhielt 30 Jahre Gefängnisstrafe.

ERFOLGLOSE BERUFUNGEN

Im Verlauf des Prozesses beteuerten die Rosenbergs immer wieder ihre Unschuld. Ihr Fall ging 23-mal in die Berufung – siebenmal allein beim Obersten Gerichtshof. Auf einer Sondersitzung am 19. Juni 1953 lehnte dann der Oberste Gerichtshof die Aussetzung der Vollstreckung ab. Noch am selben Tag wurden die Rosenbergs im Sing-Sing-Gefängnis im Staat New York hingerichtet. Sie waren die ersten Zivilpersonen in der Geschichte der Vereinigten Staaten, an denen die Todesstrafe wegen Spionage vollstreckt wurde.

Weltweit verurteilten viele die Exekution, und die Sowjetunion stritt ab, dass die Rosenbergs jemals für sie spioniert hatten. Auch in den

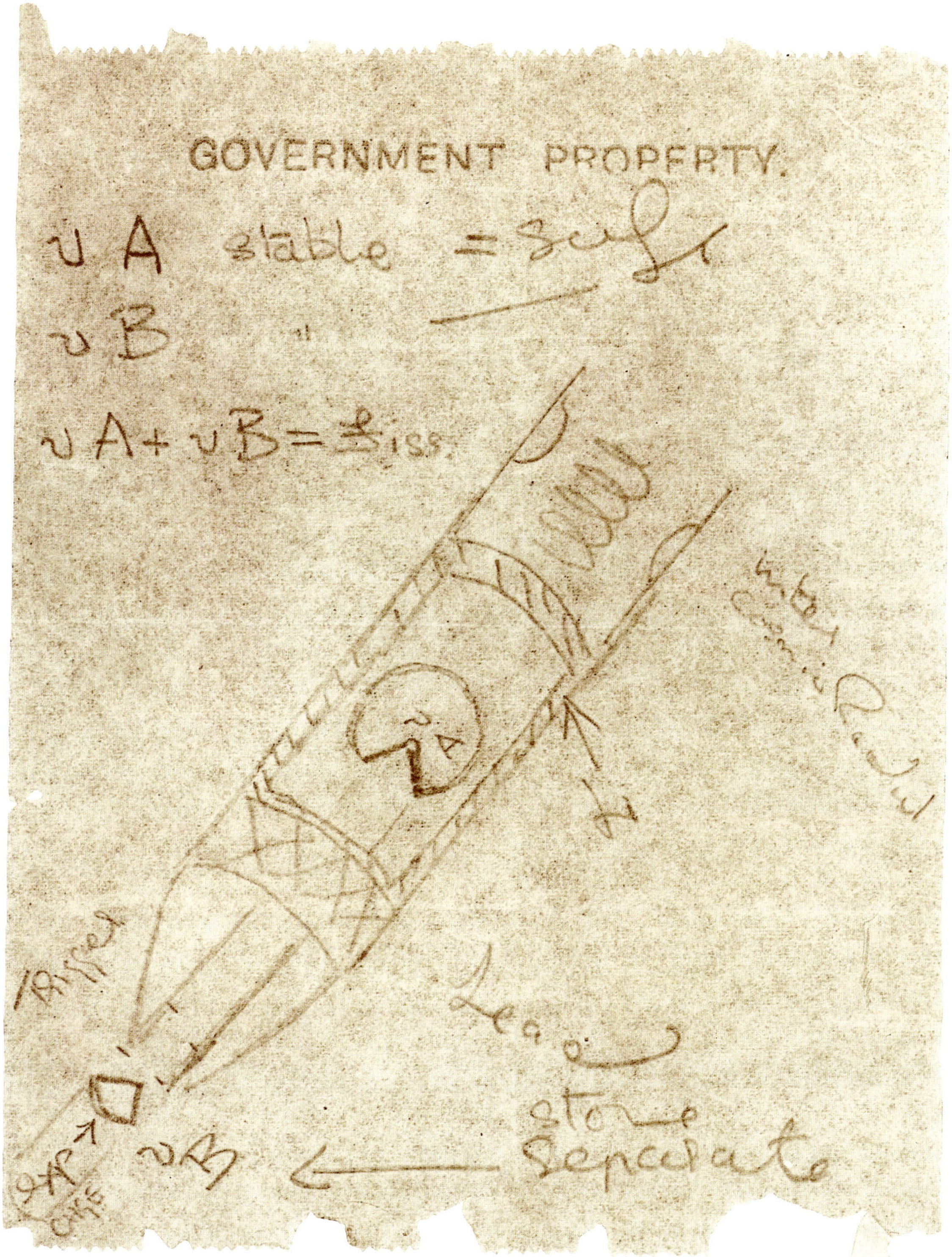

DIE ROSENBERGS WURDEN ZUM TOD VERURTEILT, WEIL MAN IHNEN DIE ÜBERMITTLUNG WICHTIGER AUFZEICHNUNGEN ZUR AMERIKANISCHEN ATOMBOMBE AN DIE SOWJETS VORWARF. ALS BEWEISSTÜCK PRÄSENTIERTE DAS FBI KONSTRUKTIONSSKIZZEN.

Vereinigten Staaten löste der Fall eine Kontroverse aus, die bis heute andauert. Im Jahr 1995 wurden endlich die von den Amerikanern in den 40er-Jahren abgefangenen Nachrichten des sowjetischen Geheimdienstes, die so genannten Venona-Dokumente, veröffentlicht. In ihnen ist die Industriespionage von Julius Rosenberg zwar erwähnt, seine Informationen in Bezug auf die Atombombe allerdings waren nebensächlich. 1997 brach auch der mittlerweile über 80-jährige Feklisow sein Schweigen: Julius Rosenberg habe für die Sowjets spioniert. In mehr als 50 Treffen habe Julius Rosenberg neueste amerikanische Erkenntnisse auf dem Gebiet der Elektronik und der Radartechnik übergeben. Die Atomwaffenskizze, für deren angebliche Übergabe man die Rosenbergs verurteilt und hingerichtet hatte, sei aber nicht darunter gewesen. Ethel habe er nie getroffen, sie habe auch keine Informationen weitergegeben, obwohl sie wahrscheinlich über die Aktivitäten ihres Mannes Bescheid wusste.

Der Holocaust

Die Vernichtungsmaschinerie der Nationalsozialisten schrieb eines der dunkelsten Kapitel in der Geschichte der Menschheit.

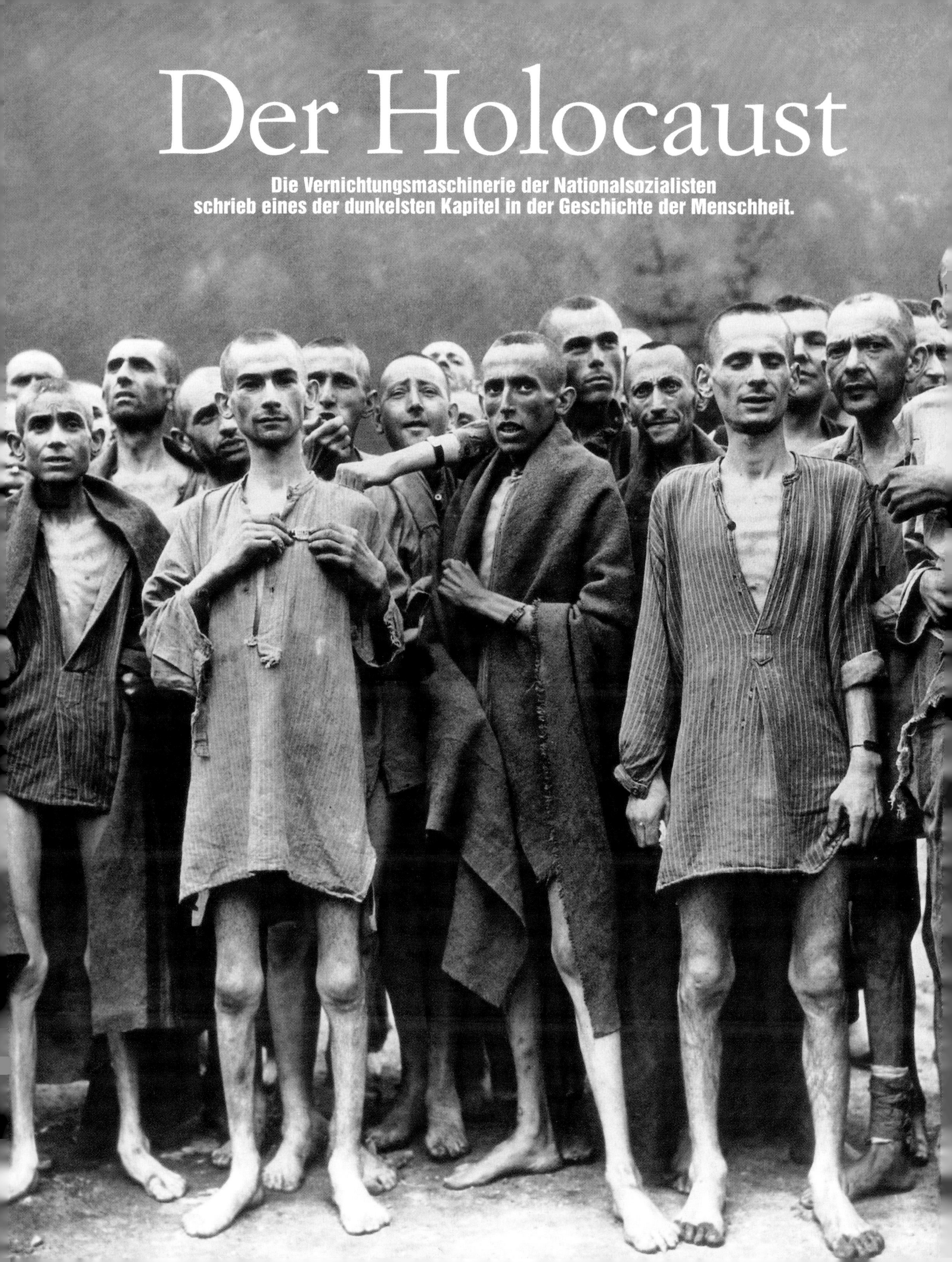

Mit dem Begriff Holocaust bezeichnet man die Massenvernichtung menschlichen Lebens und insbesondere die der Juden während der Zeit des Nationalsozialismus. Der Holocaust begann in Deutschland im Februar 1933 und dehnte sich bis zur Befreiung durch die Alliierten im Mai 1945 auf ganz Europa aus. In dieser Zeit wurden schätzungsweise sechs Millionen Juden und sechs Millionen weitere „unerwünschte Elemente" systematisch von der Vernichtungsmaschinerie der Nazis umgebracht. Zu den Opfern gehörten Juden, Sinti und Roma, Homosexuelle, Kriegsgefangene, körperlich und geistig Behinderte und Menschen, die aus anderen Gründen in den Augen der Nationalsozialisten nicht als zugehörig zur „Herrenrasse" galten.

Der Ausdruck „Auschwitzlüge", mit dem unterstellt wird, die Realität des nationalsozialistischen Völkermords an den Juden existiere nicht, tauchte Anfang der 1970er-Jahre auf. Alt-Nazis und rechtsextremistische Randgruppen versuchen bis heute, den Holocaust zu leugnen. Die historischen Quellen und die Aussagen von Zeitzeugen und Überlebenden aber sind traurige Beweise des Unvorstellbaren.

DIE SCHRECKLICHE WAHRHEIT

Voraussetzung für die Rassenpolitik des Dritten Reiches war die Rassenideologie, die den „jüdischen Untermenschen" diffamierte. Adolf Hitler und seine Gefolgsleute initiierten nach der „Machtübernahme" im Januar 1933 eine Hetzkampagne, die immer grausamer und schneller voranschritt. Juden wurden öffentlicher Ämter enthoben und aus dem Berufsleben ausgegrenzt, Geschäfte in jüdischem Besitz boykottiert und zerstört. Die 1935 erlassenen Nürnberger Gesetze entzogen den Juden die deutsche Staatsbürgerschaft und untersagten die Schließung von „Mischehen". Mit Beschlagnahmungen und hohen Geldstrafen brachte man die Juden um Besitz und Wohlstand. In der „Reichskristallnacht", der Nacht vom 9. auf den 10. November 1938, zerstörten die Nazis schließlich in organisierten Pogromen Synagogen und andere jüdische Einrichtungen.

EIN BILD DES GRAUENS ZEIGTE SICH DEN ALLIIERTEN, ALS SIE DAS KZ EVENSEE IN ÖSTERREICH 1945 BEFREITEN.

Insgesamt kamen bei dieser NS-Aktion 91 Juden ums Leben, 26000 wurden verhaftet und in Konzentrationslager gebracht.

Ab 1939, vor allem nach Kriegsbeginn, ging die nationalsozialistische Rassenpolitik in eine neue Phase über. Juden in den von Deutschland besetzten Ländern wurden die Menschenrechte aberkannt, es kam zu Massenverhaftungen und Erschießungen. In Polen zogen die Deutschen mehr als eine halbe Million Menschen im Warschauer Getto zusammen, aus dem nur wenige lebend entkamen. Tausende wurden abtransportiert, verhungerten oder starben an Krankheiten. Zeitgleich mit dem Einmarsch der Deutschen in die Sowjetunion am 22. Juni 1941 begann dann die systematische Vernichtung jüdischer Gemeinden. Unter dem Deckmantel der Kriegsumstände begannen die Mordaktionen der Einsatzgruppen und die Deportation der Juden in die Vernichtungslager.

5 Tage nach dem Beginn des deutschen Angriffs auf die Sowjetunion stießen die Deutschen in die besetzte Stadt Bialystok vor. Am frühen Morgen des 27. Juni umstellten sie den Platz an der großen Synagoge und zwangen die Einwohner, die Häuser zu verlassen und auf die Straße zu gehen. Einige wurden an die Wand gestellt und sofort erschossen. Etwa 800 Männer, Frauen und Kinder wurden in die Synagoge eingeschlossen. Dann wurde das Gebäude in Brand gesetzt und alle Eingeschlossenen verbrannten. Das Wüten der deutschen Truppen setzte sich mit dem Granatenbeschuss zahlreicher Häuser und mit weiteren Erschießungen fort. Der ganze Platz war schließlich ein einziges Flammenmeer. An diesem Tag verloren rund 2000 Juden in Bialystok ihr Leben.

Nur wenige Wochen später fielen 10 000 Juden in Kischinew einer 2 Wochen andauernden

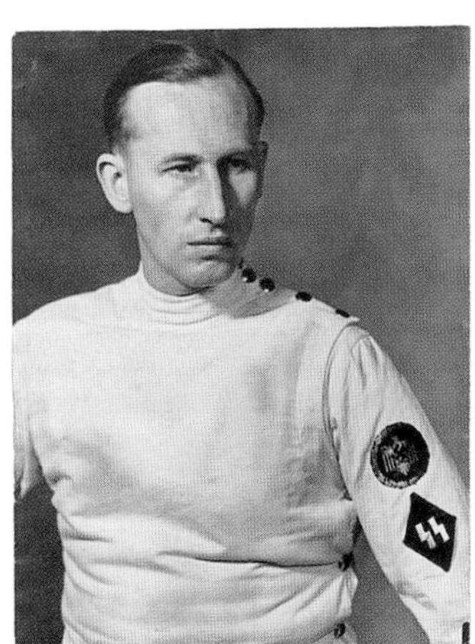

EINER DER MEISTGEFÜRCHTETEN UND MEISTGEHASSTEN MÄNNER DES DRITTEN REICHES WAR REINHARD HEYDRICH. DER SS-FÜHRER WAR SEIT 1941 MIT DER „ENDLÖSUNG DER JUDENFRAGE" BEAUFTRAGT.

OBEN: NACH TAGELANGER FAHRT IN ÜBERFÜLLTEN UND STICKIGEN GÜTERWAGGONS STEIGEN UNGARISCHE JUDEN IM KZ AUSCHWITZ AUS DEM ZUG. RECHTS SIND DIE KENNZEICHEN, DIE DIE LAGERINSASSEN TRAGEN MUSSTEN, ABGEBILDET. UNTEN: HEINRICH HIMMLER, REICHSFÜHRER DER SS.

Liquidationsaktion zum Opfer. Die Aufzählung der Massaker in Osteuropa ließe sich fortsetzen. In den ersten 5 Wochen der deutschen Besatzung in den sowjetischen Gebieten wurden vermutlich mehr Juden umgebracht, als in den 8 Jahren seit der „Machtergreifung“ der Nationalsozialisten.

Die Zahl der Juden, die die Deutschen innerhalb kürzester Zeit umbrachten, war unvorstellbar hoch. Mit dem Überfall auf die Sowjetunion übertrug Hitler die polizeiliche Sicherung in den besetzten Gebieten Heinrich Himmler. Dieser wurde damit zum Hauptverantwortlichen der „Endlösung der Judenfrage“ – der planmäßigen Deportation und Ermordung europäischer Juden. Die Organisation wurde von Himmlers engstem Mitarbeiter Heydrich geleitet.

Der erste Schritt zum organisierten Völkermord war der Einsatz von Eisenbahnzügen für den Transport der Juden aus Mitteleuropa in die im Osten eingerichteten Gettos und Vernichtungslager. Diese Züge, die später als Symbol für die Gräuel der Nazis standen, wurden erstmals am 16. Oktober 1941 eingesetzt.

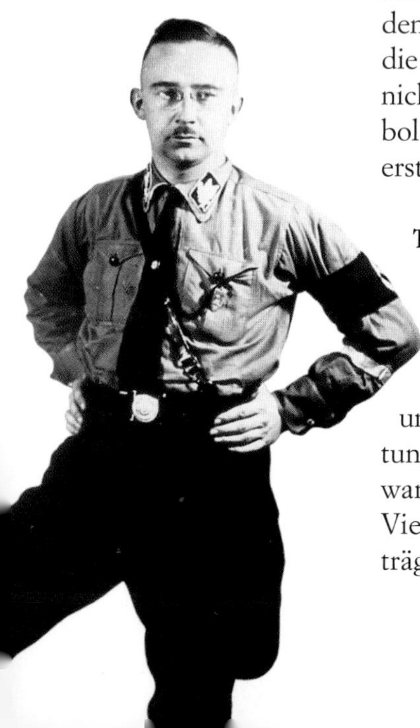

TRANSPORT IN DEN TOD

Die Eisenbahnzüge leiteten den Anfang vom Ende des europäischen Judentums ein. Das NS-Regime hatte eine höchst leistungsfähige Tötungsmaschinerie aufgebaut und entwickelt, deren Ziel die totale Vernichtung der nichtarischen Bevölkerung Europas war. Tausende von Menschen wurden in große Viehwaggons gepfercht, in denen es unerträglich heiß, stickig und schmutzig war. Wer die Transporte überlebte, wurde am Ende der Fahrt in den Lagern einer von zwei Gruppen zugeteilt: Die Alten, Kinder, Kranken und Invaliden wurden sofort in die Gaskammern gebracht und getötet; die Übrigen mussten unter kaum vorstellbaren, unmenschlichen Bedingungen arbeiten. Ihre Aufgabe war es auch, die Leichen der Vergasten in riesigen Massengräbern zu verscharren.

An den Ziel- und Abfahrtsorten und in den Städten, die die Züge passierten, sah die Bevölkerung das Elend der Menschen in den endlosen Waggons. Und der Gestank aus den Konzentrationslagern, wo die Opfer in Krematorien verbrannt wurden, war in weitem Umkreis zu riechen.

DIE WANNSEE-KONFERENZ

Die Nationalsozialisten führten ihr Vernichtungsprogramm gründlich durch. Reinhard Heydrich berief eine Sonderkonferenz der höchsten NS-Führungspersönlichkeiten ein, um die logistischen Probleme der „Endlösung der Judenfrage“ zu besprechen. Die Konferenz fand am 20. Januar 1942 am Großen Wannsee in Berlin statt. Hier sollte beratschlagt werden, wie man mit der großen Anzahl Juden verfahren wollte, die nach dem Einfall der Wehrmacht in Polen und in der Sowjetunion schlagartig unter deutsche Verwaltung gekommen waren. Das Wannsee-Protokoll, das auf der Konferenz von dem Schriftführer Adolf Eichmann erstellt wurde, war nichts anderes als ein Entwurf für den systematischen Völkermord an allen Juden Europas.

DIE LEHRE AUS DEM HOLOCAUST

Noch mehr als 50 Jahre nach diesem düsteren Kapitel der deutschen Geschichte verfolgt und beschäftigt der Holocaust das kollektive Bewusstsein. Die meisten mit Deutschland verbündeten und befreundeten Mächte unterstützten damals durch antisemitische Gesetzgebung die „Ausrottung“ der Juden. Die internationalen Bemühungen um die Beendigung des Völkermords in Jugoslawien oder in anderen Kriegsgebieten dieser Welt waren und sind heute ein Versuch, eine Wiederholung der Geschichte zu verhindern.

Der Holocaust wird uns für alle Zeiten daran erinnern, zu welchen Taten Menschen fähig sind und welche Konsequenzen ein zu zögerliches Eingreifen von außen mit sich bringt.

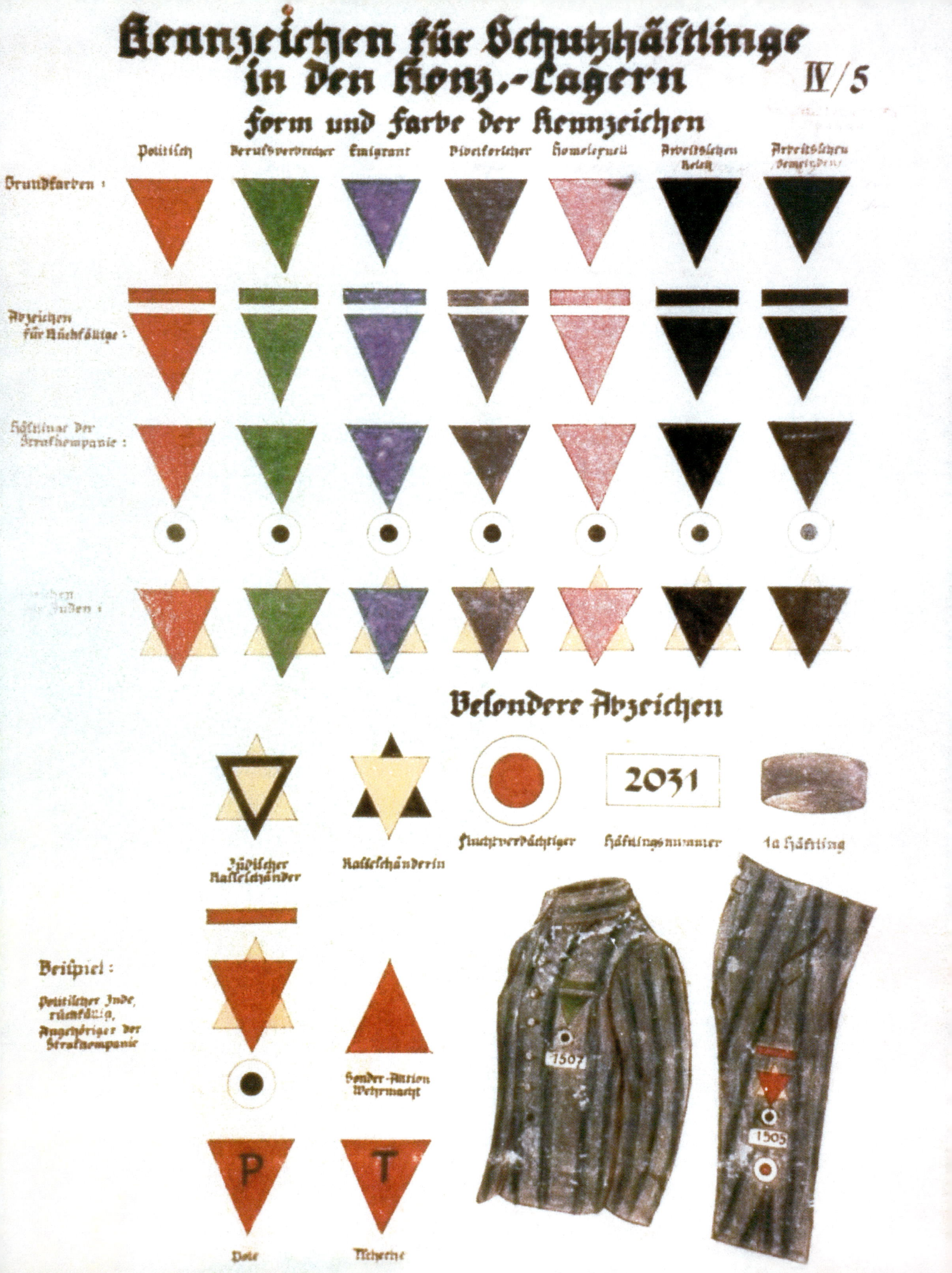

Kennzeichen für Schutzhäftlinge in den Konz.-Lagern
IV/5
Form und Farbe der Kennzeichen
Politisch
Berufsverbrecher
Emigrant
Bibelforscher
Homosexuell
Arbeitsscheu Reich
Arbeitsscheu
Grundfarben:
Abzeichen für Rückfällige:
Häftlinge der Strafkompanie:
Besondere Abzeichen
Jüdischer Rasseschänder
Rasseschänderin
Fluchtverdächtiger
2031
Häftlingsnummer
Ia Häftling
Beispiel:
Politischer Jude, rückfällig, Angehöriger der Strafkompanie
Sonder-Aktion Wehrmacht
P
T
Pole
Tscheche
1507
1505

KAUM ZU GLAUBEN

Hitlers Tagebücher

„HITLERS TAGEBÜCHER ENTDECKT", LAUTETE DIE SCHLAGzeile auf dem Titelblatt der Illustrierten *Stern*. Im April 1983 brachte die große Wochenzeitschrift die Weltöffentlichkeit mit der Ankündigung aus der Fassung, man habe 62 Kladden mit den geheimen Aufzeichnungen Adolf Hitlers gefunden. In ihnen habe der Führer seine Gedanken, Gefühle und Erfahrungen während seiner Zeit an der Spitze des NS-Regimes von 1932 bis zu seinem Selbstmord 1945 aufgezeichnet. Diese Geschichte sorgte international für eine Sensation. Die Tagebücher hatte der Reporter Gerd Heidemann für den *Stern* gesichert. Sie waren Thema zahlreicher großer Zeitungen in aller Welt, und die Londoner *Sunday Times* zahlte dem *Stern* Unsummen für die Veröffentlichungsrechte von Auszügen aus dem erschütternden Fund.

Historiker waren verblüfft. Niemand hatte gewusst, dass Hitler Tagebuch geführt hatte. Er hatte Schreiben immer gehasst und sogar seine Privatkorrespondenz einer Sekretärin diktiert. Experten begutachteten die Aufzeichnungen oberflächlich und befanden sie für echt. Es war die historische Entdeckung des Jahrhunderts – die Chance, die intimen Gedanken und Gefühle des verhassten Diktators nachzulesen.

DIE GESCHICHTE STIRBT EINEN SCHNELLEN TOD

Die Geschichte des Fundes fand praktisch über Nacht ein jähes Ende. Auf einer Pressekonferenz des *Stern* am 25. April in Hamburg stellte ein Historiker die sehr einfache Frage, ob man eine Altersbestimmung der Tinte in den Tagebüchern durchgeführt habe. Das mussten die Vertreter des *Stern* verneinen. Allmählich stellte sich heraus, dass man die Tagebücher kaum auf ihre geschichtliche Authentizität überprüft hatte. Es lag weder

EINE KARIKATUR VOM APRIL 1983 MIT DEM TITEL „MEIN KAMPF MIT DEM ALLTAGSLEBEN".

eine Schriftanalyse vor, noch hatte man nachgeforscht, ob die aufgezeichneten Ereignisse mit den tatsächlichen Gegebenheiten übereinstimmten. Auch hatte niemand eine Erklärung dafür, warum kein Mensch aus Hitlers Gefolge etwas von den Tagebüchern gewusst hatte. Heidemanns Geschichte klang unglaublich: Die Kladden hätten zusammen mit anderen Unterlagen kurz vor Kriegsende von Berlin aus mit dem Flugzeug auf den Obersalzberg gebracht werden sollen. Eine der Maschinen sei damals abgestürzt. Ein Bauer in den Schweizer Alpen habe die Tagebücher geborgen. Diesen Hergang hatte Heidemann von Konrad Kujau übernommen, dem Mann, der ihm die Tagebücher für mehrere Millionen Mark verkauft hatte. Der *Stern* hatte seinen Einzelpreis in Erwartung der sensationellen Story erhöht.

Bei einer Analyse stellten sich die Tagebücher als Fälschungen heraus – noch dazu als schlechte. Sie enthielten historische Ungenauigkeiten; die Handschrift blieb im Verlauf der angeblich 12-jährigen Aufzeichnungen stets unverändert. Vor allem aber stellte man fest, dass das gesamte Material, angefangen vom Einband über die Tinte bis hin zum Buchleim, aus der Nachkriegszeit stammte.

Konrad Kujau gestand schließlich, die Tagebücher selbst verfasst zu haben. Der Fälscher ebenso wie der Redakteur Heidemann wanderten für über vier Jahre ins Gefängnis. Am Ende musste auch der Chefredakteur des *Stern* seinen Hut nehmen. Bemerkenswert ist, dass der Schwindel so spät aufflog. Bereitwillig hielten zahlreiche Menschen und selbst Historiker die Fälschungen für echt. Was zur größten journalistischen Sensation der Nachkriegszeit werden sollte, ging als bislang größter Presse-Flopp aller Zeiten in die Geschichte ein.

MIT DIESER TITELGESCHICHTE SCHOCKIERTE DER *STERN* 1983 DIE WELT. DIE STORY ENTPUPPTE SICH ALS ENTE.

ENOLA
GAY
82

Atombomben auf Japan

Der Befehl des US-Präsidenten Harry S. Truman, Atombomben auf Hiroshima und Nagasaki abzuwerfen, gehört zu den umstrittensten Entscheidungen der Militärgeschichte.

Am frühen Morgen des 6. August 1945 herrschte in Hiroshima, mit 350 000 Einwohnern die siebtgrößte Stadt Japans, noch geschäftiges Treiben auf den Straßen. Von dem kleinen Atoll Tinian im Pazifik startete am Morgen dieses Tages der amerikanische Fernbomber vom Typ B-29 Superfortress der 509. Composite Group der 20. Air Force. Das Flugzeug verdankte seinen Namen *Enola Gay* der Mutter des Piloten Paul W. Tibbet. An Bord war eine 4500 kg schwere und 3 m lange Atombombe mit dem Namen Little Boy, die erste Uranbombe. Diese Bombe arbeitete nach dem Spaltungsprinzip, das heißt, der Atomkern spaltete sich durch Neutronenbeschuss. Die dabei ausgelöste Kettenreaktion setzte gewaltige Energiemengen frei, die etwa 20 000 t TNT entsprachen.

LINKS: DIE BODENCREW DES B-29-BOMBERS *ENOLA GAY*, AUS DEM DIE ATOMBOMBE AUF HIROSHIMA FIEL. DIE OBEN ABGEBILDETE UHR BLIEB UM 8.16 UHR STEHEN, SEKUNDEN, NACHDEM DIE BOMBE EXPLODIERTE UND 80 % DER STADT ZERSTÖRTE. MEHRERE 10 000 MENSCHEN KAMEN UMS LEBEN.

Ziel der *Enola Gay* war die Aioi-Brücke im Zentrum von Hiroshima. Weil die Stadt bei den zahlreichen Luftangriffen der Alliierten, welche die Stadtzentren u. a. von Tokio und Osaka verwüstet hatten, weitgehend verschont geblieben war, glaubten die Japaner, die Amerikaner wollten Hiroshima für den Fall einer erfolgreichen Invasion als Wohngebiet erhalten. Die Einwohner blieben unbeeindruckt von den Bergen von Flugblättern, die nur 2 Tage zuvor auf die

DIESE AUFNAHME EINER STRASSENSZENE IN HIROSHIMA ENTSTAND 2 STUNDEN NACH DER EXPLOSION ETWA 3 KM VOM HYPOZENTRUM ENTFERNT (OBEN). DER FOTOGRAF ERLAG SEINEN VERLETZUNGEN. DAS BOMBARDEMENT FÜHRTE ZUR KAPITULATION JAPANS, DER VERTRAG WURDE AUF DEM US-SCHLACHTSCHIFF *MISSOURI* IM HAFEN VON YOKOHAMA (OBEN RECHTS) UNTERZEICHNET.

Stadt niedergegangen waren und auf denen stand: „Wenn Ihre Regierung nicht kapituliert, wird Ihre Stadt ausgelöscht."

EINE MILITÄRISCHE NOTWENDIGKEIT?

Der Abwurf der Bombe ging auf den schriftlichen Befehl des amerikanischen Präsidenten Harry S. Truman zurück. Als für die USA ersichtlich wurde, dass Japan nicht ohne erbitterten Widerstand kapitulieren würde, wurden die US-Bombardements auf das japanische Festland verstärkt. Ausschlaggebend war für den Präsidenten eine Erklärung der Japaner, sie würden die Drohungen Amerikas ignorieren. Truman sagte daraufhin: „Wenn sie unsere Bedingungen nicht umgehend akzeptieren, müssen sie sich auf einen verheerenden Regen aus der Luft gefasst machen, wie man ihn bisher noch nicht gesehen hat."

Die Bombardierung sollte bei der japanischen Regierung eine Schockwirkung durch den hohen Verlust von Menschenleben hervorrufen. Genau das geschah. Und auch die sofortige Kapitulation Japans. Das Ausmaß der Zerstörungen wurde gewaltig unterschätzt. Leitende Militärs und Wissenschaftler, selbst Forscher, die an der Entwicklung der Bombe beteiligt gewesen waren, hatten nicht bedacht, dass es zu Todesfällen durch die radioaktive Strahlung kommen könnte. Als die Japaner Todesopfer durch Strahlung meldeten, hielten die Amerikaner die Angaben zunächst für Lügen.

In der Forschung ist umstritten, ob die Bombenabwürfe militärisch gesehen überhaupt notwendig waren. Nach dem Krieg verteidigten sich die Amerikaner mit dem Argument, dass sie ohne die Atombomben zu einer Invasion Japans gezwungen gewesen wären, was höchst wahrscheinlich wesentlich mehr Opfer – auf beiden Seiten – gefordert hätte als der Abwurf der Atombomben auf Hiroshima und Nagasaki.

Außerdem wiesen sie auf Japans Entschlossenheit und Hartnäckigkeit hin, eine Kapitulation nicht zu akzeptieren. Dies zeige sich auch in geheimen Dokumenten, die der Oberste Gerichtshof Japans am 6. Juni 1945 verabschiedet hatte. Sie unterstrichen die Entschlossenheit der Regierung, „den Krieg bis zum bitteren Ende fortzusetzen".

DIE ERGEBNISSE DER KOMMISSION

1946 erhielt eine amerikanische Regierungskommission von Präsident Truman den Auftrag, die Auswirkungen der Bombardements an den Kriegsschauplätzen im Atlantik und im Pazifik zu untersuchen. Die Kommission kam zu dem Ergebnis, dass Japan schon zur Kapitulation bereit war, als die Bombe auf Hiroshima fiel: „Die Untersuchung kommt zu dem Schluss, dass Japan mit Sicherheit vor dem 31. Dezember 1945, wahrscheinlich aber bereits vor dem 1. November 1945 kapituliert hätte, selbst wenn der Abwurf der Atombomben nicht erfolgt wäre." Der verhältnismäßig machtlose japanische Kaiser Hirohito hatte sich bei einem Treffen mit Mitgliedern des Obersten Kriegsrats zur Kapitulation entschlossen. Ein Mitglied der US-Untersuchungskommission stellte die These auf, die übliche Langsamkeit der Bürokratie hätte die Ankündigung des Kaisers fatalerweise verzögert.

In den nachfolgenden Jahren bis zu seinem Tod war Harry S. Truman heftiger Kritik ausgesetzt. Seine Entscheidung zweifelte er nie an. Er bestätigte noch 1958, dass er den Einsatz der Bombe unter vergleichbaren Umständen wieder befehlen würde.

Der Angriff auf Pearl Harbor

Am 7. Dezember 1941 flogen die japanischen Streitkräfte einen vernichtenden Überraschungsangriff auf die amerikanische Pazifikflotte im US-Stützpunkt Pearl Harbor auf Hawaii. Japan führte damit den Eintritt der USA in den Zweiten Weltkrieg herbei. Über Nacht schlug die isolationistische Stimmung in den USA um.

Der Verdacht drängte sich später auf, dass die US-Regierung möglicherweise Warnungen auf einen bevorstehenden Angriff unbeachtet ließ, um die Empörung in der amerikanischen Bevölkerung über die japanischen Aggressoren für politische Zwecke zu nutzen.

Der Schaden, den der Angriff auf Pearl Harbor den amerikanischen Streitkräften zufügte, wog schwer. Mehr als 2400 amerikanische Soldaten wurden getötet und weitere verletzt. Die Japaner übernahmen zeitweise die Kontrolle über den Pazifik.

Die Spannungen zwischen den Vereinigten Staaten und Japan hatten sich seit der Invasion Japans in der Mandschurei 1931 zunehmend verschärft. Die USA beobachteten besorgt die japanischen Expansionsbestrebungen in Ostasien. Im Jahr 1937 begann der jahrelange Chinesisch-Japanische Krieg, weil japanische Streitkräfte immer weiter nach China vorgedrungen waren und die asiatischen Gebiete Großbritanniens, Frankreichs, der Niederlande und der Vereinigten Staaten Begehrlichkeiten auf japanischer Seite weckten.

Am 24. Juli 1941 stieß Japan nach Französisch-Indochina – das heutige Vietnam – vor. Im Gegenzug belegte US-Präsident Franklin D. Roosevelt alle japanischen Exporte mit einem Embargo. Der japanische Botschafter Nomura bot ihm daraufhin ein Abkommen an.

Inzwischen plante der Befehlshaber der japanischen Flotte, Yamamoto, insgeheim einen Angriff, der den Feind „am ersten Tag“ außer Gefecht setzen würde. Der amerikanische Botschafter in Japan erfuhr von dem Plan und warnte Washington. Doch Präsident Roosevelt bestand auf der Ausarbeitung eines Abkommens. Am 25. November 1941 warnte auch der US-Kriegsminister Stimson vor einem drohenden japanischen Angriff. Während die Verhandlungen zwischen den Diplomaten beider Seiten noch in Gang waren, griffen japanische Bomber Pearl Harbor an.

ISOROKU YAMAMOTO (LINKS), DER JAPANISCHE MARINE-KOMMANDEUR, BETRACHTETE EINEN KRIEG MIT DEN USA ALS UNVERMEIDLICH UND PLANTE BEIM AUSBRUCH DES KONFLIKTS EINEN GEHEIMEN ÜBERFALL. DER ANGRIFF DER JAPANER GEGEN DIE USA ERFOLGTE AM 7. DEZEMBER 1941 AUF PEARL HARBOR (OBEN).

TEIL 6

IM ZEICHEN DER SUPERMÄCHTE

VERSCHWÖRUNGEN SIND SO ALT WIE DIE MENSCHHEIT, ES GIBT SIE, SEIT ES Menschen gibt, die gegen andere intrigieren. Und keine Zeitspanne ist so reich an Verschwörungen wie die Zeit nach 1945, als der kalte Krieg das politische Klima bestimmte und man der anderen Seite grundsätzlich misstraute. War Otto John, Chef des bundesdeutschen Verfassungsschutzes, womöglich ein Doppelagent? Als Präsident J. F. Kennedy ermordet wurde, und sein Mörder zwei Tage später ebenfalls ums Leben kam, stellte sich die Frage, ob nicht die Mafia oder die Kommunisten hinter den Attentaten steckten. Überdies haben die Spiegelaffäre in der Bundesrepublik Deutschland und der Watergate-Skandal in den USA bei vielen Menschen eine reservierte Einstellung zur Regierung bewirkt; viele betrachten die angeblich so selbstlosen Motive ihrer demokratisch gewählten Staatslenker mit Vorbehalten und mit Misstrauen.

Die Affäre John

Otto John war ein Mann mit vielen Facetten: Widerstandskämpfer, Chef des Verfassungsschutzes, Partylöwe. Aber Aber war er auch ein Landesverräter?

OTTO JOHN WAR EIN GERN GESEHENER GAST AUF PARTYS IM WIRTSCHAFTSWUNDERLAND BUNDESREPUBLIK. DURCH SEINEN WECHSEL NACH OSTBERLIN UND SEINE MYSTERIÖSE RÜCKKEHR IN DEN WESTEN GERIET ER ALLERDINGS INS ZWIELICHT UND WURDE SOGAR ZU MEHREREN JAHREN ZUCHTHAUS WEGEN LANDESVERRATS VERURTEILT.

AM 20. JULI 1954, GENAU 10 JAHRE NACH DEM missglückten Attentat auf Adolf Hitler, fand in Westberlin eine Gedenkveranstaltung statt. Unter den geladenen Gästen befand sich der Präsident des Bundesamts für Verfassungsschutz, Otto John. Er hatte selbst zu den Widerstandskämpfern gehört und damals sein Leben nur durch eine schnelle Flucht nach Großbritannien retten können. Dort arbeitete der 1909 geborene Jurist, bis dahin Syndikus der Deutschen Lufthansa, im Bereich Propaganda. 5 Jahre nach Kriegsende übernahm er, zuerst kommissarisch, dann offiziell bestellt, den Posten als oberster bundesdeutscher Verfassungsschützer.

EINMAL OSTBERLIN...

Keiner der Gäste, die an der Feierstunde mit Otto John ein paar Worte wechselten, ahnte, dass dieser für längere Zeit aus ihrem Blickfeld verschwinden würde. Denn nur wenige Stunden nach der offiziellen Veranstaltung setzte sich John nach Ostberlin, der Hauptstadt der DDR, ab. Die genauen Umstände dieses Wechsels von West nach Ost blieben ungeklärt, ein Freund teilte jedoch brieflich mit, John wolle im Osten bleiben.

In Bonn war man geschockt. Es wurde von Entführung geredet, hinter der der russische Geheimdienst KGB stünde. Doch diese Annahme erwies sich bald als falsch: Im August erklärte John auf einer Pressekonferenz in Ostberlin, dass er freiwillig die Bundesrepublik verlassen habe, weil er mit der Deutschlandpolitik Adenauers nicht einverstanden sei. Damals liefen die Verhandlungen über die Gründung der Westeuropäischen Union (WEU) und den Beitritt der Bundesrepublik zur NATO auf Hochtouren – die entsprechenden Verträge wurden am 23. Oktober 1954 in Paris geschlossen. John befürwortete dagegen die Politik der sowjetischen Regierung, die damals ein geeintes, aber neutrales – und unbewaffnetes – Deutschland anstrebte. Für dieses Ziel wollte er von der DDR aus kämpfen.

... UND RETOUR

Aber offenbar währte der Kampfeswille nicht allzu lange: Schon nach kurzer Zeit, im Dezember 1955, tauchte John unerwartet wieder im Westen auf. Er gab zu Protokoll, dass er vor anderthalb Jahren von den Sowjets nach Ostberlin verschleppt worden sei und nur zum Schein bei der kommunistischen Propaganda mitgewirkt habe; in Wirklichkeit habe er immer schon fliehen wollen. Eine Möglichkeit zur Flucht habe sich aber erst jetzt geboten: Es sei ihm gelungen, in einer Menschenmenge seinen „ständigen Begleitern" zu entkommen.

Die Bundesbehörden nahmen John diese Geschichte nicht ab, zu viele Zeugen sagten aus, dass er freiwillig übergelaufen sei. Er wurde angeklagt und im Dezember 1956 vom Bundes-

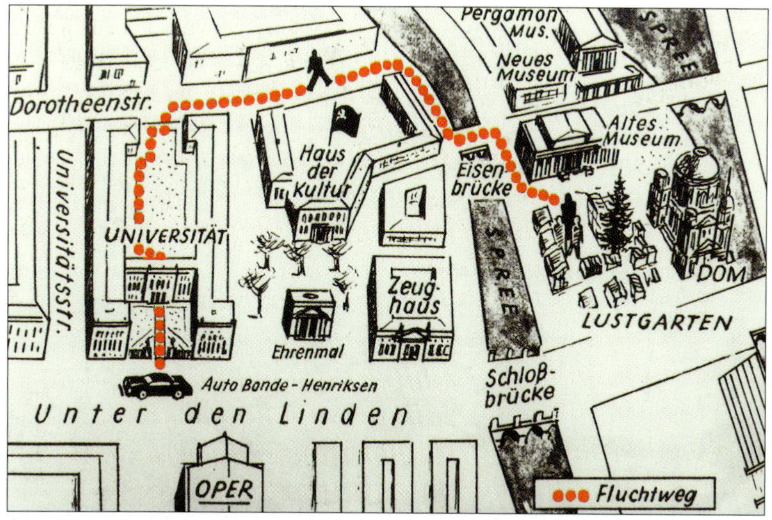

gerichtshof wegen Landesverrats zu 4 Jahren Zuchthaus verurteilt, 1958 jedoch vorzeitig entlassen. Seine insgesamt fünf Anträge auf Wiederaufnahme des Verfahrens wurden allesamt abgelehnt, der letzte 1995, zwei Jahre vor seinem Tod am 26. März 1997.

NACH DER WENDE

Nach Meinung der Justiz war Otto John ein Landesverräter, auch wenn bis zum Fall der Mauer die genauen Umstände und Motive seines Wechsels ins kommunistische Lager keineswegs ganz geklärt waren. Erst nach der Wende 1990 wurden Archive im ehemaligen Ostblock zugänglich, und es meldeten sich bis dahin nicht gehörte Zeitzeugen zu Wort, sodass einige noch unbekannte Fakten ans Licht kamen.

Zwei besonders wichtige Augenzeugen waren die KGB-Offiziere Jewgenij Pitowranow und Witalij Tschernjawski. Sie hatten daran gearbeitet, den Präsidenten des Bundesamts für Verfassungsschutz als Spion anzuwerben – ein Mann in seiner Stellung konnte bedeutsame Informationen liefern. Ihrer Aussage nach kam John freiwillig in den Osten, aus Unzufriedenheit über die politische Entwicklung im Westen; doch stimmte er einer zukünftigen Agententätigkeit in der Bundesrepublik nicht zu. Von Ostberlin aus die Adenauer'sche Westanbindung zu attackieren – dazu erklärte er sich jedoch bereit. Als dann die Pariser Verträge geschlossen waren und die Bundesrepublik am 5. Mai 1955 ihre staatliche Souveränität erlangte, war Johns Einsatz angeblich sinnlos geworden, man habe ihn wieder ziehen lassen.

KALTER KRIEGER

Die KGB-Offiziere hielten John für einen „aufrichtigen, ehrlichen Menschen“. Erst später zugängliche Stasi-Akten und vor allem Dokumente, die der KGB den Deutschen überlassen hatte, zeichnen jedoch ein anderes Bild des gut aussehenden, gesellschaftlich gewandten „Verfassungsschützers“. Danach hatte er sich keineswegs so zurückhaltend benommen, wie die zwei Geheimdienstler glauben machen wollten. Vielmehr hatte er dem russischen Dienst vertrauliches Material über seine Behörde sowie Namen und Charakterbeschreibungen westlicher Agenten mitgeteilt – also doch Verrat geübt.

DIE AGENTENGESCHICHTE SPIELTE IM GETEILTEN BERLIN (OBEN LINKS). DER FLUCHTWEG JOHNS AUS DEM OSTTEIL DER STADT (OBEN RECHTS) FÜHRTE ZUR HUMBOLDT-UNIVERSITÄT, WO DAS AUTO DES DÄNISCHEN JOURNALISTEN BONDE-HENRIKSEN BEREITSTAND. DAS FOTO DARUNTER VOM 6. AUGUST 1954 ZEIGT JOHN IM CAFÉ *WARSCHAU* IN DER STALINALLEE, RECHTS VON IHM DER KOMMUNISTISCHE NATIONALRAT CORRENS, LINKS DER OSTBERLINER ARCHITEKT HENSELMANN.

Der Tod von Marilyn Monroe

Der Tod von Amerikas unvergessenem Sexsymbol wird als „wahrscheinlicher Selbstmord" in den Akten geführt. Was aber ereignete sich an diesem Abend im August des Jahres 1962 wirklich?

DAS TRAURIGE ENDE DER PROMINENTESTEN BLONDINE AMERIKAS IN EINEM SCHLAFZIMMER OHNE JEDE SPUR VON GLAMOUR ODER RUHM.

AM ABEND DES 4. AUGUST 1962 TELEFONIERTE Marilyn Monroe mit dem britischen Schauspieler Peter Lawford, der mit Präsident John F. Kennedys Schwester Pat verheiratet war. Marilyns Stimme war eigenartig undeutlich, und sie beendete die Unterhaltung mit Worten, die nichts Gutes ahnen ließen. „Sag Pat Lebewohl", bat sie Lawford schlaftrunken. „Sag dem Präsidenten Lebewohl, auch dir Lebewohl, du bist ein netter Kerl." Stunden später wurde die Monroe, der Liebling Hollywoods und das unvergessene Sexsymbol Amerikas , in ihrer Villa in Los Angeles tot aufgefunden. Der Körper lag nackt, mit dem Gesicht nach unten, auf dem Bett.

Die Haushälterin Eunice Murray sagte aus, sie habe gegen 3.30 Uhr morgens Licht in Marilyns Schlafzimmer gesehen. Beunruhigt rief sie Marilyns Psychiater, Ralph Greenson, und den Hausarzt Hyman Engelberg an. Greenson traf gegen 3.50 Uhr im Haus ein und fand die Leiche. Engelberg kam ein paar Minuten später und erklärte Marilyn Monroe für tot. Im Bericht des Leichenbeschauers wurde als Todesursache eine „akute Barbituratvergiftung durch Einnahme einer Überdosis" und „wahrscheinlicher Selbstmord" angegeben.

Es war bekannt, dass Marilyn Monroe Depressionen hatte. Mit den Anforderungen, die ihr Star-Dasein an sie stellte, hatte sie stets Schwierigkeiten gehabt, und zur Bewältigung ihrer Probleme war sie auf psychiatrische Behandlung und Medikamente angewiesen gewesen. Kurz vor ihrem Tod hatte man sie wegen ständiger Unpünktlichkeit aus dem letzten Filmprojekt für die 20th Century Fox geworfen. Ihre zahlreichen Eheschließungen – zu ihren bekanntesten Ehemännern gehörten die Basketball-Legende Joe DiMaggio und der Dramatiker Arthur Miller – endeten alle mit einer Scheidung. Einsam, verzweifelt und unter Druck schien Marilyn Monroe das Gefühl zu haben, ihre Probleme nicht mehr bewältigen zu können, und brachte sich um. So lautet die offizielle Version.

DIE VERBINDUNG ZU DEN KENNEDYS

Die offizielle Version vom Tod Marilyn Monroes erklärt jedoch nicht die Unstimmigkeiten einiger Fakten, die einen Mord möglich erscheinen lassen. Einige der prominentesten Zeugen, die in den Fall verwickelt waren, zogen später ihre ursprünglichen Aussagen zurück. Sie begründeten dies teilweise damit, dass man sie zur Vertuschung gezwungen habe, und deuteten an, man habe damit Präsident John F. Kennedy und seinen Bruder, den Justizminister Robert Kennedy, schützen wollen.

Gerüchte über eine Affäre zwischen Marilyn Monroe und dem Präsidenten waren bereits seit 1960 im Umlauf. Im Mai 1962 hatte sie dem Präsidenten vor 20 000 Menschen im Madison Square Garden ihr verführerisches „Happy

Birthday“ zugehaucht. Es ist bekannt, dass sich der Hollywoodstar und der Präsident bei verschiedenen Anlässen getroffen haben. Ob sie ein Verhältnis miteinander hatten, ist aber nach wie vor nicht zweifelsfrei erwiesen. Spekuliert wird auch, ob Marilyn Monroe eine Affäre mit Robert Kennedy hatte, der möglicherweise versuchte, die Monroe von einer Beziehung zu seinem Bruder John abzulenken, weil das für beide nur schädlich gewesen wäre.

Verschwörungstheorien zum Tod der Schauspielerin gibt es in Hülle und Fülle. Wurde Marilyn vielleicht umgebracht, damit sie nicht mit Enthüllungen über ihre Beziehungen zu den zwei führenden Mitgliedern der prominentesten politischen Familie Amerikas an die Öffentlichkeit ging? Einige Tage vor ihrem Tod soll sie dem Schriftsteller Robert Slatzer gesagt haben, wenn Bobby Kennedy sie weiterhin meide, „werde ich vielleicht einfach eine Pressekonferenz einberufen und alles erzählen“. Der Biograf Slatzer gehört zu den eifrigsten Verfechtern der Kennedy-Theorie.

VIELE GERÜCHTE – ABER KEINE BEWEISE

Der Tod Marilyn Monroes wurde auch mit der Mafia in Verbindung gebracht, die von den Kennedys politisch heftig bekämpft wurde. Möglicherweise benutzte die Mafia die Monroe als Köder, um John und Bobby Kennedy empfindlich zu treffen.

War die schöne Schauspielerin nur eine Schachfigur, die zwischen die Fronten der mächtigsten Politiker und der skrupellosesten Gangster des Landes geraten war? Die medizinische Erklärung für ihren Tod ist jedenfalls lückenhaft. Ein Bericht, der sich um Aufklärung bemühte, wies nach, dass Marilyn Monroe 47 Nembutal-Tabletten auf einmal geschluckt hatte, das Rezept ihres Hausarztes Engelberg jedoch war nur auf 25 Tabletten ausgestellt. Wenn sich die Monroe mit Tabletten umgebracht hatte, hätte man Reste davon im Magen finden müssen. Das war aber nicht der Fall. Möglicherweise ist sie an der Injektion einer Überdosis Medikamente gestorben. Weil sie aber keinen Zugang zu Barbituraten in Spritzenform hatte, hätte die Injektion aus einer anderen Quelle stammen müssen. Im Bericht des Leichenbeschauers heißt es aber, ihr Körper habe keinerlei Einstiche aufgewiesen – doch Engelbergs Rechnung an den Nachlassverwalter zeigt, dass er ihr am Tag vor ihrem Tod eine Injektion verabreicht hatte. Dieser Einstich hätte deutlich sichtbar sein müssen.

Die Biografen sind sich einig, dass die Umstände von Marilyns Tod vertuscht wurden. Die Gründe dafür aber werden wir wohl nie erfahren.

FÜR AUFSEHEN SORGTE MARILYN MONROE MIT IHREM „HAPPY BIRTHDAY“-STÄNDCHEN FÜR PRÄSIDENT JOHN F. KENNEDY. SIE SANG ES 1962 AUF EINER GEBURTSTAGSPARTY IM NEW YORKER MADISON SQUARE GARDEN (OBEN). DER LEICHNAM DER FILMLEGENDE WIRD AUS IHREM HAUS IN LOS ANGELES GETRAGEN (LINKS).

Die Spiegelaffäre

Am 27. Oktober 1962 besetzen Kriminalbeamte die Redaktion des *Spiegel*. Das Ränkespiel um Verrat und Macht erreicht seinen Höhepunkt. Die Staatskrise ist vorprogrammiert.

VON NOVEMBER 1962 BIS FEBRUAR 1963 BEHERRSCHT DIE AUSEINANDERSETZUNG MIT FRANZ-JOSEF STRAUSS DIE TITELSEITEN DES MAGAZINS.

Mit dem Beitritt der jungen Bundesrepublik Deutschland zur NATO und der neu gewonnenen Souveränität ist die von Bundeskanzler Konrad Adenauer angestrebte Wiederbewaffnung 1955 endgültig vollzogen. Der CSU-Politiker Franz-Josef Strauß wird Verteidigungsminister. Der glänzende Rhetoriker mit außerordentlicher Bildung und Intelligenz polarisiert die politischen Lager. Seinen Anhängern gilt er als Garant der Freiheit, während seine Gegner ihn als Totengräber ebendieser Freiheit sehen.

MACHTSPIELE

Der neue Verteidigungsminister ordert als eine seiner ersten Amtshandlungen Kampfflugzeuge für die gerade gegründete Bundeswehr beim amerikanischen Lockheed-Konzern. Der Starfighter F-104 wird in der Luftwaffe als Jagdbomber und Aufklärungsflugzeug eingeführt. Strauß setzt durch, dass ein enger persönlicher Freund ins Management von Lockheed aufsteigt. Erst danach werden weitere Bestellungen in Auftrag gegeben.

Doch der Starfighter wird zum Synonym für Tod: Die Technik ist nicht ausgereift, es kommt zu zahlreichen Abstürzen, bei denen viele Piloten sterben. Durch diese Krise gerät Strauß zunehmend ins Kreuzfeuer der Kritik. Man wirft ihm vor, er spiele aus Starrköpfigkeit mit dem Leben der Soldaten.

Der *Spiegel*, 1947 von Rudolf Augstein gegründet, etabliert sich in den 1950er- und 1960er-Jahren als ein wichtiges Forum der Kritik an der Adenauer-Regierung. Jetzt bietet sich die Gelegenheit, den Verteidigungsminister öffentlich bloßzustellen. Das Magazin bezichtigt Strauß des Amtsmissbrauchs und der Vetternwirtschaft.

Es dauert nicht lange, und Strauß schlägt zurück. In einem *Spiegel*-Artikel berichtet der stellvertretende Chefredakteur Conrad Ahlers über das NATO-Herbstmanöver *Fallex 62*. Im Verteidigungsministerium behauptet man, 40 Informationen und Zitate des Textes seien Geheimsache. Dass der *Spiegel* sie verwenden könne, beruhe nur auf Bestechung. Der Vorwurf wird laut, die Informanten seien Offiziere der Bundeswehr, die für Geld Top Secrets ausgeplaudert haben.

PRESSEFREIHEIT IN GEFAHR

In einer Nacht-und-Nebel-Aktion werden zeitgleich die Redaktionen des Blattes in Hamburg und Bonn durchsucht, Material wird mitgenommen, der Herausgeber Rudolf Augstein verhaftet. Strauß informiert noch nicht einmal

ÜBERALL IM LAND KOMMT ES ZU PROTESTKUNDGEBUNGEN GEGEN DIE VON STRAUSS VERFÜGTE NACHT-UND-NEBEL-AKTION GEGEN DEN *SPIEGEL*. HIER IN FRANKFURT (LINKS) DEMONSTRIEREN STUDENTEN MIT EINEM SITZSTREIK VOR DER HAUPTWACHE UND FORDERN DEN RÜCKTRITT DES MINISTERS. UNTEN: RUDOLF AUGSTEIN WIRD NACH EINEM HAFTPRÜFUNGSTERMIN IM JANUAR 1963 ABGEFÜHRT.

seinen Amtskollegen, den eigentlich zuständigen Bundesjustizminister. Die Vorwürfe gegen die Redaktion des Magazins lauten: Landesverrat und aktive Beamtenbestechung. Weitere Redakteure werden verhaftet, so auch Conrad Ahlers, an dessen Festnahme in Spanien Franz-Josef Strauß später eine ungesetzliche Beteiligung nachgewiesen werden kann.

Die Empörung im In- und Ausland ist groß, die Presse gerät in Aufruhr. Für viele Journalisten handelt es sich bei der ganzen Maßnahme um einen Racheakt von Strauß, weil der *Spiegel* ihn immer wieder angegriffen hat. Die Journalisten sehen die Pressefreiheit bedroht, der rechtzeitig entgegengetreten werden muss.

Die Anwürfe gegen das Nachrichtenmagazin und seine Redakteure erweisen sich allerdings schon bald als haltlos und die Kontrollfunktion der öffentlichen Meinung wird offenbar. Rundfunk, Fernsehen und Presse vertreten übereinstimmend die Positionen des Rechtsstaates gegenüber den machtpolitischen Übergriffen von Strauß.

DEMOKRATIE IN GEFAHR

Die Bundesrepublik erlebt ihre erste ernste Krise. Es gibt eine Debatte im Bundestag, bei der Strauß Rede und Antwort stehen muss. Seine eigene undurchsichtige Rolle in der Affäre steht auf dem Prüfstand. Letztlich belügt er das Parlament. Sein Satz: „... habe mit der Ingangsetzung des Verfahrens nichts zu tun“ wird widerlegt und Strauß muss seinen Hut nehmen. Am 30. November 1962 tritt er zurück. Von Adenauer fühlt sich der Ex-Minister verraten, ihn treiben sogar Verfolgungsgedanken. Noch in seinen Memoiren behauptet Strauß, die Vorwürfe gegen den *Spiegel* entsprächen der Wahrheit und er selbst sei nicht an der kriminalistischen Aktion beteiligt gewesen. Der Ausspruch Rudolf Augsteins, an Strauß hafte der Geruch der Korruption, konnte zwar zu dessen Lebzeiten nie eindeutig bewiesen werden, doch nach seinem Tod wird manche seiner Umtriebigkeiten aufgedeckt.

DUO LENS
IMPERIAL REFLEX
C.E. 986
Renewal, extensions, amendments, limitations, and restrictions
This passport, properly visaed, is valid for travel in all countries unless OTHERWISE RESTRICTED. It is not valid for travel to or in any foreign state for the purpose of entering or serving in the armed forces of such a state.
VOID
FBI LABORATORY
C 32
COMMISSION EXHIBIT
394

Die Ermordung von John F. Kennedy

Der mutmaßliche Mörder des US-Präsidenten wurde gefasst und 2 Tage später vor laufenden Fernsehkameras selbst umgebracht. Noch 40 Jahre nach dem Ereignis kursieren zahllose Verschwörungstheorien.

DER AMERIKANISCHE PRÄSIDENT JOHN F. KENNEDY wurde in einem Interview von den Biografen Peter Collier und David Horowitz gefragt, welche Todesart er sich wünschen würde, wenn er denn die Wahl hätte. Er antwortete: „Am liebsten durch einen Schuss – dann weiß man nicht, von was man getroffen wurde." Und so geschah es am 22. November 1963. Der charismatische junge Präsident der Vereinigten Staaten von Amerika wurde in Dallas, Texas, von Kugeln tödlich getroffen, als er mit seiner Frau Jacqueline und dem Gouverneur von Texas in einer offenen Autokolonne fuhr. Der Schauplatz des Geschehens war die Dealey Plaza.

Eine Stunde nach dem Attentat nahm die Polizei in einem Kino in Dallas einen drahtigen 24-jährigen ehemaligen Marinesoldaten und prokubanisch eingestellten Aktivisten namens Lee Harvey Oswald fest. Nur 2 Tage später wur-

1964 LEGTE DIE WARREN-KOMMISSION EINEN 26-BÄNDIGEN BERICHT ÜBER DEN MORD AN KENNEDY VOR. LINKS: BEWEISMATERIAL

War Lee Harvey Oswald allein verantwortlich für den Mord, der die Welt erschütterte? Bis heute behaupten viele, es seien noch andere Personen daran beteiligt gewesen.

OBEN: DIE STRAHLENDEN KENNEDYS UND DAS GOUVERNEURS-EHEPAAR CONNALLY AUF IHREM WEG DURCH SAN ANTONIO, EINEN TAG VOR DEM ATTENTAT. LINKS: DIE WAGENKOLONNE TRIFFT AM 22. NOVEMBER IN FORT WORTH EIN.

de Oswald selbst vor Millionen von Fernsehzuschauern erschossen, als die Polizei den Hauptverdächtigen vom städtischen Gefängnis ins Bezirksgefängnis verlegen wollte. Der Schütze war Jack Ruby, ein Nachtclubbesitzer aus Dallas. Ruby begründete seine Tat damit, dass er die Ermordung des Präsidenten rächen wollte.

Kaum eine andere Woche in der amerikanischen Geschichte war so emotionsgeladen wie diese letzte Woche im November 1963. Durch Rubys Mord an Oswald war der Angeklagte zum Schweigen gebracht worden, bevor er das Verbrechen gestehen konnte. Da es zu keiner Gerichtsverhandlung mehr kam, setzte der neue US-Präsident Lyndon B. Johnson eine Untersuchungskommission ein, die sich mit dem Attentat auf John F. Kennedy befassen sollte.

DIE MAGISCHE KUGEL

Die Untersuchungskommission unter der Leitung von Earl Warren, dem Obersten Richter des Obersten Gerichtshofs, vernahm 552 Zeugen und durchkämmte viele 1000 Seiten Zeu-

OBEN: KENNEDY WIRD AN DER DEALEY PLAZA IN DALLAS IM OFFENEN WAGEN VON DER KUGEL EINES HECKENSCHÜTZEN GETROFFEN UND SINKT IN DIE ARME SEINER FRAU. UNTEN: EIN FBI-AGENT STEHT AUF DER STOSSSTANGE DES PRÄSIDENTENFAHRZEUGS, UM HILFE ZU LEISTEN.

genaussagen. Ihr 1964 herausgegebener, 26-bändiger Bericht kam zu dem Schluss, dass man nach Überprüfung der Beweislage und Zeugenaussagen zweifelsfrei davon ausgehen könne, dass Lee Harvey Oswald der alleinige Täter gewesen sei. In den nachfolgenden Jahrzehnten erschienen hunderte Bücher und tausende Artikel, in denen die Ergebnisse der Warren-Kommission bestritten oder angezweifelt wurden. Noch 40 Jahre nach dem Attentat wird die immer gleiche Frage gestellt: Wer hat John F. Kennedy ermordet?

Für viele Anhänger der Verschwörungstheorie war und ist die größte Schwachstelle des Warren-Reports die Behauptung, Oswald habe nur drei Kugeln abschießen können, von denen eine den Autokonvoi verfehlte. Dem Report zufolge traf die zweite Kugel den Präsidenten im Genick, durchschlug seinen Körper, durchbohrte die Schulter des texanischen Gouverneurs John Connally und zerschmetterte dann dessen Handgelenk. Dieser Schuss wird oft als die „magische Kugel" bezeichnet. Der dritte und letzte Schuss traf Kennedy tödlich. Bis heute bezweifeln viele, dass die zweite Kugel alle Verletzungen verursachen konnte, auf die die Warren-Kommission hinwies. Es hätte mindestens einer vierten Kugel bedurft – und das würde auf einen zweiten Schützen hindeuten.

ZAHLLOSE THEORIEN

Anhand von Diagrammen versuchte man aufzuzeigen, dass die „magische Kugel" der Warren-Kommission nach dem Austreten aus dem Körper des Präsidenten auf ihrer Flugbahn einen Bogen in der Luft beschrieben haben musste, bevor sie Gouverneur Connally traf. Das aber ist physikalisch nicht möglich. Der Verdacht auf einen zweiten Schützen erhärtete sich im Lauf der Jahre. Zeugen sagten vor der Warren-Kommission aus, sie hätten hinter einem Zaun auf der grasbewachsenen Kuppe der Dealey Plaza eine Art Rauch aufsteigen sehen. Viele hatten es für Auspuffgase und nicht für Gewehrfeuer gehalten. Eine Zeugin gab an, sie habe Jack Ruby ein paar Stunden vor dem Mord am Lenkrad eines Pick-ups gesehen und beobachtet, wie ein anderer Mann ein Gewehrfutteral aus dem Lastwagen nahm und die grasige Anhöhe hinaufging.

Was würde das bedeuten, wenn Lee Harvey Oswald nicht allein gehandelt hat? Wollte man ihm etwas unterschieben oder war er Teil einer

JACK RUBY (VON HINTEN), WIE ER AUF LEE HARVEY OSWALD SCHIESST, DER GERADE VON WACHLEUTEN INS BEZIRKSGEFÄNGNIS GELEITET WIRD. CLAY SHAW (UNTEN RECHTS) KAM VOR GERICHT, WEIL MAN IHM DIE BETEILIGUNG AN EINER VERSCHWÖRUNG ZUR ERMORDUNG DES PRÄSIDENTEN ZUR LAST LEGTE. DER PROZESS VERLIEF IM SAND.

größeren Verschwörung? Wer war dann noch beteiligt gewesen? Vielleicht Lyndon B. Johnson? Johnson war über seine Niederlage gegen Kennedy bei der Nominierung des demokratischen Kandidaten im Jahr 1960 sehr verbittert gewesen, und seine Furcht, er könne bei der Kandidatur 1964 als Vizepräsident ausgebootet werden, wäre ein mögliches Motiv. Einige Vertreter dieser Theorie behaupten, bei einer genauen Betrachtung der Fotos könne man sehen, dass sich Johnson, der ebenfalls in der Wagenkolonne fuhr, bereits duckte, bevor die ersten Schüsse fielen. Eine andere Theorie konzentrierte sich auf einen Mann, den ein Reporter zufällig an diesem Tag auf der Dealey Plaza auf einem Foto ablichtete. Merkwürdig an dem Mann war, dass er an diesem ausgesprochen sonnigen Tag einen Regenschirm bei sich trug.

EIN PROZESS IN NEW ORLEANS

Die Version, die auch der Regisseur Oliver Stone in seinem Film „JFK – Tatort Dallas" (1991) vertritt, sieht den Geschäftsmann Clay Shaw aus New Orleans in eine Verschwörung zur Ermordung Kennedys verwickelt. Shaw soll mit Oswald und einem anderen Verdächtigen in der Stadt Clinton im US-Staat Louisiana gesehen worden sein. Ein weiterer Zeuge behauptete, er habe zufällig mit angehört, dass die Drei über Pläne zur Ermordung Kennedys sprachen. Im März 1967 ließ der umstrittene Staatsanwalt Jim Garrison aus New Orleans Shaw festnehmen. Der Prozess fand 1969 statt. Doch die Beweislast gegen Shaw war dürftig. Shaw wurde von den Geschworenen freigesprochen.

Die Kopfbewegung des Präsidenten durch die Kugeln gilt vielen als zwingender Hinweis auf Schützen, die sich auf dem Hügel der Dealey Plaza postiert haben mussten. Auf dem berühmten Film, den ein Zuschauer namens Abraham Zapruder zufällig von dem Attentat auf-

nahm, kann der Verlauf in etwa festgestellt werden. Kennedys Kopf schnellte plötzlich nach hinten und nach links, eine scheinbar unlogische Bewegung, wenn die Kugel ihn von hinten traf. In Versuchen mit Melonen jedoch fanden Ballistikexperten heraus, dass sich an der Einschussstelle oft nur ein sehr kleines Loch bildet, während die Kugel einen so starken inneren Druck in der Melone erzeugt, dass die Rückseite abplatzt und die Melone einen Satz auf den Schützen zu macht – und nicht in die entgegengesetzte Richtung. Die Experten gehen davon aus, dass dieses Prinzip auch für den menschlichen Schädel gilt. Eine nähere Untersuchung der Stellung, die die Sitze von Kennedy und Gouverneur Connally hatten, ergibt auch, dass die Flugbahn der so genannten „magischen Kugel" nicht annähernd so kompliziert gewesen sein muss, wie manche behaupten.

Warum aber versuchen noch immer so viele Menschen, ein organisiertes Verbrechen hinter dem Mord aufzuspüren? Warum können sie nicht an einen verwirrten Einzeltäter glauben? Vielleicht weil die Suche nach einer Verschwörung davon ablenkt, dass es gelegentlich im Leben grundlose Tragödien gibt.

MITGLIEDER DER WARREN-KOMMISSION BESUCHEN DEN TATORT (OBEN). OSWALD HAT VERMUTLICH AUS DEM FENSTER EINES SCHULBUCHLAGERS AUF DEN PRÄSIDENTEN GESCHOSSEN. IN NEW ORLEANS STEHT DER STAATSANWALT JIM GARRISON (LINKS) REDE UND ANTWORT ÜBER DIE BEVORSTEHENDE VERHANDLUNG GEGEN CLAY SHAW WEGEN DER BETEILIGUNG AN DER VERSCHWÖRUNG ZUR ERMORDUNG KENNEDYS.

Die Geschichte im Film

Filme bringen uns heute die Vergangenheit nahe. Von den ersten Tagen der Kinematographie zu Beginn des 20. Jh. bis heute nehmen Filme die Phantasie ihres Publikums so stark gefangen, dass sie bisweilen die dargestellten geschichtlichen Ereignisse zu ersetzen scheinen. Unsere Vorstellung vom Süden der Vereinigten Staaten in der Zeit vor dem Bürgerkrieg ist durch den legendären Film *Vom Winde verweht* von 1939 ein für allemal romantisch verklärt. Und dem Untergang der *Titanic* konnten wir hautnah beiwohnen, als der Hollywood-Blockbuster 1997 über die Leinwände der Welt flimmerte.

Auch wenn Filme Geschichte darstellen, sind sie doch gelegentlich mit den tatsächlichen Geschehnissen recht frei umgegangen. Im Alter von 25 Jahren hatte sich Orson Welles mit seinem Meisterwerk *Citizen Kane* im Jahr 1941 zu Hollywoods Enfant terrible gemacht. Sein Film spürt in einer Reihe von Rückblenden subtil-psychologisch der Entwicklung eines mittellosen Jungen nach, der ein Zeitungsmagnat wird.

CITIZEN KANE

Heute besticht der Film *Citizen Kane* immer noch durch seine Darsteller, die ausgefeilte Bildsprache und die besondere Erzähltechnik. Er erhielt 1941 einen Oscar für das beste Drehbuch. Die Zeitgenossen aber – zumal in den USA – konnten auch den Zusammenhang mit den tatsächlichen Ereignissen herstellen. Die Parallelen zwischen der Filmfigur Charles Foster „Citizen" Kane und und dem US-Zeitungsmogul William Randolph Hearst waren für sie kaum zu übersehen. Der erste Stein zum Aufbau des Hearst-Imperiums war der Erwerb einer kleinen Zeitung in San Francisco. Bald weitete sich das Geschäft aus, und Hearst besaß Zeitungsverlage in allen größeren amerikanischen Städten. Damit beherrschte er über Jahrzehnte hinweg die öffentliche Meinung in den USA. Wie Kane häufte Hearst ein gewaltiges Vermögen an, er hatte eine Passion für Kunstwerke und baute sich ein riesiges Schloss in Kalifornien, das er San Simeon nannte. Es diente als Vorbild für das Film-Schloss Xanadu.

Hearst hatte erfolglos versucht, den Welles-Film zu kaufen, um ihn zu vernichten. Daraufhin setzte er alle Hebel in Bewegung, um ihn dem breiten Publikum vorzuenthalten. Die Darstellung der Susan, des einfachen und ziemlich beschränkten Mädchens, das Kanes Frau wird und das dieser unbedingt in der Opernwelt unterbringen will, ist eine deutliche Anspielung. Hearst selbst hatte das Showgirl Marion Davies geheiratet und versucht, ihr zu einer Filmkarriere zu verhelfen.

William R. Hearsts Macht, sein Geld und sein Einfluss bewirkten tatsächlich, dass ein großer Teil des damaligen Establishments von Hollywood den Film öffentlich sanktionierte. Die meisten Kinos brachten ihn nicht. Heute wird der Film oft als ein Meilenstein der Kinogeschichte zitiert. Und möglicherweise wird er die einzige bleibende Erinnerung an Hearst und seine Frau sein.

DIE MACHT DES FILMS

Im Vergleich zur wirklichen Geschichte überdauern Filme die Zeiten, die sie schildern. Sie entstehen zum Teil erst lange nach den Ereignissen. Das Publikum hat nur selten eine genaue Kenntnis von den Geschehnissen, es lässt sich schnell verleiten, an die Authentizität der Film-Sichtweise zu glauben. *Vom Winde verweht* zeigt die Sklaverei als eine wohltätige Einrichtung, die erst durch die Ankunft der Nordstaaten-Armee und durch politische Hasardeure verdorben wird. Diese Botschaft vermittelt auch der Stummfilm *Die Geburt einer Nation* (1915) des amerikanischen Regisseurs D. W. Griffith. Dieser Film glorifiziert ebenfalls den alten Süden, er macht aber vor allem den Kongress für den Aufstieg des Ku-Klux-Klans verantwortlich, weil er die Lebensbedingungen der Afroamerikaner nach dem Krieg zu verbessern suchte. Der Film löste seinerzeit Proteste aus – er wird heute kaum noch gespielt, obwohl er der erste moderne Film war. *Vom Winde verweht* dagegen gilt immer noch als weitgehend authentische Darstellung der Zeit.

JFK – DER FILM

Die Ermordung John F. Kennedys war eine der umstrittensten Tragödien des 20. Jh. In seinem mit Oscars preisgekrönten Film *JFK – Tatort Dallas* präsentiert Regisseur Oliver Stone eine mögliche Variante zu den Hintergründen des Attentats, die im Gegensatz zur offiziellen Theorie vom Alleintäter steht. Stone wurde dafür von der Presse verhöhnt. *Time Magazin* sah sich zu der Frage veranlasst: „Sie wollen also wissen, wer den Präsidenten umbrachte und die Vertuschung stillschweigend duldete? Alle! Hohe Beamte der CIA, des FBI, der Polizei von Dallas, der drei Organisationsbereiche des Militärs, Big Business und das Weiße Haus." Stone deutet in seinem Film insbesondere eine enge Beziehung zwischen dem Mord und der Rüstungsindustrie an. John F. Kennedy wollte Amerika aus dem Vietnamkrieg herausholen, so das Credo des Films, und darüber seien die Lobbyisten der Rüstungsindustrie alles andere als beglückt gewesen.

Stones Film ist sicher ein Extremfall, doch die meisten Menschen – selbst die, die an einem historischen Ereignis beteiligt waren – scheinen leichte Manipulationen der historischen Fakten zugunsten des dramatischen Effekts gern in Kauf zu nehmen. Die Haupthandlung und der Höhepunkt der Schlacht in *Der Soldat James Ryan* von Steven Spielberg aus dem Jahr 1998 sind völlig frei erfunden. Trotzdem lobten Kriegsveteranen die Genauigkeit der Sequenzen von der Landung in der Normandie.

Können Filme tatsächlich die Geschichte, die sie darstellen, ersetzen? „Die Filme lassen Gefühle so stark und real erscheinen", sagte der Popkünstler Andy Warhol einmal, „dass es einem, wenn wirklich etwas geschieht, vorkommt, als sehe man es im Fernsehen – man fühlt nichts."

DER FILM *JFK – TATORT DALLAS* LÖSTE DISKUSSIONEN AUS. LAUT EINER UMFRAGE GLAUBTEN ÜBER 50 % DER AMERIKANER UNTER 30 JAHREN STONES VERSION DES ATTENTATS. EIN BEISPIEL, WIE FILME GESCHICHTE MACHEN.

Das Attentat auf Robert Kennedy

AM 5. JUNI 1968, NUR MINUTEN VOR DEN TÖDLICHEN SCHÜSSEN, SPRICHT ROBERT F. KENNEDY IM HOTEL AMBASSADOR IN LOS ANGELES VOR SEINEN ANHÄNGERN. RECHTE SEITE: EIN KELLNER STÜTZT DEN STERBENDEN.

Der Palästinenser Sirhan wurde verurteilt, doch Skeptiker zweifeln an dieser Version.

NUR WENIGE TAGE, BEVOR ROBERT F. Kennedy, der Kandidat der Demokraten für die US-Präsidentschaft, in der Küche des Hotels Ambassador in Los Angeles ermordet wurde, schrieb der 22-jährige palästinensische Einwanderer Sirhan B. Sirhan in sein Tagebuch: „Mein Entschluss, R. F. K. zu beseitigen, entwickelt sich zunehmend zu einer unbeirrbaren Besessenheit.“ Sirhan, früher ein begeisterter Anhänger Robert F. Kennedys, fühlte sich verraten, weil dieser die Lieferung von Militärflugzeugen an Israel befürwortet hatte. Unter seinen Tagebucheintrag schrieb Sirhan immer wieder die gleichen Sätze: „R. F. K. muss sterben. R. F. K. muss getötet werden.“

Am 5. Juni 1968 feierte der Präsidentschaftskandidat und Senator Kennedy mit seinen Anhängern seinen Sieg bei den Vorwahlen in Kalifornien. Sirhan gelang es, ganz nah an Kennedy heranzukommen, und feuerte dann mit einer Schusswaffe, die Kennedy tödlich verletzte. Alles wies darauf hin, dass der junge Palästinenser der Mörder war. Bei der Gerichtsverhandlung bekannte sich Sirhan auch zu dem Attentat, gab aber an, er habe an besagtem Abend zu viel Alkohol getrunken und könne sich an nichts erinnern. Der Palästinenser wurde zum Tod verurteilt, das Urteil dann jedoch zu lebenslanger Haft umgewandelt.

Mehr als 30 Jahre später will die Familie von Sirhan B. Sirhan das Verfahren neu eröffnen, und die politischen Freunde von Robert Kennedy haben seit 1968 Zweifel am Ergebnis der Ermittlungen und am gesamten Verfahren. Bei seiner letzten Anhörung wegen Strafaussetzung im Jahr 1997 beteuerte Sirhan erstmals seine Unschuld.

Verschiedene unabhängige Ermittler gingen den Ereignissen nach. Aber selbst als die Unterlagen der Polizei von Los Angeles und des FBI im Jahr 1987 freigegeben wurden, blieben viele Fragen unbeantwortet. Da ist beispiels-

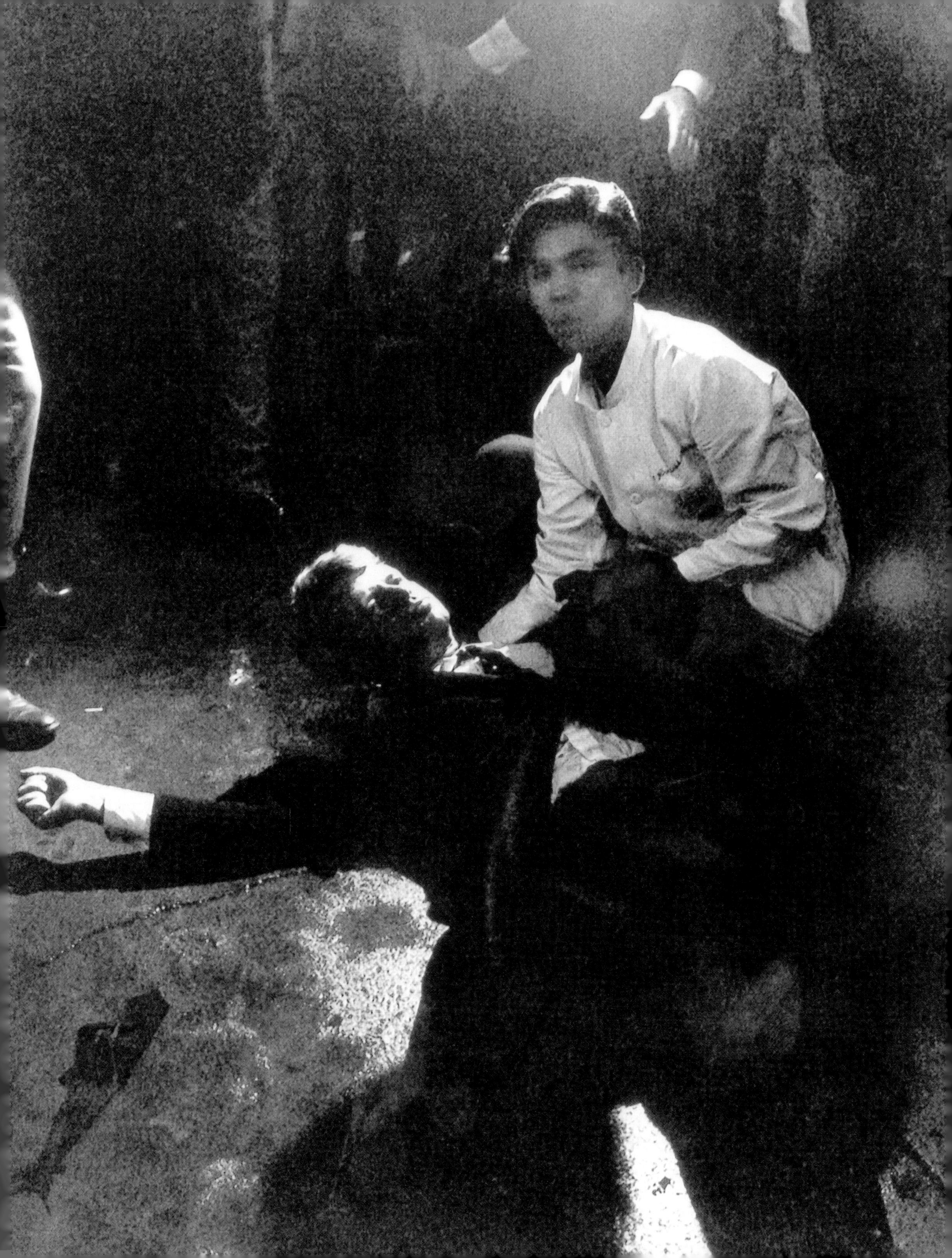

DER MUTMASSLICHE ATTENTÄTER SIRHAN B. SIRHAN WIRD ÜBERWÄLTIGT, NACHDEM ROBERT KENNEDY IN DER KÜCHE DES HOTELS AMBASSADOR TÖDLICH GETROFFEN WURDE.

weise die Frage nach der Anzahl der Kugeln: Sirhans Pistole vom Kaliber 0.22 enthielt nur acht Kugeln. Einige der unabhängigen Ermittler behaupten aber, aus den Fotos vom Tatort gehe hervor, dass mehr als acht Kugeln abgefeuert wurden, weitere Kugeln steckten offensichtlich im Türrahmen und in der Decke. Mehrere Deckenplatten und der besagte Türrahmen wurden nach dem Attentat von der Polizei von Los Angeles zerstört – ein Beweis war nicht mehr möglich. Auch Zeugen, die sich an diesem Abend in der Hotelküche aufgehalten hatten, sagten aus, noch andere Schusswaffen gesehen zu haben.

Rätsel gibt auch der Autopsiebericht des Rechtsmediziners Dr. Thomas Noguchi auf. Nach der Obduktion stellte Noguchi fest, dass der Senator von drei Schüssen getroffen worden war. Die Kugel am Hinterkopf, die ihn tödlich verletzte, musste aus einer Entfernung von nicht einmal 8 cm abgefeuert worden sein, die meisten Zeugen sagten jedoch aus, Sirhan habe 30 cm bis 1,80 m von Kennedy entfernt gestanden und von vorn auf ihn geschossen.

WAR HYPNOSE IM SPIEL?

Keiner derjenigen, die das offizielle Urteil hinterfragen, bezweifelt, dass Sirhan an dem betreffenden Abend geschossen hat – die Frage ist nur, ob es seine Kugeln waren, die Kennedy tödlich verletzten, oder ob noch andere Schützen am Werk gewesen sein könnten. Eine Theorie zieht in Betracht, dass Sirhan nur als Marionette fungierte, die Hintermänner unter Hypnose gestellt und dann mit der Ermordung des Präsidentschaftskandidaten beauftragt hatten. Dies würde auch erklären, warum Sirhan immer wieder beteuerte, er könne sich an den Hergang der Tat nicht erinnern.

Die Theorie, man habe Sirhan möglicherweise durch Hypnose zu dem Mord veranlasst, kam in den USA 1993 durch eine Radiodokumentation in Umlauf. In der Sendung wurden Unstimmigkeiten des Falles aufgedeckt und angedeutet, die Polizei von Los Angeles habe fahrlässig Beweise vernichtet und versäumt, wichtigen Hinweisen nachzugehen. Auch wies man auf Sirhans mutmaßliche Beziehung zu dem mittlerweile verstorbenen Therapeuten William

Joseph Bryan hin – ein führender Hypnose-Experte, der angeblich auch Beziehungen zur CIA gehabt haben soll. Nach der Ermordung Kennedys hatte Bryan Bekannten erzählt, er habe Sirhan einmal in seiner Praxis hypnotisiert. Die Radiosendung löste unter den Verschwörungsanhängern eine Lawine von Spekulationen aus.

Sirhan sagte in seinem Prozess auch aus, das Letzte, an das er sich vor der Tat erinnere, sei, dass ihn eine attraktive Frau um eine Tasse Kaffee mit viel Milch und Zucker bat. An alles Weitere bis nach dem Abfeuern der Schüsse könne er sich nicht erinnern. Für Philip Melanson, den Leiter des Robert-Kennedy-Archivs der Universität von Massachusetts, ist Sirhans Erinnerungslücke ein Beweis dafür, dass er unter Hypnose stand.

Bestimmte Zeugenaussagen könnten diese Theorie unterstützen. Ein Polizist, der nach den Schüssen am Ort des Geschehens eintraf, gab an, er habe einen Mann und eine Frau aus dem Hotel kommen sehen, die riefen: „Wir haben ihn erschossen! Wir haben ihn erschossen!" Die Frau soll ein auffälliges Kleid mit Tupfen getragen haben. Auch anderen Zeugen war eine Frau im Tupfenkleid aufgefallen, die sich in der Hotelküche aufgehalten hatte. Zunächst wurde allgemein nach dem Paar gefahndet, doch die Fahndung wurde eingestellt, als Sirhan von offizieller Seite als Verdächtiger feststand. Die Polizei von Los Angeles meinte später, das Paar sei missverstanden worden und hätte eigentlich gesagt: „*Sie* haben ihn erschossen!" Anhänger der Hypnose-Theorie jedoch vermuten, dass diese Frau im Tupfenkleid bei der Hypnotisierung Sirhans geholfen hatte und auch die Frau gewesen sein könnte, die Sirhan um eine Tasse Kaffee bat. Warum sie aber so unverhohlen laut und deutlich in der Öffentlichkeit „Wir haben ihn erschossen!" gesagt haben soll, ist dann doch unverständlich.

FEHLVERHALTEN DER POLIZEI

Nicht alle Skeptiker wollen an eine Hypnotisierung Sirhans glauben. Ihre Zweifel stützen sich vielmehr auf die Autopsiebefunde, aus denen hervorgeht, dass der Schuss aus nächster Nähe und von hinten abgegeben wurde. Der Tatort hatte außerdem mehr Kugeln und Spuren von Kugeln aufgewiesen, als von Sirhans Revolver abgegeben worden sein konnten. Eine Fahndung nach weiteren Verdächtigen verlief aber praktisch im Sand.

Soweit man weiß, existiert heute kein Foto vom Augenblick des Schusses. Die Polizei von Los Angeles beschlagnahmte verschiedene Fotos vom Tatort und räumte auch ein, Dutzende Fotos vernichtet zu haben, weil sie angeblich „Duplikate" waren. Diese Ermittlungsmethoden legen nahe, dass man in jedem Fall einen hieb- und stichfesten Prozess gegen Sirhan führen wollte.

Wenn aber weitere Schützen beteiligt waren, stellt sich die Frage nach den Motiven. Wie sein Bruder John war Robert Kennedy ein erbitterter Gegner des organisierten Verbrechens. Auch kämpfte er gegen Amerikas Engagement im Vietnamkrieg. Damit machte er sich keine Freunde in der Rüstungsindustrie.

Mit der Ermordung Robert Kennedys verlor Amerika einen Mann, der für viele Menschen eine humanere Gesellschaft und soziale Gerechtigkeit verkörperte.

DIE POLIZEI VON LOS ANGELES VERÖFFENTLICHTE DIESE FOTOS VON SIRHAN B. SIRHAN, DER DES MORDES AN SENATOR ROBERT KENNEDY ÜBERFÜHRT WURDE. SKEPTIKER GLAUBEN NICHT, DASS ER DER EINZIGE SCHÜTZE WAR.

Die Ermordung von
Martin Luther King

Ein umstrittener Kriminalfall ist bis heute der Mord am grössten Bürgerrechtler der USA im Jahr 1968.

Die 1960er-Jahre waren in den Vereinigten Staaten eine Zeit großer Aufruhr und Gewalt. In diesem Klima der politischen und sozialen Unruhe machten insbesondere zwei tragische Ereignisse Schlagzeilen: das tödliche Attentat auf den Präsidenten John F. Kennedy und die Ermordung des schwarzen Bürgerrechtlers Reverend Martin Luther King. Fragen im Zusammenhang mit diesen beiden Morden bleiben seit Jahren unbeantwortet. Der Tod John F. Kennedys zog mehr Verschwörungstheorien nach sich als jedes andere Ereignis in der amerikanischen Geschichte des 20. Jh., und auch im Fall der Ermordung Martin Luther Kings konnten Zweifel an der offiziellen Version nie ganz ausgeräumt werden.

Schon bei seiner Verhaftung beteuerte der mutmaßliche Mörder Kings, der weiße Rassist und Kleinganove James Earl Ray, seine Unschuld. Ray starb 1998 im Gefängnis, ohne dass es ihm gelungen war, den Staat zur Wiederaufnahme des Verfahrens zu bewegen. Eine Reihe von Experten ist nach wie vor von Rays Unschuld überzeugt, sie suchen weiter nach dem

wahren Mörder oder den Drahtziehern des Verbrechens. King wurde am 4. April 1968 auf dem Balkon des Lorraine Motels in Memphis, Tennessee, erschossen. Kurz darauf nahm die Polizei James Earl Ray als mutmaßlichen Mörder fest und gab an, Ray habe als Einzeltäter aus rassistischen Gründen gehandelt. Dem Polizeibericht zufolge wohnte der Angeklagte in der Pension gegenüber dem Motel, in dem King untergebracht war und wo dieser sich auf eine Kundgebung vorbereitete. Nach den Angaben der Polizei soll Ray mit einer Schusswaffe im Badezimmer gewartet haben, bis Reverend King auf den Balkon trat, und dann den tödlichen Schuss abgefeuert haben.

EIN ERZWUNGENES GESTÄNDNIS?

Ray weigerte sich zunächst, ein Geständnis abzulegen, und bestand auf einem Gerichtsverfahren. Sein Anwalt überzeugte ihn schließlich,

OBEN: AM 3. APRIL 1968, EINEN TAG VOR DEN TÖDLICHEN SCHÜSSEN, STEHT KING MIT ANDEREN FÜHRERN DER BÜRGERRECHTS-BEWEGUNG AUF DEM BALKON DES LORRAINE MOTELS. GROSSES BILD OBEN: SCHWARZE STRASSEN-KEHRER HABEN SICH IN MEMPHIS VERSAMMELT, UM DEN WORTEN VON MARTIN LUTHER KING ZU LAUSCHEN.

KINGS BEGLEITER ZEIGEN IN DIE RICHTUNG, AUS DER SIE DEN SCHUSS AUF IHREN FÜHRER VERMUTEN. DEM POLIZEIBERICHT ZUFOLGE WURDE DER TÖDLICHE SCHUSS VON JAMES EARL RAY AUS DEM FENSTER DER PENSION AUF DER GEGENÜBERLIEGENDEN SEITE ABGEFEUERT.

dass ein Schuldbekenntnis ihn am ehesten vor der Todesstrafe bewahren würde. So war es auch: Ray wurde zu 99 Jahren Gefängnis verurteilt. Nur 3 Tage nach seiner Verurteilung widerrief Ray sein Geständnis und beantragte die Wiederaufnahme des Verfahrens. Seine Anträge wurden immer wieder abgelehnt, obwohl er bis zu seinem letzten Tag beharrlich behauptete, er sei unschuldig.

Viele Experten glauben mittlerweile, dass Rays erstes Geständnis zwar nicht wirklich erzwungen wurde, ihm aber vor allem sein Anwalt die Worte mehr oder weniger in den Mund legte. Außerdem konnte auch eine 1997 erneut durchgeführte Untersuchung nicht eindeutig klären, ob die aus Kings Leiche entfernte Kugel tatsächlich aus Rays Gewehr stammte. Der Schuss, der den Bürgerrechtler tötete, wäre auch für einen Scharfschützen ein sehr schwieriger Schuss gewesen, Ray aber hatte nur sehr geringe Erfahrungen mit Waffen.

EINIGE UNSTIMMIGKEITEN

Neben den zweifelhaften Beweisen gegen Ray werfen noch weitere verwirrende Einzelheiten der Anklage berechtigte Fragen auf.

Verwirrend ist z. B. die Tatsache, dass etliche Augenzeugen sich erinnerten, Bewegungen im Gebüsch gegenüber dem Balkon, auf dem King stand, bemerkt zu haben. Ein Reporter der *New York Times*, der Gast im Lorraine Motel war, gab an, er habe eine Rauchwolke aus dem Gebüsch aufsteigen sehen. Auch der Schusswinkel könnte auf die Büsche und nicht auf das dem Balkon gegenüberliegende Badezimmer hindeuten. Die *New York Times* zitierte am nächsten Tag mehrere Zeugen, die diese Beobachtungen untermauerten. Noch am selben Abend wurden die Büsche im Schutz der Dunkelheit abgeholzt. Der Reporter war felsenfest davon überzeugt, einen zweiten Schützen in den Büschen gesehen zu haben – er wurde nie von den Ermittlungsbehörden befragt.

Unter diesen Umständen erscheint es zumindest zweifelhaft, dass Ray tatsächlich allein handelte. Am Tag vor dem Anschlag kam ein nicht identifizierter Mann im Lorraine Motel an, behauptete, er gehöre zu Kings Sicherheitsteam und ließ statt des Zimmers im Erdgeschoss ein Zimmer mit Balkon im 1. Stock reservieren. Am nächsten Tag wurden die für Kings Sicherheit zuständigen Polizisten – Absicht oder Zufall? – von acht auf zwei Mann verringert.

1976 setzte das Repräsentantenhaus einen Untersuchungsausschuss ein. Der Ausschuss bestätigte Rays Schuld, räumte aber ein, dass er möglicherweise nicht der alleinige Täter gewesen sei. Dann gab der Ausschuss die Anweisung, alle Unterlagen des Falles für 50 Jahre, also bis zum Jahr 2029, unter Verschluss zu halten.

WEITERE VERWICKLUNGEN

Vor Rays Tod veröffentlichte sein späterer Anwalt William Pepper ein Buch, in dem er für Rays Unschuld plädierte und das FBI als Drahtzieher eines Komplotts anklagte. Inwieweit man Peppers Argumenten und seiner Beweisführung trauen kann, ist unsicher, er stützte sich bei seinen Beschuldigungen auf Aussagen unbekannter Zeugen. Er behauptete beispielsweise, dass King von Scharfschützen des FBI, möglicherweise unterstützt von Bodentrupps, vom Dach eines benachbarten Gebäudes aus erschossen worden sei.

Der Fall nahm im Dezember 1999 eine noch verwirrendere Wendung, als die Geschworenen bei einer Zivilklage der Familie King zu dem Schluss kamen, dass Loyd Jowers, der Besitzer eines Grill-Restaurants gegenüber des Motels, in dem King erschossen wurde, zu einer Gruppe von Verschwörern gehörte. Jowers hatte 1993 in einem Fernsehinterview erklärt, er habe einen Profi aus Memphis dafür bezahlt, King vom Gebüsch aus hinter seinem Restaurant zu erschießen. Ray sei somit unschuldig. Bezahlt wurde der Killer Jowers Angaben zufolge vom Besitzer eines Lebensmittelgeschäfts in Memphis, der Verbindungen zur Mafia hatte.

Obwohl die Behörden Jowers Bekenntnis nie ernst nahmen, weil sie nur die Suche nach Publicity hinter Jowers Aussagen vermuteten, befanden die Geschworenen in dem Prozess, dass Jowers – zusammen mit „anderen, darunter auch Regierungsstellen" – Teil einer größeren Verschwörung zur Ermordung des unbequemen Bürgerrechtlers gewesen sei.

Das Urteil wurde von vielen Experten mit beträchtlicher Skepsis aufgenommen, auch wenn dieser Tathergang einige Merkwürdigkeiten in Verbindung mit dem Mord an King erklären würde. Bei weiteren Nachforschungen jedoch verwickelte sich Jowers in Widersprüche, auch der Killer wurde nie gefunden. Im Juni 2000 wurde schließlich bekannt gegeben, dass eine von der Regierung in Auftrag gegebene Untersuchung keinerlei Beweise für eine Verschwörung gefunden und Ray doch allein gehandelt habe.

Diese unterschiedlichen Meinungen deuten darauf hin, dass die Begleitumstände von Kings Tod so verwirrend waren, dass die Wahrheit über den Mord an dem verehrten Anführer möglicherweise für viele weitere Jahre ein Rätsel bleibt.

Im Gegensatz zu dem ermordeten John F. Kennedy war King kein Staatsmann – er wurde aber für einige offizielle Stellen durch sein kämpferisches, aber gewaltfreies Eintreten für Gleichberechtigung in der Rassenfrage immer mehr zum Staatsgegner.

WANTED BY THE FBI

CIVIL RIGHTS - CONSPIRACY
INTERSTATE FLIGHT - ROBBERY
JAMES EARL RAY

FBI No. 405,942 G

Photographs taken 1960

Photograph taken 1968
(eyes drawn by artist)

Aliases: Eric Starvo Galt, W. C. Herron, Harvey Lowmyer, James McBride, James O'Conner, James

DAS FBI SETZTE JAMES EARL RAY AUF DIE LISTE DER ZEHN MEISTGESUCHTEN VERBRECHER UND VERÖFFENTLICHTE DIESES FLUGBLATT. RAY WURDE BALD GEFASST UND ZU 99 JAHREN HAFT VERURTEILT.

HOOVER GEGEN KING

DETEKTIV-ARBEIT

Kings Fahrt nach Memphis war seine letzte Reise, bevor er den so genannten Marsch der Armen nach Washington organisieren wollte. Der geplante Marsch machte dem FBI wegen eventueller Aufstände große Sorgen. Der damalige Direktor des FBI, J. Edgar Hoover (Bild rechts), stand Martin Luther King mit deutlichem Misstrauen gegenüber. Er hatte ihm den Spitznamen „Zorro" gegeben und hielt ihn für einen Kommunisten. Das FBI hatte in Hoovers Auftrag bereits mehrere Versuche unternommen, die Bewegung des Bürgerrechtlers zu behindern. King wurde auf Schritt und Tritt überwacht und sein Telefon abgehört.

Besonders beunruhigend war ein Brief, den King kurz vor seiner Reise nach Schweden erhielt, wo ihm der Friedensnobelpreis verliehen werden sollte. Der Brief enthielt ein manipuliertes Tonband. Es sollte beweisen, dass man King bei einer Affäre belauscht habe. Der Absender drohte mit der Veröffentlichung des Bandes.

Der Watergate-Skandal

1974 wurde erstmals in der Geschichte der USA ein Präsident zum Rücktritt gezwungen. Welche Ereignisse gingen dem Sturz Richard Nixons voraus?

OBEN: DIE BEIDEN REPORTER BOB WOODWARD (LINKS) UND CARL BERNSTEIN WAREN VORKÄMPFER DES ENTHÜLLUNGSJOURNALISMUS. RICHARD NIXON (RECHTE SEITE) KÄMPFTE VERGEBENS UM SEIN POLITISCHES ÜBERLEBEN.

AM 17. JUNI 1972, KURZ NACH 1.30 UHR NACHTS, stellte ein Wachmann auf seinem routinemäßigen Rundgang im Watergate-Komplex verwundert fest, dass ein Türschloss im Treppenhaus mit Isolierband zurückgedrückt war. Er konnte kaum ahnen, dass seine Entdeckung den berühmtesten innenpolitischen Skandal der amerikanischen Geschichte auslösen sollte. Das Gebäude fungierte zu dieser Zeit als Zentrale des Demokratischen Nationalkomitees, das sich zur Organisierung des Wahlkampfs für den Präsidentschaftskandidaten George McGovern vorübergehend hier niedergelassen hatte. Der Wachmann alarmierte die Polizei, die daraufhin fünf Einbrecher festnahm.

Nur ein paar Monate später, im November 1972, wurde der Republikaner Richard Nixon mit einem der besten Wahlergebnisse in der Geschichte des Landes für eine zweite Amtszeit als Präsident wiedergewählt. Der Einbruch im Watergate-Komplex jedoch wies im Verlauf der Ermittlungen auf ein immer komplizierteres Gewebe aus politischer Sabotage und Korruption hin, und der Verdacht kam auf, dass möglicherweise Präsident Nixon in die Aktionen verwickelt war. Dank der Courage zweier junger Reporter von der *Washington Post,* Bob Woodward und Carl Bernstein, wurde das Netz aus Täuschung und Fehlverhalten entwirrt und Präsident Nixon am 9. August 1974 zum Rücktritt gezwungen. Der Watergate-Skandal und die versuchte Vertuschung erschütterten das Vertrauen der amerikanischen Öffentlichkeit in ihre Regierung zutiefst. Gegen mehr als 30 Personen aus Nixons Regierungsmannschaft wurde Anklage erhoben, und die geheimnisvollen Mittel und Wege, wie Macht in Washington eingesetzt und missbraucht werden konnte, kamen ans Tageslicht – einige Fragen aber sind bis heute unbeantwortet.

FOUR MORE YEARS
Now.
DEPUTY SHERIFF

DER WATERGATE-BÜRO- UND HOTEL-KOMPLEX (OBEN) WAR SCHAUPLATZ DES SKANDALS, DER ZUM STURZ DES PRÄSIDENTEN FÜHRTE. UNTEN: ROBERT REDFORD IN DEM FILM „DIE UNBESTECHLICHEN". ER SPIELT BOB WOODWARD, DER SICH MIT DEM INFORMANTEN IM PARKHAUS TRIFFT.

DIE OPERATIONEN DER „KLEMPNER"

Unterstützt wurden die Reporter Bernstein und Woodward bei ihren Recherchen von einem geheimnisvollen Informanten mit dem Decknamen „Deep Throat", dessen Identität bis heute ungeklärt ist. Weitere vertrauliche Quellen waren ein Buchhalter des CREEP (Komitee zur Wiederwahl von Präsident Nixon) und Hugh Sloan, der ehemalige Schatzmeister des CREEP. In mühsamer Kleinarbeit gelang es den Reportern, den Ex-CIA-Mann Howard Hunt, den Juristen Donald Segretti, den Rechtsberater der Finanzabteilung des CREEP, G. Gordon Liddy, und weitere Personen einem konspirativen Netzwerk zuzuordnen. „Watergate" wurde zum Synonym für eine Unzahl von verfassungswidrigen Vergehen.

Die beiden Reporter stießen u. a. auf eine Verbindung zwischen dem Justizminister und Direktor des CREEP, John Mitchell, und illegalen Geldspenden für den Wahlkampf Nixons. Es stellte sich heraus, dass Mitchell für den Einbruch im Watergate-Komplex 250 000 Dollar Schmiergeld freigegeben hatte. Weitere Verstöße wurden bekannt: Eine von Howard Hunt organisierte Gruppe im Weißen Haus, die so genannten „Plumbers" (englisch für Klempner), führte diverse illegale Operationen durch. Sie fälschten z. B. Briefe, die den politischen Gegnern Nixons schaden sollten.

ZWEI GROSSE RÄTSEL BLEIBEN

Zwei Fragen im Watergate-Skandal sind bis heute offen geblieben. Eine wird möglicherweise in absehbarer Zeit beantwortet, die andere bleibt vielleicht für immer ungeklärt. Das erste Rätsel betrifft die Identität von „Deep Throat", der die wertvollste Quelle bei den Nachforschungen von Woodward und Bernstein darstellte. Der damalige Chefredakteur der *Washington Post,* Ben Bradlee, hatte dem Informanten diesen Spitznamen in Anlehnung an einen berühmten Pornofilm gegeben. Laut Woodward gehörte „Deep Throat" der Füh-

rungsriege an und hatte Zugang zu Informationen des CREEP wie auch des Weißen Hauses. „Er war ein unverbesserlicher Schwätzer, achtete darauf, dass Gerüchte als solche galten, war aber von ihnen fasziniert ... Er konnte flegelhaft sein, trank zu viel, ging zu weit. Seine Gefühle konnte er schlecht verbergen, was für einen Mann in seiner Position nicht gerade förderlich war." Woodward sicherte seinem Informanten zu, ihn nie zu zitieren, auch nicht als anonyme Quelle. „Deep Throat" bestätigte nur Informationen, die aus anderen Quellen stammten, und deutete an, ob Bernstein und Woodward mit ihren Ermittlungen in die richtige Richtung gingen.

Als sich die Lage im Fall Watergate zuspitzte, arrangierte Woodward seine Treffen mit „Deep Throat", indem er einen Blumentopf mit einer roten Flagge an die Rückseite seines Balkons stellte. Wenn „Deep Throat" den Blumentopf dort sah, wusste er, dass er sich um 2 Uhr nachts mit Woodward an einer bestimmten Stelle in einem Parkhaus treffen sollte. Wenn der geheimnisvolle Informant sich mit Woodward treffen wollte, zog er einen Kreis um die Seitenzahl 20 von Woodwards Morgenausgabe der *New York Times* und zeichnete einen Uhrzeiger mit dem gewünschten Zeitpunkt ein.

Die zahlreichen Vermutungen über die Identität von „Deep Throat" reichen von Mitarbeitern des Weißen Hauses – etwa Nixons Stabschef Alexander Haig oder Außenminister Henry Kissinger – bis zur CIA. Bis heute ist die Identität des Informanten nur vier Menschen bekannt: Woodward, Bernstein, Ben Bradlee und „Deep Throat" selbst.

DIE LÜCKENHAFTEN TONBÄNDER

Das zweite große Rätsel bezieht sich auf die geheimen Tonbänder, mit denen Nixon alle Gespräche im Oval Office, dem Dienstzimmer des Präsidenten, aufnahm. Als der Untersuchungsausschuss die Tonbänder beschlagnahmte, stellte sich heraus, dass die wichtigsten Aufnahmen gelöscht oder nicht mehr identifizierbar waren. Ein Gespräch etwa war von einem langen, zweifachen Summton überlagert, der den Dialog unverständlich machte. Möglicherweise löschte Nixon selbst stellenweise die Aufnahmen. Er dürfte auch der Einzige gewesen sein, der wusste, woher der Summton und die Lücken auf den Bändern kamen. Er nahm das Geheimnis mit ins Grab, als er 1994 starb.

WER WAR „DEEP THROAT"?

OFFENE FRAGEN

Heerscharen von Journalisten haben über die Identität des Informanten der *Washington Post* spekuliert. Die Nachforschungen der beiden Reporter in der Watergate-Affäre stimmten in vielem mit dem Verlauf der Ermittlungen des FBI überein. Zu den glaubhafteren Theorien über die Identität von „Deep Throat" gehört die, dass es sich um L. Patrick Gray handelte, der knapp einen Monat vor dem Watergate-Einbruch den FBI-Chefsessel übernommen hatte. Zwischen Gray und Woodwards Beschreibung des Informanten bestanden viele Parallelen, z. B. im Temperament und in der Lebensweise. Außerdem wohnte Gray nur vier Blocks von Woodward entfernt, so dass er problemlos vorbeigehen und nach dem vereinbarten Signal für geheime Treffen Ausschau halten konnte.

Woodward will die Identität des Informanten bei dessen Tod preisgeben.

EIN PLAKAT ZEIGT DAS ENDE ZAHLLOSER KARRIEREN IM FALL WATERGATE.

CIA und KGB

Zahllose Machenschaften des amerikanischen und sowjetischen Geheimdienstes muten an wie der Stoff von Spionagefilmen.

LAWRENTI BERIJA (UNTEN) WAR CHEF DES NKWD, DES SOWJETISCHEN GEHEIMDIENSTES, AUS DEM SPÄTER DER KGB HERVORGING. DIE BERÜCHTIGTSTE TAT DES NKWD WAR DER MORD AM ABTRÜNNIGEN BOLSCHEWIKEN LEO TROTZKI (RECHTS).

DIE CIA WURDE IN DER NACHKRIEGSZEIT 1947 gegründet und war der Nachfolger des ersten amerikanischen Geheimdienstes, des Office of Strategic Services. In Russland hatten die Zaren die Bevölkerung mithilfe ihrer Geheimpolizei in Schach gehalten, eine Praxis, die von der kommunistischen Regierung nach der Russischen Revolution übernommen wurde. Der KGB wurde 1991 mit dem Zusammenbruch des Sowjetreichs offiziell aufgelöst; seine Funktionen wurden auf verschiedene Einzelabteilungen verteilt, darunter auf den Dienst für Auslandsaufklärung SWR und den militärischen Geheimdienst GRU.

VON DER TSCHEKA ZUM KGB

Die erste sowjetische Geheimpolizei war die Tscheka, die im Dezember 1917 unmittelbar nach der Russischen Revolution entstand. Mit den politischen Veränderungen organisierte die sowjetische Führung die Geheimpolizei einige Male um, änderte den Namen, die Aufgaben und das Personal. Der Geheimdienst lief unter verschiedenen Abkürzungen, zuletzt – in der Zeit nach Stalins Tod 1953 bis zu seiner Auflösung 1991 – hieß er KGB (Komitee für Staatssicherheit). Der KGB erfüllte die Aufgaben, die in den Vereinigten Staaten sowohl dem FBI (Federal Bureau of Investigation) als auch der CIA (Central Intelligence Agency) zufallen. Er hatte innerhalb der Sowjetunion Polizeifunktion, war aber auch als Nachrichtendienst im Ausland tätig. Das sowjetische Polizeiwesen sollte inneren Unruhen vorbeugen und bei der Verbreitung von Propaganda im In- und Ausland helfen. Ab 1934 hieß der sowjetische Geheimdienst NKWD (Volkskommissariat für Innere Angelegenheiten), er war für seine Grausamkeit berüchtigt. Unter der Führung von Nikolai Jeschow und dessen Nachfolger Lawrenti Berija wurde der NKWD zum Instrument der blutigen stalinistischen Säuberungsaktionen, in deren Verlauf viele 100 000 Sowjetbürger gefangen genommen, hingerichtet oder ermordet wurden. Die berüchtigtste Tat des NKWD war die Ermordung des Bolschewikenführers und Rivalen Stalins, Leo Trotzki.

Berija machte schnell Karriere in der Bürokratie der UdSSR, seine Grausamkeit wie seine Loyalität gegenüber Stalin waren bekannt. Ihm schreibt man die Errichtung der Zwangsarbeitslager zu. 1946 war er Mitglied des Politbüros, des führenden politischen Organs der Sowjetunion, und zweitmächtigster Mann im Staat neben Stalin. Nach dem Tod des Diktators 1953 gehörte Berija zur Führungsspitze des Landes, wurde aber kurze Zeit darauf gestürzt und als Verräter zum Tod verurteilt.

Der sowjetische Geheimdienst, der nun KGB hieß, bewegte sich in eine neue Richtung. Er wandte weniger gewaltsame Methoden an, wuchs stetig und zog ein riesiges Netz von Informanten und Spionen in der Sowjetunion sowie im Ausland auf. Unter dem KGB-Chef (und späteren Generalsekretär) Juri Andropow versuchte sich der Geheimdienst als legitime Organisation darzustellen.

Auf dem Höhepunkt seiner Macht in den 70er- und 80er-Jahren des 20. Jh. war der KGB die größte Organisation dieser Art in der Ge-

LINKS: EIN EXPERTE DER CIA IM HAUPTQUARTIER IN LANGLEY IM US-BUNDESSTAAT VIRGINIA. DAS SOWJETISCHE PENDANT ZUR CIA WAR DER KGB, DESSEN EMBLEM SCHILD UND SCHWERT ZEIGTE (OBEN).

schichte. Das änderte sich, als Michail Gorbatschow in den 80er-Jahren an die Macht kam und für eine neue Offenheit in der sowjetischen Gesellschaft eintrat. Nach dem Zusammenbruch des Sowjetreichs und der anschließenden Freigabe von Geheimdokumenten stellte sich heraus, dass der KGB revolutionäre Bewegungen weltweit unterstützt und finanziert hatte, darunter auch die Kommunistische Partei der Vereinigten Staaten.

DIE GESCHICHTE DER CIA

Die verschiedenen Organisationen des KGB spielten eine große Rolle bei der endlosen Fortsetzung von Kriegen und der Unterminierung der Demokratie in der ganzen Welt. Aber auch die CIA, das amerikanische Pendant zum KGB, lenkte in mehr oder weniger verdeckten Aktionen die Geschicke der Weltpolitik. Die CIA wurde 1947 als Amerikas Nachrichtendienst für Friedenszeiten ins Leben gerufen. Die Organi-

RECHTS: 1953 WIRD EIN PORTRÄT DES SCHAHS VON PERSIEN IM TRIUMPH DURCH DIE STRASSEN VON TEHERAN GETRAGEN. DER HERRSCHER (UNTEN) WAR MITHILFE DER CIA AN DIE MACHT GEKOMMEN.

sation dehnte sich rasch aus und wurde ein bedeutender Mitspieler im Kalten Krieg. Sie war auch ein Werkzeug der mächtigen US-Industrielobby, die Zugang zu den Ressourcen der Dritten Welt suchte. 1953 wirkte der amerikanische Geheimdienst beim Sturz der iranischen Regierung mit. Ein Jahr später entmachtete ein von der CIA unterstützter Staatsstreich den Präsidenten Guatemalas, weil dieser den Landbesitz der amerikanischen United Fruit Company entschädigungslos enteignet und Ostblock-Waffen gekauft hatte.

Im März 1960 genehmigte US-Präsident Eisenhower einen Plan der CIA, 1400 Castro-feindliche Exilkubaner für eine Invasion in Kuba auszubilden und zu bewaffnen. Präsident Kennedy hielt in seiner Amtszeit an dem Plan fest, und am 17. April 1961 landeten die kubanischen Konterrevolutionäre in der Schweinebucht. Innerhalb von 3 Tagen wurde die Invasion niedergeschlagen. Nach dieser Demütigung wurde die CIA einer eingehenden Überprüfung unterzogen.

Auch bei zwei weiteren Ereignissen, die die Nation spalteten, hatte die CIA die Finger im Spiel: im Vietnamkrieg und im Watergate-Skandal. Während der Vietnamkrieg seinem Ende entgegenging, kam unter dem Schlagwort „Watergate“ der innenpolitische Skandal um die Korruption der Regierung Nixon ans Tageslicht. Im Verlauf der Ermittlungen wurden Absprachen zwischen FBI und CIA über die Unterschlagung von Beweisen bekannt.

DIE SKANDALE HÄUFEN SICH

Mit Unterstützung der CIA führte die Nixon-Regierung auch eine mehrjährige „Destabilisierungskampagne“ gegen den sozialistischen, aber demokratisch gewählten Präsidenten Chiles, Salvador Allende. Ein Putsch zog 1973 den Sturz und die Ermordung Allendes nach sich.

1975 beugte sich der US-Kongress der Forderung der Öffentlichkeit und ermittelte bei der CIA. Dabei wurde aufgedeckt, dass diese in den 1950er-Jahren Testpersonen LSD verabreicht und Anfang der 70er-Jahre biologische Waffen in der Auseinandersetzung mit Kuba eingesetzt hatte.

Doch weitere Affären folgten. 1984 wurde das Gerücht laut, dass die CIA seit 1975 absichtlich übertriebene Zahlen über die sowjetischen Militärausgaben angegeben hatte. 1986 wurde die so genannte Iran-Contra-Affäre bekannt. Es stellte sich heraus, dass der CIA-Chef William J. Casey und andere von US-Präsident Ronald Reagan ernannte Geheimdienstbeamte die nicaraguanischen Contras illegal mit Waffenverkäufen an den Iran finanziert hatten.

Die größte Peinlichkeit für die CIA kam erst nach dem Ende des Kalten Krieges heraus. In dem international Aufmerksamkeit erregenden Spionagefall Aldrich Ames soll der CIA-Agent und Top-Spion Ames den Sowjets von 1986 bis Anfang der 90er-Jahre geheime Dokumente der Vereinigten Staaten für mindestens 1,5 Mio. Dollar verkauft haben. Der CIA-Direktor James Woolsey wurde daraufhin zum Rücktritt gezwungen.

DER EHEMALIGE CIA-BEAMTE ALDRICH AMES (RECHTS) 1994 NACH SEINER VERURTEILUNG ZU LEBENSLANGER HAFT. ER HATTE GEHEIMNISSE DER USA AN DIE SOWJETS VERKAUFT.

Operation Mungo

NACH DER MACHTÜBERNAHME IN KUBA VERSPRACH FIDEL CASTRO DEN MENSCHEN GEMÄSSIGTE REFORMEN.

Zu den verdeckten Einsätzen, die die CIA durchführte oder plante, gehörte die „Operation Mungo“. Begonnen wurde die Unternehmung von einer Regierung, die in der Paranoia des Kalten Krieges gefangen war. Ihr Ziel war, das sozialistische Regime Fidel Castros in Kuba zu behindern, zu diffamieren und letzten Endes zu stürzen.

Castro gelangte 1959 mit dem Versprechen an die Macht, die alte Verfassung zu reformieren und weitere Reformen durchzuführen. Stattdessen aber verstaatlichte Castro den privaten Handel und die private Industrie, setzte gewaltige Landreformen in Kraft und zog die landwirtschaftlichen Güter der Amerikaner ein. Die USA waren zutiefst bestürzt. Verhaftet in der Ideologie des Kalten Krieges, betrachteten sie die heimtückische Verbreitung des Kommunismus als ihren größten Feind der Nachkriegszeit. Castros Kuba war das erste kommunistische Regime in der westlichen Welt, und die Vereinigten Staaten fürchteten seinen Einfluss auf andere lateinamerikanische Länder. 1960 unterzeichnete Castro ein Handelsabkommen mit der Sowjetunion und bestätigte damit die Befürchtungen der Amerikaner. Im Januar 1961 brachen die Vereinigten Staaten ihre diplomatischen Beziehungen zu Kuba ab. Die von der CIA unterstützten Landungsversuche von Exilkubanern in der Schweinebucht endeten mit einer Niederlage.

PSYCHOLOGISCHE TAKTIKEN

Das Ereignis überzeugte die Regierung Kennedy, dass verdeckte Aktionen zum Sturz Castros möglicherweise weitaus leichter zu handhaben wären als offene militärische Angriffe. Die „Operation Mungo“ wurde geplant. Angeführt wurde die Unternehmung von Generalstabschef Lyman Lemnitzer und Brigadegeneral Edward Lansdale, ein CIA-Mann und zu dieser Zeit im Auftrag des Pentagon für Sondereinsätze zuständig. Lansdale war ein Anhänger der psychologischen Kriegführung – im CIA-Jargon PSYOP genannt. Während der Kubakrise im Oktober 1962 wurde die „Operation Mungo“ ausgesetzt, die Planung von Aktionen der Gruppe war aber nicht beendet. 1963 wurde ein neuer Plan zum Sturz Castros angedacht – die Erfindung eines mythischen Anti-Castro-Rebellen. Dieser imaginäre Held sollte Castro-feindliche Rebellen dazu veranlassen, sich zusammenzuschließen. Wenn der Ruhm des imaginären Vorbilds dann wachse und schließlich der Sieg gewiss sei, werde einer von ihnen dessen Identität für sich beanspruchen.

Keine der Ideen dieser Operation wurde je in die Tat umgesetzt. Die verdeckten Aktionen der USA beschränkten sich fast ausschließlich auf Castro-feindliche Radiosendungen. Diese Sendungen jedoch erreichten nicht einmal ansatzweise ihr Ziel.

FIDEL CASTRO UND DER SOWJETISCHE STAATSCHEF NIKITA CHRUSCHTSCHOW 1960 IN BRÜDERLICHER UMARMUNG.

Der Fall der Sowjetunion

Der Zusammenbruch des Sowjetreichs stürzte Russland und ganz Osteuropa in eine turbulente Umbruchsphase. Was weiß man heute über die Hintergründe des Untergangs der einstigen Weltmacht?

STALIN (OBEN) HIELT MIT SEINER BRUTALEN HERRSCHAFT DIE UDSSR ZUSAMMEN. 1991 BRACH DIE UNION AUSEINANDER, DIE REPUBLIKEN ERKLÄRTEN SICH FÜR UNABHÄNGIG. LINKS: IN RIGA (LETTLAND) STÜRZEN DEMONSTRANTEN EINE LENINSTATUE.

Das 20. Jh. hat in Europa und auf der ganzen Welt mit einer Reihe von Umbrüchen aufgewartet. Nationen zerbrachen, Weltreiche gingen unter, neue Nationen entstanden. Der ständige Wandel ist auf einem großen Teil des Globus Alltag. Der Zusammenbruch der Sowjetunion gehörte sicherlich zu den größten Ereignissen und hatte eine Tragweite, die bis ins neue Jahrtausend hineinreicht.

1917 sorgte die bolschewistische Partei unter Führung von Wladimir I. Lenin in einer Revolution für den Sturz des Zarenreichs und übernahm die Herrschaft in Russland. Die Bolschewiken verstanden sich als Vorhut einer Weltrevolution, die der wohlhabenden Elite die Macht entreißen und sie der gesamten arbeitenden Klasse übertragen wollte, um damit das große soziale Übel des Klassenkampfs ein für allemal zu beseitigen. 74 Jahre später, am 8. Dezember 1991, erklärte der russische Präsident Boris Jelzin, die Union der Sozialistischen Sowjetrepubliken existiere nicht mehr. Hinter diesem Satz verbarg sich die in der Geschichte wohl einmalige Selbstauflösung

eines riesigen Reiches, das zuletzt von 290 Mio. Menschen bewohnt wurde und Staaten von völlig unterschiedlicher Entwicklung und Kultur in sich vereinigt hatte. Was war passiert?

REPRESSALIEN UNTER STALIN

Eine der Ursachen für den Zusammenbruch der UdSSR war, dass sich die Bolschewiken in der Unvermeidbarkeit der Weltrevolution getäuscht hatten. Die Gestaltung des Übergangs vom Zarenreich in einen sozialistischen Staat erwies sich als nicht leicht, in manchen Fällen war es ein Akt roher Gewalt. Lenin, unter dessen Führung die UdSSR 1922 gegründet wurde, glaubte fest daran, dass das Ziel des Sozialismus nicht in einem Land allein zu erreichen sei. Nach Lenins Tod 1924 wurde seine Expansionspolitik von Josef Stalin fortgeführt.

Stalins Regime war unbarmherzig und brutal. Unter seiner Herrschaft entwickelte sich die UdSSR zu einem Land der Furcht und Unterdrückung, jedes Abweichen von der Parteilinie wurde mit Gefängnis, Exil oder Hinrichtung bestraft. Der Versuch Stalins, in der Ukraine die Zwangskollektivierung durchzusetzen, führte in den 1930er-Jahren zu einer Hungersnot, der Millionen Bauern zum Opfer fielen, weil sie sich geweigert hatten, ihre kleinen Ländereien dem sowjetischen Staat zu überlassen.

Nach dem Zweiten Weltkrieg dehnte sich die Macht des Sowjetreichs aus. Polen, Ungarn, die Tschechoslowakei, Rumänien, Albanien und Bulgarien sowie die DDR gerieten unter sowje-

TONIGHT'S WEATHER: CLOUDY — CITY PRICES

Evening Standard

LONDON, MONDAY, 19 AUGUST, 1991 — 25p

Coup shocks the world | Tanks pour into Moscow | State of emergency

GORBACHEV OVERTHROWN

Standard Foreign News Desk

MIKHAIL Gorbachev was ousted from power this morning in a coup that stunned the world.

He was replaced as President of the Soviet Union by his hard-line Vice President Gennady Yanayev and a six-month state of emergency was declared in key republics. The official reason, given initially in a brief Tass announcement, was that Mr Gorbachev had retired because of ill health.

But in an appeal to the Soviet people, broadcast by Moscow Radio, the new regime said: "Fellow countrymen! Citizens of the Soviet Union! In a dark and critical hour for the destiny of our country and of our peoples, we address you! A mortal danger hangs over our great homeland!"

A committee for the state of emergency, including the heads of the KGB, had been formed. The committee had

Coup in the Kremlin

News reports: Pages Two, Three, Four and Five
Comment and analysis: Page Seven
£15 billion off shares: Page 25

seized power to save the country from "extremist forces" who "have set out to dismantle the Soviet Union", it said.

Shortly afterwards hundreds of military vehicles, including 30 or 40 tanks and armoured personnel carriers filled with troops, were moving into Moscow.

Reports from the capital were that up to 500 vehicles, in column after column, were moving into the city in the direction of Gorky Street, one of the main routes to the Kremlin.

The news sent the world's financial markets reeling. Nearly £15 billion was wiped off shares in London as the City woke to global turmoil. The FTSE 100 index opened more than 100 points down.

The takeover occurred as Mr Gorbachev was in the second week of a holiday by the Black Sea.

It also came one day before he was due in Moscow to sign a treaty reshaping the Soviet Union with the heads of five republics, including the leader of the Russian republic Boris Yeltsin, whose whereabouts remain a mystery.

In an initial statement, the new leader Mr Yanayev said: "In connection with the inability for health reasons by

AUF DEM MOSKAUER GIPFELTREFFEN 1988 VERSTÄNDIGEN SICH GORBATSCHOW UND REAGAN ÜBER DEN VOLLSTÄNDIGEN ABBAU ATOMARER MITTELSTRECKENWAFFEN (OBEN). IM DEZEMBER 1991 TRITT GORBATSCHOW ALS LETZTER GENERALSEKRETÄR DER KOMMUNISTISCHEN PARTEI DER SOWJETUNION ZURÜCK. 1989 FÄLLT DIE BERLINER MAUER (UNTEN).

DIE FOLGEN DES ZUSAMMENBRUCHS

STREIF-LICHTER

Der Fall der Sowjetunion führte in der gesamten Region Osteuropas und in Russland zum Chaos. Die UdSSR hatte durch Bewahrung der gegenseitigen Abhängigkeiten die Einheit ihrer zahlreichen Teilrepubliken jahrelang zu erhalten versucht und dafür gesorgt, dass keine Republik autark wurde. Die Aufteilung von Militärausrüstung bereitete nach dem Fall Kopfzerbrechen, denn die vom Kreml eingeteilten Militärbezirke entsprachen nicht den jeweiligen Republikgrenzen. Als weitaus schwieriger erwies sich der Versuch, Regierungen, die mehr als 40 Jahre willenlose Werkzeuge einer zentralistischen sowjetischen Politik gewesen waren, wieder zu eigenständigen Staatslenkern zu machen. Der sich ausbreitende Nationalismus sorgte für zusätzliche Komplikationen. Unter Stalin waren Millionen von Angehörigen ethnischer Minderheiten deportiert worden. Mit der Unabhängigkeit der Republiken schürte die Frage nach dem, was eine Nation ausmachte und wo die Grenzen zu ziehen waren, zahllose Konflikte, die noch andauern.

tische Kontrolle. Die Schwierigkeit, den Sozialismus in all diesen Staaten aufrechtzuerhalten, war ein weiterer Faktor, der den Zusammenbruch der Sowjetunion schließlich herbeiführte.

Nach Stalins Tod wurde ein „Neuer Kurs" zur Verbesserung der Lebensbedingungen verkündet. Protestaktionen in Ostberlin aber weiteten sich am 17. Juni 1953 in einen Volksaufstand aus. Der Aufstand wurde von Panzern der Roten Armee niedergewalzt, 25 Menschen starben.

Die Staaten des Warschauer Pakts versuchten aus dem rigiden System auszubrechen. 1956 forderten die Ungarn den Abzug der sowjetischen Truppen. Die Unabhängigkeitsbewegung, unterstützt von Premierminister Imre Nagy, schlugen die Sowjets mit Militärgewalt nieder, Nagy wurde hingerichtet. Bis 1959 waren mehr als 2 Mio. Menschen über Berlin aus dem Osten geflohen. Weil die DDR-Führung eine Fortsetzung des Flüchtlingsstroms befürchtete, errichtete sie 1961 die Berliner Mauer und gab als Motiv Schutz vor einem möglichen Angriff aus dem Westen an.

GORBATSCHOW UND GLASNOST

Bis 1979 musste die Regierung der UdSSR im Ostblock immer wieder Aufstände niederschlagen. Aber während die sowjetische Politik bei den Mitgliedstaaten des Warschauer Pakts immer wieder Unmut hervorrief, blieben die Staatsbürger der UdSSR selbst relativ ruhig – ein System der Überwachung und Kontrolle hielt den Status quo mühsam aufrecht.

1985 übernahm Michail Gorbatschow als Generalsekretär der KPdSU ein Reich, das bereits große Verfallserscheinungen aufwies. Die marode Wirtschaft, Korruption, die schlechten Lebensbedingungen und die eingeschränkte Freiheit jedes Einzelnen führte zu immer größerer Unzufriedenheit und Apathie in der russischen Gesellschaft. In den Sowjetrepubliken spitzte sich die Lage nach Jahren der Unterdrückung und des Stillhaltens zu. Mit *Glasnost* (Öffnung) und *Perestroika* (Erneuerung) versuchte Gorbatschow, die Spannungen abzubauen, die Gesellschaft schrittweise zu demokratisieren und marktwirtschaftliche Prinzipien einzuführen.

Aber die seit langem gärende Unzufriedenheit brach sich unaufhaltsam ihren Weg. Die baltischen Staaten Estland, Lettland und Litauen erklärten sich für unabhängig. Zu antisowjetischen Bewegungen kam es auch in Polen und Ungarn. In den dramatischen Monaten des Jahres 1989 wurde die verhasste Mauer in Ostberlin niedergerissen, das SED-Regime hinweggefegt und die deutsche Einheit eingeleitet. In Prag strömten Demonstranten auf die Straßen, Bulgarien und Rumänien schlossen sich an.

Und dann begann auch in Russland das kommunistische System zu stürzen. 1989 und 1990 kam es im ganzen Land zu Streiks und Demonstrationen. Im August 1991 unternahmen Gegner der Reformen einen Putschversuch in Moskau. Nach 3 Tagen allerdings zeigte sich, dass der Putsch vom Volk nicht mitgetragen wurde. Boris Jelzin übernahm die Führung im Widerstand gegen die Putschisten, die er schließlich militärisch besiegte.

Gorbatschow trat als Generalsekretär zurück und Ende des Jahres gab Jelzin das Ende der Sowjetunion bekannt. Über dem Kreml wurde die weiß-blau-rote russische Flagge gehisst.

NACH EINEM PUTSCHVERSUCH IM AUGUST 1991 HÄLT DER RUSSISCHE PRÄSIDENT BORIS JELZIN EINE SIEGESKUNDGEBUNG IN MOSKAU AB. IM DEZEMBER DESSELBEN JAHRES VERKÜNDET JELZIN DAS ENDE DER SOWJETUNION.

Wie starb Uwe Barschel?

Setzte der jungdynamische und erfolgreiche CDU-Politiker aus Schleswig-Holstein seinem Leben selbst ein Ende oder wurde er Opfer eines Mordanschlags?

UWE BARSCHEL WEIST JEGLICHE SCHULD WEIT VON SICH. AUF EINER PRESSEKONFERENZ AM 18. SEPTEMBER 1987 GIBT DER CDU-POLITIKER UND MINISTERPRÄSIDENT VON SCHLESWIG-HOLSTEIN SOGAR SEIN EHRENWORT, DASS SEINE AUSSAGE DIE REINE WAHRHEIT SEI.

DAS NOBLE HOTEL BEAU-RIVAGE IN GENF WAR AM 11. Oktober 1987 Schauplatz eines Dramas, das immense politische Auswirkungen hatte und bis heute noch nicht vollständig aufgeklärt ist. Damals fanden *stern*-Reporter in einem Badezimmer des Hotels die Leiche des CDU-Politikers Uwe Barschel. Der Tote lag in der gefüllten Badewanne, vollständig bekleidet, die rechte Hand mit einem Tuch umwickelt, den Kopf über Wasser. Hatte Barschel Selbstmord verübt oder war er einem Anschlag zum Opfer gefallen?

UNLAUTERE MACHENSCHAFTEN

Die meisten Menschen, die diese Frage zu beantworten versuchten, sahen den Schlüssel für die Lösung in dem politischen Skandal, der dem Todesfall vorausgegangen war und der Schleswig-Holstein sowie die ganze Republik erschüttert hatte. Kurz vor der Landtagswahl im nördlichsten Bundesland hatte Reiner Pfeiffer, Medienreferent des CDU-Ministerpräsidenten Uwe Barschel, berichtet, dass sein Chef unglaubliche Machenschaften gegen den Oppositionsführer, den SPD-Politiker Björn Engholm, in Gang gesetzt hatte. Pfeiffer erzählte, dass man Engholm ausspionieren ließ, dass man ihn in anonymen Briefen als Steuerhinterzieher brandmarkte, dass man eine Wanze an Barschels Telefon angebracht hatte, um dies der SPD anzulasten. Als der *Spiegel* diese Geschichte am 13. September 1987, einen Tag vor der Wahl, vorab berichtete, war Barschels Niederlage besiegelt, die CDU verlor die absolute Mehrheit.

Die folgenden Ereignisse lassen sich chronologisch genau auflisten: Fünf Tage nach der Wahl, am 18. September, hielt Barschel seine berühmt gewordene Pressekonferenz ab, in der er seine Unschuld beteuerte und sein Ehrenwort gab, dass er die reine Wahrheit sage; am 25. trat er als noch amtierender Ministerpräsident zurück; dann flog er in den Urlaub nach Gran Canaria und kurze Zeit später weiter nach Genf. Am 12. Oktober, einen Tag nach seinem Tod, hätte er sich vor einem parlamentarischen Untersuchungsausschuss wegen des Wahlskandals verantworten müssen.

KRIMINALISTISCHE ARBEIT

In Genf liefen nach dem Auffinden der Leiche die Ermittlungen an. Die Obduktion ergab, dass Barschel an einer giftigen Mixtur aus fünf verschiedenen Arzneimitteln gestorben war. Zwar fand man keine Medikamentenpackungen, dennoch kam die Schweizer Polizei aufgrund der Umstände des Todes zu der Ansicht, dass ein Fall von Selbsttötung vorlag.

DER MEDIENREFERENT REINER PFEIFFER (LINKS) SPIELTE 1987 IN DEM WAHLSKANDAL AN DER KIELER FÖRDE EINE ZWIELICHTIGE ROLLE. ER MACHTE ÜBER DEN *SPIEGEL* DIE UNLAUTEREN HANDLUNGSWEISEN GEGEN DEN OPPOSITIONSFÜHRER ZWAR PUBLIK, WAR ABER AN DEN MACHENSCHAFTEN OFFENBAR SELBST AKTIV BETEILIGT.

Barschels Familie hingegen ging von einem Mord mit politischem Hintergrund aus. Angeblich hatte Barschel sich mit einem Informanten getroffen, der in der Lage gewesen wäre, ihn zu entlasten. Außerdem hatte er kurz vor seinem Tod sowohl seiner Frau als auch seinem Bruder telefonisch erklärt, er habe Angst, dass ihm etwas zustoßen könnte.

WAFFENSCHIEBEREIEN?

Im Laufe der Ermittlungen stieß man auf mehrere Anhaltspunkte, die eventuell für eine Mordthese sprechen würden. So war von einem südafrikanischen Killerkommando die Rede, das tätig geworden sei, um unerlaubte Waffengeschäfte mit U-Booten zu vertuschen. Eine andere Vermutung brachte den israelischen Geheimdienst Mossad ins Spiel, der angeblich die Ermordung Barschels veranlasst hätte, weil dieser zu viel über ein geheimes Waffengeschäft gewusst habe. Weitere Varianten stellen eine Verbindung zum Irak und zum Iran her – offenbar hatten sich kurz vor Barschels Tod einige iranische Waffenhändler in Genf getroffen –, sowie Verbindungen nach Nordkorea, zum amerikanischen Geheimdienst CIA und zur italienischen Mafia. Allen Spuren gingen die Behörden gewissenhaft nach, aber sie ergaben keine eindeutigen Indizien, die eine Mordtheorie erhärtet hätten.

Die Witwe Barschels gab an, dass ihr Mann mit dem Bundesnachrichtendienst zusammengearbeitet habe. Sie engagierte einen Privatdetektiv, der herausfand, dass sich der Politiker oft in der DDR aufgehalten hatte. Dort habe er Kontakt mit mehreren Personen gehabt, die mit der Stasi in Verbindung standen.

Nachdem erneute Untersuchungen ergeben hatten, dass einige der Arzneimittel möglicherweise erst nach Barschels Tod in seinen Magen gelangt waren, wurden die Ermittlungen von den deutschen Behörden wieder aufgenommen. Man wollte klären, ob vielleicht ein Selbstmord vorgetäuscht werden sollte. Doch bisher konnte Derartiges nicht festgestellt werden; es gibt keine hinreichenden Erkenntnisse, die gegen eine Selbsttötung sprechen.

POLITISCH VERANTWORTLICH

Ein parlamentarischer Untersuchungsausschuss bestätigte zunächst die Vorwürfe gegen Barschel. Ein zweiter Landtags-Untersuchungsausschuss stellte 1995 jedoch fest, dass man ihn nicht für alle unlauteren Handlungen in Zusammenhang mit dem Skandal verantwortlich machen könne, sondern dass wohl der Medienreferent Pfeiffer sein Teil dazu beigetragen habe. Dennoch habe die politische Verantwortung bei Uwe Barschel gelegen.

OBEN: IM GENFER HOTEL BEAU-RIVAGE FAND MAN UWE BARSCHEL TOT AUF. EINEM *STERN*-REPORTER GELANG ES, DEN TOTEN IN DER BADEWANNE ZU FOTOGRAFIEREN.

Was führte zum Absturz des Flugs TWA 800?

Nach der Explosion des Flugzeugs machte sich in der Öffentlichkeit Entsetzen breit. Die Frage nach dem Warum blieb ohne Antwort.

DIE SUCHE NACH DEM WRACK DER TWA-MASCHINE VOR DER KÜSTE VON LONG ISLAND GESTALTETE SICH SCHWIERIG: TRÜMMERTEILE WERDEN AUS DEM MEER GEFISCHT (OBEN). GRÖSSERE WRACKTEILE (RECHTE SEITE) WERDEN MITHILFE MODERNER TECHNIK GEBORGEN.

Am 17. Juli 1996 startete der Flug TWA 800 auf dem John F. Kennedy Airport in New York mit Ziel Paris. Nur ein paar Minuten nach dem Abflug, um 20.31 Uhr, explodierte die Boeing 747 südöstlich von Long Island und alle 230 Insassen kamen ums Leben.

Vor der Explosion hatte es keine Hinweise auf Probleme gegeben. Das Tonband mit der Sprachaufzeichnung ließ am Ende nur ein kurzes explosionsartiges Geräusch hören, bevor es verstummte. Nach 17-monatigen Nachforschungen – der längsten und teuersten Untersuchung eines Flugzeugunglücks in den Vereinigten Staaten – veröffentlichten die US-Flugsicherheitsbehörde NTSB und das FBI eine Erklärung, die eine Menge Fragen offen ließ.

SPEKULATIONEN IN HÜLLE UND FÜLLE

Flug TWA 800 zählt inzwischen zu den mysteriösesten und umstrittensten Flugzeugkatastrophen in der Geschichte der Luftfahrt. Anfängliche Spekulationen vermuteten eine Bombe oder Rakete als Ursache des Unglücks, dann aber gab die offizielle Untersuchungskommission der amerikanischen Regierung diese Theorien aus Mangel an Beweisen auf. Statt dessen vertrat das NTSB im Dezember 1997 in einer öffentlichen Anhörung den Standpunkt, die Explosion sei auf eine seltene technische Panne zurückzuführen: Eine Ansammlung gefährlicher Dämpfe im Haupttank des Flugzeugs hätte sich durch zufällige Funkenbildung entzündet.

Aus den entsprechenden Unterlagen geht hervor, dass der Haupttank bei der Ankunft des aus Athen kommenden Flugzeugs auf dem Kennedy-Flughafen entleert worden war. Für den Flug nach Paris sollten die Tanks in den Tragflächen ausreichen. Die Ermittler stellten fest, dass das Flugzeug fast 2 Stunden im Leerlauf bei eingeschalteter Klimaanlage auf dem heißen Rollfeld gestanden hatte. Die Klimaanlage der Boeing 747 war unmittelbar unter dem Haupttank angebracht, und die Ermittler vermuteten, dass die durch die Anlage erzeugte Hitze möglicherweise den kleinen Treibstoffrest zum Verdunsten gebracht und so ein brennbares Gemisch im Tank erzeugt hatte. Laut NTSB bedurfte es nur noch eines elektrischen Funkens, um das Gas zu entflammen. Ein Gremium von Luftfahrtsachverständigen konnte keine definitive Quelle für die Zündenergie feststellen, vermutete aber, dass ein Kurzschluss an einem Stromkabel oder sogar statische Elektrizität der Auslöser gewesen sein könnte.

Zu den stärksten Kritikern der offiziellen Version vonseiten der US-Regierung gehörten mehrere Augenzeugen, die die Explosion der TWA-Maschine über der Küste von Long Island vom Wasser oder aus der Luft beobachtet hatten. Im Zeugenbericht des NTSB hieß es, 183 Zeugen hätten an dem betreffenden Abend vor der Explosion einen Lichtstrahl am Him-

DIE TRÜMMERTEILE DER TWA-MASCHINE WERDEN SORGFÄLTIG AUSGEBREITET, DANN ERFOLGT DIE REKONSTRUKTION DES FLUGZEUGS IN EINEM HANGAR IN CALVERTON. MEHR ALS 90 % DES FLUGZEUGS WURDEN GEBORGEN, TROTZDEM LIESS SICH DIE URSACHE DER KATASTROPHE NICHT EINDEUTIG FESTSTELLEN.

mel bemerkt. Von diesen 183 Zeugen „gaben 102 Auskunft über den Ausgangspunkt des Lichtstrahls. Sechs sagten, er sei aus der Luft gekommen, 96 meinten, er sei von der Erdoberfläche ausgegangen." Der mit den Ermittlungen im Fall der TWA-Maschine beauftragte stellvertretende Direktor des FBI, James Kallstrom, räumte bereits zu Beginn der Ermittlungen ein, es sei eine große Zahl „höchst glaubwürdiger Zeugen" vorhanden, die ein raketenähnliches Gebilde beobachtet hätten. „Es liegen Informationen vor, dass etwas am Himmel erschien", sagte Kallstrom. „Mehrere Zeugen haben es gesehen und übereinstimmend beschrieben. Es stieg in den Himmel empor."

Einer dieser Augenzeugen, die sich am Abend des Absturzes an der Küste von Long Island aufhielten, berichtete in ABC World News: „Wir sahen eine Art Leuchtrakete senkrecht aufsteigen. Wir dachten erst, das Signal komme von einem Schiff. Es war kräftig rotorange ..., doch als es in Flammen aufging, wusste ich, dass es keine Leuchtrakete war." Berichte dieser Art stellten die Version der US-Regierung immer wieder infrage.

FEUER AUS DEN EIGENEN REIHEN?

Obwohl manche mutmaßten, dass ein Terrorist mit einem tragbaren Raketenwerfer eine Rakete auf das Passagierflugzeug abgefeuert haben könnte, behauptete der frühere Pressesprecher John F. Kennedys und ehemalige Nachrichtenkorrespondent der ABC, Salinger, er könne beweisen, dass die US-Marine mit „Feuer aus den eigenen Reihen" den Absturz verursacht hätte. Das Verteidigungsministerium dementierte anfänglich Berichte, die Marine habe am 17. Juli in der Sperrzone W-105, ein paar Kilometer südlich der Flugroute der TWA-Maschine, Militärübungen durchgeführt. Im November 1997 jedoch räumte die Marineführung ein, es habe an diesem Tag in Bezirk W-106 eine Militärübung stattgefunden. Über die Art des Manövers wollte man allerdings nichts sagen.

Mehrere undeutliche Fotos von dem Absturz scheinen die Theorie vom „Feuer aus den eigenen Reihen" zu untermauern. Der Hintergrund einer Aufnahme lässt ein längliches Flugobjekt mit einem Lichtschweif erkennen. Einige vermuteten, dass es sich dabei um eine Rakete handeln könnte. Die Mehrzahl der Experten jedoch war sich einig, dass das Objekt eher einem Zieldarstellungsflugzeug ähnelte – einem imitierten Ziel mit überdimensioniertem Schweif, das oft bei Raketentests eingesetzt wird. Hätte es das eigentliche Ziel einer fehlgelenkten Rakete sein sollen?

Das FBI konnte keine überzeugende Erklärung dafür abgeben, warum zum Zeitpunkt der Explosion etwa 2,9 Seemeilen von der Position des Unglücksflugzeugs entfernt ein Schiff fuhr, das seine Fahrt vom Schauplatz der Explosion mit etwa 30 Knoten nach Südsüdwesten fortsetzte, bis es sich außerhalb der Reichweite des Radars befand.

DIE SIMULATION DES ABSTURZES

Die offizielle Video-Animation von der Katastrophe, die das NTSB und die CIA finanzierten, deutet an, das „Flugobjekt", das so viele Zeugen sahen, sei in Wirklichkeit der hintere Teil des Flugzeugrumpfs gewesen. Der hintere Rumpfteil sei nach dem Abbrechen vom Bug einige hundert Meter hoch in die Luft geflogen, dann erst abgestürzt und explodiert. Mehrere Augenzeugen behaupteten, die Video-Animation entspreche nicht dem, was sie gesehen hätten. Daraufhin gab Boeing umgehend eine Presseerklärung ab und distanzierte sich von der nachgestellten Animation.

Viele der Rätsel im Zusammenhang mit der Tragödie des Flugs TWA 800 werden womöglich nie gelöst. Da keine schlüssigen Beweise vorliegen, gibt es viele Theorien für die Ursache des Absturzes, die zum Teil noch unwahrscheinlicher sind als eine Bombe oder Raketenbeschuss. Es bleiben die quälenden Fragen vor allem für die Angehörigen der Opfer.

Die letzten Worte

Während die meisten Experten aus den Sprachaufzeichnungen aus dem Cockpit auf dem kurzen Flug TWA 800 nichts Ungewöhnliches heraushörten, vertritt Elaine Scarry, Professorin für Philologie an der Universität Harvard, die ungewöhnliche These, dass die Worte der Besatzung möglicherweise doch Rückschlüsse auf das spätere Geschehen erlauben. Die Autorin spekuliert, dass der Flug TWA 800 aufgrund elektromagnetischer Strahlen vom Himmel stürzte, die von Handys, Laptops oder Militärtransportmaschinen in diesem Gebiet verursacht wurden. Die elektronische Anlage der 747 sei damit gestört gewesen, so kam es zu einem Zwischenfall an Bord und zur Explosion.

DIE BLACK BOX, DER FLUGDATENSCHREIBER DES FLUGS TWA 800, LIEFERTE KEINE NENNENSWERTEN HINWEISE AUF DIE ABSTURZURSACHE.

Die meisten Experten können dieser Theorie nicht folgen. Dennoch könnte eines Tages festgestellt werden, dass Elaine Scarry mit ihren Vermutungen Recht hatte und die Aufzeichnungen entsprechend neu interpretiert werden. Die klassischen Erkennungsmerkmale elektromagnetischer Interferenz sind eine plötzliche Unterbrechung des Treibstoffflusses und ein fehlerhaftes Signal an die Steuerflächen auf den Rudern. Nur knapp 2 Minuten vor dem völligen Zusammenbruch des elektrischen Systems der TWA-Maschine sagt der Flugkapitän: „Sieh mal, der Durchflussanzeiger auf Nummer vier spielt verrückt." 8 Sekunden später schaut er noch immer auf den Anzeiger und macht den Ersten Offizier darauf aufmerksam: „Siehst du das?" 12 Sekunden später sagt er, er habe das Gefühl, dass die auftrieberhöhenden Klappen nicht die richtige Position hätten und er wolle sie einstellen – „trimmen" im Fachjargon. „Irgendwie sollte ich das wohl trimmen." Sein Copilot versteht nicht: „Was?", und der Pilot wiederholt: „Ich muss hier irgendwie feststellen, wo das Ding getrimmt wird."

Trimmen ist ein Routinevorgang, doch die Worte des Flugkapitäns „irgendwie hier … an irgendeiner Stelle hier … ich sollte das Ding wohl trimmen … ich sollte wohl feststellen, wo das Ding getrimmt wird", weisen darauf hin, dass das Flugzeug nicht in den Sekundenbruchteilen reagierte, die der Pilot erwartete. Der Zeitraum bei diesen Wechselwirkungen ist klein, ebenso wie die Reaktionszeit unseres Gehirns – er beträgt nur Bruchstücke von Sekunden. Die Bemerkungen des Piloten lassen erkennen, dass er eine schnellere Reaktion des Flugzeugs erwartete.

„LEISTUNG HOCHGEFAHREN"

In der Unterhaltung, die 30 Sekunden danach beginnt, knapp 1 Minute vor dem Abbrechen der Aufzeichnung, weist die Flugsicherung in Boston den Piloten an, von 13 000 auf 15 000 Fuß zu steigen: „TWA 800, aufsteigen und Flughöhe von eins fünftausend beibehalten." Der Flugkapitän gibt dem Zweiten Offizier die Anweisung, die Leistung hochzufahren: „Schub hoch." Der Erste Offizier wiederholt für Boston die eingegangene Anweisung: „TWA 800 stark ansteigen, von eins dreitausend auf eins fünftausend und Höhe beibehalten."

Dann hört man den Flugkapitän, als habe der Zweite Offizier noch nicht reagiert, sagen: „Ollie! Schub hoch." Und 3 Sekunden später: „Steigen auf eins fünftausend." Der Zweite Offizier bestätigt ihm, dass die Anweisung bereits ausgeführt ist: „Leistung hochgefahren." Hier bricht die Aufzeichnung endgültig ab.

Der Tod von Prinzessin Diana

Was geschah in den Stunden vor dem tragischen Unfall? Wer war schuld am Tod der „Königin der Herzen"?

PRINZESSIN DIANA IM AUGUST 1996, EIN JAHR VOR DEM TÖDLICHEN UNFALL. JAHRELANG HATTEN PAPARAZZI JEDEN SCHRITT DIANAS VERFOLGT.

Es war kurz nach Mitternacht am 31. August 1997, als Diana, Prinzessin von Wales, und ihr Begleiter Dodi al Fayed vom Hotel Ritz in Paris zu Fayeds Haus im 16. Arrondissement aufbrachen. Das Paar verließ das Hotel gegen 0.15 Uhr in einer schwarzen Mercedes-Limousine. Ungefähr um dieselbe Zeit fuhr ein Range Rover vom Vordereingang ab, um die Meute der rund 40 lauernden Paparazzi abzulenken. Ein Beobachter sagte später aus, die Fotografen wären dem Range Rover gefolgt, hätten dann aber offenbar den Hinweis erhalten, dass sich das Paar nicht in dem Auto befand. Die Hälfte der Reporter, darunter auch einige Motorradfahrer, setzte sich von den anderen ab und fuhr dem Mercedes nach.

Henri Paul, der stellvertretende Sicherheitschef des Ritz, steuerte die Limousine mit der Prinzessin von Wales. Nach späteren Schätzungen der Polizei erreichte die Limousine, die den Paparazzi zu entkommen versuchte, bereits am Place de la Concorde eine Geschwindigkeit von 150 km/h. Nur noch wenige Autos und Motorräder waren ihr auf den Fersen, als der Mercedes an der Einfahrt zur Unterführung unter der Pont d'Alma in die Kurve fuhr – eine Stelle, an der sich früher bereits zwei tödliche Unfälle ereignet hatten.

Hier verlor Paul die Kontrolle über den Wagen, nur Sekunden, nachdem er einen weißen Fiat mit Paparazzi angefahren haben soll, wie die Pariser Polizei später erklärte. Die Limousine prallte frontal gegen einen Betonpfosten der Mittelplanke und anschließend gegen die Mauer der Unterführung. Es dauerte 90 Minuten, bis man das Dach des Unfallautos aufgeschnitten und die Insassen befreit hatte. Dodi al Fayed und der Fahrer Henri Paul waren auf der Stelle tot gewesen.

DIE ROLLE DER PAPARAZZI

Die schwer verletzte Prinzessin wurde am Unfallort behandelt und dann eiligst in ein Krankenhaus gebracht. Aber als Diana dort eintraf, hatte ihr Herz aufgehört zu schlagen. Die Ärzte behandelten noch eine Verletzung der linken Herzkammer und versuchten 2 Stunden lang, Diana wiederzubeleben – die Prinzessin war ihren inneren Blutungen erlegen. Um 4 Uhr morgens wurde sie offiziell für tot erklärt.

Die Schuld an dem Unfall schob die Öffentlichkeit sofort den Paparazzi zu, und sieben Fotografen wurden noch am Unfallort von der Polizei festgenommen. Schaulustige griffen einen Fotografen an, als er Aufnahmen von den Wracktrümmern machen wollte. Zeugen sagten aus, sie hätten zwei Fahrzeuge gesehen, die kurz vor dem Unfall die Limousine passierten. Ein weiterer Zeuge, der unmittelbar vor Dianas Wagen in einem Taxi fuhr, gab an, zwei Motorräder wären dicht an den Mercedes herangefahren; einer der Fahrer sei „aggressiv und gefährlich gerast".

Doch das Blatt wendete sich, als Tests ergaben, dass das Blut von Paul, dem Fahrer der Limousine, einen erhöhten Alkoholspiegel aufwies. Nachgewiesen wurden auch ein Antidepressivum und ein Medikament gegen Alkoholsucht und Aggressivität. Beide Medikamente können in Kombination mit Alkoholgenuss zu Benommenheit und Konzentrationsmangel führen. Zeugen hatten gesehen, dass Paul im Hotel Ritz einige Gläser Likör und in einer Bar Whisky getrunken hatte.

Trevor Rees-Jones, der Leibwächter Dianas, hatte den Unfall mit einem zerschmetterten Kiefer überlebt und verteidigte den Fahrer. Er gab bei den Ermittlern an, er könne sich zwar an den Unfallhergang nicht erinnern, doch als er in den Mercedes einstieg, habe der Fahrer auf ihn einen „normalen Eindruck" gemacht. Im Verlauf der 2-jährigen Untersuchungen über die Unfallursache tauchten noch andere Spekulationen auf. Ein Chauffeur, der das Unfallauto regelmäßig fuhr, gab an, er habe öfter Probleme mit den Bremsen gehabt: „Man musste das Auto kennen, wenn man es sicher steuern wollte." Paul war aber nie zuvor damit gefahren.

Von offizieller Seite kam man zu dem Schluss, dass nur einer die Schuld an dem Unfall trug: der Fahrer Henri Paul. Bei der Verkündung seiner Entscheidung ließ der französische Richter die Anschuldigungen gegen die Paparazzi fallen und erklärte, dass „der Fahrer des Wagens unter Alkoholeinfluss stand … und nicht in der Lage war, die Kontrolle über das Fahrzeug zu behalten".

Nicht alle waren mit dem Urteil zufrieden, und möglicherweise wird sich nie genau klären lassen, welche Rolle – wenn überhaupt – übereifrige Fotografen bei dem Unfall spielten, bei dem die viel geliebte Prinzessin ums Leben kam. Die Pariser Polizei fahndet seit dem Unfall erfolglos nach dem weißen Fiat, der in den tragischen Hergang verwickelt gewesen sein soll.

55p August 31, 1997

THE People

STILL 55p

DIANA IS DEAD! LOVER DODI DIES TOO

PRINCESS Diana was killed in a tragic car crash in Paris this morning that also claimed the life of her lover, Harrod's heir Dodi Fayed. Diana suffered multiple injuries and died in hospital from a heart attack at 4 a.m.

The chauffeur was also killed when their Mercedes car slammed into a wall in a tunnel near the Eiffel Tower.

FULL STORY-PAGES 2, 3, 4 and 5

CARS AND CASH TO BE WON

TP 15279856

LINKS: DIANAS TRAGISCHER UNFALL SCHOCKIERTE MENSCHEN ÜBERALL AUF DER ERDE. DIE ENGSTEN ANGEHÖRIGEN DER PRINZESSIN (UNTEN LINKS) AM 6. SEPTEMBER 1997 IM TRAUERZUG VOR DER WESTMINSTERABTEI.

DIE THEORIE EINES VATERS

DETEKTIVARBEIT

Einen Mann gab es, der den Richterspruch öffentlich anzweifelte: Mohamed al Fayed, Dodis Vater und Besitzer des Londoner Nobelkaufhauses Harrods sowie des Hotels Ritz in Paris. Er ließ über einen Sprecher verbreiten, dass den Fahrer keine Schuld treffe. Über ein Jahr zuvor hatte er britischen Medien gegenüber erklärt, er sei „zu 99,9 % sicher", dass der tödliche Unfall nicht zufällig geschah, sondern eine Verschwörung gewesen sei, um seinen Sohn an der Heirat mit Prinzessin Diana zu hindern.

Al Fayed behauptete, Diana und Dodi seien verlobt gewesen. Viele – darunter auch etliche Mitglieder des britischen Establishments – seien über den Tod des Paares sogar froh. Der Buckingham-Palast rügte al Fayeds Äußerung. Das Paar sei außerdem nicht verlobt gewesen.

U-Boot auf Todesfahrt

Ein defekter Übungstorpedo führt zum Untergang der *Kursk*, so der amtliche Bericht. Sind damit die Spekulationen über diese Tragödie endgültig beendet?

С МОМЕНТА АВАРИИ НА «КУРСКЕ» ПРОШЛО 6 ДНЕЙ

ТВ программа для Мурманска и Мурманской области

Америка ходит в наших джинсах, а Израиль и Англия пьют наше пиво стр. 8 - 9

Владимир Машков стал актером Голливуда стр. 15

КОМСОМОЛЬСКАЯ ПРАВДА!

Самый большой тираж в России и СНГ 20 миллионов

18 000 рублей за имена моряков «Курска»

Вчера редакция «Комсомолки» купила у одного из высокопоставленных морских офицеров «засекреченный» командованием ВМФ список экипажа гибнущей подлодки

Дима Старосельцев – № 9 из IV отсека в этом списке. Его имя, как и любое из 118, оценено в 152 рубля...

Стр. 2, 3, 4, 5

EINE RUSSISCHE WOCHENZEITUNG BERICHTETE, DASS HOHE MARINEOFFIZIERE DIE LISTE DER VERUNGLÜCKTEN CREW-MITGLIEDER FÜR UMGERECHNET 650 DOLLAR VERKAUFT HATTEN.

Entsetzen macht sich breit, als die Öffentlichkeit erfährt, dass das russische Atom-U-Boot *Kursk* in der Barentssee explodiert und schwer beschädigt gesunken ist. 118 Matrosen befinden sich an Bord. Es gibt keinerlei Hinweise auf ihr Befinden.

Was nun beginnt, kann den verwunderten Beobachter nur mit wachsendem Erstaunen erfüllen. Man fühlt sich in tiefste Sowjetzeiten zurückversetzt. Es gibt mannigfaltige Spekulationen über die Ursachen, den Unfall selbst, die Auswirkungen. Und immer wieder die Frage: Was genau ist geschehen? Was ist den Seeleuten passiert? Wie können sie gerettet werden? Nicht einmal der genaue Zeitpunkt der Katastrophe wird bekannt gegeben.

Hilfsangebote aus aller Welt treffen ein, doch erst am fünften Tag nach der Havarie nimmt Russland sie an. Was ist mit all den widersprüchlichen und ungereimten Meldungen zu den Vorfällen? Geheimniskrämerei und gezielte Desinformation scheinen an der Tagesordnung.

KATASTROPHE UND GEHEIMHALTUNG

Am 12. August 2000, um 11.28 Uhr Moskauer Zeit, registriert die seismologische Station NORSAR im nördlichen Norwegen einen großen Ausschlag. Ungefähr zweieinhalb Minuten später folgt ein weiterer enormer Ausschlag. Das Signal lässt auf eine riesige Explosion schließen, genau in dem Planquadrat der Barentssee, in dem sich die *Kursk* befindet. Man vermutet, es müsse sich um eine Detonation von mindestens 20 Torpedos mit 250 kg Sprengkraft handeln.

Das U-Boot befindet sich zu diesem Zeitpunkt auf 19 m Tiefe, eine typische Tiefe für den Abschuss von Torpedos. Erst 2 Tage später, nachdem die russische Marine die Explosion offiziell eingestanden hat, werden mehrere Möglichkeiten präsentiert, durch die der Unfall verursacht worden sein könnte. Entweder sei ein Zusammenstoß mit einem fremden U-Boot der Auslöser oder die *Kursk* sei von einem ausländischen Schiff versehentlich angegriffen worden. Möglich ist auch, dass die *Kursk* auf eine Mine aus dem Zweiten Weltkrieg getroffen ist oder – welch elegante Formulierung! – es eine Ausnahmesituation in der Torpedosektion des U-Boots gegeben hat.

Im September wird dann die Öffentlichkeit mit einer weiteren Version konfrontiert: Präsident Putin soll seit Ende August ein Geheimpapier kennen, das von einem irrtümlichen Angriff aus den eigenen Reihen berichtet. Der russische Großkreuzer *Peter der Große* habe bei einem Flottenmanöver am 12. August eine Rakete vom Typ Granit ausprobiert, die mit einem neuartigen Gefechtskopf speziell für Unterwasserziele ausgerüstet sei. Diese Version kommt Vermutungen nahe, die auf der Marinebasis Widjajewo, dem Heimathafen des Unglücksboots, kursieren. In Widjajewo leben die Familien der meisten auf der *Kursk* stationierten Soldaten. Diese Version der versehentlichen Versenkung wird jedoch von der Marineführung vehement dementiert.

DER WAHRHEIT AUF DER SPUR

Nach über einem Jahr kommt der Wissenschaftler und Waffenexperte Dimitri Wlassow der wirklichen Ursache der Tragödie auf die

Spur. Er weist nach, dass die *Kursk* durch die Explosion eines eigenen Torpedos zerstört wird – und dass dies die Marineführung von Anfang an wusste. An jenem schicksalhaften 12. August 2000 zeichnen amerikanische Stellen auf, dass der Kapitän der *Kursk*, Gennadij Ljatschin, an den Stab der Nordflotte eine Nachricht sendet. Er bittet darum, einen defekten Torpedo außenbords abschießen zu dürfen. Die Genehmigung wird sofort erteilt. Es ist seit langem bekannt, dass dieser Torpedo-Typ häufig Lecks hat, weshalb man ihn als gefährlich für die eigene Mannschaft einschätzt.

Ljatschin gibt den Befehl zum Abschuss des Torpedos. Der sehr erfahrene Kommandant befindet sich auf seinem letzten Einsatz und gilt als sicherer Anwärter für den Orden „Held von Russland“.

Als die Soldaten den Torpedo in das Abschussrohr schieben, explodiert er, bevor die Röhre geschlossen werden kann. Niemand ermisst, welches Inferno nun entfesselt ist. Ein brennendes Gemisch aus 1400 kg Wasserstoffperoxid und 150 kg Kerosin schießt in den Torpedoraum. Die Temperatur dieser gewaltigen Feuersbrunst beträgt 2100 °C. Es besteht die Gefahr, dass weitere Geschosse den Flammen ausgeliefert sind und detonieren. Wer vermag sich die Panik, die unter den Seeleuten ausbricht, auszumalen? Sie stürzen zu der einzigen Luke, die den Übergang in die anderen Bereiche des U-Boots ermöglicht. Genau 2 Minuten und 15 Sekunden später explodieren die restlichen

OBEN: DAS SIND DIE 118 MATROSEN DER *KURSK* BEI EINER PARADE IM JULI 2000. LINKS: DIE *KURSK* GEHÖRT ZUR OSCAR-II-KLASSE, DAS WAFFENTECHNISCH MODERNSTE, WAS DIE RUSSISCHE FLOTTE ZU BIETEN HAT. DA DIE MARINE FINANZIELL AM ENDE WAR, MUSSTE DIE TIEFSEE-TAUCHER-EINHEIT MITTE DER 1990ER-JAHRE AUFGELÖST WERDEN UND STAND DESHALB BEI DER HAVARIE EBENSO WENIG ZUR VERFÜGUNG WIE DIE RETTUNGSSCHIFFE, DIE WEGEN FEHLENDER ERSATZTEILE NICHT EINSATZBEREIT WAREN.

Torpedos, wie seismographische Aufzeichnungen belegen. Alle Soldaten schaffen es, vorher in die zweite Sektion zu gelangen, das steht nach der Bergung fest. Doch dann machen sie, wahrscheinlich aus Verwirrung und Entsetzen, den verhängnisvollen Fehler, die Luke nicht zu schließen, wie es für den Havariefall Vorschrift ist.

Die zweite Explosion ist entschieden gewaltiger als die erste. Die Temperatur erreicht 4500 bis 4800 °C. Eine wahre Feuerlawine rast durch das Schiff und vernichtet alles blitzartig. Die

PRÄSIDENT PUTIN TRAF AM 22. AUGUST ERSTMALS DIE HINTERBLIEBENEN. ZUVOR BEGRÜSSTE ER DEN MARINE-KOMMANDANTEN WLADIMIR KURO-JEDOW (OBEN). ANGEHÖRIGE WARFEN IN DER NÄHE DER UNGLÜCKSSTÄTTE BLUMEN ZUM GEDENKEN AN DIE TOTEN SEELEUTE IN DIE BARENTSSEE (GANZ OBEN).

gesamte Führungsmannschaft, die Offiziere des Flottenstabs sterben einen grausigen Tod. Durch dieses plötzliche Geschehen müssen sie wahrscheinlich wenigstens nicht leiden. Der Tod tritt in Sekunden ein. Wlassow beschreibt diesen Moment so: „Bei einem derartigen Überdruck zerplatzen die Herzklappen, das Herz wird in Stücke gerissen."

Als nach über einem Jahr die *Kursk* geborgen wird, findet man Fetzen menschlicher Körperteile, die nur noch durch eine DNA-Analyse zu identifizieren sind. Außerdem kommen Knöpfe, Münzen, Uhren und Kreuze zutage, die man nicht mehr zuordnen kann. Die Möglichkeit, dass bei der Bedienung oder bei der Flucht Fehler gemacht werden, ist nicht auszuschließen. Wie später bekannt wird, ist nur ein kleiner Teil der Stammbesatzung an Bord. 40 % der Seeleute gehören zu anderen U-Boot-Mannschaften und sind mit der Technik auf der *Kursk* nicht vertraut.

DIE LETZTEN STUNDEN

Die jetzt noch übrig gebliebenen Besatzungsmitglieder – 23 Seeleute – sammeln sich im neunten Abschnitt des Boots. Dort gibt es einen Notausstieg. Sie versuchen verzweifelt, dem Tod zu entkommen. Aber die Rettungsluke ist verklemmt. Niemand kann heraus. Wissenschaftler sind aber sicher, dass sich die Matrosen aus inzwischen 108 m Tiefe, in der sich das gesunkene Boot nun befindet, nicht retten können, da der Druck viel zu groß ist. Es gibt keine Chance für die eingeschlossenen Seeleute.

Bei der Bergung wird der Abschiedsbrief von Kapitänleutnant Dimitri Kolesnikow gefunden, unter dessen Befehl die Turbinengruppe im siebten Abschnitt steht. Der vollständige Text wird nie veröffentlicht. Kolesnikow notiert um 13.15 Uhr: „Keiner von uns kann nach oben aussteigen" und „Ich schreibe blind". Er dokumentiert in diesen letzten Stunden seines Lebens, wie das Wasser in der neunten Sektion

IM OKTOBER 2001 GELANG ES EINEM INTERNATIONALEN KONSORTIUM, DIE *KURSK* ZU HEBEN. DIE BERGUNG WURDE DURCH SCHWERE SEE ERHEBLICH BEHINDERT, DA DIE SPEZIELL DAFÜR ENTWICKELTEN MINI-U-BOOTE (LINKS) NUR SCHWER ZU DEM GESUNKENEN SCHIFF VORDRINGEN KONNTEN.

allmählich immer weiter steigt und die Besatzung nach oben getrieben wird. Aufsteigende Gase machen das Atmen langsam für die Eingeschlossenen unmöglich. Das elektrische Notsystem und die Luftfilter versagen, es brennt immer noch an Bord. Später werden nur noch 8 % Sauerstoff gemessen, der Rest ist Kohlenmonoxid und Kohlendioxid.

5 bis 7 Stunden überleben die Soldaten, die die beiden Explosionen überstehen konnten. Sie warten auf Rettung, doch die kommt nicht. Dann sterben sie qualvoll, ersticken an den heißen Gasen und an Sauerstoffmangel. Genaues weiß man nicht über die letzten bangen Stunden der Eingeschlossenen in der *Kursk*, aber man kann es sich vorstellen. Erst am Morgen des 21. August 2000 gelangen norwegische Taucher zum Schiff und können die Luke öffnen. Die 118 Seeleute an Bord sind inzwischen längst tot.

Viele Fragen bleiben offen: Warum hat Russland, die einstige Seemacht, keine Fachleute und auch nicht die Technik parat, um den Soldaten sofort zu Hilfe kommen zu können? Warum wird die Ankunft der norwegischen Retter verzögert? Wie kann es möglich sein, dass keine Drehkralle zum Öffnen der Rettungsluke zur Verfügung steht? Und, so unglaublich es klingt, wieso wissen die Experten nicht, ob der Verschluss nach links oder rechts zu drehen ist?

GEHEIMNISKRÄMEREI UND MYTHENBILDUNG

KAUM ZU GLAUBEN

Vertuschungsversuche und möglicherweise gezielte Desinformation: In dieser Geschichte haben wir es mit einem Konglomerat an Unverständlichkeiten zu tun.

Die Boote der Oscar-II-Klasse, zu denen die *Kursk* gehört, bergen so manches noch gut gehütete Geheimnis waffentechnologischer Art. Die russische Marine wird auf absehbare Zeit keine Mittel zur Verfügung haben, neuere Standards zu produzieren. So gilt es, die technischen Finessen geheim zu halten, aber auch den desaströsen Zustand der Flotte nicht offenbar werden zu lassen.

Doch haben wir es hier nur mit einer russischen Paranoia zu tun? Weit gefehlt. Überall auf der Welt sind U-Boote von geheimnisvollen Gerüchten umrankt.

Die USA geben nicht einmal bekannt, wo sich ihre U-Boote gerade befinden, auch nicht im Fall eines Unglücks. Deshalb sind Spekulationen, wie man sie im Umfeld des *Kursk*-Unfalls findet, überhaupt erst möglich.

Auch lange nach dem Ende des Kalten Kriegs finden immer noch unterseeische Verfolgungsjagden statt. Wenn ein russisches U-Boot seinen Hafen verlässt, stehen westliche Verfolger schon bereit. Natürlich sind bei solchen Praktiken Zusammenstöße vorprogrammiert.

Es ist deshalb nicht sehr wahrscheinlich, dass sich ausgerechnet am Tag des *Kursk*-Unfalls nur zwei US-U-Boote in der Barentssee befanden.

TEIL 7

BLICK IN DIE ZUKUNFT

Ein blick auf das Jahr 3000 veranlasst uns zu der Frage, was die Zukunft für uns bereithält. Wird sich die Welt mehr oder weniger ändern, als sie es seit dem Mittelalter getan hat? Manche mögen einwenden, angesichts des großen Wandels der Welt und der gewaltigen Fortschritte werde sich das Tempo im nächsten Jahrtausend verlangsamen. Andere meinen, der Wandel scheine sich noch rasanter zu beschleunigen. In Wahrheit kann niemand vorhersagen, wohin uns die Technologie in 10, 100 oder 1000 Jahren führen wird. Werden die Printmedien durch elektronische Medien ersetzt? Wird das menschliche Leben weiterhin von natürlichen Kreisläufen bestimmt oder wird die Menschheit das Leben auf unserem Planeten zugrunde richten? Werden wir herausfinden, dass wir nicht allein im Universum sind? Und gelingt es uns, zu anderen Planeten zu reisen? Das wird sich erst im Lauf der Zeit erweisen.

Gibt es intelligentes Leben im All?

Spekulationen über die Existenz außerirdischer Intelligenz sind so alt wie das Denken des Menschen selbst.

DIE HELL ERLEUCHTETE PLATTFORM ÜBER DEM RADIOTELESKOP IN ARECIBO, PUERTO RICO. MIT EINEM DURCHMESSER VON RUND 300 M IST ES DAS GRÖSSTE DER WELT. ANFANG DER 1990ER-JAHRE WAR DAS TELESKOP EIN WESENTLICHER BESTANDTEIL DES SETI-PROGRAMMS DER NASA.

VIELE WISSENSCHAFTLER SIND ZU DER ANSICHT gelangt, dass die Menschheit im Universum nicht allein ist. Sie stellen sich unendlich viele fortschrittliche Zivilisationen im All verstreut vor – vielleicht 1 Mio. allein in der Milchstraße. Diese Forscher stützen ihre Annahme auf die Erkenntnis, dass die chemischen Elemente, die zur Entstehung des Lebens auf der Erde geführt haben, nachweislich im gesamten Universum vorkommen. In Asteroiden, Kometen, Meteoriten und anderer interstellarer Materie wurden organische Verbindungen entdeckt, und möglicherweise sind Moleküle mit einer bestimmten Komplexität die einzige Voraussetzung für die Entwicklung von Leben.

Die konkrete Suche nach Hinweisen auf außerirdische Intelligenz begann in den 1940er-Jahren mit der Erfindung des Radioteleskops.

DIE DRAKE-GLEICHUNG

Radiowellen hält man für das beste Kommunikationsmittel über interstellare Entfernungen. Die ersten radioastronomischen Forschungen wurden 1960 von dem amerikanischen Wissenschaftler Frank Drake unternommen. Er stellte eine Gleichung auf, mit deren Hilfe er die potenzielle Anzahl intelligenter Zivilisationen in unserer Galaxis, der Milchstraße, berechnete.

Die so genannte Drake-Gleichung ist in Faktoren zerlegt, die für die Entstehung intelligenten Lebens im All von Bedeutung sind: z. B. der Zeitraum der Sternentstehung, die Wahrscheinlichkeit, dass in einem bestimmten Sonnensystem die Bedingungen für die Entstehung von Leben erfüllt sind, und die durchschnittliche Lebensdauer von Zivilisationen. Mithilfe dieser Gleichung schloss Drake, dass es 10 000 Zivilisationen in der Milchstraße gibt, wobei die der Erde am nächsten gelegene nur 300 Lichtjahre entfernt ist. Drakes Schätzung wurde von seinem Kollegen, dem Astronomen Carl Sagan, revidiert, der die Anzahl eher bei 1 Mio. vermutete. Die Milchstraße besteht aus über 400 Mrd. Sternen und ist nur eine von Milliarden von anderen Galaxien. Die Zahl aller Zivilisationen könnte somit bei insgesamt 10 Trillionen liegen.

Drakes Gleichung wird in der Forschung seit langem heftig diskutiert. Ein Problem seiner Gleichung ist die Annahme, dass jede technisch hoch entwickelte Zivilisation auf sich selbst beschränkt bleibt. Doch wie das Beispiel der Menschheit gezeigt hat, ist Raumfahrt für fortschrittliche Zivilisationen eine Realität. Man kann davon ausgehen, dass wachsende Zivilisationen sich ausdehnen, wenn sie zur Besiedlung der Galaxis in der Lage sind. Wenn eine andere hoch entwickelte Zivilisation in der Milchstraße existiert, ist sie wahrscheinlich nicht auf den eigenen Planeten beschränkt.

Möglicherweise existieren also doch nur sehr wenige Zivilisationen? Vielleicht ist unsere tatsächlich die einzige. Einige Wissenschaftler vermuten, dass außerirdische Zivilisationen Kenntnis von der Existenz der Menschen haben, aber nicht mit uns in Verbindung treten wollen. Oder – noch wahrscheinlicher –, dass andere Zivilisationen entstanden und untergegangen oder ausgestorben sind, bevor eine intergalaktische Kolonisierung möglich war.

DIE ERDE HAT SELTENHEITSWERT

Neuere Forschungen halten das Leben auf der Erde für einzigartig, weil sich im Verlauf ihrer Geschichte ungewöhnlich viele glückliche Zufälle ereigneten. Sie stellen Drakes Annahmen über die Bedingungen infrage, die Voraussetzung für die Existenz von Zivilisationen sind. Ein Faktor ist die Häufigkeit, mit der Planeten, die Grundstrukturen von Lebensformen enthalten, von Gesteinsbrocken aus dem All getroffen werden. In unserem Sonnensystem gehen viele dieser „Killersteine“ auf dem Jupiter nieder. Weil der Jupiter sie von unserem Planeten ablenkt, ist Leben auf der Erde möglich geworden. Obwohl einige große jupiterähnliche Planeten in der Galaxis entdeckt wurden, nimmt man an, dass ihre Umlaufbahnen unregelmäßig sind und sie eventuell das Chaos auf näher gelegenen, kleineren Planeten nur vergrößern.

Die Bedingungen, die das Leben auf der Erde möglich machen, sind wahrscheinlich unglaublich selten: Ein Planet muss weit genug von seinem Stern entfernt sein, damit das Wasser flüssig bleibt; ein Mond muss die richtige Entfernung haben, um die klimatische Stabilität zu sichern; es muss genau die richtige Menge Kohlenstoff vorhanden sein, damit Leben entsteht, aber keine Überhitzung stattfindet. Selbst wenn irgendwo im Universum primitive Mikroben vorkommen – sagen die Anhänger dieser Richtung –, sei es trotzdem höchst unwahrscheinlich, dass andere fortgeschrittene Zivilisationen entstanden sind. Wer hat Recht? Die Fortschritte in der Astronomie bringen täglich neue Erkenntnisse.

FRANK DRAKE (OBEN) UNTERNAHM 1960 DIE ERSTE SUCHE NACH RADIOSIGNALEN VON FERNEN STERNEN. NACH DER VON IHM ENTWICKELTEN GLEICHUNG, DIE NACH WIE VOR UMSTRITTEN IST, EXISTIERT KNAPP 300 LICHTJAHRE VON DER ERDE ENTFERNT EINE ANDERE ZIVILISATION.

SUCHE NACH AUSSERIRDISCHER INTELLIGENZ

OFFENE FRAGEN

Im Oktober 1992 wurde das SETI-Programm (Search for Extraterrestrial Intelligence) ins Leben gerufen, um intelligentes Leben im All zu suchen. Das von der NASA auf Initiative von Astronomen organisierte und betriebene Programm hatte eine einzigartige Mission: Über einen Zeitraum von 10 Jahren sollte der gesamte Himmel mit hoch empfindlichen Empfangsgeräten mit großem Frequenzbereich überwacht werden. Wenn einer der Milliarden Sterne der Milchstraße eine Radiobotschaft gesendet hätte, wäre sie von SETI aufgefangen worden. Empfangsstationen wurden u. a. in Arecibo, Puerto Rico, eingerichtet. Der US-Kongress stoppte das Programm bereits nach einem Jahr, weil es zu kostspielig war. Seit 1994 wird das Projekt aus der Privatwirtschaft finanziert.

Die Einführung des Computers

Die Veränderung der Welt durch den Computer ist noch nicht zu Ende – er hat eine wahre Revolution ausgelöst.

DEN ERSTEN GEBRAUCHSFÄHIGEN COMPUTER Z3 stellte der deutsche Ingenieur Konrad Zuse 1941 der Öffentlichkeit vor. Zwei Jahre später, 1943, entwickelte der Mathematikprofessor Howard A. Aiken an der Harvard-Universität seine Großrechenanlage Mark I. Das Gerät wog 5 t, war 15 m lang, 2,5 m hoch und enthielt rund 800 km Drähte. Es konnte 23-stellige Additionen und Subtraktionen in nur 0,3 Sekunden ausführen. Das war für die damalige Zeit eine erstaunliche Leistung. 1946 kam es auf dem Gebiet der Computertechnik zu einem weiteren Durchbruch: Ingenieure und Physiker der Universität von Pennsylvania stellten den ENIAC vor, einen Allzweckrechner, der bei seinen Berechnungen nicht mit mechanischen Relais, sondern mit elektrischen Impulsen arbeitete.

Das 3-Mio.-Dollar-Ungetüm enthielt 18 000 Elektroröhren, nahm eine Bodenfläche von 140 m^2 ein und mit 180 kW war sein Stromverbrauch so hoch, dass die Lampen in den Häusern der Umgebung schwächer leuchteten, wenn er in Betrieb war. Als Reaktion auf den gestiegenen Bedarf an Rechnerkapazität während des Zweiten Weltkriegs wurde der ENIAC speziell zur Berechnung von (Raketen-)Flugbahnen und anderen militärischen Daten gebaut. Nur wenige Jahrzehnte später sollte die Tischversion des Computers weltweit zum Standardinventar von Arbeitsplätzen und Haushalten gehören.

Der ENIAC und ähnliche frühe Rechner dieser Bauart gehören zur ersten Computergeneration. Der nächste große Schritt in der Geschichte der Computertechnik war 1947 die

Erfindung des Transistors. Computer mit Transistoren – die zweite Generation – waren Ende der 1950er- und Anfang der 1960er-Jahre im Einsatz.

Die eigentliche Revolution begann dann mit den Computern der dritten Generation, die mit integrierten Schaltungen oder Mikrochips arbeiten. Die erste integrierte Schaltung wurde im September 1958 produziert, doch die damit ausgerüsteten Computer kamen erst ab 1963 allmählich auf den Markt. Während Großrechenanlagen wie der IBM 360 die Speicher- und Verarbeitungskapazitäten weiter erhöhten, ermöglichte die integrierte Schaltung auch vielen kleinen Industriebetrieben, Computer zu nutzen. Der Mikroprozessor war schließlich die entscheidende Entwicklung, um einen kleinen, preiswerten Heimcomputer oder PC (Personal Computer) für eine breite Käuferschicht erreichbar zu machen.

Das tatsächliche Potenzial des Mikrochips blieb den Herstellern zunächst verborgen. Erst 1977 brachten die Amerikaner Steve P. Jobs und Steve Wozniak den Apple II auf den Markt, den ersten fertig montierten Mikrocomputer für den Massenmarkt. In den folgenden Jahrzehnten erhöhten sich die Benutzerfreundlichkeit und Leistungsfähigkeit von Computern immer mehr.

DIE ENTWICKLUNG DES INTERNETS

Das Internet ist heute aus der Welt nicht mehr wegzudenken. Es ist eine Sammlung von verknüpften Seiten mit Querverweisen, so genannten Hyperlinks, die über das Netzwerkprotokoll http (hyper-text-transfer-protocol) im Internet verbreitet werden. Gestartet wurde das Netz Ende der 1980er-Jahre von Wissenschaftlern, die sich über ihre Forschungen austauschen wollten. Zunächst versandten sie nur Texte; mit einer grafischen Dialogoberfläche (Browser), z. B. dem NSCA-Mosaic, ließen sich dann auch Grafikdaten übermitteln.

MARK I WAR DER ERSTE AUTOMATISCHE DIGITALE GROSSCOMPUTER (OBEN). ER WOG 5 T UND ENTHIELT 800 KM DRÄHTE. SEINE MODERNEN NACHFOLGER SIND SO KLEIN, DASS SIE AUF EINEN TISCH PASSEN (UNTEN).

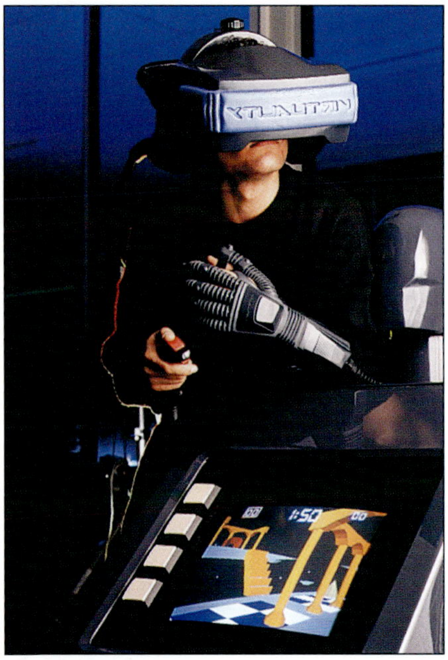

DATENHELME UND -HANDSCHUHE ZUM EINTAUCHEN IN DIE VIRTUELLE REALITÄT GEHÖREN ZU DEN ZAHLREICHEN FORTSCHRITTEN, DIE COMPUTER AUF DEM GEBIET DER UNTERHALTUNG GEBRACHT HABEN. FÜR VIELE KINDER UND ERWACHSENE IST EIN LEBEN OHNE COMPUTERSPIELE INZWISCHEN FAST UNVORSTELLBAR.

Browser sorgten für die rasche Verbreitung des Internets auch für Menschen außerhalb der Universitäten, und seit 1993 wählen sich mehr und mehr private Nutzer mit ihrem PC mittels Modem in das Internet ein. Explosionsartig entwickelte sich das Medium zu der weltweiten Datenautobahn, die wir heute kennen.

DIE VERÄNDERUNGEN

Über die Auswirkungen der Computertechnologie auf unser Leben in den letzten Jahrzehnten sind eine Menge Bücher geschrieben worden. Die Meinungen reichen von Enthusiasmus bis Ablehnung. Tatsache ist: Computer sind heute in allen Lebensbereichen zu finden. Man kann nicht darüber hinwegsehen, dass ihre Verbreitung tief greifende Auswirkungen auf das Leben fast aller Menschen hat.

Die wohl größte Veränderung durch die Computertechnologie ist mit der Möglichkeit einhergegangen, gewaltige Datenmengen zu speichern. Seit der Erfindung des Buchdrucks durch Gutenberg besitzen die Menschen ein leistungsfähiges Medium zur Vermittlung von Informationen – der Computer hat die Geschwindigkeit des Informationsflusses und die Menge der gespeicherten Daten exponentiell vergrößert.

Mittlerweile gibt es eine regelrechte Informationsflut, d. h., Computer können mehr Daten speichern als der Mensch überhaupt aufnehmen kann. „Wissen" bedeutet heute nicht mehr unbedingt „gelernt haben", sondern eine gewünschte Information durch Tastendruck abrufen zu können.

Eine weitere Auswirkung des Computereinsatzes auf das tägliche Leben ist die Zeitverkürzung. Die Datenübertragung in Echtzeit hat insbesondere die Industrie- und Finanzwelt revolutioniert. Früher wurden Schecks oft erst nach einer Woche gutgeschrieben, heute steht dem Konsumenten jederzeit Bargeld zur Verfügung, weil die Computer Informationen über die Konten und den Kontostand untereinander austauschen. Der heutige Börsenmarkt wäre ohne Computer undenkbar. Manchmal scheint Geld vollkommen überflüssig zu werden, weil man sogar Lebensmittel per Computer einkaufen kann.

Gleichzeitig vollzieht sich ein Wandel auf dem Arbeitsmarkt. Computer haben die Abkehr von der Produktion und die Hinwendung zu den neuen serviceorientierten Jobs wesentlich beeinflusst. Kein Arbeiter muss noch am Fließband sitzen, wenn dieselbe Arbeit ein Roboter erledigen kann.

SIMULATIONSWERKZEUG

Computersimulationen helfen Forschern heute, risikoloser und häufig preiswerter Experimente durchzuführen, um Ursachen und Wirkungen zu testen. Genutzt wird die Computersimulation vor allem auf dem Gebiet der Luft- und Raumfahrt, etwa für die Flugbahnanalyse bei den Mercury- und Apollo-Raumfahrtprogrammen, in deren Verlauf Astronauten auf den Mond geschickt wurden.

Simulationen werden auch von Historikern genutzt, um bislang ungelösten Rätseln aus der Vergangenheit auf den Grund zu gehen.

DER 1946 VORGESTELLTE RECHNER ENIAC BENÖTIGTE EINE FLÄCHE VON 140 M².

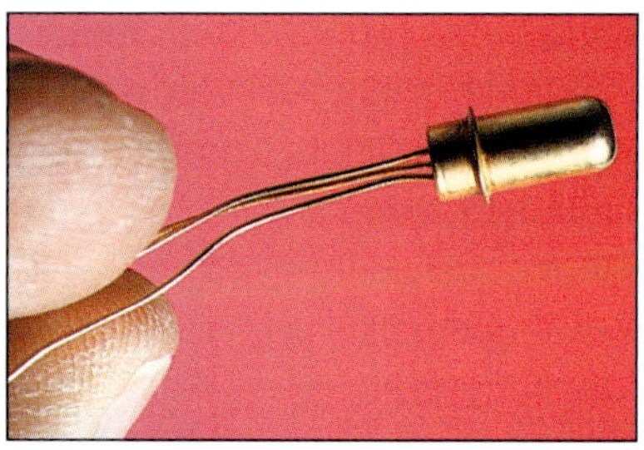

TRANSISTOREN VERWENDETE MAN AB 1947.

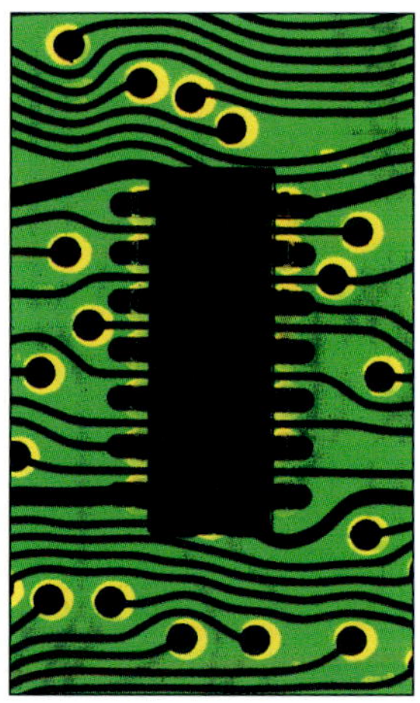

DER MIKROCHIP ERMÖGLICHTE DEN BAU DES APPLE II, DES ERSTEN MASSENCOMPUTERS.

DIE KEHRSEITE DER MEDAILLE

Natürlich hat die Computertechnologie neben diesen zahlreichen positiven Errungenschaften auch neue gesellschaftliche Probleme erzeugt. Durch die Nutzung von Computern und des Internets stellen sich in der Wirtschaft wie im privaten Lebensbereich immer häufiger Fragen nach dem Schutz persönlicher Daten, und Forderungen nach staatlichen Reglementierungen werden laut. Die Überwachung von Einzelpersonen in einer digitalisierten Welt liefert viel Stoff für Diskussionen. Die Sicherheit von Daten wird auch durch Hacker gefährdet, die sich über das Netz unberechtigt Zugriff auf Daten verschaffen und große Verwüstungen anrichten. Viele in unserer neu verdrahteten Gesellschaft fragen sich, ob wir für unser Vertrauen in die „elektronischen Helfer" nicht eines Tages einen hohen Preis bezahlen müssen.

Trotz aller Einwände: Die Lebensqualität hat sich entscheidend verbessert. Das menschliche Gehirn ist für die intelligente Verarbeitung von Informationen bestimmt, und so kann man den Computer als leistungsfähiges Werkzeug betrachten, um die Leistungen unseres Gehirns schnell und beliebig oft zu wiederholen.

WEIBLICHE PIONIERE

IM SPIEGEL DER ZEIT

Die Pioniere der Computerentwicklung waren nahezu ausschließlich Männer: Aiken, Jobs, Wozniak und Gates. Doch es gab auch Frauen, die Bahnbrechendes auf dem Gebiet der Computertechnologie leisteten. So wurde der erste Computer-Compiler 1952 von Grace Murray Hopper entwickelt. Ihre Software erleichterte die Programmierung entscheidend. Programmanweisungen konnten nun in einer verständlichen Sprache formuliert werden, die der Compiler in Maschinencode übersetzte. Compiler waren ein Durchbruch, weil sie Zeit sparend arbeiteten und halfen, Fehler zu vermeiden. Grace Murray Hopper erfand auch den COBOL-Compiler, die erste benutzerfreundliche kaufmännische Sprache, die noch heute verwendet wird.

Ein Jahrzehnt später entwickelte Evelyn Boyd Granville Computerprogramme für die Flugbahnanalyse beim Mercury-Projekt, der ersten bemannten US-Raumfahrtmission, sowie beim Apollo-Projekt, mit dem amerikanische Astronauten auf den Mond gebracht wurden.

Bereits im 19. Jh. gab es eine Vorgängerin dieser weiblichen Pioniere: die Tochter des großen romantischen Dichters Lord Byron, Augusta Ada Byron. Sie war Assistentin des englischen Mathematikers Charles Babbage, der 1833 eine dampfgetriebene Rechenmaschine konstruierte. Die Maschine erfüllte bereits viele Funktionen der heutigen Computer: Datenspeicherung, Datenausgabe, sogar Entscheidungsfunktionen. Babbage konnte seine Maschine allerdings nicht ohne seine Assistentin fertig stellen. Augusta Ada Byron gilt nämlich als Verfasserin des Codes für Babbages Rechenmaschine und als erste Computerprogrammiererin der Geschichte. 1979 wurde eine Programmiersprache zu ihren Ehren Ada genannt.

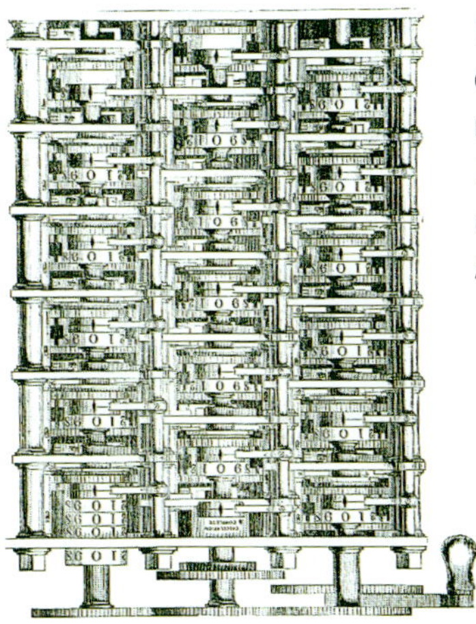

CHARLES BABBAGE WAR ZUM BETRIEB SEINES RECHNERS (LINKS) AUF DAS WISSEN VON ADA BYRON (OBEN) ANGEWIESEN.

STEVE P. JOBS, APPLE-MITBEGRÜNDER, MIT DEM APPLE II

BILL GATES HOB MICROSOFT AN DIE SPITZE DER COMPUTERINDUSTRIE (OBEN).

DAS INTERNET VERÄNDERTE DIE SCHULBILDUNG UND LERNWEISE DER SCHÜLER.

Der Virus Good Times

INNERHALB KÜRZESTER ZEIT SIND COMPUTER UND INTERNET feste Bestandteile unseres Lebens geworden. Befürworter des Internets preisen oft die unendlichen Möglichkeiten, die die Vernetzung der Menschen mit sich bringt. Doch genau diese Vernetzung kann mitunter echte Katastrophen verursachen. Wenn ein ausgeklügelter Computervirus – ein sich selbst verbreitendes Programm – in die Datenautobahn des Internets eingeschleust wird, kann er sich blitzschnell vermehren und weltweit verbreiten.

ECHTE VIREN ...

In den 1990er-Jahren machten sich zahlreiche Viren in Computersystemen breit. Zu den berühmtesten gehörte 1999 Melissa. Diese gefährliche Dame mit dem unschuldigen Namen war leicht zu erzeugen und machte Jagd auf Word-97- und -2000-Dokumente, die auf mehr als 70 % aller Computer weltweit erstellt werden. Übertragen wurde der Makro-Virus durch ahnungsloses Ausführen einer E-Mail-Anlage. Hatte sich der Virus erst einmal im Computer eingenistet, verbreitete er sich automatisch weiter per E-Mail an die ersten 50 Namen aus der Adressenliste des Nutzers. Schätzungen zufolge waren bereits am ersten Tag des Auftauchens von Melissa zehntausende von Computern befallen. Eingeschleust hatte den Virus der 30-jährige Amerikaner David L. Smith aus Aberdeen, New Jersey. Der Programmierer hatte den Virus nach einer ihm bekannten Nacktänzerin benannt. Im Dezember 1999 wurde Smith von Computerspezialisten ausfindig gemacht und zu 5 Jahren Gefängnis verurteilt.

... UND MYTHEN

Echte Viren stellen nur einen Bruchteil des Virusproblems dar. Ebenso gefährlich wie die eigentlichen kodierten Viren sind die unzähligen üblen Scherze und Mythen, die tagtäglich im Internet verbreitet werden. „Witzbolde“ auf der ganzen Welt zählen auf die Angst der Computernutzer, die nur wenig über ihre Betriebssysteme wissen, und lösen unzählige grundlose Panikattacken mit der Nachricht über vermeintliche Viren aus.

Virusmythen erscheinen meist per E-Mail und warnen vor einem angeblich grassierenden Virus. In guter Absicht werden diese Nachrichten von einem Freund zum nächsten verschickt und erweisen sich als fast ebenso ärgerlich wie ein tatsächlicher Virus. Sie überlasten Posteingangsspeicher und beherrschen Mailinglisten und Newsgroups. Die meisten dieser so genannten Scherze werden entdeckt, bevor sie zu viel Unheil anrichten können, einige jedoch haben sich als wahre Epidemien erwiesen, die sich explosionsartig über die ganze Welt verbreiten.

Einer der bekanntesten Mythen war 1994 der Virus Good Times (deutsch: Gute Zeiten). Dieser Virus wurde per E-Mail übertragen. Das Lesen einer Nachricht mit dem vielversprechenden Namen im Betreff könne, so warnte der Mythos, die gesamte Festplatte löschen oder sogar den Prozessor zerstören. Die Originalnachricht endete mit der Anweisung, die Warnung an alle Freunde weiterzugeben. Das taten auch viele, und so wurde Good Times mit den besten Absichten sinnlos weltweit verbreitet. Noch heute ist er im Internet unterwegs.

Auch der Y2K-Virus (das so genannte Jahr-2000-Problem) war in vieler Hinsicht ein Mythos, der die Angst vor Computerabstürzen aufgrund des Jahrtausendwechsels schürte.

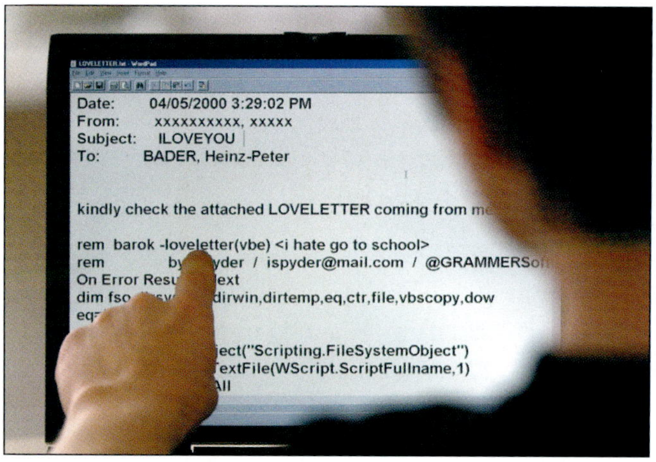

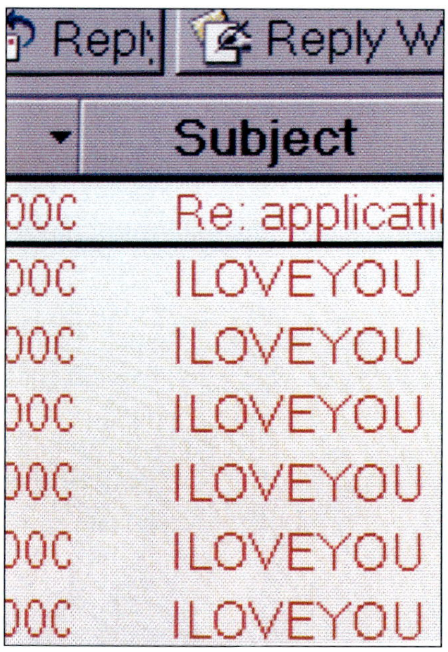

ECHTE VIREN SIND ALLES ANDERE ALS LUSTIG. EIN PC-NUTZER IN WIEN (OBEN) EMPFÄNGT IM APRIL 2000 EINE E-MAIL MIT DEM BETREFF „I LOVE YOU“. DER MASSENVIRUS INFIZIERTE RUND 45 MIO. COMPUTER WELTWEIT. RECHTS: AUF DEN PHILIPPINEN WIRD EIN TATVERDÄCHTIGER (MITTE) ABGEFÜHRT. ER WIRD BESCHULDIGT, DEN VIRUS IN UMLAUF GEBRACHT ZU HABEN.

SATAN-VIRUS BEDROHT US-GEHEIMDIENST

DETEKTIV-ARBEIT

Einer der ersten Computerviren mit schwerwiegenden Folgen war der berüchtigte Satan-Virus, der im Herbst 1993 seinen Angriff auf die Computergemeinde startete. Urheber des Virus war ein 16-jähriger Hacker aus San Diego, USA, den man im Internet unter dem Pseudonym Priest (deutsch: Priester) kannte. Der Virus gelangte in verschiedene Systeme der amerikanischen Regierung und löste Panik aus. Das Außenministerium

schlug Alarm, und Angestellte der Firma Compuserve schickten warnende Botschaften, der Virus könne alle gespeicherten Daten eines Computers „fressen". Dramatisch wurde es, als der Virus das Computersystem des US-Geheimdienstes 3 Tage lang

US-PRÄSIDENT CLINTON DISKUTIERT IM JAHR 2000 MIT FÜHRENDEN EXPERTEN DER COMPUTERINDUSTRIE ÜBER SICHERHEITSFRAGEN IM ZEITALTER DES INTERNETS.

lahm legte. Der Geheimdienst spürte Priest auf und stellte fest, dass man es mit einem Störenfried neuer Qualität zu tun hatte: Der 16-Jährige arbeitete weder für eine feindliche Regierung noch hatte er überhaupt das Netz des Geheimdienstes im Visier gehabt. Der junge Hacker schien in der Tat keine kriminellen Absichten gehabt zu haben. Als man ihn über die Hintergründe seiner Aktion befragte, meinte er: „Es war mal etwas anderes als immer nur Videospiele."

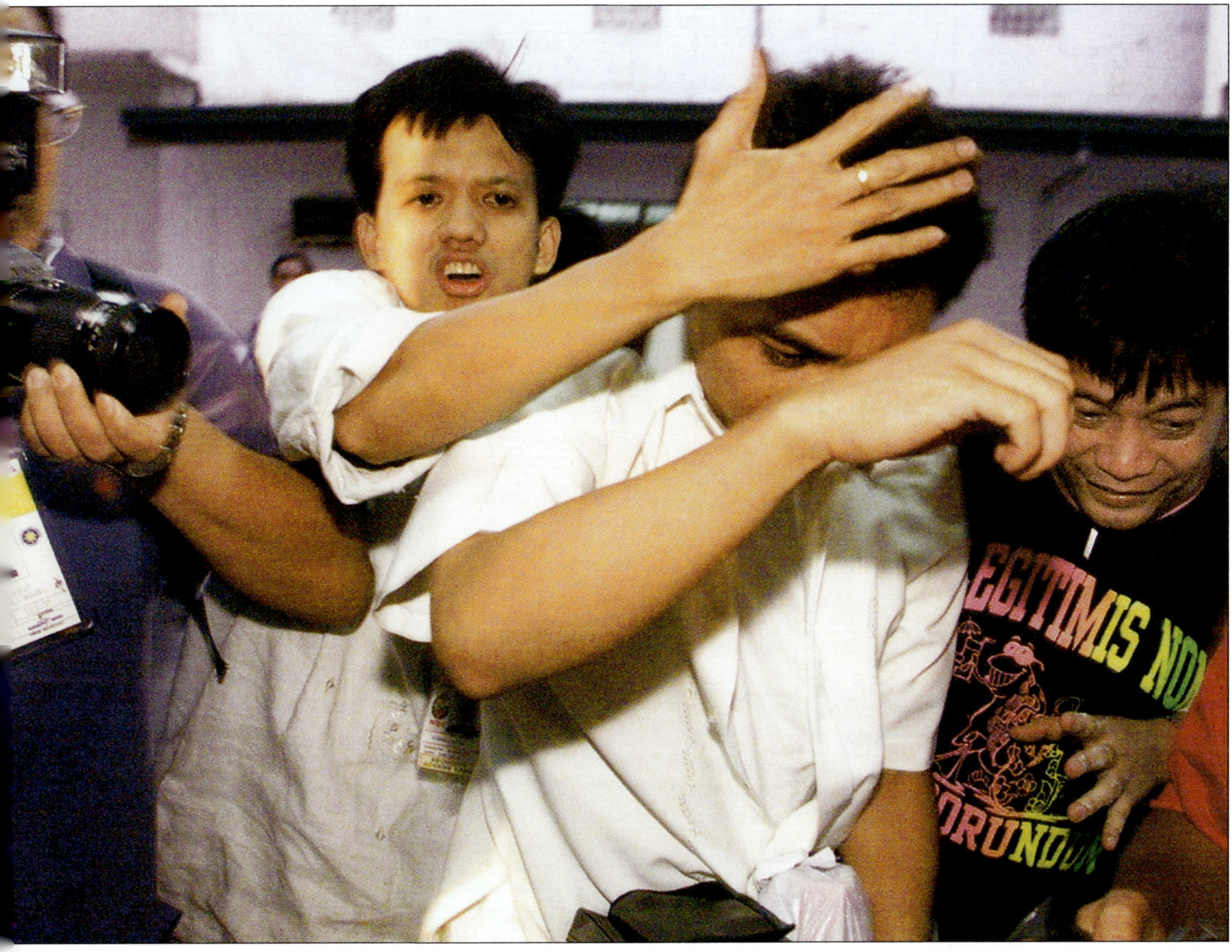

Reisen wir eines Tages in den Weltraum?

Durch Science-Fiction-Romane und Kinofilme hat die Vorstellung von der Reise ins All in unserem Denken Gestalt angenommen.

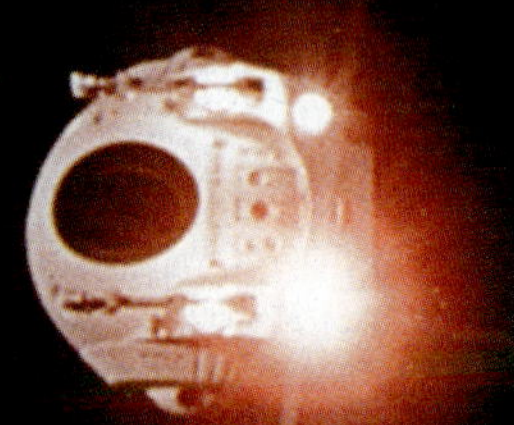

DIE ASTRONAUTEN IN STANLEY KUBRICKS FILM *2001: ODYSSEE IM WELTRAUM* (OBEN) ENTDECKEN DIE LEBENSFEINDLICHKEIT DES WELTRAUMS. RECHTS UND RECHTE SEITE: IN DEN 1970ER-JAHREN FINANZIERTE DIE BRITISH INTERPLANETARY SOCIETY DIE KONSTRUKTION DES RAUMSCHIFFS *DÄDALUS*, DAS MIT KONTROLLIERTEN NUKLEAREXPLOSIONEN ANGETRIEBEN WERDEN SOLLTE.

UNSERE LEIDENSCHAFTLICHE BESCHÄFTIGUNG MIT dem Himmel, den Sternen und einem Gott irgendwo im All ist eine Art Zielflugimpuls“, so der amerikanische Philosoph Eric Hoffer nach der Landung des ersten Menschen auf dem Mond im Jahr 1969. „Es zieht uns dahin zurück, von wo wir gekommen sind.“ Wird sich dieser Zielflugimpuls als stark genug erweisen, um Menschen auf andere Planeten innerhalb und außerhalb unseres Sonnensystems zu transportieren? In Science-Fiction-Romanen gelten Zivilisationen, die nicht über ihren Heimatplaneten hinauskommen, als rückständig. Vielleicht aber werden wir eines Tages beschließen, in wichtigere Dinge zu investieren, als Menschen in die Weiten des Weltalls zu befördern. Es fragt sich auch, ob wir jemals über die nötige Technologie verfügen werden und überhaupt den Wunsch verspüren, im All zu reisen.

FORTSCHRITTE IN DER RAUMFAHRT

Die Chancen stehen recht gut, dass Menschen in absehbarer Zeit den Fuß zumindest auf unseren nächstgelegenen Nachbarn, den Planeten Mars, setzen werden. Die NASA, die Nationale Luft- und Raumfahrtbehörde der USA, begann 1964 mit den ersten unbemannten Raumfahrtmissionen zum Roten Planeten. Seitdem wurde eine Reihe Orbiter und Lander gestartet, die Informationen über die Oberfläche und Atmosphäre dieses nahen Planeten lieferten. Die bis dato aufregendste Marsmission war Pathfinder. Sie wurde im Dezember 1996 gestartet und hat eine neue Ära der unbemannten Erkundung des Sonnensystems eingeleitet: Eine Sonde setzte im Juli 1997 ein winziges Marsmobil, den Rover *Sojourner*, auf der Oberfläche ab. Begeistert beobachteten Astrofans und Wissenschaftler auf der ganzen Welt, wie der niedliche Rover Gesteine „beschnüffelte“ und spannende Aufnahmen vom Mars machte.

Ein leichtes, unbemanntes Fahrzeug auf den Mars zu befördern, ist eine anspruchsvolle Aufgabe, wenn auch nicht annähernd so kompliziert, wie den Hin- und Rücktransport von Menschen zu organisieren. Bei unbemannten Missionen müssen sich die Raketentechniker keine Gedanken über den Rückflug machen, bei der Planung bemannter Raumfahrtmissionen ist dies ein wesentlicher Gesichtspunkt. Mit der heutigen Technologie ist keine Rakete in der Lage, das Gewicht der Ausrüstung und des Treibstoffs für den 2 Jahre dauernden Hin- und Rückflug zu tragen. Der Bau eines Raumschiffs im All aber wäre zu teuer.

ÜBERWINDBARE HINDERNISSE?

An Ideen, wie man das Problem von Marsreisen lösen könnte, mangelt es nicht. Ingenieure der NASA haben den Prototypen eines Geräts entwickelt, das Kohlendioxid aus der Marsatmosphäre aufnehmen und auf dem Mars mit dem mitgebrachten Wasserstoff zu Raketentreibstoff umwandeln könnte.

Dafür wären zwei getrennte Starts notwendig: Der Start des Raumschiffs mit der Besatzung und der des Raumschiffs für den Rückflug zur Erde. Auf diese Weise könnte eine bemannte Marsmission unter Umständen finanziell realistisch werden.

Neben weiteren physikalischen Problemen sind auch noch biologische Fragen zu lösen, bevor wir die Erforschung unseres Sonnensystems in Angriff nehmen können: Längere Aufenthalte im Weltall wirken sich nachteilig auf die Gesundheit des Menschen aus. Russische Kosmonauten, die mit ihren Langzeitmissionen im All sämtliche Rekorde schlugen, hatten durch den langen Zustand der Schwerelosigkeit unter vielen gesundheitlichen Problemen zu leiden, z. B. unter Knochen- und Muskelschwund.

Astronauten sind im All trotz ihrer Schutzanzüge außerdem einer hohen Strahlung ausgesetzt. Zurzeit werden Raumfahrtmissionen so geplant, dass Perioden erhöhter Sonneneruptionen vermieden werden, doch auf einer längeren Marsmission ist dies unter Umständen nicht mehr möglich.

Zu lösen ist nicht zuletzt die Nahrungs- und Wasserversorgung der Astronauten. Neuere Forschungen lassen vermuten, dass die Astronauten auf dem Mars nach Wasser bohren könnten, denn wahrscheinlich gibt es dort Wasservorkommen unter der Oberfläche.

DESIGNER ENTWERFEN MIT VIEL PHANTASIE ANZÜGE FÜR WELTRAUMTOURISTEN.

WIE IN DEM FILM *2001: ODYSSEE IM WELTRAUM* IST ES VIELLEICHT NÖTIG, ASTRONAUTEN IN EINE ART WINTERSCHLAF ZU VERSETZEN.

IN ZWEI JAHRZEHNTEN BIS ZUM PLUTO

Noch ist es nicht gelungen, die mit Lichtgeschwindigkeit fliegenden Raumfahrzeuge zu entwickeln, die wir aus den *Star Trek*-Filmen kennen. Doch selbst wenn ein solches Fahrzeug gebaut werden könnte, wäre es in Anbetracht der Geschwindigkeit, die es erreicht, unkalkulierbaren Zerstörungen ausgesetzt. Bei Lichtgeschwindigkeit würde selbst das winzigste Staubkörnchen im Weltraum die zerstörerische Kraft eines ganzen Hagelregens von einigen tausend Tonnen besitzen – und der Reise ein Ende bereiten.

Die Raketentechnik wird möglicherweise von neuen Erkenntnissen aus der Ionen-Forschung profitieren. Nach dem heutigen Stand aber sehen die Wissenschaftler keine Möglichkeit, ein Raumschiff zu entwickeln, das auf seiner Reise intakt bliebe, wenn es auch nur annähernd die Geschwindigkeit erreichen soll, die für eine Reise zu anderen Planeten als dem Mars unbedingt nötig wäre.

In manchen Science-Fiction-Romanen wird die Energie Schwarzer Löcher zum Antrieb eines Raumschiffs durch die Weiten des Alls genutzt. Doch das der Erde am nächsten gelegene Schwarze Loch ist etwa 3000 Lichtjahre entfernt. Mit den gegenwärtig erreichbaren Geschwindigkeiten würde nur der Hinflug zum Pluto, dem entferntesten Planeten unseres Sonnensystems, über 21 Jahre dauern. Ziele außerhalb des Sonnensystems erscheinen auf diesem Hintergrund noch abwegiger.

BLICK IN DIE ZUKUNFT

Werden die Menschen jemals über den Mond und den Mars hinaus gelangen? Für die Besiedlung anderer Planeten außerhalb der Erde gibt es zurzeit und auch in absehbarer Zukunft keine Notwendigkeit. Die für uns in unserem Sonnensystem erreichbaren Planeten bieten darüber hinaus keine guten Lebensbedingungen für Menschen.

Wenn Wissenschaftler eines Tages einen Planeten entdeckten, der lebensfreundliche Bedingungen böte, wären wir Menschen wirklich bereit, bei einer Bedrohung unseres Planeten oder erschöpften Ressourcen eine Generationen dauernde Reise in den Weltraum auf uns zu nehmen?

Es lässt sich schwer sagen, was unmöglich ist, denn der Traum von gestern ist die Hoffnung von heute und die Realität von morgen.

Sterben **Bücher** aus?

Ist mit dem Eintritt unserer Gesellschaft in das digitale Zeitalter das Ende des gedruckten Wortes gekommen?

DIE MEISTEN LESER BLEIBEN NOCH DEM GEDRUCKTEN WORT TREU (RECHTS OBEN). MEDIENEXPERTEN JEDOCH PROPHEZEIEN, DASS GERÄTE WIE DAS E-BOOK – EIN MIT TEXTEN AUFLADBARES ELEKTRONISCHES BUCH – EINES TAGES DAS GEDRUCKTE WORT ERSETZEN WIRD (RECHTS UNTEN).

DER GRUNDSTEIN DES DIGITALEN ZEITALTERS WURDE genau genommen vor 550 Jahren gelegt: Da hat Johannes Gutenberg den Buchdruck erfunden und die Grundlage zur massenhaften Verbreitung des geschriebenen Wortes geschaffen. In Zeiten von Internet und E-Book wird nun immer häufiger die Frage diskutiert, ob das Ende des Buch-Zeitalters eingeläutet ist. In diesem Zusammenhang hat man einen Artikel des amerikanischen Magazins *The Atlantic Monthly* vom

Juli 1945 wiederentdeckt. Aus heutiger Sicht erscheint dieser Artikel geradezu visionär. Sein Verfasser, Vannevar Bush, beklagt die zunehmende Schwierigkeit für Wissenschaftler, relevante Informationen in gedruckter Form zu erhalten. Bücher seien als Form der Informationsübermittlung nicht mehr geeignet. Bush schrieb: „Im professionellen Bereich sind unsere Methoden der Übermittlung und Durchsicht von Forschungsergebnissen Generationen alt und den gegenwärtigen Aufgaben in keiner Weise angemessen. Die Schwierigkeit liegt zum einen darin, dass aufgrund der zunehmenden Spezialisierung heutzutage viel mehr publiziert wird, als wir verarbeiten können. Andererseits schaffen wir es mit unseren derzeitigen Methoden nicht, Informationen sinnvoll zu selektieren." Bush forderte einen neuen Weg, um die Fülle an Informationen verfügbar zu machen – ohne Papier und Druckerschwärze. Damit war er einer der wichtigsten theoretischen Vordenker in der Computergeschichte.

Bush stellte seinerzeit ein Gerät mit der Bezeichnung „Memex" vor, das Verknüpfungen zwischen Informationen schuf, denen der Nutzer je nach Bedarf folgen konnte. „Völlig neue Enzyklopädien werden entstehen, die durch ein Netz assoziativer Querverweise miteinander verbunden sind", so Bushs These. „Ein Anwalt beispielsweise hat auf Knopfdruck die Urteile und Entscheidungen aus seinem eigenen Wissensschatz sowie auch die Kenntnisse von Kollegen und Behörden zur Verfügung."

Dieser Artikel, der etwa 30 Jahre vor dem World Wide Web entstand, enthält bereits die Grundidee, auf der das Internet basiert: Millionen von Menschen weltweit in einer virtuellen Gemeinschaft zu verbinden. Dank des Internets können wir heute nicht nur online Forschungsergebnisse und Wissen austauschen, sondern auch private Nachrichten verschicken, in Chatforen miteinander kommunizieren und Interessensgemeinschaften über geographische Grenzen hinweg schaffen.

DIE GEGNER DES COMPUTERS

Wird der Name Vannevar Bush – und mit ihm andere Vordenker des digitalen Zeitalters – im 24. oder 25. Jh. vielleicht einmal ebenso verehrt wie bei uns heute Johannes Gutenberg? Den Erfinder aus Mainz, der in der ersten Hälfte des 15. Jh. mit seiner Druckpresse mit beweglichen Lettern den Weg zur Demokratisierung des Wissens ebnete? Werden Computernetze mit ihrer Geschwindigkeit und gewaltigen Informationsfülle Stift und Tinte, Bücher und Papier vollkommen überflüssig machen?

Die steigende Bedeutung des Computers in unserer Gesellschaft hat auch Kritiker. Zu ihnen gehört der französische Philosoph Jean Baudrillard, der das Internet nur für wenig geeignet hält, um das Problem der Informationsflut zu lösen. „Die Computerwissenschaft weist lediglich auf die rückwirkende Allmacht unserer Technologien hin", so Baudrillard. „In anderen Worten: Sie besitzt die unendliche Befähigung zur Verarbeitung von Daten – doch nur von bereits vorhandenen Daten – und in keiner Weise von neuen Visionen."

SETZT SICH DAS E-BOOK DURCH?

Trotzdem gibt es viele, die für die großen Vorteile des digitalen Mediums gegenüber dem gedruckten Wort eintreten: Es bietet die Möglichkeit, Querverweisen sehr schnell zu folgen, und kommt damit der assoziativen Natur des menschlichen Gehirns nahe; es lässt uns an Informationen auf allen Gebieten der Wissenschaft teilhaben, erleichtert die Zusammenarbeit unter den Forschern und beschleunigt so neue Entwicklungen und Erkenntnisse; innerhalb von Minuten finden wir Informationen, für die in der Bibliothek Tage oder Wochen nötig wären.

Für alle, die in Erinnerung an einen gemütlichen Leseabend am Kamin so etwas wie Nostalgie verspüren, hat sich die Computerindustrie etwas ausgedacht: E-Books, also elektronische Bücher, speichern direkt eine ganze Reihe von Büchern ab. Mithilfe von Rolltasten und Bildsymbolen kann der Nutzer mit seinem Handgerät Romane oder andere Publikationen aus dem Internet herunterladen und sie in aller Ruhe durchblättern – und löschen, wenn er sie gelesen hat.

Es lässt sich schwer vorhersagen, ob Schüler im Jahr 2100 nur noch mit Laptop zum Unterricht kommen. Bücher und Zeitschriften aus Papier und Druckerschwärze haben sich sechs Jahrhunderte lang als unverwüstlich erwiesen. Sie finden in Buchhandlungen ebenso wie in Online-Buchshops einen kontinuierlichen Absatz. Wahrscheinlich lesen die Menschen auch in 100 Jahren noch Bücher – und wenn es wegen des authentischen Gefühls ist, das nur ein Buch mit Eselsohren vermitteln kann.

Gibt es außersinnliche Wahrnehmung?

Können wir, ohne unsere fünf Sinne zu benutzen, Dinge wahrnehmen oder gar in die Zukunft schauen?

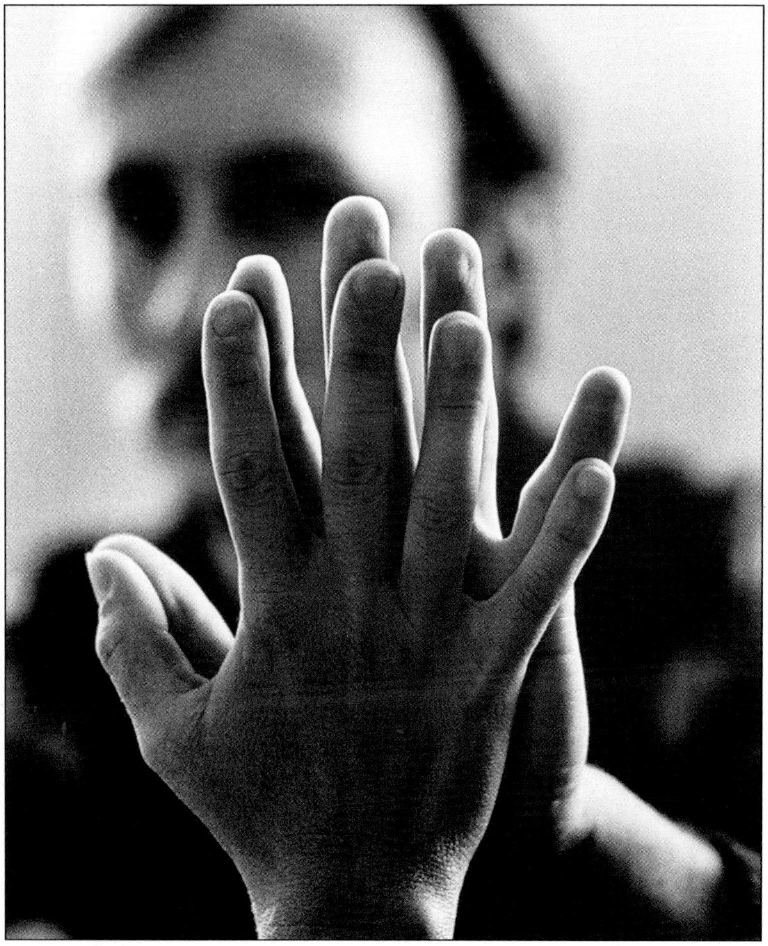

BEI SINNLICHER WAHRNEHMUNG, Z. B. DURCH TASTEN (OBEN), KÖNNEN SIGNALE SO SUBTIL AN UNSER GEHIRN GESENDET WERDEN, DASS WIR SIE NUR IM UNTERBEWUSSTSEIN WAHRNEHMEN. OB AUSSERSINNLICHE WAHRNEHMUNG AUF DIESE ART DER KOMMUNIKATION ZURÜCKZUFÜHREN IST, IST UMSTRITTEN.

Aussersinnliche Wahrnehmung, kurz ASW, ist, was man im Volksmund den sechsten Sinn, Gedankenübertragung oder Hellsehen nennt. Durch außersinnliche Wahrnehmung erhalten Menschen Wissen oder Informationen, ohne ihre fünf normalen Sinne zu benutzen und ohne einen bewussten oder unbewussten Zugang zu bestimmten Tatsachen zu haben. Die meisten Vorkommnisse außersinnlicher Wahrnehmung lassen sich nicht beweisen und werden daher von Wissenschaftlern als raffinierte Tricks abgetan. In ihren Augen ist ASW eine Folge von Wunschdenken, Leichtgläubigkeit, Unwissen, Schwindel oder eines mangelnden Verständnisses von Wahrscheinlichkeiten. Parapsychologen jedoch, die sich mit diesen Phänomenen ernsthaft befassen, versuchen durch „objektive" Tests, Beweise für Phänomene dieser Art vorzulegen: Menschen mit übersinnlicher Wahrnehmung, die den Inhalt versiegelter Umschläge kennen, vorhersagen, wie ein Würfel rollen oder welche Karte gezogen wird, und genaue Bilder eines Ortes zeichnen, den sie nie gesehen haben.

Die meisten außersinnlichen Erfahrungen werden nicht auf Kommando gemacht, sondern stellen sich ein, wenn man sie am wenigsten erwartet. Wir alle haben schon von Menschen gehört, die von eintretenden Katastrophen vorher geträumt haben, oder von Müttern, die fühlen, dass ihren Kindern ein Unheil widerfährt, obwohl sie das eigentlich nicht wissen können. Diese Erfahrungen einer wissenschaftlichen Überprüfung zu unterziehen, ist schwierig und meist wenig überzeugend. Shakespeares Hamlet belehrt Horatio: „Es gibt mehr Ding' im Himmel und auf Erden, als eure Schulweisheit sich träumen lässt." Das gilt für uns alle. Als kritische moderne Menschen mögen wir Probleme damit haben, außersinnliche Wahrnehmung anzuerkennen, doch wir wissen auch, dass unsere Kenntnisse von der Natur und den Dingen begrenzt sind – es bleibt also Raum für Zweifel.

Mittlerweile öffnen sich angesehene Universitäten und Einrichtungen der Erforschung parapsychologischer Phänomene. Seit 1950 gibt es beispielsweise in Freiburg ein Institut für Grenzgebiete der Psychologie, 1953 schuf die Universität Utrecht den ersten europäischen Lehrstuhl für Parapsychologie, 1984 wurde in Schottland an der Universität Edinburgh ein Lehrstuhl für Parapsychologie eingerichtet. Angefangen hat die Wissenschaft im Jahr 1927 an der Duke-Universität in North Carolina, USA. Hier wurde zum ersten Mal eine frühe Form der Parapsychologie gelehrt.

DIE ANFÄNGE DER PARAPSYCHOLOGIE

Die Parapsychologie ist seit 1969 ein anerkanntes akademisches Fach. Skeptiker sind jedoch besorgt, die in ihren Augen pseudowissenschaft-

DER MAGIER JAMES RANDI DREHTE BEI ANHÄNGERN PARANORMALER PHÄNOMENE DEN SPIESS UM UND ENTLARVTE ÖFFENTLICH BETRÜGERISCHE BEHAUPTUNGEN. RANDI WURDE DURCH ENTFESSELUNGSKUNSTSTÜCKE BEKANNT, BEI DENEN ER SICH, KOPFÜBER HÄNGEND, AUS EINER ZWANGSJACKE BEFREITE.

liche Disziplin könnte die Ernsthaftigkeit von Wissenschaft allgemein infrage stellen. Die ASW-Forschung kämpft mit dem Problem, dass sie bisher keine stichhaltigen Beweise für die Existenz der Phänomene finden konnte. Selbst ihre Befürworter müssen das eingestehen.

An der amerikanischen Duke-Universität hat der Biologe und Parapsychologe Joseph Banks Rhine in den 1930er-Jahren eine erste quantitative Untersuchung zu ASW vorgenommen. Seine groß angelegte Versuchsreihe hat damals das Interesse der gesamten wissenschaftlichen Welt erregt. Rhine glaubte, mit seinem Projekt handfeste Beweise für die Existenz von ASW gefunden zu haben. Andere Psychologen jedoch zweifelten die Ergebnisse an.

Die Physiker Harold Puthoff und Russell Targ führten in den 1970er-Jahren Versuche zur Fernwahrnehmung (Remote Viewing) durch. Ein „Agent" fuhr an einen Ort, den die Versuchsperson nicht kennen konnte. Beide machten Notizen oder Zeichnungen – der „Agent" von dem Ort, die Versuchsperson von ihren inneren wahrgenommenen Bildern. Die Ergebnisse wurden verglichen und statistisch ausgewertet. Es gab schwache, doch zufällige Befunde. Allerdings blieb ein gewisser Interpretationsspielraum, z. B. inwieweit die Aufzeichnungen der Versuchsperson tatsächlich im Detail dem Ort entsprachen. Die Forschungen waren auch von methodischen Fehlern begleitet und andere Versuchsleiter erzielten unter denselben Versuchsumständen abweichende Ergebnisse. Somit steht die Erforschung der Fernwahrnehmung zurzeit noch auf schwachen Beinen.

Eine andere Versuchsreihe, die so genannten Ganzfeld-Experimente, verdankt ihren Namen einem Begriff aus der Gestaltpsychologie, mit dem das gesamte Gesichtsfeld bezeichnet wird. Bei diesen Versuchen tragen die Versuchspersonen halbierte Tischtennisbälle über den

Augen, über Kopfhörer wird ihnen ein Rauschen vorgespielt. In diesem Zustand der verringerten Wahrnehmung soll eine Zustandsänderung erlebt und die Aufmerksamkeit nach innen verlagert werden. Eine Sendeperson, die sich in einem akustisch abgeschirmten Raum befindet, teilt der Testperson per Telepathie einen visuellen Reiz – ein Bild – mit. Die Wahrnehmungen der Testperson werden anschließend mit dem Bild der Sendeperson verglichen. Die Ganzfeld-Methode gehört zu den besonders sorgfältig durchgeführten Tests. Trotzdem sind nicht alle Psychologen von den Ergebnissen überzeugt.

DIE STIMME DER VERNUNFT

OFFENE FRAGEN

Pseudowissenschaft, so betiteln Skeptiker außersinnliche Wahrnehmung und andere paranormale Erscheinungen. Die Erforschung dieser Phänomene hält oft den strengen Maßstäben nicht stand, die wissenschaftlichen Methoden auferlegt werden.

Aufgrund des großen Interesses, das die Öffentlichkeit und die Medien ASW, UFOs und Kornkreisen entgegenbringt, gründete der amerikanische Philosophieprofessor Paul Kurtz im Jahr 1976 in den USA das Komitee zur wissenschaftlichen Untersuchung paranormaler Behauptungen.

In Zeiten, in denen Hellseher, Horoskope, Exorzismus und Geisterheiler Konjunktur haben, versteht sich das Komitee als wachsames Organ der Wissenschaft und des gesunden Menschenverstands. Es warnt vor populären Irrlehren und selbst ernannten Propheten, die die Ängste der Menschen für ihre Zwecke nutzen.

NEUGIER AUF UNBEKANNTES

ASW ist nur ein Phänomen des Paranormalen oder Übernatürlichen. Spiritisten, die an die Kontaktaufnahme zu Seelen von Verstorbenen glauben, gibt es schon seit Urzeiten. In Großbritannien entwickelte sich der Spiritualismus im 19. Jh. praktisch zu einem Hobby und Séancen waren eine beliebte Art der gesellschaftlichen Unterhaltung. Die Wissenschaft sucht weiter nach den geheimnisvollen Mechanismen, die den menschlichen Geist ausmachen. Es bleibt abzuwarten, ob unabhängige und seriöse Forscher eines Tages Beweise liefern können, dass Phänomene wie ASW tatsächlich existieren.

MACKENZIE KING (OBEN LINKS), DER ANFANG DES 20. JH. KANADISCHER PREMIERMINISTER WAR, SUCHTE IN SÉANCEN DIE GEISTER VERSTORBENER, UM POLITISCHE RATSCHLÄGE ZU ERHALTEN. DER ISRAELI URI GELLER (LINKS) WURDE IN DEN 1970ER-JAHREN DURCH TV-AUFTRITTE BEKANNT, BEI DENEN ER ANGEBLICH PARANORMAL LÖFFEL VERBOG. TESTS KONNTEN DEN VERDACHT NICHT ZERSTREUEN, DASS GELLERS FÄHIGKEITEN NUR AUF TRICKS BERUHTEN.

Großstadtlegenden

WEIT VERBREITET IST DIE LEGENDE VOM OHRWURM, DER DEN MENSCHEN INS OHR KRIECHT UND DAS GEHIRN AUFFRISST.

PHANTASTISCHE ODER UNHEIMLICHE EREIGNISSE, DIE SICH zugetragen haben oder auch nicht, nennt man heute nicht mehr Märchen, sondern Großstadtlegenden. Fast immer werden sie mündlich weitergegeben, sie sind in vielen regionalen Varianten vorhanden. In der Regel enden sie mit einer moralischen, mahnenden oder lehrreichen Pointe.

Geschichten dieser Art dienen auch einem anderen Zweck: Sie binden die kollektive Angst vor einem bestimmten traumatischen Geschehen. Nach diesem Muster funktionieren auch Volksmärchen, die z. B. das Verstoßen von Kindern thematisieren – man denke nur an *Hänsel und Gretel*. In den meisten Fällen haben Märchen mit Ängsten zu tun, und Ängste spielen auch in unserer modernen Gesellschaft eine zentrale Rolle, vielleicht weil es heute so vieles gibt, das Angst macht: Alkohol am Steuer, Mord, anonyme Telefonanrufe, gruselige Babysittergeschichten, Flugzeugabstürze und so weiter. In den USA ist die Erforschung von Großstadtlegenden mittlerweile ein eigenes Wissenschaftsgebiet, denn trotz – oder gerade wegen – des heutigen immensen Informationsangebots hat sich an der Vorliebe des Menschen für humorvolle oder gruselige Gerüchte kaum etwas geändert. Ein wiederkehrendes Merkmal der modernen Großstadtlegenden ist ihre genaue, scheinbar wahrheitsgemäße Darstellung. Fast alle gehen auf den „Freund eines Freundes“ zurück, und der Erzähler ist oft selbst davon überzeugt, dass die Geschichte sich ereignet hat. Das Ziel der modernen Volksmärchen ist erreicht, wenn der Erzähler seinen Glauben weitergetragen hat, dass die Geschichte ein Körnchen Wahrheit enthält. Doch steckt wirklich etwa Wahres dahinter?

OHRWÜRMER, INSEKTEN UND WEITERE PHOBIEN

Zu den ältesten Legenden gehört die Geschichte vom Ohrwurm – oder eines anderen Insekts –, der in das Ohr eines Menschen krabbelt und sein Gehirn zerstört. Eine Version dieser Geschichte ist bereits seit über 1000 Jahren im Umlauf.

Die moderne Variante lautet so: Eine Frau liegt am Strand und sonnt sich. Da krabbelt ihr unbemerkt ein Insekt ins Ohr. Tage später geht sie zum Arzt und klagt über heftige Ohrenschmerzen. Der Arzt entdeckt das Tier, sagt aber der Patientin, es sei bereits zu weit nach innen vorgedrungen. Man könne im Moment nichts tun, sondern müsse einfach abwarten, bis das Insekt aus dem anderen Ohr wieder herausgekrabbelt sei. Als das ein paar Wochen später geschieht, stellt der Arzt bestürzt fest, der Ohrwurm sei ein Weibchen gewesen, das Eier im Kopf der Patientin abgelegt habe, und die schlüpfenden Jungen würden ihr Gehirn zerfressen.

1971 berichtete eine Zeitung tatsächlich von einer Frau, der ein Insekt ins Ohr gekrochen sei – doch ihr Arzt hatte das Insekt problemlos entfernt. Die Angst, dass uns ein Tier in den Kopf kriechen könnte, hält diesen Mythos lebendig.

EINSAME STRASSEN KOMMEN HÄUFIG IN GROSSSTADTLEGENDEN VOR. EINE HANDELT VON EINER TRAMPERIN, DIE AUFGELESEN WIRD UND SPURLOS VERSCHWINDET. ES SOLL SICH UM EIN MÄDCHEN GEHANDELT HABEN, DAS BEI EINEM UNFALL UMS LEBEN KAM.

DER ENTLAUFENE IRRE

STOFF FÜR LEGENDEN

Zu den bekanntesten Großstadtlegenden zählt die Geschichte von einem entlaufenen Irren: Zwei verliebte Teenager knutschen in einem Auto, das sie auf einer ländlichen Straße geparkt haben. Ihr Radio ist auf einen Musiksender der Region eingestellt. „Und nun eine wichtige Durchsage“, kündigt der Sprecher plötzlich an. „Ein gemeingefährlicher Geisteskranker ist aus dem Irrenhaus entkommen. Statt einer rechten Hand hat er einen Metallhaken.“ In Panik startet der Junge den Wagen und rast mit aufheulendem Motor in die Stadt zurück. Als er um das Auto herumgeht und seiner Freundin die Tür öffnen will, was hängt da wohl am Türgriff? Ein Metallhaken!

Bei dieser Legende geht es um die Angst, dass sich eine friedliche Situation durch etwas Unvorhergesehenes in eine Bedrohung umwandeln kann.

AUTOS SPIELEN SEHR OFT EINE ROLLE IN GROSSSTADTLEGENDEN. PSYCHOLOGEN GLAUBEN, DASS SOLCHE GESCHICHTEN IN UNSERER GESELLSCHAFT ALS VENTIL FÜR ÄNGSTE DIENEN.

DER WAHRE KERN

1986 fiel eine Zeitungsreporterin auf eine Legende herein und erzählte in ihrer Kolumne die grausige Geschichte von einem betrunkenen Autofahrer, der um 2 Uhr nachts nach Hause kommt, im Auto einschläft und am nächsten Morgen die Leiche eines 8-jährigen Mädchens auf der Motorhaube seines Wagens vorfindet. Die Redakteurin wollte mit dieser Geschichte ihre Leser vor den Risiken des Autofahrens unter Alkoholeinfluss warnen. Von dieser Geschichte kursierten verschiedene Versionen, in einigen findet die Ehefrau des Mannes die Leiche.

Den wahren Hintergrund dieser Geschichte haben die Erforscher von Großstadtlegenden noch nicht ausfindig gemacht. Möglicherweise stammt sie aus einem Comic der 1950er-Jahre, in dem eine ähnliche Unfallgeschichte erzählt wird. Vielleicht war aber auch nur die Angst vieler Autofahrer vor solchen und ähnlichen Tragödien der Auslöser der Legende.

Manchmal haben Großstadtlegenden tatsächlich einen wahren Kern. Ihren Ursprung zu finden, ist meist sehr schwierig. Sie leben so lange weiter, wie das Thema die Gesellschaft interessiert.

Was geschieht, wenn wir sterben?

Viele Menschen glauben, in einer Nahtoderfahrung einen Blick auf das Leben nach dem Tod geworfen zu haben. Oder sind medizinische Gründe die Ursache ihrer Visionen?

EIN FRESKO DES SPANISCHEN MALERS PEDRO DE RUBIALES (16. JH.) MIT DEM TITEL *AUFSTIEG DER SEELEN AUS DEM FEGEFEUER*. DIE FRAGE NACH EINEM LEBEN NACH DEM TOD IST URALT. MENSCHEN MIT NAHTODERFAHRUNG ERZÄHLEN OFT VON EINEM LICHT (RECHTE SEITE).

WIE VIEL ZEIT WURDE DOCH IM SCHICKSAL DES Menschen darauf verschwendet, dass er herauszufinden suchte, wie seine nächste Welt aussähe", schrieb 1954 der irische Dramatiker Sean O'Casey. „Je mehr er sich darum bemühte, desto weniger wusste er über die Welt, in der er lebte."

Die Frage wird in der Tat oft gestellt: Gibt es ein Leben nach dem Tod? Die tröstende Nachricht ist, dass die meisten Menschen, die die Schwelle schon einmal fast überschritten haben und dem Tod ins Auge sahen, oft mit sehr positiven Eindrücken ins Leben zurückkehrten. Bereits der englische Benediktinermönch Beda Venerabilis berichtet in einer seiner theologischen gelehrten Schriften 729 n. Chr. von einem Mann aus Northumbria, den seine Verwandten für tot hielten. „Er kam ins Leben zurück und setzte sich plötzlich auf – alle, die weinend um den Leichnam standen, waren sehr verstört und liefen fort. ‚Ein schöner Mann in einem glänzenden Gewand nahm mich bei der Hand', sagte der Mann. ‚Als wir oben auf einer Mauer ankamen, breitete sich eine große, schöne Wiese vor uns aus, von Licht durchflutet, das heller schien als Tageslicht oder die Mittagssonne. Ich wollte nur ungern wieder fortgehen, denn die Schönheit dieses angenehmen Ortes und die Gesellschaft, die ich dort erblickte, entzückten mich. Von nun an muss ich ein ganz anderes Leben führen.' Bald darauf gab der Mann sein weltliches Leben auf und trat in ein Kloster ein."

Nicht jeder, der eine so genannte Nahtoderfahrung gemacht hat, tritt in ein Kloster ein. Aber Bedas Geschichte ist alles andere als ein-

IN DER RELIGION IST DAS LEBEN NACH DEM TOD DIE MÖGLICHKEIT, DEN LEISTUNGEN EINES MENSCHEN EINEN HÖHEREN SINN ZU VERLEIHEN. „DER TOD KARLS DES GROSSEN“ VON VINCENT DE BEAUVAIS STAMMT AUS EINER MITTELALTERLICHEN HANDSCHRIFT. ENGEL WÄGEN DIE TATEN DES KÖNIGS AB, BEVOR DIE ENTSCHEIDUNG ÜBER SEINEN EINTRITT INS PARADIES GEFÄLLT WIRD.

zigartig. Die Zahl von Veröffentlichungen über Nahtoderfahrungen wächst weiter. Zu den bekannteren Werken gehört der Bestseller von Raymond Moody aus dem Jahr 1975, *Leben nach dem Tod.* Der amerikanische Mediziner hat Berichte von 150 Menschen ausgewertet, die an der Schwelle zum Tod standen und zurückkehrten. Diese Berichte sind unabhängig von Alter, Herkunft und Bildung bis ins Detail von einer erstaunlichen Ähnlichkeit. Moody hat 15 Kernelemente herausgearbeitet, die seiner Ansicht nach Nahtoderfahrungen kennzeichnen. Zu diesen Erfahrungen gehört ein Gefühl von Frieden und Ruhe und das Wahrnehmen einer Lichtgestalt, zu der sich die betroffene Person hingezogen fühlte – ein Licht, das meist als Liebe und Wissen in seiner reinsten Form empfunden wird.

NAHTODERFAHRUNGEN

Andere Bücher und Erfahrungsberichte erzählen ähnliche Geschichten, sie verweisen häufig auf ein neues Bewusstsein für die Schönheit des Lebens nach der Rückkehr von einer Begegnung mit dem Tod. Viele behaupten, nach ihren Nahtoderfahrungen jede Angst vor dem Sterben verloren zu haben. Die Faszination, die von Nahtod- oder Todesnäheerfahrungen ausgeht, ist nicht neu, sie ist nur eine Ausdrucksform des menschlichen Bedürfnisses, sich mit der Unvermeidbarkeit des Todes auseinander zu setzen und sie zu verstehen.

Eine andere Form der Auseinandersetzung ist der Glaube an die Reinkarnation oder Wiedergeburt des Menschen – seit Urzeiten Bestandteil verschiedener Kulturen und Religionen. Seit einigen Jahren erlebt die Beschäftigung mit Wiedergeburt in der westlichen Welt eine Blütezeit. Mittels Hypnose versuchen sich Menschen, die an Reinkarnation glauben, in ein früheres Leben zurückversetzen zu lassen. In den 1950er-Jahren ging in den USA der Fall einer jungen Frau aus Wisconsin durch die Presse. In Hypnosesitzungen „erinnerte" sie sich an ihr früheres Leben, in dem sie angeblich das irische Mädchen Bridey Murphy war, das 1798 bei Cork geboren wurde. Während der Hypnose soll die junge Amerikanerin in einem alten irischen Dialekt gesprochen haben und eine ganze Reihe von Angaben gemacht haben, die sie unmöglich aus normal zugänglichen Quellen wissen konnte. Die Existenz einer historischen Bridey Murphy konnte jedoch nie belegt werden. Die Geschichte wurde später verfilmt.

Auch Prominente haben sich nicht gescheut, sich öffentlich zu ihrem Glauben an die Wiedergeburt zu bekennen, etwa die Schauspielerin Shirley MacLaine. Die Verkaufszahlen ihres Buches zeugen von dem tiefen Bedürfnis vieler Menschen, an eine Form des Weiterlebens nach dem Tod zu glauben.

DIE MEINUNG VON WISSENSCHAFTLERN

Viele Psychologen und Mediziner bestreiten, dass die Nahtoderfahrung eine spirituelle Realität ist. Der lange Tunnel mit dem hellen Licht am Ende, von dem viele berichten, sei nur die natürliche Folge des beim Tod eintretenden Sauerstoffmangels im Gehirn, durch den die Nervenzellen Reizsignale an das Auge senden und die Illusion von strahlend weißem Licht schaffen. Andere Wissenschaftler sind der Meinung, dass die Glücksgefühle einer Todesnäheerfahrung einzig und allein durch einen natürlichen chemischen Prozess im Körper als Widerstandsmechanismus gegen Schmerzen ausgelöst werden.

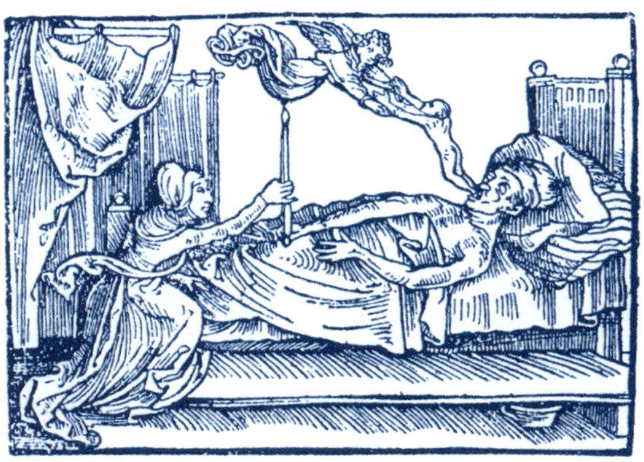

Eines jedoch steht fest: Über das Leben nach dem Tod werden wir, solange wir leben, nichts erfahren. Zwischen den östlichen und den westlichen Religionen gibt es große Unterschiede in der Auffassung vom Leben nach dem Tod. Die östlichen Religionen neigen zum Glauben an die Wiedergeburt; das abendländische Christentum vertritt den Standpunkt, dass der Mensch nur einmal lebt und sein Leben nach dem Tod sich nach seinem Verhalten auf der Erde bemisst.

OBEN: DER IN DEN USA GEFEIERTE ZAUBERER HARRY HOUDINI BEFASSTE SICH ANFANG DES 20. JH. AUCH MIT DEM MÖGLICHEN LEBEN NACH DEM TOD. LINKS: AUF DIESEM HOLZSCHNITT AUS DEM 16. JH. VERLÄSST DIE SEELE DEN KÖRPER, ALS DER TODESENGEL DAS KIND HOLT.

Wie endet unser Planet?

Es werden noch Milliarden Jahre vergehen, bevor das Ende der Erde kommt, aber werden die Menschen den Ablauf der Zeit beschleunigen?

DIE REALITÄT HAT DIE FIKTION EINGEHOLT: METEORITENEINSCHLAG 1492 IM ELSASS (OBEN) UND DER TERRORANSCHLAG AUF DAS WORLD TRADE CENTER 2001 (UNTEN).

Science-Fiction-Autoren wie fromme Propheten spekulieren gern über die Frage, wann die letzten Tage unseres Planeten kommen. Doch seriöse Angaben über das Ende der Erde liefern nur Astronomen. Die Entstehung der Erde begann vor rund 4,5 Mrd. Jahren und unser Blauer Planet wird vermutlich für weitere 4,5 Mrd. Jahre existieren. Allerdings gibt es gute Gründe für die Annahme, dass die Menschen schon vor Ablauf dieser Zeit aussterben werden. Zu den Fragen, die es in diesem Zusammenhang zu beantworten gilt, gehören auch die, ob wir Menschen selbst zu unserem Ende beitragen oder ob alles in den Händen einer höheren Gewalt liegt.

KOHLENDIOXID UND SEINE FOLGEN

In den 1980er-Jahren stellten Wissenschaftler besorgt fest, dass der Kohlendioxidgehalt der Atmosphäre 25-mal höher lag als vor 100 Jahren. Während einige diesen Anstieg für eine natürliche Schwankung halten, schreiben ihn andere dem übermäßigen Verbrauch fossiler Brennstoffe wie etwa Kohle oder Öl durch den Menschen zu. Der erhöhte Kohlendioxidgehalt trägt nicht nur zur Luftverschmutzung bei, die größte von ihm ausgehende Gefahr ist ein weltweiter Anstieg der Temperatur. Gase wie Kohlendioxid sind für den so genannten Treibhauseffekt verantwortlich. Die schützende Ozonschicht wird dabei zerstört und die gefährliche Strahlung der Sonne gelangt so ungehindert auf die Erde.

Mit einem zu hohen Kohlendioxidgehalt in der Atmosphäre laufen wir Gefahr, ein Klima zu schaffen, das pflanzliches Leben allmählich zerstört. Pflanzen aber sind unerlässlich für die Umwandlung von Kohlendioxid in Sauerstoff. Ein Temperaturanstieg führt auch zum Schmelzen der Polkappen und dadurch zu einem Anstieg des Meeresspiegels. Inseln und Küstenstädte werden überflutet, es bleibt immer weniger bewohnbares Land. Das Leben geht in einem langsamen und schleichenden Prozess zugrunde.

DIE BEVÖLKERUNG WÄCHST

Kriege, Epidemien, Unterernährung und Immunschwächen wie Aids haben in der Vergangenheit das weltweite Bevölkerungswachstum zwar nicht aufgehalten, aber verlangsamt. Die Fortschritte in der Medizin und in anderen Bereichen der Wissenschaft könnten dazu führen, dass mit einer stetig wachsenden Erdbevölkerung eine rasche Abnahme der natürlichen Ressourcen einhergeht, wenn wir nicht nachhaltige Alternativen für die Erzeugung von Energie und Nahrungsmitteln schaffen.

Insbesondere in Ländern der Dritten Welt ist der Anstieg der Geburtenrate ein Problem. Staatlich reglementierte Versuche der Geburtenkontrolle wie die Ein-Kind-Politik in China werden in unserer westlichen Gesellschaft heftig diskutiert, denn sie bergen u. a. einen gefährlichen Nebeneffekt: In China kommen durch staatlich sanktionierte selektive Abtreibung inzwischen 115 Männer auf 100 Frauen.

Neben den Prognosen eines schleichenden Selbstzerstörungsprozesses steht die Angst der Menschen vor einem atomaren Super-GAU. Nicht nur in Zeiten des Kalten Krieges grassierte die Furcht vor dem nuklearen Holocaust. Der amerikanische Präsident John F. Kennedy äußerte 1961 in einer Rede vor der UN-Generalversammlung: „Jeder Mann, jede Frau und jedes Kind lebt unter einem nuklearen Damoklesschwert, das nur an einem hauchdünnen Faden hängt. Dieser kann jederzeit durch Zufall, Rechenfehler oder Irrsinn zerschnitten werden."

BEDROHUNG AUS DEM ALL

Eine weitere mögliche Gefahr für die Erde geht von Weltraumtrümmern wie Kometen und Asteroiden aus. Experten vermuten, dass der Einschlag eines Asteroiden vor 65 Mio. Jahren für das Aussterben der Dinosaurier verantwortlich gewesen sein könnte. Ein weiterer Asteroid- oder Kometeneinschlag könnte eine ähnliche Klimaveränderung bewirken und das Gesicht unseres Planeten grundlegend verändern. Am 19. Mai 1996 zog ein Asteroid mit dem gewaltigen Durchmesser von rund 500 m in einer Entfernung von 440 000 km an der Erde vorbei – aus astronomischer Sicht nur um Haaresbreite entfernt.

Wissenschaftler schätzen, dass ein Asteroid von mehr als 1 km Durchmesser eine globale Katastrophe auf der Erde auslösen würde. Die Umlaufbahn der Erde wird von schätzungsweise 2000 Asteroiden geschnitten, die mehr als 1 km Durchmesser aufweisen. Es besteht die Hoffnung, dass wir eines Tages in der Lage sind, Kometen oder Asteroiden mit Nukleartechnik abzulenken.

Im Lauf der Jahrhunderte haben immer neue Weltuntergangsprophezeiungen einen Zeitpunkt für das Jüngste Gericht vorhergesagt. Bisher ist keine von ihnen in Erfüllung gegangen. Die Frage, ob die Erde mit einem Endknall untergehen oder einen langsamen Tod sterben wird, bleibt weiter unbeantwortet.

OKTOBER 1979

OKTOBER 1994

DIE BEIDEN AUFNAHMEN (OBEN) ZEIGEN DIE DURCHSCHNITTLICHE OZONMENGE IN DER ERDATMOSPHÄRE IM VERLAUF EINES MONATS. DER MENSCH HAT ZUR ZERSETZUNG DER OZONSCHICHT UND DAMIT ZU EINEM TEMPERATURANSTIEG DER ERDATMOSPHÄRE BEIGETRAGEN. DAS KÖNNTE EIN SCHMELZEN DER POLKAPPEN ZUR FOLGE HABEN (LINKS) UND DEN MEERESSPIEGEL WELTWEIT ANSTEIGEN LASSEN.

Utopia oder das neue Mittelalter?

Bringt uns das 21. Jh. das Paradies oder jenes trostlose Ödland, das wir aus Science-Fiction-Filmen bereits kennen?

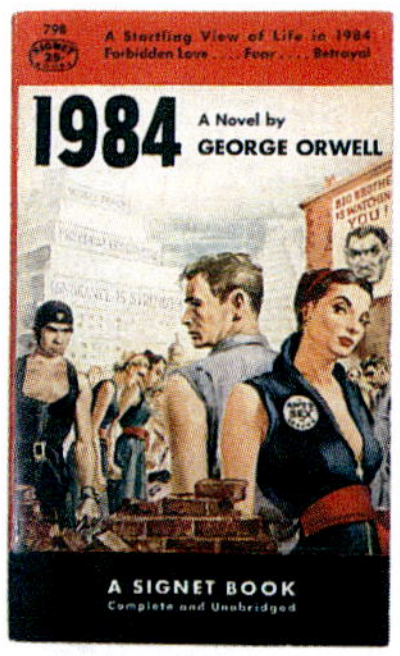

IN SEINEM ROMANKLASSIKER *1984* BESCHREIBT GEORGE ORWELL EINE GESELLSCHAFT, IN DER DIE REGIERUNG (BIG BROTHER) DIE GEDANKEN DER MENSCHEN ÜBERWACHT.

Vielleicht ist es ein Zeichen der um sich greifenden Zukunftsskepsis, dass viele Menschen heute die Erkenntnisse des deutschen Philosophen und Mathematikers Gottfried Wilhelm Leibniz mit kritischen Augen betrachten. Leibniz vertrat als bedeutender Wissenschaftler an der Wende vom 17. zum 18. Jh. den Standpunkt, dass alles Schlechte, das geschieht, sich letztlich doch zum Besseren wende, und unsere Welt „die beste aller möglichen Welten“ sei.

Wir stehen am Anfang des 21. Jh. Die modernen Medien bringen uns täglich Bilder und Nachrichten von Kriegen, Hungersnöten und terroristischen Gewaltakten. Andererseits haben Erkenntnisse aus allen Bereichen der Wissenschaft zu erstaunlichen Erfolgen geführt. Sie bescheren praktisch allen Menschen auf der Erde eine bessere Gesundheit und eine höhere Lebenserwartung. Anders als in der Vergangenheit bemühen wir uns, unseren Planeten zu schützen und bewusster mit der Natur umzugehen. Was wird künftigen Generationen bevorstehen? Ist die Welt auf dem Weg zu einer idealen Gesellschaft? Oder liegen die besten Tage bereits hinter uns?

Zweifel darüber, dass in der „besten aller möglichen Welten“ alles aufs Beste geregelt sei, setzten schon unter Leibniz’ Zeitgenossen ein. Der französische Philosoph und Schriftsteller Voltaire erzählt in seinem Roman *Candide* (1759) die brillante Geschichte eines Mannes, der voller Naivität an der Vorstellung festhält, dass alles wunderbar geregelt sei, selbst als unglaubliches Unheil über ihn hereinbricht.

VERSCHIEDENE VISIONEN VON UTOPIA

Die Aussicht auf eine künftige ideale Gesellschaft sind eher trüb. In der Vergangenheit gab es bereits eine ganze Reihe von Versuchen, solche utopischen Gesellschaften im Kleinen entstehen zu lassen.

Der amerikanische Sozialist Robert Owen kaufte 1825 in Illinois und Indiana Land und versuchte, ein utopisches Gemeinschaftsdorf, New Harmony, zu gründen. Schon 1828 war die Gemeinschaft alles andere als harmonisch und zerfiel. Auf der Suche nach neuen Lebensformen errichteten Transzendentalisten 1841 in der Nähe von Boston die landwirtschaftliche Genossenschaft Brook Farm, auf der es kein Geld gab und der gute Wille aller Beteiligten vorausgesetzt wurde. Die Gemeinschaft existierte immerhin 6 Jahre.

Mit dem Beginn des 20. Jh. tauchten zum ersten Mal so genannte Anti-Utopien auf. Hier wurde der zeitgenössische Fortschrittsglaube infrage gestellt und die negativen Seiten von

Technik und Wissenschaft ausgemalt. Eine dieser negativen Utopien, in der eine Institution oder Behörde vollkommene Macht über ihr Volk besitzt, hat George Orwell 1949 in seinem berühmten Roman *1984* beschrieben: Eine Regierung überwacht selbst die Gedanken der Menschen. *Fahrenheit 451* ist der Titel eines Buches, das 1953 von Ray Bradbury erschien und mittlerweile, ebenso wie Orwells Roman, zu den Klassikern der Science-Fiction-Literatur zählt. Es schildert das Leben eines Feuerwehrmanns in der Zukunft, der die Aufgabe erhält, Bücher zu verbrennen.

Das wohl ahnungsvollste Porträt einer negativen Utopie zeichnet Aldous Huxleys *Schöne neue Welt* von 1932. Es schildert die Zukunft im Jahr 632 N.F. (etwa 2535 n. Chr.). In dieser Welt ist angeblich das universale Glück des Menschen erreicht. Die Wissenschaft hat die Fortpflanzung aus dem Mutterleib auf das Fließband verlegt, wo Arbeiter Embryonen manipu-

SAUBERE ENERGIE IST DER SCHLÜSSEL ZU EINER GLÄNZENDEN ZUKUNFT. ENERGIESPARHÄUSER (OBEN) UND SOLARANLAGEN (LINKS), DIE SONNENSTRAHLUNG IN ELEKTRIZITÄT UMWANDELN, VERBREITEN SICH IMMER MEHR.

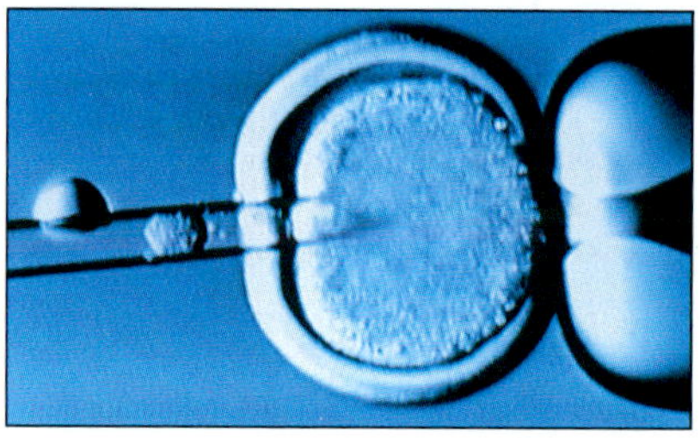

NEUE ERKENNTNISSE IN DER GENFORSCHUNG ERMÖGLICHEN DAS KLONEN VON TIEREN, WIE DAS SCHAF DOLLY (GANZ OBEN) GEZEIGT HAT. OBEN: IN DIE EIZELLE EINES SCHAFS WIRD EINE EMBRYONALZELLE INJIZIERT.

lieren und Menschen herstellen, phänomenal intelligente Alpha-Plus-Menschen, aber auch kleinwüchsige, dümmliche Epsilons. Jede Menschenschicht ist darauf vorprogrammiert, die für sie vorgesehene Arbeit zu lieben. Gefeiert wird der massenhafte Konsum von Gütern und die Droge „Soma" lässt die Menschen jederzeit Vergnügen empfinden.

Huxleys Vision spiegelt sich in gespenstischer Weise in unserer heutigen vom Konsum geprägten, Pillen schluckenden Gesellschaft wider, aber auch die Entwicklungen in der Gentechnologie scheinen bereits vorhergesehen. Die Entzifferung des Gencodes erlaubt uns heute, mehr als jemals zuvor die Rolle der Gene bei der Schaffung von Leben zu erkennen. Die Genmanipulation beim Menschen scheint in absehbarer Zukunft realisierbar zu werden, und es bleibt abzuwarten, ob sich diese langfristig als positiv oder negativ herausstellen wird.

Könnte eines Tages eine Art „schöne neue Welt" entstehen? Interessant ist, dass in den genannten Romanen die Hauptfiguren gegen den Totalitarismus ihrer jeweiligen Utopien rebellieren. Das Problem einer glücklichen, künftigen Gesellschaft, in der niemand eine abweichende Meinung vertritt, ist aber, dass wirkliches Glück oft gerade auf dem Dissens beruht – das heißt, auf dem individuellen Denk- und Urteilsvermögen.

Eine andersartige negative Utopie ist das Heraufbeschwören eines neuen Mittelalters, in dem unsere natürlichen Ressourcen vernichtet sind und die Gesellschaft zerfallen ist. Diese düstere Vision sieht die wenigen Überreste der menschlichen Gesellschaft auf Nahrungssuche über eine unfruchtbare Erde ziehen. Vor allem Umweltschützer und Globalisierungsgegner fürchten eine solche Welt.

HOFFNUNGSSCHIMMER AM HORIZONT

Dennoch: Es gibt die berechtigte Hoffnung, dass die Zukunft Änderungen zum Guten bereithält, auch wenn wahrscheinlich niemand vollkommenen Frieden oder immer währendes Glück auf der Erde garantieren kann. In der Automobilindustrie beispielsweise setzt im Bewusstsein der begrenzten Ressourcen von fossilen Brennstoffen bereits ein Umdenken ein. Das ist die Voraussetzung für die Entwicklung von Elektromotoren. Wenn alle Autos zukünftig elektrisch betrieben würden, könnten spätere Generationen sauberere Luft atmen.

Höchstwahrscheinlich wird der menschliche Erfindergeist auch beim Ozonloch Abhilfe schaffen. Schon heute haben mehr als 120 Staaten die Verwendung von Fluorchlorkohlenwasserstoffen (FCKW) unterbunden. Die Kosten für die Erzeugung von Windkraftenergie entspricht annähernd den Betreiberkosten von Kohlekraftwerken, Sonnenenergie und Energiesparhäuser verbreiten sich zusehends. In wirtschaftlich benachteiligten Ländern werden nachhaltige Möglichkeiten zur Klärung von Trinkwasser entwickelt. Auf diese Weise ließe sich ein deutlicher Rückgang der Kindersterblichkeit und damit eine Verringerung der Geburtenrate und eine Verlangsamung des Bevölkerungswachstums erzielen.

Vor allem gehen die medizinischen Fortschritte rasch voran. Innerhalb der nächsten Generation wird man vielleicht schon Heilungsmöglichkeiten für tödliche Krankheiten wie Krebs und Aids finden – angesichts der Kartierung des menschlichen Genoms ist das nicht unwahrscheinlich.

Saubere Luft, Gesundheit und Frieden: Bevor wir dieses Paradies erreichen, sind noch viele Hindernisse zu überwinden.

IN DEN WINDPARKS WERDEN TURBINEN ZUR STROMERZEUGUNG MIT WINDKRAFT ANGETRIEBEN. DIESE ENERGIEERZEUGUNG MACHT DEN KOHLEKRAFTWERKEN KONKURRENZ UND TRÄGT ZU SAUBERER LUFT BEI.

EIN ANGEPASSTER VORORT DER SEELE

OFFENE FRAGEN

Wenn wir ehrlich sind, wünschen wir uns keine Welt, in der durchgängig eine Temperatur von 22 °C herrscht, der Himmel immer blau ist und alle, die wir lieben, uns ebenfalls lieben und Konflikte und Zwietracht für immer verschwinden. Warum? „Ich möchte meine Angst vor der Zukunft in einem Wort zusammenfassen: langweilig“, sagte der britische Autor J. G. Ballard 1982 in einem Interview. „Das ist meine einzige Angst, dass die Zukunft ein großer, angepasster Vorort der Seele ist.“ Der Psychologe Erich Fromm hat in *Wege aus einer kranken Gesellschaft* (1955) dazu geschrieben, dass in der Vergangenheit die Gefahr bestand, dass Menschen zu Sklaven wurden. Die Gefahr der Zukunft sei, dass Menschen zu Robotern werden. Doch wenn Roboter die Natur des Menschen übernähmen, würden sie ihre Welt und sich selbst zerstören, weil sie die Langeweile eines bedeutungslosen Lebens nicht ertragen würden.

Register

Die *kursiv* gedruckten Seitenzahlen verweisen auf eine Abbildung.

A

B

F

G

H

I

J

K

L

M

N

O

P

Q

R

S

T

U

V

W

Y

Z

Bildnachweis

Umschlagvorderseite:
Marilyn Monroe: Popperfoto/Archive Photos; *Titanic*: Corbis; John F. Kennedy: Archive Photos; Pyramiden: Photodisc; Astronaut: Photri-Microstock; Diana: Archive Photos; Landung *Omaha Beach*: Bettmann/Corbis; Zeppelin: Corbis; Ludwig II.: AKG Berlin.

10 Corbis. **11** Goddard Space Center/NASA. **12** NASA/SPL/Photo Researchers. **13** Bettmann/Corbis. **14** Goddard Space Center/NASA. **15** Nitin Vaduktu. **16** o.l: The Granger Collection; o.r: Science Source/Photo Researchers; u: Sinclair Stammers/SPL/Photo Researchers. **17** o: The Granger Collection; M: SPL/Photo Researchers; u: SuperStock. **18** o: The Granger Collection; u: SPL/Photo Researchers. **19** o: NASA/Science Source/Photo Researchers; u: Julian Baum/SPL/Photo Researchers. **20** NASA/SPL/Photo Researchers. **21** o: NASA/SPL/Photo Researchers; M.l.: JPL/NASA; M.r: JPL/NASA; u: Planetary Society/Phototake. **22** Julian Baum/SPL/Photo Researchers. **23** D. Van Ravenswaay/SPL/Photo Researchers. **24** o: Tom McHugh/Photo Researchers; u: D. Van Ravenswaay/SPL/Photo Researchers. **25** Louis O. Mazzatenta/National Geographic Society (2). **26** Louis O. Mazzatenta/National Geographic Society. **26/27** James Amos/Photo Researchers. **28/29** David Giffort/SPL/Photo Researchers. **29** u: NASA. **30** o: Robert Sisson/National Geographic Society; u: The Granger Collection. **31–34** John Reader/SPL/Photo Researchers. **35** o: John Reader/SPL/Photo Researchers; u: American Museum of Natural History/Photo Researchers. **36** The Iraq Museum, Bagdad/Art Resource. **37** Pierre Boulat/Life Magazine © Time Inc. **38** o: H.M. Herget/National Geographic Society; M: The Pierpont Morgan Library/Art Resource; u: Lynn Abercrombie/National Geographic Society. **39** Photo Researchers. **40** o: Südtiroler Archäologiemuseum, Bozen, Italien, www.iceman.it, Foto Dr. Eduard Egarter Vigl; u: Corbis Sygma, G. Giansanti/Picture Press. **41** o: Corbis Sygma, G. Giansanti/Picture Press; u: Wolfgang Neeb/STERN/Picture Press. **44** o: Georg Gerster/Photo Researchers; u: Adam Woolfit/Corbis. **45** Archive Photos. **46/47** Werner Forman/Art Resource. **48** Erich Lessing/Art Resource. **49** o: Robert Frerck/Odyssey Productions; u.l: Boltin Picture Library; u.r: Culver Pictures. **50** o: Louvre/Erich Lessing/Art Resource; u: The Granger Collection. **51** l: Museo Archeologico, Florenz/Scala/Art Resource; o.r: National Museum, Athen/Kurt Scholz/SuperStock; M.r: Corbis. **52** o.l: The Granger Collection; o.r: Roger Wood/Corbis; u: The Granger Collection. **53** o.l: Vanni Archive/Corbis; o.r: The Granger Collection; M.r: Galleria Spada, Rom/Alinari/Art Resource; u: National Museum, Athen/Werner Forman/Corbis. **54** Museo Civico, Padua/Scala/Art Resource. **55** o.l: AKG London; o.r: Cobis; u: Museo della Scienze e Tecnica, Mailand/Scala/Art Resource. **56** Wood Ronsaville Harlin. **57** Museo Capitolini, Rom/Art Resource. **58** The Granger Collection. **59** Fred Maroon/Photo Researchers. **60** Vatikan/Scala/Art Resource (3). **61** o: Archive Photos; u: Vatikan/Scala/Art Resource. **62** Corbis. **63** Erich Lessing/Art Resource (2). **64** Kunsthistorisches Museum, Wien/Scala/Art Resource. **65** o: The Granger Collection; u: Georg Gerster/Photo Researchers. **66** Vatikan/Scala/Art Resource. **67** o: Historical Picture Archive/Corbis; u: Dave Bartruff/Corbis. **68** British Library, London/Art Resource. **69** The Pierpont Morgan Library, New York/Art Resource. **70** o.l: The Granger Collection; o.r: The Pierpont Morgan Library, New York/Art Resource; u: Nationalmuseum, Prag/Erich Lessing/Art Resource. **71** The Pierpont Morgan Library, New York/Art Resource. **72** NASA/SPL/Photo Researchers. **73** o: Alinari/Art Resource; M: Mark Evans (3). **74** Archive Photos. **74/75** The Granger Collection. **75** l: Richard Nowitz/Photo Researchers; r: Charles Mayer/Photo Researchers. **76** o: The Granger Collection; u: Museo Nazionale Romano, Rom/Art Resource. **77** o: The Granger Collection; u: Art Resource. **78** o.l: Macmillan/McGraw-Hill/Art Resource; o.r: Bettmann/Corbis; u: North Carolina Museum of Art/Corbis. **79** o: Musée des Beaux-Arts, Beziers/Giraudon/Art Resource; u.l: Archive Photos; u.M: Archive Photos; u.r: Bettmann/Corbis. **80** o: Erich Lessing/Art Resource; M: Museo Nazionale, Neapel/Art Resource; u: The Granger Collection. **81** l: The Granger Collection; r: Musée des Beaux-Arts, Lille/Giraudon/Art Resource. **82** o: The Granger Collection; u: American Numismatic Society/Laurie Platt-Winfrey Inc. **83** Brian Brake/Photo Researchers. **84** o: SuperStock; u.l: Ancient Art & Architecture Collection; u.r: Acme Design Company. **85** l: The Granger Collection; r: Historisches Museum Moskau/SuperStock. **86** Alte Pinakothek/Art Resource. **87** o: AKG London; u: Museo Archeologico, Florenz/Art Resource. **88** Privatsammlung/Art Resource. **89** l: Vatikan/Scala/Art Resource; r: Werner Forman/Art Resource. **90** Georg Gerster/Photo Researchers. **91** Museum of Mankind/e.t. archive/SuperStock. **92** Culver Pictures. **93** The Granger Collection (2). **96** Bettmann/Corbis. **97** o: SuperStock; u: The Granger Collection. **98** British Library/e.t. archive. **99** o.l: Bibliothèque Nationale, Paris/Art Resource; o.r: The Granger Collection; u: The Pierpont Morgan Library/Art Resource. **100** Capitolini Museum/Canali Photobank/SuperStock. **100/101** Alinari/Art Resource. **102** e.t. archive (2). **103** o.l: Accademia di S. Fernando, Madrid/Art Resource; o.r: The Granger Collection; u: Archivo de Simancas/Index/Bridgeman Art Library. **104** l: The Granger Collection; o.r: AKG London/SuperStock; M.r: AFP/Corbis; u: The Granger Collection. **105** o: Scala/Art Resource; u: British Museum/e.t. archive. **106** Archiv/Interfoto. **107** Bildarchiv Preußischer Kulturbesitz. **108** Privatsammlung/AKG Berlin/SuperStock. **109** o: Herbert Art Gallery & Museum, Coventry/Bridgeman Art Library; u: Culver Pictures. **110** The Granger Collection. **111** l: Privatsammlung/Bridgeman Art Library; r: The Granger Collection. **112** Bibliothèque Nationale, Paris/Bridgeman Art Library. **112/113** o: Bibliothèque Nationale, Paris/Laurie Platt-Winfrey Inc., u: Victoria & Albert Museum/SuperStock. **114** o: Bibliothèque Nationale, Paris/Art Resource; u: e.t. archive. **115** l: The Granger Collection; r: Bibliothèque Nationale, Paris/e.t. archive. **116** Jean-Loup Charmet/SPL/Photo Researchers. **117** o: The Granger Collection; u: Museum Pomorskie, Danzig/AKG London. **118** Sipa Press/Art Resource. **119** SuperStock. **120** The Granger Collection. **121** o: The Granger Collection; u: Susan McCarthey/Photo Researchers. **122** l: e.t. archive; r: Giraudon/Art Resource. **123** o: Centre Jeann d'Arc, Orleans/Giraudon/Art Resource; u: Bibliothèque Nationale, Paris/Giraudon/Art Resource. **124** o: Gutenberg Museum, Mainz/Erich Lessing/Art Resource; u: The Pierpont Morgan Library, New York/Art Resource. **125** Ancient Art & Architecture Collection (2). **128** o: The Granger Collection; u: Naval Museum, Pegli/Scala/Art Resource. **129** Karen Stickler/The Smithsonian Institution. **130** o: National Gallery, Oslo; u: Sigrid Kaland/Universität von Bergen, Norwegen. **131** Beinecke Rare Book and Manuscript Library, Yale University. **132** AKG Berlin. **133** o: Bilderdienst Süddeutscher Verlag; M: Reader's Digest; u: Karger-Decker/Interfoto. **134** o: The Granger Collection; u: British Library/Bridgeman Art Library. **135** The Granger Collection (2). **136** Daniel/Interfoto. **137** o: Elie Bernager/AKG Berlin; u: AKG Berlin. **138** Bibliothèque Nationale, Paris/Bridgeman Art Library. **138/139** The Granger Collection. **139** o: Tate Gallery, London/Art Resource; M: The Granger Collection. **140** The Granger Collection. **141** The Granger Collection. **142** Privatsammlung/Bridgeman Art Library. **143** Culver Pictures. **144** o: Art Resource; u: National Portrait Gallery, London/SuperStock. **145** British Library/Bridgeman Art Library. **146** o: Erich Lessing/Art Resource; u: The Granger Collection. **147** Academie des Sciences, Paris/Giraudon/Art Resource. **148** AKG Berlin. **149** o: AKG Berlin; u: Bildarchiv Preußischer Kulturbesitz. **150** Archiv/Interfoto. **151** AKG Berlin. **152** The Granger Collection. **153** l: Privatsammlung; o.r: Staatsbibliothek München/Foto Marburg/Art Resource; M.r: The Granger Collection. **154** o: Washington & Lee University; M: Mount Vernon Ladies' Association. **155** The Granger Collection. **156** o: Chicago Historical Society; u: The

Granger Collection. **157** Amon Carter Museum, Fort Worth. **158** o: The Granger Collection; u: Erich Lessing/Art Resource. **159** Mozart-Haus, Salzburg/Scala/Art Resource. **160** Giraudon/Art Resource. **161** Musée de Versailles/Laurie Platt-Winfrey Inc. **162** Musée des Beaux-Arts, Valenciennes/Giraudon/Art Resource. **163** o: The Granger Collection; u: Museo del Risorgimento/Scala/Art Resource. **164** Musée de l'Armée, Paris/Giraudon/Art Resource. **165** Museo Lazaro Galdiano, Madrid/Giraudon/Art Resource. **166** Alexander Biernoth (3). **167** Stadtbibliothek Nürnberg. **168** o: AKG Berlin; u: Stadtbibliothek Nürnberg. **169** Alexander Biernoth. **170** o: SPL/Photo Researchrs; u: Jean-Loup Charmet/SPL/Photo Researchers. **171** o., M: Archive Photos; u.l: The Granger Collection; u.r: Culver Pictures. **172** o: Texas State Capitol, Austin; M: The Granger Collection; u: The Alamo Museum, San Antonio. **173** o: The Granger Collection; M: SuperStock; u: New York Public Library. **174** SuperStock. **175** National Archives, American Heritage. **176** o: Southwest Museum, Los Angeles; u: New York Public Library. **177** l: Northern Pacific Railroad; r: The Granger Collection. **178** The Granger Collection. **179** o: Archive Photos; u: The Granger Collection. **180/181** Giovanni/Bildarchiv Huber. **181** AKG Berlin. **182** AKG Berlin. **183** AKG Berlin. **184** Library of Congress, American Heritage. **185** Culver Pictures (2). **186** Bettmann/Corbis. **187** Hulton-Deutsch Collection/Corbis. **188** o: British Library; u: The Granger Collection. **189** Hulton-Deutsch Collection/Corbis. **192** o.l: The Granger Collection; o.r: Science Museum, London/Bridgeman Art Library; u: Culver Pictures. **192/193** The Granger Collection. **194** o: The Granger Collection; u: Library of Congress/American Heritage. **195** o: Edison National Historic Site/National Park Service; u: Corbis. **196** Bilderdienst Süddeutscher Verlag. **197** Bildarchiv Preußischer Kulturbesitz. **198** Bildarchiv Preußischer Kulturbesitz. **199** Boness/IPON/ullstein bild. **200/201** Library of Congress. **201** o: The Smithsonian Institution/American Heritage; u: U.S. Air Force/American Heritage. **202** Underwood & Underwood/Corbis. **202/203** Library of Conbress/American Heritage. **203** The Smithsonian Institution. **204** AKG Berlin. **205** o: AKG Berlin; u: ullstein bild. **206** David Parker/SPL/Photo Researchers. **207** Sovfoto (2). **208** Brown Brothers. **209** o: The Granger Collection; u: John Frost Newspaper Archive (3). **210** o: Brown Brothers; u: The Granger Collection. **211** o: SuperStock; u: Culver Pictures. **212** Brown Brothers. **212/213** The Granger Collection. **213** Denis Cochrane Collection/e.t. archive. **214** Brown Brothers. **215** o: Archive Photos; M: The Granger Collection; u: Culver Pictures. **216** o: The Granger Collection; u: Culver Pictures. **217** l: The Granger Collection; r: Stock Montage/SuperStock. **218** Culver Pictures. **219** o: Archive Photos; u: Popperfoto/Archive Photos. **220** The Granger Collection. **221** Brown Brothers. **222** Culver Pictures. **223** o: Bettmann/Corbis; u: 20th Century Fox/Harper Collins. **224** Mount Everest Foundation. **224/225** Jake Norton. **225** The Granger Collection. **226/227** Jim Fagiolo/Liaison Agency (alle). **228** New York Times/Archive Photos. **229** New York Times/Archive Photos. **230** Archive Photos. **231** o: Bettmann/Corbis; u: The Granger Collection. **232** Bettmann/Corbis. **233** New York Times/Archive Photos. **234** o: The Granger Collection. **234/235** Corbis. **235** Bettmann/Corbis. **236** o: The Granger Collection; u: Corbis. **237** o: Culver Pictures; u: AP Wide World Photos. **238** o.l: The Granger Collection; o.M: The Granger Collection; o.r: SuperStock; u: The Granger Collection. **239** Culver Pictures. **240** ullstein bild. **241** o: Bilderdienst Süddeutscher Verlag; u: Keystone. **242** o: Culver Pictures; u: Archive Photos. **243** SuperStock. **244** o: Corbis; u: AP Wide World Photos. **245** The Granger Collection. **246/247** Culver Pictures. **248** o: Corbis; u: Culver Pictures. **249** l: AKG London; r: Corbis. **250** Brown Brothers. **251** Pictorial Parade. **252** United Nations/American Heritage. **253** Culver Pictures. **254** o: Yad Vashem Archives/U.S. Holocaust Museum; u: AKG London. **255** KZ Gedenkstätte Dachau/U.S. Holocaust Museum. **256** Cartoon-Caricature-Contor. **257** o: STERN-Syndication; u.l: AKG London; u.r: STERN-Syndication. **258/259** U.S. Air Force/American Heritage. **259** o: AKG London; u: Brian Brake/Photo Researchers. **260** o: Culver Pictures; u.l: SuperStock; u.r: Library of Congress/American Heritage. **261** o: AP Wide World Photos; u: Bettmann/Corbis. **264** ullstein bild. **265** l: ullstein bild; o.r: Archiv/Interfoto; M.r: Archiv/Interfoto. **266** Bettmann/Corbis. **267** Bettmann/Corbis (2). **268** DER SPIEGEL. **269** o: dpa; u: ullstein bild. **270/271** Michael O'Neill. **272** Cecil Stoughton/John F. Kennedy Library (2). **273** o: Corbis; M: Corbis; u: AP Wide World Photos. **274** Bettmann/Corbis (2). **275** o: AP Wide World Photos; u: Bettmann/Corbis. **276/277** Photofest (alle). **278** Dick Strobel/AP Wide World Photos. **279** Bill Eppridge/Life Magazine © Time Inc. **280** Bettmann/Corbis. **281** Bettmann/Corbis. **282/283** Ernest C. Withers/Panopticon Gallery. **283** AP Wide World Photos. **284** Joseph Louw, Life Magazine © Time, Inc. **285** o: Bettmann/Corbis; u: Corbis. **286** Corbis. **287** Hulton Getty/Liaison Agency. **288** o: Corbis; u: Photofest. **289** Hulton Getty/Liaison Agency. **290** o: Bettmann/Corbis; u: Sovfoto. **291** l: Roger Ressmeyer/Corbis; r: Sovfoto. **292** o: Corbis; M: Bettmann/Corbis; u: Win McNamee/Archive Photos. **293** o: Archive Photos; u: SuperStock. **294/295** Archive Photos. **295** SuperStock. **296** o: Sovfoto; M: John Frost Newspaper Archive; u: AP Wide World Photos. **297** Roberto Koch/Contrasto/SABA. **298** dpa/ullstein bild. **299** o.l: dpa/ullstein bild; o.r: CARO/Bastian/ullstein bild; u: STERN/Picture Press. **300** Archive Photos. **301** AP Wide World Photos. **302** AP Wide World Photos. **303** o: Jerry Wachter/Photo Researchers; u: Luc Novovitch/Archive Photos. **304** Ian Waldie/Archive Photos. **305** o: John Frost Newspaper Archive; u: AP Wide World Photos. **306** dpa. **307** o: dpa; u: Reuters/ullstein bild. **308** dpa (2). **309** Corbis Sygma, Sygma/Picture Press. **312** Roger Ressmeyer/Corbis. **313** o: Roger Ressmeyer/Corbis; u: Lynette Cook/SPL/Photo Researchers. **314/315** Harvard University Archives. **315** Owen Franken/Corbis. **316** o: James King-Holmes/SPL/Photo Researchers; u.l: Bettmann/Corbis; u.M: Tony Craddock/SPL/Photo Researchers; u.r: Charles O'Rear/Corbis. **317** o: SPL/Photo Researchers; M: SPL/Photo Researchers; u.l: Owen Franken/Corbis; u.M.l: AP Wide World Photos; u.M.r: Gregory Heisler/Corbis/Outline; u.r: SuperStock. **318** o: Corbis; u: AP Wide World Photos. **319** o: Win McNamee/Archive Photos; u: AP Wide World Photos. **320** l: Kobal Collection; r: Julian Baum/SPL/Photo Researchers. **321** David Hardy/SPL/Photo Researchers. **322** Liaison Agency. **323** Photofest. **324** o: Richard Smith/Corbis; u: AP Wide World Photos. **326** Bruce Stromberg/Graphistock. **327** Christopher Wray-McCann/Graphistock. **328** AP Wide World Photos. **329** o: AP Wide World Photos; u: Corbis. **330** Andrew Syred/SPL/Photo Researchers. **331** SuperStock (2). **332** Castel Capuano, Neapel/SuperStock. **333** SuperStock. **334** Musée Conde, Chantilly/Giraudon/Art Resource. **335** o: SuperStock; u: The Granger Collection. **336** o: D. Van Ravenswaay/SPL/Photo Researchers; u: dpa. **337** l: Galen Rowell/Corbis; r: NASA (2). **338** l: Library of Congress/American Heritage; r: Laurie Platt-Winfrey Inc. **339** o: Hopkins/Baumann; u: Tommaso Guicciard/SPL/Photo Researchers. **340** o: Remi Benali & Stephen Ferry/Life Magazine/Liaison Agency; u: James King-Holmes/SPL/Photo Researchers. **341** o: John Mead/SPL/Photo Researchers; u: Hopkins/Baumann.